COMO ESTUDAR AS RELIGIÕES

Dados Internacionais de Catalogação na Publicação (CIP)
(Câmara Brasileira do Livro, SP, Brasil)

Como estudar as religiões : metodologias e estratégias / Emerson Sena da Silveira, (organizador). – Petrópolis, RJ : Vozes, 2018.

Vários autores.
Bibliografia.
ISBN 978-85-326-5847-0

1. Metodologia 2. Religião – Estudo e ensino 3. Religiões I. Silveira, Emerson Sena da.

18-17614   CDD-200

Índices para catálogo sistemático:
1. Ciência da Religião   200

Cibele Maria Dias – Bibliotecária – CRB-8/9427

EMERSON SENA DA SILVEIRA
(organizador)

COMO ESTUDAR AS RELIGIÕES

METODOLOGIAS E ESTRATÉGIAS

EDITORA VOZES

Petrópolis

© 2018, Editora Vozes Ltda.
Rua Frei Luís, 100
25689-900 Petrópolis, RJ
www.vozes.com.br
Brasil

Todos os direitos reservados. Nenhuma parte desta obra poderá ser reproduzida ou transmitida por qualquer forma e/ou quaisquer meios (eletrônico ou mecânico, incluindo fotocópia e gravação) ou arquivada em qualquer sistema ou banco de dados sem permissão escrita da editora.

CONSELHO EDITORIAL

Diretor
Gilberto Gonçalves Garcia

Editores
Aline dos Santos Carneiro
Edrian Josué Pasini
Marilac Loraine Oleniki
Welder Lancieri Marchini

Conselheiros
Francisco Morás
Ludovico Garmus
Teobaldo Heidemann
Volney J. Berkenbrock

Secretário executivo
João Batista Kreuch

Editoração: Maria da Conceição B. de Sousa

Diagramação: Sheilandre Desenv. Gráfico

Revisão gráfica: Nilton Braz da Rocha / Nivaldo S. Menezes

Capa: Idée Arte e Comunicação

ISBN 978-85-326-5847-0

Editado conforme o novo acordo ortográfico.

Este livro foi composto e impresso pela Editora Vozes Ltda.

Sumário

Resumo e apresentação dos autores, 7

Introdução, 19

1 Saberes e práticas na pesquisa em Ciências da Religião, 21
Saulo de Tarso Cerqueira Baptista

2 Por uma perspectiva simétrica entre o saber religioso e o das Ciências da Religião, 44
Marcelo Ayres Camurça

3 A abordagem histórica nos estudos de religião: contribuições para um campo multidisciplinar, 65
Ana Rosa Cloclet da Silva

4 O antropólogo e o sagrado: trajetos etnográficos em contextos religiosos diferenciados, 98
Donizete Rodrigues

5 Contribuição dos estudos de cultura visual para as Ciências da Religião, 126
Etienne Alfred Higuet

6 Estudo de caso aplicado à religião: entre louvores, corpos, intersubjetividades, 161
Emerson Sena da Silveira

7 O caminho da caminhada – Dificuldades e desafios da pesquisa teórico-bibliográfica nos estudos de religião, 206
Josias da Costa Júnior

8 Oralidade, *performance* e representações sociais – A História Oral em pesquisa no catolicismo popular e neopaganismo, 234
Maria Roseli S. Santos

9 Mapas lexicais e semânticos – O uso da lexicalidade como metodologia de pesquisa sobre a experiência religiosa, 258
Volney J. Berkenbrock

10 Pesquisas teóricas – Os diferentes olhares sobre o fenômeno religioso, 288
Douglas Ferreira Barros
Glauco Barsalini

11 Os caminhos sincréticos da pesquisa em religião, 313
Gustavo Soldati Reis

12 A Teoria Crítica e seu alcance nos estudos da religião, 348
Manoel Ribeiro de Moraes Júnior

13 Um depoimento: o pesquisador recebendo o *deká* – Reflexões sobre a trajetória de uma antropóloga africanista na Amazônia, 379
Taissa Tavernard de Luca

Resumo e apresentação dos autores

1 Saberes e práticas na pesquisa em Ciências da Religião

O texto trata, inicialmente, da especificidade do campo religioso e seus fenômenos como objeto de pesquisa. Efetua-se um mergulho na escolha do tema e do problema de pesquisa, com implicações na subjetividade e valores do pesquisador. Exercita-se um aprofundamento na arte de transformar o tema em problema, pois sem este não há como instigar um trabalho ousado e, sem levantar questões, é difícil indicar pistas para um bom percurso de investigação. O lugar da teoria, conceitos e hipóteses é apresentado a seguir na problematização e construção do modelo de análise do objeto-alvo. Nesta parte, formulam-se tipos ideais como protótipos para aproximações dialéticas junto aos recortes da realidade. Assim, sugere-se que intuição e improvisação exercem papel inusitado, em várias situações práticas da pesquisa. A aplicação desses saberes é exemplificada na apresentação de um itinerário de pesquisa no campo pentecostal e neopentecostal. Esse caso concreto oferece, inclusive, estratégias alternativas *ad hoc*, quando abordagens planejadas se mostraram inadequadas.

Saulo de Tarso Cerqueira Baptista

Doutor em Ciências da Religião pela Universidade Metodista de São Paulo (2007). Professor adjunto efetivo da Universidade do Estado do Pará, com dedicação exclusiva e atuação no mestrado e graduação em Ciências da Religião. Mestre em Ciências Sociais (Sociologia) pela Universidade Federal do Pará (2002), Graduado e licenciado em Ciências Sociais pela Universidade Federal do Pará (1999), graduado em Engenharia Civil (1975), pela mesma universidade. Pós-doutorado em Sociologia da Religião pela Universidade da Beira Interior – Portugal (2016/2017). Tem experiência docente nas áreas de Ciências da Religião e Ciência Política, trabalhando, principalmente, questões de: esfera pública, cultura política brasileira, democracia, protestantismo, pentecostalismo, neopentecostalismo, ecumenismo, diálogo inter-religioso e fundamentalismo.

2 Por uma perspectiva simétrica entre o saber religioso e o das Ciências da Religião

Esta reflexão procura discutir a relação entre o pensamento proveniente de agentes religiosos ou meio religioso com aquele proveniente do meio científico, das Ciências Sociais e das Ciências da Religião que busca interpretar e elucidar o primeiro. Servindo-me do debate antropológico contemporâneo que visa desconstruir a perspectiva clássica da antropologia de alcançar o "ponto de vista do nativo" considerando este uma alegoria de dimensões sociais e culturais, esta nova abordagem propugna uma simetria entre as duas formas de pensamento, a do antropólogo e a do nativo. A partir daí, investigo quais os rebatimentos deste debate nos estudos de religião, seja a antropologia da religião, sejam as próprias Ciências da Religião. Através de uma leitura dos ensaios de antropólogos como Rubem César Fernandes, Rita Segato, Otávio Velho, Eduardo Viveiros de Castro e Bruno Latour busco realizar tal empreendimento.

Marcelo Ayres Camurça

Antropólogo, com doutorado pelo Museu Nacional de Antropologia (UFRJ-1994). Realizou seu estágio pós-doutoral na École Pratique des Hautes Études/ Sorbonne, no laboratório Groupe Societé, Religions e Laïcités (GSRL, 2009), do qual é membro no exterior. Pesquisador e bolsista de produtividade do CNPq. Professor titular do Departamento de Ciência da Religião da Universidade Federal de Juiz de Fora, atuando nos Programas de Pós-Graduação em Ciência da Religião e em Ciências Sociais da referida universidade. Autor, entre outras reflexões teórico-metodológicas sobre o estudo das religiões, do livro *Ciências Sociais e Ciências da Religião: polêmicas e interlocuções*, Paulinas, 2008.

3 A abordagem histórica nos estudos de religião: contribuições para um campo multidisciplinar

Este capítulo propõe uma reflexão sobre os desafios e possíveis contribuições da História para os estudos de religião. Considerando a ruptura em termos de abordagens, métodos e fontes de pesquisa que a renovação historiográfica dos *Annales* buscou empreender em relação à historiografia historizante do século XIX – de cariz positivista, evolucionista e factual –, procura situar as contribuições deste movimento – desdobrado, desde a década de 1970, na Nova História –, bem como da crítica ao ramo clássico da fenomenologia da religião – orientadora dos novos métodos propostos pela Escola Italiana – para o gênero da História das Religiões. Especificamente, ao articular reflexões gestadas em diferentes lugares da historiografia, bem como numa dimensão institucional que hoje reinsere o pesquisador em espaços múltiplos e articulados – além da universidade, associações de pesquisadores, simpósios temáticos, periódicos qualificados na área, mercado editorial e a própria mídia –, situa a produção do conhecimento sobre religião numa prática cada vez mais internacionalizada, interdisciplinar.

Ana Rosa Cloclet da Silva

É mestre e doutora em História pela Universidade Estadual de Campinas (Unicamp) e pós-doutora na mesma área pela Universidade de São Paulo (USP), com projeto integrado ao grupo temático: "Brasil: Formação do Estado e da Nação". É docente da Faculdade de História da PUC-Campinas e do Programa de Pós-Graduação *Strictu Sensu* em Ciências da Religião, pela mesma universidade com projetos integrados à linha de pesquisa "Fenômeno Religioso: instituição e práticas discursivas". Atualmente desenvolve pesquisas na área de História das Religiões, sendo organizadora, juntamente com Roberto Di Stefano, da coletânea *História das Religiões em Perspectivas* – Desafios conceituais, diálogos interdisciplinares e questões metodológicas (Editora Prismas, 2018). É bolsista Fapesp, na modalidade de Auxílio Regular à Pesquisa da Fapesp, com o projeto "*Modernidade, Secularização e Ultramontanismo*: um estudo de semântica histórica a partir da imprensa católica no Brasil da segunda metade do século XIX", articulado à rede internacional de pesquisadores de *Iberoconceptos*. Coordena o GT "Religião e Poder no Brasil oitocentista", vinculado à Associação Brasileira de História das Religiões (ABHR), e dirige a Coleção "História das Religiões", da Editora Prismas.

4 O antropólogo e o sagrado: trajetos etnográficos em contextos religiosos diferenciados

A partir de uma discussão teórico-metodológica, utilizando autores clássicos e modernos, sobre o trabalho de campo na Antropologia – e com base na sua experiência no terreno –, o autor formula doze procedimentos metodológicos a serem seguidos no estudo da religião. Apresenta ainda a sua trajetória etnográfica em contextos culturais e religiosos diferenciados (animista, hindu, budista-xintoísta e cristão): Bolívia, Brasil, Estados Unidos, Índia, Camboja, Japão e em vários países europeus. Este texto mostra como se deu a trajetória de pesquisa, enfatizando as dificuldades e problemas enfrentados e soluções encontradas durante o trabalho de campo etnográfico.

Donizete Rodrigues

Doutor em Antropologia Social pela Universidade de Coimbra, é Professor Associado com Agregação (livre-docência) do Departamento de Sociologia da Universidade da Beira Interior e investigador-sênior do Centro em Rede de Investigação em Antropologia, Portugal. Foi professor titular convidado do Doutoramento em Antropologia da Universidade de Salamanca (Espanha) e professor-visitante em algumas universidades estrangeiras (Bristol, Oxford, Uppsala, Roma e Colúmbia, entre outras) e Associate Researcher do *Center for the Study of Latin American Pentecostalism/University of Southern California* (EUA).

5 Contribuição dos estudos de cultura visual para as Ciências da Religião

Apresento, em primeiro lugar, um breve esboço do meu itinerário de pesquisa na cultura visual. Em seguida, ofereço um rápido panorama dos estudos de cultura visual nas últimas décadas, focalizando os conceitos de Iconic turn e Presença ou mostração. A maior parte do texto é dedicada às perspectivas metodológicas praticadas na minha pesquisa: interpretação sócio-histórica, interpretação semiótica, interpretações filosóficas: antropologia, hermenêutica, fenomenologia. A teologia da arte de Paul Tillich, que tive a oportunidade de usar em diversas análises, foi suficientemente desenvolvida em outro texto, ao qual remeto (HIGUET, 2012, p. 88-104). Fiz a opção de mostrar o interesse prático de todas as metodologias apresentadas através de um único exemplo: o mural da *Última Ceia*, de Leonardo da Vinci. Outros exemplos de análise de imagens religiosas podem ser encontrados em artigos mencionados na bibliografia final.

Etienne Alfred Higuet

Doutor em Ciências Teológicas e Religiosas – Universidade Católica de Louvain (Bélgica). Professor aposentado do Programa de Pós-Graduação em Ciências da Religião da Universidade Metodista de São Paulo. Professor visitante no Programa de Pós-Graduação em Ciências da Religião da Universidade do Estado do Pará. Presidente da Associação Paul Tillich do Brasil. Pesquisa atualmente em Cultura Visual, Pensamento de Paul Tillich, Filosofia da Religião.

6 Estudo de caso aplicado à religião: entre louvores, corpos intersubjetividades

Este texto trata das tensões dos pesquisadores que, vivenciando uma religiosidade, precisam, ao mesmo tempo, produzir conhecimento teórico-interpretativo a partir de escolhas que irão delimitar e construir seu futuro objeto de pesquisa. Pretendo apresentar, de início, o percurso inicial, as perguntas e metodologias, a maturação epistemológica da pesquisa, os problemas que podem surgir e a maneira como podem ser resolvidos. Posteriormente, faço referência a investigações que realizei com carismáticos católicos, indicando observações aos pesquisadores que tenham algum tipo de vínculo existencial ou institucional com universos religiosos. Ao final, sugiro um roteiro com oito passos metodológicos para a elaboração de um estudo de caso empírico com observação participante no âmbito dos estudos de religião/religiões.

Emerson Sena da Silveira

Antropólogo. Doutor em Ciência da Religião pelo Programa de Pós-Graduação em Ciência da Religião da Universidade Federal de Juiz de Fora (PPCIR-UFJF). Professor do Departamento de Ciência da Religião e no PPCIR, ambos da UFJF. Autor de artigos, capítulos de livros e livros sobre as convergências entre religião, política, gênero, internet, consumo, catolicismo e metodologia.

7 O caminho da caminhada – Dificuldades e desafios da pesquisa teórico-bibliográfica nos estudos de religião

A proposta do texto é refletir sobre a trajetória de pesquisa acadêmica. Essa trajetória, desde o ponto de vista das Ciências da Religião e da teologia, atingiu a cimeira no doutorado, que teve suas atenções investigativas voltadas para o binômio ecologia e teologia a partir do pensamento teológico de Jürgen Moltmann. Nesse sentido, este capítulo refletirá sobre as dificuldades e os desafios de uma pesquisa teórico-bibliográfica, que é sobre um tema e, ao mesmo tempo, acontece a partir do pensamento de um autor. Mostrar as dificuldades e os desafios na eleição do material bibliográfico do tema e do autor, na formulação de um novo viés interpretativo adequado aos estudos da atual realidade religiosa brasileira e a pertinência e o lugar da teologia nos esquadros das Ciências da Religião são alguns aspectos que serão enfrentados no capítulo proposto.

Josias da Costa Júnior

Doutor em Teologia pela Pontifícia Universidade Católica do Rio de Janeiro, é professor do Departamento de Filosofia e Ciências Sociais nas faculdades de Filosofia e Ciências da Religião. Atuou como docente permanente do PPGCR da Universidade do Estado do Pará (UEPA) entre 2013 e 2017. Entre os anos 2017 e 2018 realizou estágio pós-doutoral no Centre d'Études en Sciences Sociales du Religieux (CéSor) – Ehess, Paris – sob a supervisão do Dr. Michel Löwy. Docente e Visitante da Universidade Lusófona, em Portugal.

8 Oralidade, *performance* e representações sociais – A História Oral em pesquisa no catolicismo popular e neopaganismo

Discorrerei acerca da trajetória docente em dimensão interdisciplinar nas áreas da educação, Ciências da Religião e arte. Elucidarei as teias teóricas e métodos que compõem o campo da pesquisa qualitativa em diálogo com teoria da representação social – RS, análise do discurso e conteúdo. As experiências centram-se nos estudos culturais e indicam os saberes do campo religioso dispostos nos relatos orais, especificamente das histórias de vida dos intérpretes da pesquisa. As imbricações teóricas tratam da experiência religiosa; voz/oralidade; corpo/*performance* próprias da linguagem das religiões em questão e a relação entre saberes da tradição e contemporâneo, atualizações e reinvenções.

Maria Roseli S. Santos

Doutora em Educação pela Universidade Federal do Pará, é professora-adjunta I atuando na Pós-Graduação e Graduação em Ciências da Religião e Bacharelado em Design, na Universidade do Estado do Pará.

9 Mapas lexicais e semânticos – O uso da lexicalidade como metodologia de pesquisa sobre a experiência religiosa

A pesquisa qualitativa em Ciência da Religião com objetos que envolvam situações onde se deva considerar presente a experiência, o sentimento, a emoção implica uma dificuldade especial que é a de acesso a esta esfera senão íntima, pelo menos reservada da vivência religiosa. Esta esfera esconde em si algo de mistério, de indivisibilidade ou impronunciabilidade. Ao mesmo tempo, o pesquisador necessita recolher materiais de análise e interpretação que sejam reflexo desta experiência. Este texto irá propor um método que auxilie nesta dificuldade: a confecção de mapas lexicais e semânticos a partir da lexicalidade do campo pesquisado como expressão da experiência religiosa. Trata-se um método desenvolvido e testado na pesquisa.

Volney J. Berkenbrock

Doutor em Teologia pela Rheinische Friedrich-Wilhelm Universität, Bonn, Alemanha. É pesquisador das religiões afro-brasileiras, com enfoque especial na experiência religiosa do Candomblé. Professor do Departamento de Ciência da Religião da Universidade Federal de Juiz de Fora (MG), pesquisador do Programa de Pós-Graduação do mesmo departamento e membro do Instituto Teológico Franciscano de Petrópolis. Autor de diversos livros, capítulos de livros e artigos na área de Teologia e Ciência da Religião.

10 Pesquisas teóricas – Os diferentes olhares sobre o fenômeno religioso

Ao tomar por premissa que o fenômeno religioso se constitui como objeto privilegiado dos estudos das religiões e, em vista dos conflitos e congruências entre a fé e a razão, este capítulo objetiva demonstrar alguns olhares teóricos acerca da religião e, também, situar o leitor no debate atual empreendido pela filosofia a respeito das tensões existentes entre a crença e a não crença em Deus. Para tanto, promove, inicialmente, breve discussão epistemológica sobre a(s) ciência(s) que estuda(m) a(s) religião(ões). Promove, em seguida, certo exercício reflexivo a partir de alguns enfoques teóricos sobre o fenômeno religioso, de matrizes teológica, mitológica, sociológica e antropológica. Finalmente, situa o leitor no debate contemporâneo de tipo filosófico em torno da crença ou não crença em Deus.

Douglas Ferreira Barros

Professor de Filosofia na PUC-Campinas e membro do Grupo de Pesquisa Ética, Política e Religião: questões de fundamentação. Doutor e pós-doutor em Filosofia pela Universidade de São Paulo, iniciou os estudos sobre a relação entre política e religião em seu período de doutorado sanduíche na Ehess – Paris.

Glauco Barsalini

Professor do Programa de Pós-Graduação em Ciências da Religião e da Faculdade de Ciências Sociais na PUC-Campinas e membro do Grupo de Pesquisa Ética, Política e Religião: questões de fundamentação. Doutor em Filosofia pela Universidade Estadual de Campinas, tem se dedicado, mais recentemente, a pesquisar as relações entre a teologia e a política na contemporaneidade.

11 Os caminhos sincréticos da pesquisa em religião

A proposta do capítulo é problematizar, a partir de minha trajetória de pesquisa no doutorado, a complexidade da dimensão interdisciplinar nos estudos de religião, principalmente quando se tem como objeto de análise uma categoria tão instável como o sincretismo. Assim, o capítulo tende a percorrer os labirintos epistemológicos do sincretismo como categoria de análise na constituição de uma metodologia "sincrética" para o estudo do campo religioso brasileiro, especificamente o campo da interface de tradições religiosas indígenas e missionamentos cristãos. De fato, a pergunta pelas subjetividades no ato hermenêutico do pesquisador, a construção dos instrumentos teóricos de análise, as (im)possibilidades culturais do trabalho de campo, enquanto estudo de caso, com comunidades indígenas para o/a cientista da religião, serão algumas dimensões abordadas no presente texto.

Gustavo Soldati Reis

Doutor em Ciências da Religião pela Universidade Metodista de São Paulo/Umesp, São Bernardo do Campo. Professor-adjunto I do Departamento de Filosofia e Ciências Sociais da Universidade do Estado do Pará/Uepa, em Belém. Atuou como docente permanente no programa de Pós-Graduação em Ciências da Religião/PPGCR da Uepa, entre 2013 e 2017. Atua como pesquisador no Grupo de Pesquisa Movimentos, Instituições e Culturas Evangélicas na Amazônia/Micea, na linha de pesquisa sobre hermenêutica das representações religiosas de missionamentos evangélicos entre povos indígenas e no Grupo de Pesquisa Arte, Religião e Memória/Artemi, na linha de pesquisa sobre Religião e Quadrinhos: estudos em cultura visual. Possui Pós-Doutorado em Sociologia pela Universidade da Beira Interior/UBI, em Covilhã, Portugal.

12 A Teoria Crítica e seu alcance nos estudos da religião

Os escritos de Max Horkheimer sobre religião situam-se num tempo de fronteiras. Política, religião, etnia, economia, direito, razão, sociedade, artes e diversos outros campos de pesquisa passaram a ganhar um novo enfoque num tempo de sangrentos atritos e desastrosos confrontos. O fim aconteceu em quase todo o século XX. E em meio a tantos desastres, as perguntas teóricas que Max Horkheimer "O que é religião?" e "Como é possível pensá-la?" ganharam pertinências por associar erudição, história e mundo-da-vida nos seus escritos e pensamentos. O pensamento crítico sobre religião em Max Horkheimer tem sua envergadura e legitimidade por associar suas reflexões teóricas nos binômios teoria e práxis, pensamento e existência singular. Por isso, as reflexões sobre os Estudos da Religião a partir deste alemão ainda nos são importantes, pois as tradições intelectuais sobre religião são revisitadas frente à condição humana – dimensão onde a religião é expressa.

Manoel Ribeiro de Moraes Júnior

Possui graduação em Filosofia pela Universidade do Estado do Rio de Janeiro (Uerj, 1997), em Teologia pelo Seminário Teológico Batista do Sul do Brasil (STBSB, 2003), mestrado em Filosofia pela Universidade do Estado do Rio de Janeiro (UERJ, 2001) e doutorado em Ciências da Religião pela Universidade Metodista de São Paulo (Umesp, 2010). Atualmente desenvolve pesquisa de doutorado na Universidade da Beira Interior em Sociologia sobre epistemologia da sociologia nos estudos do secularismo e pós-secularismo. Desenvolveu estágio de pós-doutorado em Filosofia Política no Programa de Pós-Graduação da Universidade do Estado do Rio de Janeiro (PPGFIL-Uerj, 2011-2015), sob a supervisão do Dr. Luiz Bernardo Leite Araújo) e no Centre d'Études en Sciences Sociales du Religieux (CeSóR/Ehess/CNRS, 2015, sob a orientação do Dr. Michael Löwy). Desenvolve pesquisas sobre antropologias e religiões na Amazônia, perspectivas teóricas nos estudos da religião sob a perspectiva da Teoria Crítica de Frankfurt, e também sobre Teoria dos Estudos da Democracia e Religião a partir das teorias de Jürgen Habermas e das teorias do discurso, da política e da identidade de Jean-Marc Ferry e Paul Ricoeur. É coordenador do curso de Licenciatura em Filosofia, professor-adjunto III da Universidade do Estado do Pará. Lidera o Grupo de Pesquisa Religião, Política, Direitos Humanos e Democracia (Uepa/CNPq) e tem experiência na área de Filosofia e Ciências da Religião, atuando principalmente nos seguintes temas: religião, democracia, cultura e política.

13 Um depoimento: o pesquisador recebendo o deká – Reflexões sobre a trajetória de uma antropóloga africanista na Amazônia

O texto tem por objetivo fazer uma análise do meu percurso etnográfico durante esses vinte anos de pesquisa com religiões de matrizes africanas na Amazônia (1996-2016). Abordarei os diferentes temas analisados, as escolhas metodológicas e o processo de amadurecimento da relação entre pesquisador e campo. Apontarei as analogias feitas pela comunidade que aproximam a carreira acadêmica à sacerdotal e o processo de envolvimento religioso da antropóloga. O eixo de análise focar-se-á no debate sobre a subjetividade do fazer etnográfico e suas consequências para as Ciências da Religião.

Taissa Tavernard de Luca

Possui graduação em História pela Universidade Federal do Pará (2000), mestrado em Antropologia pela Universidade Federal de Pernambuco (2003) e doutorado em Programa de Pós-Graduação em Ciências Sociais pela Universidade Federal do Pará (2010). É membro da comissão de novos sócios do Instituto Histórico e Geográfico do Pará, bolsista – Plano Nacional de Formação Docente e voluntária da Federação Espírita e Umbandista dos Cultos Afro-brasileiros do Estado do Pará. Coordenadora do curso de graduação em Ciências da Religião e professora do programa de Pós-Graduação em Ciências da Religião da Universidade do Estado do Pará (Uepa). Atua principalmente nos seguintes temas: Ciências da Religião, memória e intolerância religiosa.

Introdução

Lançado para ser uma obra de referência, o Compêndio de Ciência da Religião (PASSOS & USARSKI, 2013)[1] mostra um amplo panorama de estudos, pesquisas e possibilidades da Ciência da Religião. O fôlego do compêndio é de longo alcance, pretendendo englobar todos os que estudam religião de alguma forma.

Contudo, quando a metodologia da Ciência da Religião é abordada, temos o seguinte diagnóstico:

> As discussões sobre métodos e metodologias são raras nas Ciências da Religião, seja no Brasil ou no exterior, seja nas revistas acadêmicas, congressos livros, textos, ou Programas que tratam desta área. Nisso a Ciência da Religião distingue-se, de uma maneira até vergonhosa, das outras Ciências Humanas e sociais. [...] todas as disciplinas nas Ciências Humanas e sociais são de certa forma plurimetodológicas. [...] o fato de uma disciplina usar vários métodos é um motivo a mais para prestar atenção à metodologia, não menos (ENGLER & STAUSBERG, 2013, p. 63)[2].

Nesse sentido, há um imenso campo de aplicação de métodos pouco explorado, pouco debatido. Há raros livros que, didaticamente, indiquem metodologias e reflexões úteis ao grande contingente de professores e alunos, da graduação e da pós-graduação, que pesquisam ou pesquisarão os universos religiosos no Brasil e no mundo.

A questão das religiões, ou da religião, é cada vez mais importante no Brasil e no mundo. Os intercruzamentos entre o religioso, a espiritualidade, a saúde, a sexualidade, a política (secularização, laicidade, ensino religioso), para falar apenas de alguns exemplos, mostram a vitalidade do religioso, como força social progressista ou reacionária.

---

1 PASSOS, J.D. & USARSKI, F. (orgs.). *Compêndio de Ciência da Religião*. São Paulo: Paulinas/Paulus, 2013.

2 ENGLER, S. & STAUBERG, M. Metodologia em Ciência da Religião. In: PASSOS, J.D. & USARSKI, F. (orgs.). *Compêndio de Ciência da Religião*. São Paulo: Paulinas/Paulus, 2013, p. 63-73.

No entanto, é fato que no campo editorial brasileiro como um todo, e na área das Ciências da Religião especificamente, há demanda por livros que procurem mostrar como, dentro da temática da religião, os autores pesquisaram um determinado tema, de que forma as ferramentas metodológicas, autores e conceitos foram escolhidos, de que maneira os problemas foram enfrentados, além de reflexões teóricas sobre os métodos.

Este livro trata-se, então, de um conjunto unitário de reflexões e aplicação de métodos aos estudos da religião, alguns com traços biográfico-retrospectivos ao mostrar como se deu a trajetória de pesquisa. Enfatizam-se dicas, problemas enfrentados, soluções dadas durante a pesquisa, o processo de delimitar o tema da pesquisa empreendida entre outros aspectos. Enfim, um livro com um perfil de texto-guia que pretende ser uma referência de como se pesquisar religião no Brasil.

Para organizar as contribuições, partiremos da ideia de pluralismo metodológico como a base na qual se assenta as Ciências da Religião. Nesse sentido, o livro traz uma apresentação aprofundada de métodos e metodologias de estudo além de dicas de livros e artigos ao final de cada capítulo. Pensou-se em dois grandes eixos: 1) pesquisas empíricas (estudos de caso e etnografias) nos estudos de religião e 2) pesquisas teórico-bibliográficas nos estudos de religião. Nesses dois eixos, os capítulos versam sobre como foi o processo de escolha do tema, as estratégias, os problemas encontrados na definição, como foi a escolha de autores e conceitos e outros aspectos das pesquisas sobre religião.

Engler e Stausberg (2013, p. 63) constatam que "o uso dos métodos na Ciência da Religião continua sendo relativamente ingênuo e surpreendentemente uniforme, e já é hora de modificar esta situação". Este livro propõe abrir caminhos para mudar essa situação, aludida por esses dois *scholars* da área de estudos da religião. Com isso, pretende-se preencher uma lacuna na área de estudos da religião, cuja orientação metodológica encontra-se dispersa por muitos manuais de muitas áreas diferentes. Uma das novidades, além de dicas e experiências dos pesquisadores, é a sugestão, feita ao final de cada capítulo, de livros e artigos, muitos com links na internet, para que o leitor, docente ou discente, aprofunde-se com maior segurança. Nesse sentido, este livro pode ser lido e usado por qualquer estudante ou professor que deseje investigar os problemas da religião em nosso mundo contemporâneo.

1

Saberes e práticas na pesquisa em Ciências da Religião

Saulo de Tarso Cerqueira Baptista
(Universidade do Estado do Pará)

Começamos por perguntar se existe uma especificidade no caso de pesquisas do fenômeno ou no campo religioso? E como se configura essa especificidade, caso ela exista?

A experiência da fé é acessível ao crente, mas, na sua dimensão íntima, existencial, é intransferível e inacessível ao outro. Neste sentido se pode falar de uma autonomia da religião. O ponto de partida e o ponto-final do estudo do fenômeno religioso seria, nesta perspectiva, a experiência religiosa vivida. Esta corrente da compreensão do fenômeno religioso situa-se na busca do sentido e na intenção da ação do sujeito religioso (FILORAMO & PRANDI, 1999, p. 5-25).

Reconhecida esta perspectiva, não é possível ignorar que as religiões são produções sociais, situadas no tempo e no espaço. Portanto, elas se manifestam em formas históricas e antropológicas, que podem e devem ser estudadas, como qualquer outro fenômeno humano, a partir de suas estruturas e das consequências que geram e produzem no mundo empírico e das interações que sofrem nessa mesma realidade. Pode-se pensar, portanto, em decompor e recompor essas estruturas, como esforço explicativo da presença do fato religioso na sociedade, mas, por outro lado, em recompô-las em grandes linhas interpretativas.

Aceitamos que não há uma Ciência da Religião ou uma Ciência das Religiões. No primeiro caso, tendo como objeto a religião no singular, como sentido abstrato de um fenômeno humano, ou, no segundo caso, uma ciência que reconhece as tradições coletivas que expressam o mesmo fenômeno, através de suas incontáveis instituições. Preferimos reconhecer que há um campo disciplinar, denominado Ciências da Religião ou das Religiões. Ciências aqui no plural, porque se trata de um campo que abarca a confluência de diferentes saberes, para estudar o fenômeno religioso, em sua inesgotável complexidade.

O pesquisador, seus valores e o problema a pesquisar

Pesquisar é um labor pautado pelos fundamentos epistemológicos que definem o estatuto do que é produção científica. Não obstante, a prática da pesquisa é, também, um exercício de prática artística no sentido *poiético* do saber-fazer, segundo a classificação aristotélica dos tipos de conhecimento. O pesquisador desenvolve acuidade e sensibilidade para perceber a concretude ou a aparência de um fenômeno. Esmera-se na escolha e aplicação de métodos e técnicas de trabalho. Decide o que é necessário e suficiente para a mais completa compreensão de um fenômeno, nos limites do que é possível fazê-lo, à luz da conjuntura dada. Estabelece a extensão e limites do seu estudo, bem como o caráter conjectural, de arbitrariedade e plausibilidade de suas escolhas e a verificabilidade e falseabilidade dos resultados de sua pesquisa.

O cientista é movido por valores. Em texto inédito sobre a sociologia weberiana, escrevemos o seguinte: sempre o pesquisador vai delimitar sua seleção de fenômenos a serem pesquisados de acordo com a razão suficiente, ou seja, vai arrolar durante todo o processo de investigação os elementos que julgar satisfatórios para elucidar o aspecto da realidade que ele se propôs a explicar. Em qualquer situação, ele estará tratando alguns aspectos como importantes e outros como secundários. Esta seleção está vinculada à sua **relação com os valores**. Este é o momento arbitrário da pesquisa, que acusa a intenção do cientista, os limites da sua investigação, mas que traz, em contrapartida, uma visão nova sobre um problema já pesquisado, ou uma contribuição inédita sobre um aspecto da realidade. Cada pesquisador, ao produzir ciência, o faz subjetivamente segundo sua **relação com os valores**. Mas ao mesmo tempo traz à luz, pelo emprego rigoroso do método científico, um conhecimento objetivo limitado de um aspecto da realidade, o qual se deve somar a outros conhecimentos produzidos por outros profissionais. A ciência é uma grande construção, aonde todos os sábios vêm acrescentando, dia após dia, ano após ano, século após século, suas contribuições (cf. FREUND, 2000).

Não se faz ciência sem paixão. Não uma paixão doentia, delirante. Melhor falar de emoção e determinação. A pesquisa é produto de doses não quantificáveis de razão e emoção. E quando se trata de investigação no campo das religiões, tende a ser mais evidente a dimensão dos sentimentos envolvidos, seja na pessoa do pesquisador e, de forma mais acentuada, nos seus interlocutores, principalmente aqueles que os antropólogos denominam "nativos".

Mas a aproximação entre o pesquisador e seu campo de investigação, a formação de uma rede de relações para criar o clima favorável ao levantamento de dados, exige uma longa e difícil construção. O início requer a "quebra de gelo", a dispensa dos formalismos cerimoniosos, a superação da desconfiança. Isto pode ser facilitado a partir de relações pessoais que o pesquisador consiga estabelecer para, ao investir seu tempo e dedicar atenção a suas fontes, criar situações favoráveis e conquistar a confiança dos interlocutores. Afinal, estes são os depositários das representações sociais que permitirão a construção da empiria desejada para avançar na pesquisa.

O interlocutor é um parceiro, não deve haver hierarquia na relação entre investigador e fonte. Se o pesquisador detém conhecimentos teóricos, a fonte é a geradora de experiências e detentora de recortes interpretativos da realidade. Cada ser humano carrega sínteses da sociedade do seu tempo. Os grupos a que pertencemos ou com que nos relacionamos alimentam nossas visões de mundo. Durante a pesquisa, essas sínteses, contraditórias tanto quanto a sociedade que as alimenta, são a forma do interlocutor construir e expor sua identidade, como parte da invenção da identidade coletiva do seu mundo e da sua religião, em particular. Kaufmann (2013, p. 99-100) lembra que:

> O informante desenvolve duas posturas características. Ele pode trabalhar para sua unidade, o que é mais comum. Ele se concentra, então, em suas opiniões e comportamentos para extrair sua coerência, desenhar um autorretrato com linhas nítidas; confronta-se arduamente com o investigador quando este aponta contradições. Por outro lado, ele pode utilizar a situação de entrevista para se interrogar sobre suas escolhas, se autoanalisar, com a ajuda do investigador.

A questão norteadora da pesquisa

A pesquisa começa quando alguém se sente incomodado com algum fenômeno. Fenômeno aqui no sentido de fato ou evento que pode ser descrito, analisado, explicado e/ou interpretado cientificamente. Em estudos de natureza qualitativa, que estamos tratando neste texto, "o investigador vê o cenário e as pessoas em uma perspectiva holística. As pessoas, os cenários ou os grupos não são reduzidos a variáveis, mas considerados como um todo. O investigador qualitativo estuda as pessoas no contexto de seu passado e das situações nas quais se encontram" (ÁLVAREZ-GAYOU JURGENSON, 2014, p. 24).

Esta ideia de fenômeno, no caso do nosso objetivo, que é aplicá-la ao fenômeno religioso, leva-nos ao conceito de fato ou **fenômeno social total**, elaborado por Marcel Mauss (2001, p. 52), quando escreve:

> Nestes fenómenos sociais totais, como propomos chamar-lhes, exprimem-se, ao mesmo tempo, e de uma só vez, todas as espécies de instituições: religiosas, jurídicas e morais – e estas políticas e morais ao mesmo tempo; económicas – e estas supõem formas particulares da produção e do consumo.

Com efeito, as barreiras se diluem, quando lidamos com o social, onde o imaginário, as representações, as instituições, ou seja, o conjunto que denominamos **o real** se constitui o desafio, a própria razão de ser do trabalho de investigação. A realidade social é una, porém as perspectivas, a partir das quais deve ser abordada, são incomensuráveis. A religião requer essa associação de análises científicas, que chamamos interdisciplinaridade.

O que leva uma pessoa a eleger um tema de pesquisa? Assumimos que é, geralmente, uma forma de inquietação. Pode ser a necessidade de cumprir requisito curricular para obtenção de algum grau acadêmico, mas pode ser alguma razão que se situa no campo existencial. E essas motivações não são excludentes. Não raro, quando dedicamos nossa atenção na trajetória de trabalho de um pesquisador, percebemos que sua produção se concentrou em uma grande questão, às vezes a vida toda, com variações em torno do mesmo tema. Pode ter sido para elucidar e aprofundar problemas existenciais: uma espécie de ajuste de contas. É possível que sua temática tenha nascido da convivência com um grupo social, partido, sindicato etc. O seu tema-chave também pode ter nascido da relação com alunos e colegas docentes; algo que ele não pôde responder, quando foi inquirido no exercício do ensino, e que o instigou a tomar como desafio que justificava um investimento para sua carreira profissional. Já falamos linhas acima, com base em Weber, que essa escolha de tema tem relação com os valores do pesquisador. Em suma, inquietações, que tocam em níveis e graus diferentes as pessoas, podem levá-las a escolher o que será importante eleger como alvo de pesquisa, o que merece investimento e dedicação a esse complexo trabalho.

A pesquisa, geralmente, inicia com a escolha de um tema. Nesse primeiro momento, o tema é apenas um enunciado vago de uma ideia para dar começo à construção de um projeto de pesquisa. O tema precisa ser transformado em problema. Não haverá pesquisa se a intenção do pesquisador se limitar a essa ideia vaga. É fundamental transformar o tema inicial, provisório, numa questão, que servirá de ponto de partida para os desdobramentos seguintes.

Essa questão deve ter qualidades e características seminais, que permitam a construção de um bom projeto de pesquisa. Segundo Quivy e Campenhoudt (2008, p. 35-44), a questão deve ser formulada com clareza, no sentido de se mostrar precisa, concisa e unívoca. Deve garantir exequibilidade, isto é, estar compatível com as condições e possibilidades do pesquisador e ser realizável a partir dos recursos que ele for capaz de mobilizar para a execução do projeto. Neste aspecto, o pesquisador tem que ser realista, quanto a sua capacidade de trabalho. A questão proposta deve ter qualidades de pertinência: "ser uma questão verdadeira", no sentido de abordar o que já existe sobre o assunto e fundamentar novo estudo sobre o tema. E, finalmente, ter o propósito de alcançar a compreensão dos fenômenos estudados.

Uma questão de pesquisa deve ser enunciada com frases que remetam à busca do que está oculto, do que não é evidente. Deve, também, ser uma questão que leve à busca de contradições. Cada ser humano traz uma espécie de síntese da sociedade em que vive. Ao pertencer a grupos de diferentes naturezas, situados em espaços públicos e privados, ao conviver com instituições as mais diversas, o indivíduo produz e reproduz incertezas, dúvidas e respostas a essas perplexidades. A pesquisa socioantropológica deve explorar tais características da condição humana. A questão que dá partida a uma pesquisa deve provocar o que incomoda, porque vai instigar autorreflexão por parte dos interlocutores que vivenciam o fenômeno a ser estudado. Ao mergulhar numa pesquisa, pesquisador e interlocutores farão um exercício de autoconhecimento, de revisão e reconstrução de identidades, individuais e coletivas.

A questão norteadora da pesquisa deve discutir por que razão há zonas de silêncio permeando o fenômeno escolhido para ser alvo da pesquisa. Deve instigar questionamentos, tais como: De que modo essa comunidade em destaque lida com acordos silenciosos? Por que há interditos? De que maneira se manifestam esses interditos? Uma pesquisa tem que ousar ir fundo na compreensão dos fenômenos. É como se estivéssemos diante de um *iceberg*. Temos visíveis apenas 10% da realidade e queremos perscrutar os 90% que se escondem sob a aparência do que é visível.

A pesquisa deve remeter aos jogos de poder que se configuram entre os envolvidos no espaço de atuação em que o fenômeno está sendo estudado. Se for um grupo religioso, é pertinente perguntar: Quem detém o poder formal e informal nessa comunidade? Como é exercido? Como é dissimulado esse poder? Quais são os aliados e inimigos identificados pelos interlocutores? Em resumo: uma questão de pesquisa deve ser fértil o bastante para não comportar respostas óbvias como Sim ou Não. Deve explorar as seguintes perguntas: Por quê? De que maneira? Como? Em que consiste? O que está oculto? Como se pode trabalhar esse fenômeno em análise de forma dialética?

> Se insistimos na pergunta de partida, é porque a evitamos com demasiada frequência, seja porque parece evidente (implicitamente!) ao investigador, seja porque este pensa que verá mais claro à medida que avança. É um erro. Ao desempenhar as funções de primeiro fio condutor, a pergunta de partida deve ajudá-lo a progredir nas suas leituras e nas suas entrevistas exploratórias. Quanto mais preciso for este "guia", melhor progredirá o investigador. Além disso, é "moldando" a sua pergunta de partida que o investigador inicia a ruptura com os preconceitos e com a ilusão da transparência. Finalmente, existe uma última razão decisiva para efetuar cuidadosamente este exercício: as hipóteses de trabalho, que constituem os eixos centrais de uma investigação, apresentam-se como proposições que respondem à pergunta de partida (QUIVY & CAMPENHOUDT, 2008, p. 46).

Enfatizamos a formulação da questão inicial e seus desdobramentos, porque no nascedouro podem ser evitados problemas de má qualidade de um projeto de pesquisa, os quais, se não forem identificados em sua origem, terão propagação irremediável nas fases seguintes. Todavia, essa formulação é apenas o começo. Em seguida, vem a exploração do tema, através de leituras, observações de campo, entrevistas exploratórias, compilações e resumos do que foi obtido, bem como muita reflexão sobre essas informações. Nesse processo e em toda a pesquisa se deve ter consciência de que o projeto é um roteiro dinâmico para passar por reformulações, tantas vezes quantas forem necessárias.

Sobre as escolhas do que ler e observar convém não cair em extremos: nem uma gula livresca nem uma anorexia de leituras. Quivy e Campenhoudt (2008, p. 52-54) recomendam, a partir da pergunta inicial, uma seleção de textos que ofereçam análises e interpretações do fenômeno, mas, também, apresentem abordagens diferenciadas. É importante lembrar que a alegação de que "nunca foi feita uma pesquisa sobre o tema que escolhi" não se sustenta, na maioria dos casos. Geralmente, é possível encontrar estudos similares ou que contribuem por contraste e paralelismo de abordagem com o que queremos pesquisar. Esses estudos oferecem, inclusive, indicações para possíveis consultas aos conceitos e teorias que foram utilizados, a fim de avaliar se podem ser aplicáveis ao tema escolhido.

> Resumindo: entrevistas, observações e consultas de documentos diversos coexistem frequentemente durante o trabalho exploratório. Nos três casos, os princípios metodológicos são fundamentalmente os mesmos; deixar correr o olhar sem se fixar só numa pista, escutar tudo em redor sem se contentar só com uma mensagem, apreender os ambientes e finalmente, procurar discernir as dimensões essenciais do problema estudado, as suas facetas mais reveladoras e, a partir daí, os modos de abordagem mais esclarecedores (QUIVY & CAMPENHOUDT, 2008, p. 83).

Ao final dessa etapa exploratória deve-se rever a pergunta inicial, pois o conjunto de elementos examinados, através das entrevistas, observações e leituras, certamente produzirá uma visão mais densa e aprofundada do problema de pesquisa, comparando com a visão que se apresentava quando se começou a elaborar o projeto.

A problematização

O problema que submetemos a uma proposta de pesquisa foi visto sob diversos ângulos, durante a etapa exploratória, com base nas fontes que o pesquisador consultou e mediante o exercício pessoal de ouvir, olhar, sentir e escrever, enquanto recorria a entrevistas, observações de campo e participação em eventos, junto com seus interlocutores. Este foi o ato primeiro de contato direto com o fenômeno religioso. A partir dessa experiência, o pesquisador é desafiado a fazer um balanço de tudo que recolheu e a proceder a um distanciamento do que obteve, a fim de se entregar à reflexão, com o objetivo de sistematizar e sintetizar suas ideias, para elaborar conceitos e fazer escolha de teorias que servirão para iluminar e questionar o fenômeno em pesquisa, de modo a perscrutá-lo para além das aparências. Este é o ato segundo do processo denominado problematização.

É oportuno destacar aqui que o objeto ou fenômeno a ser investigado é sempre uma construção científica. Conforme escreveram Bourdieu, Chamboredon e Passeron (2015, p. 64), "para saber construir o objeto e conhecer o objeto que é construído, é necessário ter consciência de que todo objeto propriamente científico é consciente e metodicamente construído, e é necessário conhecer tudo isso para nos interrogarmos sobre as técnicas de construção das perguntas formuladas ao objeto".

Segundo Quivy e Campenhoudt (2015, p. 89) "a problemática é a abordagem ou a perspectiva teórica que decidimos adotar para tratarmos o problema formulado pela pergunta de partida". Consiste, efetivamente, em "formular os principais pontos de referência teóricos da [...] investigação: a pergunta que estrutura finalmente o trabalho, os conceitos fundamentais e as ideias gerais que inspirarão a análise" (p. 90). Trata-se da explanação de uma nova forma de abordar um fenômeno, com implicações teóricas e metodológicas resultantes do artesanato do pesquisador, em seu exercício de "imaginação sociológica".

Teorias e conceitos são fundamentais tanto na problematização de um tema de pesquisa como na escolha de referenciais de análise de um fenômeno a ser pesquisado. Todavia essa relação entre escolha da teoria a ser aplicada e fenômeno a ser pesquisado é uma relação dialética. Não é a teoria que determina uma pesquisa. É a natureza da pesquisa e o problema a ser investigado que indica qual teoria, quais conceitos, serão úteis para a análise daquele fenômeno. É o corpo quem determina a escolha da roupa e não a roupa que determina em qual corpo será aplicada. A perspectiva de análise sempre direciona os resultados da pesquisa. Neste sentido, a teoria e o método serão capitais para a produção dos resultados. Teorias e métodos diferentes levarão a conclusões distintas.

Em suma, nessa etapa da problematização se define o quadro conceitual da pesquisa, os conceitos e as relações que se estabelecem entre eles; descrevem-se os aportes teóricos que serão utilizados e o caminho metodológico que o pesquisador adotará, sendo que todo este conjunto é preparado, especificamente, para a abordagem do fenômeno em investigação.

A construção do modelo de análise

Como já aprofundamos a pesquisa em sua fase exploratória e já problematizamos o fenômeno religioso a ser estudado cientificamente, com a escolha da teoria ou teorias aplicáveis ao caso, cabe, a partir deste ponto, definir os conceitos e hipóteses de trabalho que constituirão nosso modelo de análise. A esta altura, a pergunta inicial, revisitada e revista, deve assumir o caráter de questão central da pesquisa.

A questão inicial serviu de semente para a etapa exploratória e a problematização. Essa primeira pergunta foi a principal norteadora do estudo. Via de regra, ela não nasceu isolada. A questão serviu de eixo da pesquisa e originou questões complementares. A partir dela e dessas questões que a complementam, se desdobraram as linhas de trabalho que compõem o novo quadro da investigação. Esses desdobramentos e questões decorrentes pedirão respostas provisórias ou conjecturas, antes de se passar à execução da pesquisa, propriamente entendida. Assim está formado o quadro para a elaboração das hipóteses. Antes, porém, de tratar como devem ser formuladas as hipóteses, daremos destaque à formulação de conceitos.

A elaboração de conceitos pode enveredar por dois caminhos. O primeiro é guiado pela indução. Neste caso, à luz do que foi pesquisado, durante a fase exploratória, tentaremos definir com precisão instrumentos teóricos para aplicá-los na análise. Por exemplo, o que significa, em nossa pesquisa, o conceito **fenômeno religioso**? Quais são suas **dimensões**? Experiencial, ideológica, ritual? E para essas dimensões, que **indicadores** ou **atributos** serão utilizados na sua expressão familiar, comunitária, política, para relacioná-lo ao problema e hipóteses da nossa pesquisa? Esta classe de conceitos é denominada por Bourdieu, Chamboredon e Passeron (2015, p. 47) de **conceitos operatórios**.

No segundo caminho, a elaboração do conceito é guiada pela dedução. Trata-se de um caminho mais abstrato e, geralmente, recorre-se à utilização de conceitos já elaborados por outros pensadores. Neste caso, estaremos trabalhando com **conceitos sistêmicos**. Segundo os mesmos autores:

> [...] os conceitos mais capazes de desconcertar as noções comuns não detêm, em estado isolado, o poder de resistir sistematicamente à lógica sistemática da ideologia: ao rigor analítico e formal dos conceitos ditos "operatórios" opõe-se o rigor sintético e real dos conceitos que receberam a designação de sistêmicos porque sua utilização pressupõe a referência permanente ao sistema completo de suas inter-relações (BOURDIEU; CHAMBOREDON & PASSERON, 2015, p. 47).

Estes conceitos, deduzidos de uma compreensão de totalidade, são considerados menos sujeitos a juízos de valor, prenoções, enquanto os primeiros são mais vulneráveis, porque construídos *ad hoc*. Comentam os autores franceses citados:

> Por mais parcial e parcelar que seja um objeto de pesquisa, só pode ser definido e construído em função de uma problemática teórica que permita submeter a uma interrogação sistemática os aspectos da realidade colocados em relação entre si pela questão que lhe é formulada (BOURDIEU; CHAMBOREDON & PASSERON, 2015, p. 47).

O que é uma hipótese? Uma forma simples de descrever uma hipótese é afirmar que ela é exatamente uma resposta antecipada, provisória, de sentido conjectural à questão central da pesquisa. Se há desdobramentos dessa questão em perguntas complementares, as respostas a essas perguntas também serão hipóteses. Cada hipótese será geradora de uma linha de pesquisa. Daí ser prudente não criar um número exagerado de hipóteses, que, pela quantidade e complexidade, poderão impor obstáculos para ser devidamente analisadas no tempo e limites do projeto.

Segundo Georges Canguilhem (apud BOURDIEU; CHAMBOREDON & PASSERON, 2015, p. 252): "a hipótese é um juízo de valor sobre a realidade. Seu valor reside no seguinte: ela permite prever e construir fatos novos, muitas vezes, aparentemente paradoxais, que a inteligência integra com o saber adquirido, mas cuja significação se renova em um sistema coerente".

A hipótese se confirmará ou será infirmada se, ao longo da execução da pesquisa, os fatos corroborarem ou negarem o conteúdo do seu enunciado. Em geral, porém, a pesquisa não se limita a confirmar ou negar o que se imaginava no início do projeto. Os dados levantados e interpretados, as análises realizadas ao longo do processo de investigação (lembrando que este é guiado pelas hipóteses) trarão à luz conhecimentos que vão muito além dessa validação ou refutação. É comum a pesquisa transcender e trazer como resultado outras dimensões da realidade, insuspeitadas no teor das conjecturas ou hipóteses postas inicialmente.

Como são formuladas as hipóteses? Na condição de respostas às perguntas da pesquisa, as hipóteses devem ter uma estrutura de relação entre duas variáveis, que a rigor são os conceitos adotados e definidos nas fases exploratória e de problematização da pesquisa. Essa relação entre variáveis pode ser de natureza causal ou correlacional. No primeiro caso, a primeira variável é independente ou autônoma e a segunda é uma variável dependente da primeira. Quando o fenômeno em investigação não permite estabelecer relação de causa e efeito, o pesquisador relaciona as variáveis arbitrariamente, quanto à ordem, ou seja, "a ordem dos fatores não altera o produto", que é o desenvolvimento da pesquisa. Pode-se trabalhar com hipóteses de mais de duas variáveis, mas, neste caso, nada impede que se desdobrem as relações múltiplas em diversas hipóteses simples de duas variáveis.

As hipóteses devem ser redigidas como proposições sintéticas, as quais resultaram do acúmulo de informações obtidas pelo pesquisador. Essas hipóteses poderão nascer de exercício de indução ou de dedução, conforme tenha sido a metodologia empregada nas etapas anteriores de elaboração do projeto de pesquisa. A redação da hipótese deve ser concisa, objetiva e afirmativa. Os conceitos que a constituem têm que ser operacionais, para que, durante a pesquisa, haja condições de levantar os dados e conferir o que foi planejado no modelo de análise.

Um exemplo clássico pode elucidar aspectos do que afirmamos. Em sua pesquisa sobre o suicídio como fato social, Durkheim (2011) formulou uma hipótese (entre outras), na qual estabelecia: quanto maior é a **coesão social** menor é a **taxa de suicídios** de uma sociedade. Há aqui uma relação causal em proporção inversa entre dois conceitos ou variáveis. A variável independente é a coesão social, que se desdobra em coesão religiosa, familiar, profissional etc. No seu estudo, Durkheim destacou a coesão religiosa e traduziu-a em indicadores de práticas católicas e protestantes, tais como: o papel do clero, o livre-exame da Bíblia, práticas comunitárias de ritos, reconhecimento legal de prescrições religiosas. Quanto à variável dependente taxa de suicídio, ele a buscou em valores numéricos nas estatísticas oficiais dos países pesquisados. Foi possível assim confirmar a hipótese de que o suicídio era mais frequente em países de maioria protestante, onde a coesão social era menor.

Nesta discussão sobre conceitos e hipóteses, queremos abrir um destaque para a importância da aplicação dos **tipos ideais**. Vamos entender primeiro o que é um tipo ideal. Conforme já escrevemos em outro texto (BAPTISTA, 2009, p. 31) e que transcrevemos aqui com pequenas alterações, a utilização deste recurso está ligada à necessidade de rigor conceitual no labor científico. Conceitos como classe, massa, capitalismo, feudalismo, frequentes na análise sociológica, dependem do contexto histórico em que estão sendo considerados. Para estabelecer rigorosamente o sentido de cada conceito com que se pretende trabalhar na perspectiva weberiana, o cientista deve construir um **tipo ideal**. De acordo com a orientação de Weber,

[...] obtém-se um tipo ideal mediante a acentuação unilateral de um ou vários pontos de vista, e mediante o encadeamento de grande quantidade de fenômenos isoladamente dados, difusos e discretos, que se podem dar em maior ou menor número ou mesmo faltar por completo, e que se ordenam segundo os pontos de vista unilateralmente acentuados, a fim de se formar um quadro homogêneo de pensamento. Torna-se impossível encontrar empiricamente na realidade esse quadro, na sua pureza conceitual, pois trata-se de uma utopia (apud COHN, 1991, p. 106).

A construção de tipo ideal visa criar um recurso, uma ferramenta, que garanta ao pesquisador um necessário distanciamento da realidade, visto que esta é complexa e "contaminada" por uma profusão de aspectos e sutilezas, os quais nem sempre têm relação com o fenômeno investigado. Assim, ao construir o tipo ideal, o pesquisador tenta dar mais clareza, pureza e nitidez ao seu objeto. É como se ele aplicasse uma lente de aumento e fizesse um *zoom* sobre o que está analisando e ainda fizesse alterações para torná-lo mais definido em seus contrastes e contornos. O pesquisador sai, portanto, da realidade, se distancia dela e a perscruta, com apoio nesse artifício, de modo a enxergar melhor o fenômeno e suas idiossincrasias. Como ensina Weber (apud BOURDIEU; CHAMBOREDON & PASSERON, 2015, p. 229 e 232):

A casuística sociológica só é possível a partir do tipo *puro* (ideal). [...] É da mesma maneira que o sociólogo deveria proceder na construção do tipo ideal de uma atitude puramente mística ou acosmística em relação à vida (p. ex., da política e da economia). Quanto mais nítido e unívoco for o tipo ideal, tanto mais *estranho* será, nesse sentido, ao universo concreto, e maiores serviços prestará à terminologia, à classificação e à heurística. [...]. Por consequência, a construção de tipos ideais abstratos não é considerada como objetivo, mas unicamente como meio do conhecimento (grifado no original).

Verifica-se que a elaboração de um **tipo ideal** está ligada à **relação com os valores** do cientista. Tem base em aspectos da realidade, selecionados em consonância com as hipóteses que nortearão a pesquisa. Este *a priori* hipotético é ponto de partida necessário para a reflexão científica. O tipo ideal é sempre uma racionalização utópica, idealizada pela acentuação de singularidades da realidade em estudo. O tipo ideal é uma ferramenta artificial, um modelo para o confronto com o aspecto da realidade que se está analisando. É ideal não no sentido moral ou ético, nem expressa aspiração de um devir. É apenas uma construção teórica útil para se adentrar na realidade caótica, visando interpretá-la. Tem caráter de ordenamento lógico e não valorativo. O cientista deve ter em mente o caráter instrumental do tipo ideal e deve abandoná-lo, caso não se preste para o propósito da pesquisa. Neste caso, convém rever suas hipóteses e elaborar outro tipo ideal, procedendo assim tantas vezes quantas se mostrarem necessárias (WEBER, 1993, p. 107-154; FREUND, 2000, p. 47-61; RINGER, 2004, p. 114-124).

Segundo Bourdieu, Chamboredon e Passeron (2015, p. 228), "as construções dos tipos ideais pelo sociólogo podem 'prestar o serviço' de conduzir à formulação de hipóteses e sugerir as questões a serem colocadas à realidade; [as quais] por si mesmas, não seriam capazes de propiciar qualquer conhecimento da realidade". O próprio Weber (apud BOURDIEU; CHAMBOREDON & PASSERON, 2015, p. 231 e 233) esclarece este e outros aspectos da aplicabilidade de tipos ideais:

> No que diz respeito à pesquisa, o conceito de tipo ideal propõe-se formar o julgamento de atribuição: não é em si mesmo uma "hipótese", mas procura guiar a elaboração das hipóteses. Por outro lado, não é uma apresentação do real, mas propõe-se dotar a apresentação com meios de expressão unívocos. [...] Quando se tem a intenção de dar uma definição genética do conteúdo de um conceito, a única forma que resta é a do tipo ideal, no sentido indicado mais acima. O tipo ideal é uma moldura de pensamento e *não* a realidade histórica e tampouco a realidade "autêntica", e serve ainda menos de esquema por meio do qual seria possível organizar a realidade na qualidade de *exemplar*. Sua única significação é a de um *conceito-limite* [*Grenzbegriff*] puramente ideal, pelo qual é *avaliada* [*messen*] a realidade para clarificar o conteúdo empírico de alguns de seus elementos importantes e com o qual ela é *comparada*. Tais conceitos são imagens [*Gebilde*] nas quais, utilizando a categoria de possibilidade objetiva, construímos relações que nossa *imaginação*, formada e orientada a partir da realidade, *julga* como adequadas (grifos no original).

A partir desse conjunto de tema, problema, questões, conceitos e hipóteses, podem ser enunciados os objetivos geral e específicos de uma pesquisa. A escrita dos objetivos deve apontar para a finalidade da pesquisa. O que se deseja alcançar com este estudo? Que conhecimentos e resultados são almejados como produto final desta investigação?

O objetivo geral deve oferecer uma visão abrangente do que se busca e indicar que, ao atingir sua finalidade, a pesquisa terá respondido o problema fundante que a originou. Nos objetivos específicos são apresentadas as metas parciais que, no conjunto, possibilitarão a conquista do objetivo geral. Portanto, esses objetivos específicos têm função construtiva, intermediária e instrumental para a realização completa dos propósitos da pesquisa. Neste sentido, os objetivos específicos devem estar relacionados às hipóteses, pois estas apontam para as linhas de trabalho que compõem o desdobramento do problema a ser investigado.

Segundo Moresi (2000, p. 28-29 – grifos do autor):

> Os enunciados dos objetivos devem começar com um verbo no infinitivo e este verbo deve indicar uma ação passível de mensuração. Como exemplos de verbos usados na formulação dos objetivos, podem-se citar para: – **determinar estágio cognitivo de conhecimento:** os verbos apontar, arrolar, definir, enunciar, inscrever, registrar, relatar, repetir, sublinhar e nomear; – **determinar estágio cognitivo de compreensão:** os verbos descrever, discutir, esclarecer, examinar, explicar, expressar, identificar, localizar, traduzir e transcrever; – **determinar estágio cognitivo de aplicação:** os verbos aplicar, demonstrar, empregar, ilustrar, interpretar, inventariar, manipular, praticar, traçar e usar; – **determinar estágio cognitivo de análise:** os verbos analisar, classificar, comparar, constatar, criticar, debater, diferenciar, distinguir, examinar, provar, investigar e experimentar; – **determinar estágio cognitivo de síntese:** os verbos articular, compor, constituir, coordenar, reunir, organizar e esquematizar; – **determinar estágio cognitivo de avaliação:** os verbos apreciar, avaliar, eliminar, escolher, estimar, julgar, preferir, selecionar, validar e valorizar.

Na redação dos objetivos os verbos indicarão o tipo de estudo, que pode ser analítico, compreensivo, comparativo, correlacional, explicativo etc. Objetivos em nível cognitivo, de caráter mais descritivo, recorrem a verbos como: Identificar, Descrever, Sistematizar, Caracterizar e Indicar. Em nível interpretativo, os objetivos são apresentados com verbos que sugerem pretensões mais arrojadas, do tipo: Analisar, Compreender, Explicar, Comparar, Relacionar.

Itinerário de uma pesquisa no campo pentecostal e neopentecostal

Os passos anteriores habilitarão a proposta de pesquisa para a escolha do caminho a ser seguido em sua execução. Método é caminho: pressupõe uma trajetória a ser percorrida para nos levar do ponto onde estamos ao ponto almejado. Temos que saber onde queremos chegar para saber o caminho. Se não soubermos onde desejamos chegar, qualquer caminho servirá como ensinava o gato sorridente de *Alice no país das maravilhas*, mas isto nos levará a resultados inusitados, sem relevância científica, ou, simplesmente, inúteis.

Uma pesquisa, qualquer que seja, não se desenvolve em trajetória linear. Um projeto de pesquisa pode ser reformulado em qualquer altura do trabalho. A própria análise do problema revelará a necessidade de voltar e completar ou reformular trajetórias anteriores. Por outro lado, não existe antagonismo entre pesquisa quantitativa e qualitativa. Toda abordagem quantitativa sempre requererá análise e interpretação qualitativa. Não nos deteremos neste assunto.

Nossa proposta, a partir deste ponto, é apresentar, de forma resumida, a experiência de pesquisa que desenvolvemos, durante o doutorado, envolvendo lideranças pentecostais e neopentecostais na esfera pública brasileira (BAPTISTA, 2009, p. 33-39; 2014, p. 300-304). Resolvemos proceder assim, por entender que o relato de uma experiência oferece, de forma mais dinâmica, aspectos da metodologia e das técnicas que empregamos durante a investigação. Além deste aspecto, entendemos que são vários os ingredientes imponderáveis que podem guiar o pesquisador nos meandros da pesquisa, como pode ser constatado no relato a seguir.

A pesquisa foi desenvolvida no período de 2004 a 2007. A motivação da pesquisa extrapolou a simples constatação do crescimento numérico dos pentecostais e neopentecostais e do que eles poderiam significar no campo religioso. Transcendeu, também, à verificação das conquistas de espaço desse movimento no disputado campo político. O interesse investigativo focalizou-se na relação entre os padrões da cultura política brasileira e a contribuição do pentecostalismo como novo componente que já participava ativamente da sociedade, desde os anos de 1910, mas que estava quase ausente do jogo político nacional até 1986.

A questão que se buscou abordar na pesquisa foi: Qual tem sido a prática dos pentecostais e neopentecostais dentro de suas igrejas e no campo político-partidário brasileiro, nos últimos sete anos (1999-2006) e como essa prática política se relaciona com a cultura política brasileira?

No desenvolvimento do trabalho investigativo, tentou-se responder a algumas questões auxiliares, como corolárias da principal, tais como: Que qualidade de política as elites brasileiras praticam, com a omissão ou conivência da própria sociedade? Dentro deste conjunto maior de práticas e jogos de poder, que qualidade de política tem sido praticada pelos novos atores pentecostais e neopentecostais, seja nas relações que estabelecem externamente com outros grupos, por exemplo, na Câmara e Senado Federal, e que qualidade de política interna eles praticam, como parte constituinte de suas subculturas religiosas? O jeito pentecostal de fazer política é caudatário do modelo maior da sociedade política brasileira? Ou se trata de um modelo peculiar, com afinidades e contrastes em relação a esse modelo? Esse modo pentecostal de atuar na política reproduz os vícios e as virtudes da cultura política brasileira ou traz aportes inovadores a ela?

A pesquisa para o doutorado começou com visitas a templos da Igreja Universal, nos bairros de Rudge Ramos (em São Bernardo) e Santo Amaro (São Paulo). O objetivo era "sentir o clima" das celebrações, obter jornais e outras publicações da Igreja e tentar aproximação com pastores e leigos. Da mesma forma, foram visitados templos da Assembleia de Deus nos bairros Belém e Bom Retiro (em São Paulo), com o intuito adicional de entrevistar seus líderes, pastores José Wellington Bezerra da Costa e Jabes Alencar. Essas tentativas de entrevistas foram frustradas, por obstáculos interpostos pelos auxiliares que criavam um cordão de proteção para dificultar o acesso do pesquisador à liderança maior das respectivas comunidades que eles lideravam. Isto nos obrigou a buscar informações em fontes alternativas.

A experiência tem ensinado que alguns líderes se cercam de barreiras, de tal modo que o acesso a eles, por parte de pesquisadores, exige a descoberta de canais especiais, como pessoas que privam de confiança e intimidade, em grau bastante elevado. Como as informações para a pesquisa não dependiam, fundamentalmente, dessas entrevistas, procurou-se obtê-las em outras fontes.

O projeto de pesquisa começou a tomar forma quando resolvemos, paralelamente, examinar o que a imprensa paulistana e a carioca registraram acerca dos políticos pentecostais e neopentecostais, entre 1989 e 2004. Durante o 2º semestre de 2003, foram obtidos textos de cobertura jornalística, desde o Congresso Constituinte até 2002, dos parlamentares evangélicos no Congresso Nacional, realizada pelos jornais *Folha de S. Paulo* e *O Estado de S. Paulo*. Também foram obtidas matérias dos jornais cariocas *O Globo* e *Jornal do Brasil*. A consulta foi feita com auxílio dos sistemas de busca eletrônica dos citados veículos. A intenção era captar a visão da grande imprensa paulistana e carioca acerca dos evangélicos, e, em particular, dos pentecostais na política: quais os parlamentares em maior evidência na mídia escrita, como a atuação deles era repassada para os leitores, e questões afins. A coleta serviu como matéria-prima para um colóquio no programa de doutorado em Ciências da Religião da Universidade Metodista. Cabe salientar que a intenção era começar pela visão dos "de fora", acerca de políticos pentecostais, a partir da qual se faria uma seleção de personalidades que seria importante entrevistarmos, compondo, desta forma, a lista inicial de possíveis fontes. De fato, a partir dessas referências, foram feitas entrevistas, em Brasília, no mês de junho de 2004. O material jornalístico referido também serviu para a elaboração de um texto que se presumia viria a constar como capítulo da tese, mas que foi finalmente descartado porque não combinava com o conjunto. Não obstante, sua elaboração foi útil para sugerir, inicialmente, o percurso da pesquisa, e dar pistas para o trabalho de análise.

Em geral, a mídia reproduziu estudos relevantes de alguns pesquisadores do campo religioso, salvo poucas exceções, quando resvalou para comentários de senso comum, preconceitos, estereótipos e discriminações. A partir dessas análises foi possível definir o projeto de qualificação, sua abrangência, o que seria viável pesquisar ou não. Por exemplo, a intenção original era descobrir acordos que as lideranças pentecostais teriam "fechado" com os candidatos à Presidência da República, desde 1989 até 2002. A investigação preliminar, com apoio em informações da mídia e entrevistas de parlamentares, indicou que essa linha de pesquisa seria infrutífera. Os jornais afirmavam que houve acordos, negociações e negociatas, mas os parlamentares da Assembleia de Deus e da Igreja Universal negavam a existência desses acordos, ou eram lacônicos quanto ao que se passara nos bastidores das campanhas eleitorais. A partir dessa constatação, optou-se pela realização de uma pesquisa mais ampla, enfocando a relação entre pentecostalismo e cultura política brasileira.

No mesmo mês da visita a Brasília, junho de 2004, comparecemos ao I Fórum de Políticos da Assembleia de Deus do Estado de São Paulo, realizado no Hilton Hotel da capital paulista. Foi um encontro de candidatos a prefeito e vereadores de todo o Estado, que congregou quase 600 municípios. O evento teve o patrocínio do ex-governador Anthony Garotinho, do Rio de Janeiro, e contou com lideranças paulistas do PSDB e PTB. Durante o fórum foram dadas orientações de campanha aos candidatos pelos coordenadores nacional e estadual de ação política da AD, bem como fornecidos materiais impressos, para auxiliá-los em suas estratégias eleitorais. Conseguimos gravar grande parte dos pronunciamentos, dos quais foram extraídos trechos relevantes, aplicados na tese.

Visitamos o Congresso Nacional, onde foram gravadas entrevistas de deputados federais pentecostais e assessores parlamentares. Além destes registros, obtivemos depoimentos, em São Bernardo do Campo, de um ex-pastor da Assembleia de Deus Madureira, estudante de teologia na Universidade Metodista, e de uma ex-esposa de pastor da Igreja Universal. Para colher informações oficiais, continuamos "visitando", ocasionalmente, os sites e blogs das igrejas-objeto da pesquisa na rede internet.

Essa investigação compreendeu leituras de parte do que tem sido elaborado no mundo acadêmico, seja sobre pentecostalismo e neopentecostalismo, seja sobre cultura política brasileira. As leituras abrangeram o que era possível, no período de quatro anos de doutorado, dos quais pelo menos dois estiveram voltados para outros textos referentes ao fenômeno religioso, nem sempre diretamente aplicáveis à pesquisa e raramente focalizados na especificidade do tema da tese.

O trabalho de campo concentrou-se mais em longas entrevistas com parlamentares e lideranças das duas grandes organizações eclesiais, a Assembleia de Deus e a Igreja Universal do Reino de Deus. Foram feitas cerca de 20 entrevistas com parlamentares federais das várias regiões geográficas do Brasil e gravados encontros, cultos e outros eventos, perfazendo um total de, aproximadamente, 30 horas de gravação. Em duas ocasiões, foram feitas entrevistas compartilhadas, de forma interativa, com lideranças intermediárias da Assembleia de Deus. Adotamos esta técnica, a fim de estimular o debate e a manifestação de pontos de vista diferentes sobre política interna e atuação pública da mesma denominação. O convívio com o cotidiano das duas igrejas pesquisadas se intensificou, mediante visitas a alguns templos e participação em suas celebrações.

Nem sempre se podia ouvir aquela que seria a fonte mais indicada, mas aquela que se colocava à disposição para responder aos questionamentos. No caso de parlamentares, foram ouvidos todos aqueles que aquiesceram às insistentes solicitações nossas, no limite dos dias que era possível permanecermos em Brasília e nos espaços de agenda escassos de um parlamentar. Neste sentido, foi mais difícil encontrar deputados da Igreja Universal solícitos ao apelo para serem entrevistados. Quanto a lideranças e pessoas da base das duas igrejas, as escolhas também dependeram de boa vontade para colaborarem com a pesquisa.

Muito do que foi realizado em campo aconteceu porque existia e ainda existe uma rede de amigos e colaboradores de igrejas pentecostais – Assembleia de Deus e Igreja do Evangelho Quadrangular, principalmente – os quais acreditaram na relevância do trabalho e "conspiraram" para que fosse possível entrevistar líderes e representantes políticos. Houve, também, fontes que revelaram problemas de política interna das igrejas focalizadas. Nestes casos, para evitar riscos de uma exposição indevida, seus nomes e dados sociográficos foram omitidos. A existência da Frente Parlamentar Evangélica, desde 2003, cujos assessores são os mesmos dos parlamentares, foi canal decisivo para o progresso das pesquisas em Brasília. Nossa participação em atividades do Movimento Evangélico Progressista (MEP) abriu portas para contatos tanto em Brasília, como São Paulo e Belém, os quais resultaram em algumas das entrevistas mencionadas.

É evidente que o trabalho não teve uma sequência linear tão regular, exposta, aliás, com finalidade didática, pois, como se sabe, o labor empírico exige idas e vindas, avanços e recuos, tentativas e erros, ao longo da investigação, produzindo uma trajetória sinuosa e quase caótica, visto que é impossível aprofundar uma pesquisa sem reconsiderar hipóteses, rever aspectos aparentemente assentados, descobrir novas perspectivas e passar por circunstâncias imprevisíveis, mas que podem trazer resultados compensadores. A dúvida metódica alimenta o avanço da investigação e mantém esta aberta para novas descobertas e realizações.

Foram feitos, também, estudos e observações diretas da atuação de lideranças e parlamentares das duas igrejas escolhidas. "Basicamente, a pesquisa [foi] desenvolvida por meio da observação direta das atividades do grupo estudado e de entrevistas com informantes para captar suas explicações e interpretações do que [ocorreu] no grupo", conforme recomenda Antonio Gil (2002, p. 53).

Houve preparação prévia de uma série de perguntas para servir como roteiro, durante as sessões de entrevista, contudo, a experiência ensinou que devia ser feito um número reduzido de perguntas. Na prática, pedia-se que cada entrevistado falasse de sua trajetória política e religiosa, inserindo aqui e ali, algumas perguntas de um roteiro preparado previamente. No início da entrevista, procurava-se apresentar com clareza os objetivos do trabalho. Em seguida, a palavra era franqueada ao depoente, que ficava à vontade para discorrer sobre os aspectos que lhe tocavam mais de perto. Não obstante, fazíamos intervenções breves, para conseguir "arrancar" informações relevantes, às vezes evitadas ou esquecidas. Paramos aqui este depoimento, por considerar que já atendeu ao propósito de indicar como lidamos com as etapas metodológicas nesse projeto de pesquisa.

Questões éticas a considerar

Toda pesquisa envolve uma diversidade de pessoas. O fenômeno a ser estudado, no campo religioso, é algo que ocorre, geralmente, em grupos sociais, tais como: igrejas, terreiros, centros espíritas, comunidades de diferentes tradições e formatos organizacionais, ou situações que se dão em campos de fronteira entre esses grupos e outros espaços da esfera pública, como instituições de governo, parlamentos, partidos, sindicatos, clubes, empresas etc. Enfim, são espaços de relações sociais, em que as pessoas que colaboram ou são alvo de uma pesquisa ficam, inevitavelmente, expostas a situações que podem trazer constrangimento, desagradar, ofender, ou, pelo contrário, agradar, promover reconhecimento, exaltar virtudes, ou, ainda, não trazer essas cargas de positividade ou negatividade. Nessas situações, ou em quase todas, cabe ao pesquisador primar pela proteção moral dos seus interlocutores e dos que se constituem sujeitos, distantes ou próximos, da sua investigação.

Por outro lado, corroborando com essa iniciativa ética, que deve existir como princípio pessoal e profissional, somam-se as exigências de entidades de fomento à pesquisa, tais como Fapesp, CNPq e Conselho Nacional de Saúde, as quais exigem como condição *sine qua non* para aprovar e financiar projetos que estes apresentem protocolos de garantia dos direitos das pessoas e animais envolvidos na investigação. De toda forma, alguns elementos devem compor o projeto. Destacamos os seguintes, conforme indica Álvarez-Gayou Jurgenson (2014, p. 210-211):

a) O consentimento livre e esclarecido: o pesquisador deve informar suas fontes e os responsáveis pelo grupo social que será objeto de sua investigação quais serão os propósitos do estudo, como desenvolverá o projeto e que benefícios e riscos prováveis trará para os sujeitos envolvidos.

b) A confidencialidade: os interlocutores que estarão colaborando na pesquisa devem ter a garantia de que suas identidades serão protegidas; informações sensíveis serão utilizadas com cautela; a fonte não será revelada, se isto implicar tornar vulneráveis sujeitos informantes ou que pertencem ao grupo-alvo do estudo.

c) As consequências: serão avaliados os possíveis riscos para as pessoas; a relação benefícios *versus* riscos será considerada, tanto do ponto de vista do grupo como dos interesses acadêmicos e da sociedade como contexto maior.

d) O papel do pesquisador: o líder da pesquisa deve cultivar duas virtudes: a sensibilidade ética e a responsabilidade para com o grupo-alvo e para com a academia, a fim de discernir onde e como poderá atuar, que limites deverá se autoimpor e o que pode fazer com as descobertas decorrentes de sua pesquisa. São sugeridas perguntas para nortear esses cuidados as quais traduzimos e registramos em seguida (ÁLVAREZ-GAYOU JURGENSON, 2014, p. 211):

Quais serão as consequências benéficas do estudo?
Como se poderá obter o consentimento informado dos participantes?
Quem deve outorgar este consentimento?
Quanta informação sobre o estudo é factível dar de antemão?
Como se irá proteger a confidencialidade das pessoas que participarem?
Quem terá acesso à informação obtida?
O quão importante é para as pessoas que permaneçam no anonimato?
Como se pode ocultar a identidade das pessoas participantes?
Existe a possibilidade de que surjam problemas legais?

É evidente a importância da aplicação desses cuidados para que a pesquisa seja autossustentável, do ponto de vista ético. Para terminar, sem esgotar o tema, evidentemente, realçamos que instituir uma etapa prévia de discussão colegiada para aprovação de qualquer projeto de pesquisa é um procedimento de grande alcance e de relevância acadêmica, caso seja nossa prioridade valorizar a profissão de pesquisador e seu reconhecimento na sociedade.

Referências

ÁLVAREZ-GAYOU JURGENSON, J.L. *Cómo hacer investigación cualitativa*: fundamentos y metodología. México: Paidós, 2014.

BAPTISTA, S. Estudos sobre fundamentalismo evangélico e pentecostalismos em suas incursões pela política brasileira. In: SILVEIRA, E.J.S. & SOFIATI, F.M. (orgs.). *Novas leituras do campo religioso brasileiro*. São Paulo: Ideias & Letras, 2014.

_____. *Pentecostais e neopentecostais na política brasileira: um estudo sobre cultura política* – Estado e atores coletivos religiosos no Brasil. São Paulo/São Bernardo do Campo: Annablume/Instituto Metodista Izabela Hendrix, 2009.

BOURDIEU, P.; CHAMBOREDON, J.-C. & PASSERON, J.-C. *O ofício de sociólogo* – Metodologia da pesquisa na sociologia. Petrópolis: Vozes, 2015.

COHN, G. (org.). *Weber*. São Paulo: Nova Cultural, 1997 [Coleção Os Economistas].

DURKHEIM, É. *O suicídio* – Estudo de sociologia. São Paulo: WMF, 2011.

FILORAMO, G. & PRANDI, C. *As ciências das religiões*. São Paulo: Paulus, 1999.

FREUND, J. *Sociologia de Max Weber*. Rio de Janeiro: Forense Universitária, 2000.

GIL, A.C. *Como elaborar projetos de pesquisa*. São Paulo: Atlas, 2002.

KAUFMANN, J.-C. *A entrevista compreensiva* – Um guia para pesquisa de campo. Petrópolis/Maceió: Vozes/Edufal, 2013.

MAUSS, M. *Ensaio sobre a dádiva*. Lisboa: Ed. 70, 2001.

MORESI, E. (org.). *Metodologia da pesquisa*. Brasília: Universidade Católica de Brasília, 2003 [Disponível em http://ftp.unisc.br/portal/upload/com_arquivo/1370886616.pdf – Acesso em 12/09/2016].

QUIVY, R. & CAMPENHOUDT, L.V. *Manual de investigação em ciências sociais*. Lisboa: Gradiva, 2008.

RINGER, F. *A metodologia de Max Weber*: unificação das ciências culturais e sociais. São Paulo: Edusp, 2004.

WEBER, M. A "objetividade" do conhecimento na ciência social e na ciência política (1904). In: *Metodologia das ciências sociais* – Parte I. São Paulo/Campinas: Cortez/Unicamp, 1993.

Dicas de livros e artigos

Livros

1) QUIVY, R. & CAMPENHOUDT, L.V. *Manual de investigação em ciências sociais*. Lisboa: Gradiva, 2008.

Manual básico e abrangente para quem deseja desenvolver uma pesquisa em ciências sociais. O texto detalha didaticamente cada etapa, indicando seu caráter não linear. São apresentadas: a pergunta de partida; a exploração; a problemática; a construção do modelo de análise; a observação; a análise das informações e as conclusões.

2) BOURDIEU, P.; CHAMBOREDON, J.-C. & PASSERON. J.-C. *O ofício de sociólogo* – Metodologia da pesquisa na sociologia. Petrópolis: Vozes, 2015.

Trata-se de um livro de princípios científicos. Na primeira parte, os autores indicam a vigilância epistemológica e a necessidade de ruptura com o senso comum e suas prenoções, para construir o objeto de pesquisa. Destacam o racionalismo aplicado nessas operações. Na segunda, oferecem uma seleção de textos de renomados autores.

3) KAUFMANN, J.-C. *A entrevista compreensiva*: um guia para pesquisa de campo. Petrópolis/Maceió: Vozes/Edufal, 2013.

É, ao mesmo tempo, um guia para a pesquisa de campo e um texto de reflexão sobre a metodologia qualitativa aplicada às ciências sociais. A relação dialética entre produção de teoria e pesquisa empírica constitui contribuição relevante dessa obra. O autor ilustra seus argumentos com dois estudos realizados com casais e com frequentadores de praia.

Artigos

1) DIX, S. O que significa o estudo das religiões: uma ciência monolítica ou interdisciplinar? [Disponível em http://www.ics.ul.pt/publicacoes/workingpapers/wp2007/wp2007_1.pdf – Acesso em 14/09/2016].

2) VVAA. *A questão das Ciências da Religião.* Disponível em http://crunicap.blogspot.com.br/2011/10/livros-para-baixar.html – Acesso em 14/09/2016.

Lista de endereços onde é possível encontrar e-books gratuitos na internet.

3. FERNANDES, S.R.A. Sobre artífices e instrumentos – O estudo da religião no Brasil e algumas tendências metodológicas. *Religião e Sociedade* [Disponível em http://seer.fclar.unesp.br/estudos/article/view/5971/4524 – Acesso em 14/09/2016].

Levantamento preliminar de tendências metodológicas e as áreas de conhecimento predominantes na Revista nos seis últimos anos.

2

Por uma perspectiva simétrica entre o saber religioso e o das Ciências da Religião

Marcelo Ayres Camurça
(UFJF)

> A Rubem e Rita na recordação da convivência nos anos de 1990.
> A Otávio sempre...

Introdução

Segundo os italianos Filoramo e Prandi, as Ciências da Religião se encontram, desde sua gênese, confrontadas entre as alternativas de "explicar ou compreender a religião" (1999, p. 8). O primeiro modelo teórico-metodológico da *explicação* (Erklären), proveniente das perspectivas iluminista e positivista, tomaria o fenômeno religioso não como uma realidade transcendente alcançada pela fé/revelação, "inacessível a pesquisa empírica", mas como manifestação social, cultural, histórica, sujeita ao crivo desta pesquisa (1999, p. 9). Portanto a realidade religiosa só poderia ser desvelada pela sua recondução ou redução a dimensões que a subjazem, como as esferas sociais, psicológicas ou culturais (1999, p. 9). Um segundo modelo, o da *compreensão* (Verstehen) visaria ao contrário, captar a experiência *suis generis* que estaria no fundo da atividade religiosa. Este se daria através do método de reproduzir ou reviver o núcleo desta experiência na pesquisa, ou seja, realizar uma "fenomenologia compreensiva da religião" (1999, p. 10).

Enquanto a primeira abordagem seria do tipo *alegórico*, "segundo a qual, por trás do véu da religião sempre há uma coisa que a religião não é", a segunda, se centraria numa abordagem de tipo *tautegórico*, para qual "a religião outra coisa não diz senão a si própria". E a existência deste ser/entidade religioso se dá na "experiência vivida" fundamento do qual todas as religiões históricas e sociais emanam (1999, p. 10).

Desse modo, nos termos desta quase aporia, teríamos de um lado, um método que pratica um "reducionismo" da religião a outros domínios, e de outro, um método que postula uma abordagem "essencialista" do fenômeno religioso (1999, p. 10). Enfim, no primeiro caso, a ideia de que um fenômeno só pode ser desvelado através de um método operativo de experimentações que "construa" seu objeto. E no segundo, a ideia de que para se resguardar a autonomia, especificidade e autenticidade, deve-se compreender o fenômeno, tal como ele é (1999, p. 17).

O caminho sugerido pelos autores italianos para o enfrentamento desta aporia será o da *mediação* entre o que é constante, resiliente, específico na "experiência" e na "língua" da religião e os distintos contextos históricos, sociais e culturais que a constituem, de fato (1999, p. 20). Dessa forma, não existindo nem a "religião pura", nem as dimensões sociais/culturais que a explicam, mas um "entrelaçamento" destas duas facetas.

De certa forma, o antropólogo Clifford Geertz no seu ensaio *"O beliscão do destino: a religião como experiência, sentido, identidade e poder"* (2001, p. 149-165) também recupera a noção de *mediação* para tratar da relação entre a "experiência religiosa" dita irredutível e as realidades e modos (históricos, sociais, culturais) diferentes de construir religiões, quando afirma que "existem tantas variedades de 'experiência religiosa'" quantas possibilidades de *mediação* entre a vivência intensa de uma "experiência", com maneiras diferentes e realidades diferentes onde se constroem e se expressam essas experiências (2001, p. 164).

Também recorro às *mediações* para entender as tensas relações entre a(s) religião(ões) a partir de sua autocompreensão pelos seus praticantes e as teorias externas que buscam compreende-la(s)/explicá-la(s). Para tal me sirvo de reflexões vindas da antropologia (da religião, etnologia indígena, da ciência), disciplina que por vocação busca o "ponto de vista do outro"; a compreensão da alteridade. Através do exame de ensaios de antropólogos em várias décadas distintas: Rubem César Fernandes, Rita Segato, Eduardo Viveiros de Castro e Bruno Latour, com contrapontos provocadores de textos de Otávio Velho, colocando-os em diálogo e em contraste, busco acercar-me de tão desafiadora questão que envolve os estudos de religião na contemporaneidade.

I – Rubem César: perspectivas de pesquisadores e praticantes – "De dentro" (êmico) e "de fora" (ético): comunicações, contradições e antinomia

O antropólogo Rubem César Fernandes em um texto seminal de 1984 refletia sobre as (im)possibilidades de interlocução entre o pensamento religioso e científico. Enfim, sobre o "problema clássico na antropologia" do "relacionamento entre as percepções externas e internas [...] do fato religioso", ou seja, "o problema de dar conta do 'êmico' (visão de dentro) dos 'praticantes' e do 'ético' (visão de fora) dos 'pesquisadores' em um único quadro interpretativo" (FERNANDES, 1984, p. 34).

Para o autor, "a contradição pode ser resumida" no seguinte paralelo: "para os religiosos os símbolos que utiliza tem valor ontológico, enquanto para os científicos seu valor é metafórico" (1984, p. 35). Segundo Fernandes, mesmo que o pesquisador "reconheça a presença de símbolos valiosos no discurso religioso, a interpretação científica, os encontra mudando de assunto" (1984, p. 36). Ou seja, a interpretação operada pelas Ciências Sociais frente à religião se dá pelo "deslocamento de significado" desta, do seu sentido original, tal como os crentes a percebem, para outro, geralmente relacionado a esferas do social, cultural etc.

Quando o pesquisador propõe uma interpretação para a categoria "religião", seu "significado não está nela mesma, mas em algum outro conjunto conceitual (1984, p. 36); isto é, nas "representações da estrutura do ego para o psicanalista, ou da estrutura social, para o sociólogo" (1984, p. 35). Para Fernandes, quando "o religioso diz: o olho grande de fulana secou minha pimenteira; o cientista interpreta: vejamos as tensões entre vizinhos neste bairro" (1984, p. 35). Ainda que, o antropólogo Fernandes reconheça uma validade neste enfoque, para ele "está claro que alguma coisa essencial [...] foi perdida nesta tradução interpretativa" (1984, p. 36). Esta dimensão não considerada pela tradução antropológica, mas crucial para os que nela estão envolvidos, será o argumento central da reflexão da antropóloga Rita Segato que desenvolverei em seguida.

Embora Fernandes lembre também que "praticantes" com sua visão "êmica" e "pesquisadores" com sua perspectiva "ética" não vivam em mundos à parte, pois a rigor na nossa sociedade, todos nós temos formação nos dois registros (1984, p. 34). E lembra mais ainda, que as ciências não apenas interpretam, mas também emitem "juízos positivos", ou seja, revelações com cunho de verdade sobre a realidade exterior, à maneira das religiões, logo podendo ser também interpretadas pelos mesmos métodos de "estranhamento" de suas verdades com que se pesquisa a religião (1984, p. 36-37).

Não obstante, o autor apontar essas duas chaves de aproximação entre religião e ciência, Fernandes reafirma a distinção entre elas, de um lado, o caráter partidário, envolvido do discurso e prática religiosos e de outro lado, o caráter reflexivo da abordagem das ciências sociais (1984, p. 36). Enfim para ele, sempre permanecerá a "distinção entre 'visão de dentro e a visão de fora'", toda vez que a primeira – seja proveniente da religião *tout court* ou de "sistemas de crença de inspiração científica" – emitir "juízos existenciais"; vai requerer a segunda para estranhá-la, numa postura exterior que suspenda estes juízos definitivos da primeira (1984, p. 37). O autor conclui sua argumentação, "pelo reconhecimento de uma *antinomia* entre a 'crença' (religiosa) e a 'crítica' (científica)", não vendo "posição, lugar ou conceito que resolva as suas diferenças para a satisfação geral" (1984, p. 38).

II – Rita Segato: entre relativos e absolutos – Uma crítica à redução da experiência a significado

Em outro texto, com uma distância cronológica mais adiantada em relação a este de Fernandes, a também antropóloga Rita Segato, em 1992, reitera, à sua maneira, as preocupações de Fernandes, quando analisa o estilo e os limites da abordagem antropológica para se acercar do pensamento religioso. Segato inicia sua abordagem com o pressuposto do "paradoxo" que enseja a operação antropológica de decifração do religioso, pois esta "relativiza" ao passo que "aqueles que aderem à crença o fazem de maneira absoluta" (1992, p. 114).

Segundo a autora, o projeto clássico da antropologia ao buscar correspondências das cosmologias e crenças religiosas nos "comportamentos ideológicos e interacionais da sociedade", visava circunscrevê-las a indicadores de identidade, etnicidade, política ou economia (1992, p. 116). Portanto, para a antropologia, o problema da interpretação da experiência mágico-religiosa deve estar relacionado a algo que está fora dela: "algo que, sem ser alheio ao mundo cognoscitivo do nativo, deve pertencer a outra ordem fatual que a ação a ser interpretada, justamente para gozar de valor interpretativo" (1992, p. 120). Enfim, as crenças e procedimentos mágico-religiosos são para a antropologia "uma *linguagem* cuja intenção significativa deve ser detetivescamente achada em outra parte" e "todo ato deve ser entendido como uma fala onde o dito é sempre algo que está fora do ato mesmo de dizer" (1992, p. 121).

Então, compreender atos "mágicos" e extraordinários para a antropologia significa torná-los verossímeis ao discurso racional e isso se dá pelo artifício de encontrar um termo mediador entre percepção do nativo e a do antropólogo presente nas duas concepções. Mecanismo que permite a associação e a conversão da primeira na segunda. Como no célebre exemplo da obra de Evans Pritchard onde a partir do termo "feitiçaria" para o nativo e "tensão" para o antropólogo, e pela constatação que tensão social é algo presente nas duas sociedades, é possível fazer a tradução de feitiçaria como expressão de tensão entre vizinhos e pares numa determinada sociedade (EVANS-PRITCHARD, 1978).

Embora a interpretação antropológica possa relacionar "aspectos concomitantes" do fenômeno mágico-religioso com aqueles culturais, sociais ou psicológicos, revelando um contexto inteligível neste fenômeno, algo de fundamental do que os nativos acreditam estar em questão é desconsiderado. A existência e agência do transcendente com seus eventos miraculosos e extraordinários, sustentada e demonstrada pelos que nelas creem, são descartadas na tradução que se faz para o código disciplinar antropológico (1992, p. 118).

Para Segato, isto se constitui num "paradoxo", em relação à promessa da antropologia de "compreender de dentro e em seus próprios termos uma crença nativa", o famoso "ponto de vista nativo", e a "censura" (esta é a palavra que ela emprega) de "evidências [...] da experiência humana da transcendência" do nativo, que a antropologia termina por empreender quando opta por uma tradução que se resume na correlação dessa experiência a elementos sociais e culturais existentes nas duas sociedades (1992, p. 114). Segundo ela "o discurso [antropológico] trai, por sua inadequação, a experiência que deveria revelar" (1992, p. 114).

Corajosamente, Segato assume que também ela praticava a "convenção" clássica do método antropológico, ao rememorar situações no seu "trabalho de campo" quando foi interpelada pelos ditos nativos, sobre esta inadequação do método em captar a experiência do absoluto vivida por eles. Num primeiro caso, quando pesquisou o *boom* do pentecostalismo na região de Jujuy, Argentina, num contexto tradicional de catolicismo e religião popular. Suas hipóteses sociologistas ou culturalistas buscavam correlacionar o fenômeno como um questionamento da identidade nacional/regional hegemônica ou uma expressão, na linguagem religiosa (enquanto ideologia), de um movimento de modernização econômica, quando foi contestada pelos pentecostais, de que ela estava à busca de "razões humanas" e eles de "razões divinas" (1992, p. 116). De outra feita, na sua pesquisa sobre o culto de Xangô no Recife, procurava interpretar o perfil dos orixás enquanto "descritores de personalidade", numa "relação de significante que vincula cada orixá a um determinado tipo de personalidade" que corresponde a personalidade das pessoas, vinculando-as por esta afinidade ao seu orixá (1992, p. 126). Porém essa operação metodológica, não considerava, segundo os nativos, que as divindades, elas mesmas, é que tinham iniciativa/agência no culto, quando se "manifestavam" nos adeptos e se nutriam das oferendas alimentares a elas consagradas (1992, p. 118).

Além disso, em ambos os casos, a pesquisadora não podia estar, segundo seus interlocutores nativos, num espaço neutro, confortável de simples observação. No caso pentecostal, ela era, como qualquer um, "uma 'alma' a ser ganha [...] passível de ser 'chamada' a se converter ou de se 'perder' (1992, p. 117). E no caso afro-brasileiro, era alguém, também como todos, que tinha um "santo de cabeça" com quem tinha de estabelecer laços de obrigação recíproca através de rituais de iniciação (1992, p. 118).

No entanto, por mais que seus interlocutores nativos enfatizassem este lado místico e experiencial essencial na sua forma de viver a religião, ele foi descartado da "etnografia resultante" realizada por ela, por ser "praticamente intraduzível dentro do código disciplinar" antropológico (1992, p. 118).

Instigada por essa cobrança dos "de dentro", ela também confessará no texto sua "ausência de simpatia", na época, para com a experiência no absoluto vivida por estes, assim como o seu desconforto com a "noção de agência divina sustentada e experimentada pelos informantes" (1992, p. 117-118). E por ter tido a pretensão de elucidar a "radicalidade da diferença" entre a experiência de transcendência nativa por meio da perspectiva imanente/contextual de sua tradução antropológica, terminou por realizar a operação antropológica da "exclusão desta experiência tentando transformá-la num texto palatável para as Ciências Sociais estabelecidas" (1992, p. 117).

Em seguida, Rita Segato conduz com erudição, sua argumentação sobre como a antropologia buscou através da noção de "relativismo" dar conta do problema da diferença em meio à diversidade humana. Comenta as formulações dos culturalistas norte-americanos, o interpretativismo de Geertz e a sociologia de Durkheim (1992, p. 118-129). Para a autora, a antropologia, munida desta noção de "relativismo", visou resolver a questão da diferença e a compreensão da alteridade radical, "apontando para algo que está fora da experiência vivida, neste caso, a crença a ser interpretada" (1992, p. 120).

Neste particular seu texto é semelhante à argumentação de Rubem César Fernandes de que, para a antropologia, a experiência deve ser lida como um símbolo, metáfora, alegoria, que tem o seu significado aclarado quando colocado "num contexto de relações dentro das quais ela se torna inteligível" (1992, p. 123). Enfim, o clássico bordão antropológico "contextualizar para entender" (1992, p. 122).

Ao longo do texto de Segato, podem ser detectadas, expressões que caracterizam o léxico da antropologia: cognição, intelecção, verossimilitude, exame e significado – confrontadas com outras que estariam correlacionadas para as práticas/crenças nativas: experimentação, vivência, *performance*, vitalidade, sensual e afetivo.

De um lado, como Rubem César, Segato reconhece uma "incomensurabilidade entre a lógica da ciência e a lógica da crença", entre as "categorias cognitivas da ciência e o imaginário da crença", levando a uma situação "intransponível na comunicação" entre ambas (1992, p. 117), salvo, pelo artifício antropológico da tradução pelo deslocamento de sentido. No entanto, a autora, diferente de César, vislumbra uma atitude diferente que pode ser tomada pela antropologia para revelar a dimensão da experiência de transcendência do nativo, "censurada" pela convenção canônica da disciplina. Por isso propugna que o discurso etnográfico, a exemplo do que vinha sido sugerido por Otávio Velho (1986), pudesse – sem desprezar "as possibilidades de intelecção" – "recriar no leitor a experiência de alteridade, ao mesmo tempo de fazer ressoar como possível o absoluto do outro" (1992, p. 116).

Numa direção semelhante ao que irá desenvolver mais adiante Eduardo Viveiros de Castro (este também a seu modo, sublinhando a relação antropólogo – nativo do ponto de vista cognitivo-filosófico-conceitual), para Rita Segato a antropologia na elaboração de suas etnografias não deve ter a pretensão de resolver a diferença, senão de exibi-la (1992, p. 133). Não deve buscar reduzir a relação entre mundo nativo e a interpretação antropológica ao significado baseado na inteligibilidade, mas ao reconhecimento dos aspectos sensíveis e vivenciais do segundo (1992, p. 133). Por isso conclui sua argumentação, defendendo a perspectiva, não da resolução, mas do desdobramento da polaridade entre as dimensões incomensuráveis da "horizontalidade da proposta racional e a verticalidade da perspectiva mítica" (1992, p. 133).

III – Eduardo Viveiros de Castro: perspectivismo, multinaturalismo e equivocidades

Viveiros de Castro também parte da insatisfação com a forma habitual de se fazer antropologia, onde antropólogo e nativo têm uma igualdade "de fato", pois ambos estão inseridos nas suas culturas respectivas, contudo o nativo é aquele que tem uma relação espontânea, natural, não reflexiva, inconsciente com sua cultura; ao passo que o antropólogo ainda que tenha sua reflexão mediada culturalmente, ela é de outra ordem: reflexiva, consciente, distanciada e "estranhada' em relação a esta cultura (2002, p. 114). Desta forma, para Viveiros de Castro, o antropólogo tem sempre uma "vantagem epistemológica sobre o nativo" (2002, p. 115). A maneira de Rita Segato, ele também observa a contradição da busca antropológica em revelar o "ponto de vista nativo" para em seguida "apontar seus pontos cegos, buscando assim [...] englobar tal ponto de vista dentro do ponto de vista do observador" (2015, p. 72). Ou seja, o "ponto de vista nativo" é explicitado, mas para ser interpretado no "comentário" do antropólogo (2002, p. 122).

Sua formulação do "perspectivismo ameríndio" e "multinaturalismo", então, visa restituir ao "pensamento selvagem" o estatuto de uma teoria. Não é uma teoria "extrínseca" a este, que o defina "de fora", mas a partir do que ele, nativo, enuncia – tomado com um conceito (não como uma metáfora, ou alegoria cuja chave o antropólogo desvenda) – visa estabelecer uma *relação* – simétrica – entre o ponto de vista do antropólogo e o dele, nativo, enquanto radicalmente distintos (2015, p. 71). Esta teoria considera que os procedimentos que caracterizam a pesquisa antropológica são da mesma ordem, isto é, equivalentes (na sua diferença radical) aos procedimentos nativos que são investigados pelo labor antropológico (2002, p. 117).

Mas onde estaria a diferença radical entre os dois conceitos em relação à realidade? O pensamento moderno ocidental, no qual a antropologia se ancora para estabelecer sua relação e busca de deciframento da alteridade, funda-se na ideia de uma natureza comum sobre a qual se desenvolvem variações culturais: uma natureza, várias culturas. A concepção de uma natureza humana situada num lócus matriz, como o cérebro, que se impõe como instância determinista, enfim, um fundo sobre o qual se desenvolve uma pluralidade de formas, que asseguram a ideia de universalismo (2002, p. 121). Por julgar ter nesta compreensão da realidade a chave do conhecimento, o antropólogo interpreta as concepções nativas como expressões particulares de um universal que ele nativo desconhece e no qual, ele, antropólogo situa o acerto do enunciado/prática nativa, mesmo que o segundo não o saiba (2002, p. 16). Enfim o pensamento nativo é correto não por aquilo que ele diz de si mesmo (particular), mas por ser expressão de algo que está fora dele (universal), e que só o antropólogo tem o domínio de compreensão.

Entretanto, se tomarmos filosoficamente o discurso nativo, valorizando-o não como uma particularidade, variante cultural/simbólica de uma dimensão universal/real, mas como outro conceito que estrutura a realidade de maneira radicalmente distinta da nossa, o que acontece? Viveiros de Castro propõe esta recolocação dos termos distintos, então nossa *diferença* em relação a esta alteridade não vai estar naquilo que o nativo pensa e o que realmente é, que se expressa de forma oculta no seu pensamento (do qual só o antropólogo tem a chave interpretativa), mas entre o que ele pensa e o que o antropólogo pensa que ele pensa (mas que de fato, não conhece de antemão), ou seja, não um lado que decifra o outro, mas uma confrontação de conceitos incomensuráveis, um impasse, ou até um "equívoco de parte a parte" (2002, p. 119).

Mas como chamar de conceito um "pensamento que nunca achou necessário se debruçar sobre si mesmo"? (2002, p. 125), um pensamento não proposicional, ligado à vida, a resolução das questões práticas da existência? Viveiros de Castro assume que realiza uma "ficção", pois é ele que põe teoricamente em relação os "dois pontos de vista completamente heterogêneos" (2002, p. 123). Mas ao estabelecer esta relação, não visa interpretar, no sentido de realizar uma hermenêutica do pensamento do outro, mas de tomar este outro na sua inteireza enquanto pensamento: "não se trata de imaginar uma experiência, mas de experimentar uma imaginação" (2002, p. 123). Ao considerar transmutar esse pensamento nativo em uma reflexão, em "cogito", estar-se-ia nesta operação ampliando a filosofia de seu etnocentrismo ocidental, incorporando na atividade filosófica "uma relação com a não filosofia – a vida – de outros povos [...] incomuns, que estão fora de nossa esfera de comunicação" (2002, p. 127).

De fato, para Viveiros de Castro, o tipo de nativo sobre o qual ele dedicou anos de pesquisa – os ameríndios – pensa como nós, mas o que eles pensam, seus conceitos são muito diferentes dos nossos e o "mundo descrito por esses conceitos é muito diferente do nosso" (2002, p. 124). Mas qual seria então o conceito de realidade destes povos ameríndios? Neste conceito é a natureza é que varia, com "espécies" diferentes (de humanos, não humanos), a cada uma delas correspondendo seus mundos particulares, que são vistos mutuamente em perspectivas; ao lado disto no plano da cultura há uma continuidade em termos de humanidade, subjetividade, sistemas sociais/culturais, os mesmos presentes em todas as espécies. Sendo assim, no mundo dos jaguares uma cabaça com sangue visto na nossa perspectiva significa para eles, jaguares, uma cabaça com cauim, se tomarmos a ideia de sistema social que atravessa todas as espécies (2002, p. 89). Do nosso ponto de vista, apenas o devorar dos urubus em volta da carniça, mas visto da perspectiva deles, é um banquete com etiquetas alimentares, quando o chefe se serve primeiro, como em um sistema cultural. As listas no corpo das onças, vista pelos humanos, são pinturas/escarificações ornamentais da cultura delas. Enfim, cada mundo tem seu sistema cultural/social semelhante, mas expresso em espécies corporais diferentes.

Então a comparação/equivalência entre os dois procedimentos conceituais sobre a realidade inteiramente distintos, é aquela que se faz entre: de um lado, a teoria antropológica, que compara diferentes tipos de "mentalidade" ("versões conceituais") que expressam "culturalmente" um mesmo e único mundo da natureza e a teoria antropológica perspectivista ameríndia que compara diferentes "modos corporais" ("espécies" de humanos e não humanos) que possuem uma base "cultural" única, expressa na posse de uma "alma" (interior), e nos sistemas sociais/culturais comuns a todos (2015, p. 88).

Para a "contra-antropologia" ou "outra antropologia" nativa (2015, p. 72) não se trata de modos imaginários diferentes de ver o *mesmo* mundo, mas de mundos reais correspondentes às diferentes espécies segundo seus pontos de vistas, suas perspectivas (2015, p. 92). E o "universal" se dá no somatório destas distintas espécies com seus mundos particulares correspondentes, mas sempre como produto das divergências de perspectivas/pontos de vistas entre elas (2015, p. 92).

Tudo isso faz do perspectivismo não uma teoria extríseca sobre o nativo, mas um outro "conceito de conceito" (2015, p. 75); e este estabelece uma relação com o pensamento antropológico que se constrói, regida pela "equivocidade". Uma relação de "comparabilidade direta" entre dois conceitos sobre o mundo e entre si, que não resulta em "tradutibilidade imediata", mas em "equívocos" mútuos (2015, p. 84).

Para Viveiros de Castro o equívoco, é ele mesmo, constitutivo do projeto de comparação da antropologia (2015, p. 90). O equívoco não é para ser desfeito, mas para ser potencializado, ou seja, para explicitar a existência de linguagens conceituais – radicalmente diversas – em contato (2015, p. 90). Comparar é reconhecer a existência do equívoco; é "comunicar pela diferença", e não pressupor uma "univocidade originária", uma semelhança inicial, na base e no substrato da comparação (2015, p. 91). Ele traz então a voz de antropólogo Herzfeld que diz que "a antropologia se ocupa de mal-entendidos" e seguindo uma inspiração deleuzeana afirma que é a "incomensurabilidade" de noções em confronto que permite a comparação, pois "só vale a pena comparar o incomparável" (2015, p. 91). Equívoco não significa, pois, "erro, mentira, ilusão", mas uma "positividade relacional da diferença" (2015, p. 94). E o oposto ao equívoco não é a verdade, mas o unívoco, ou seja, a pretensão à existência de um sentido único por trás do equívoco, do qual o antropólogo por sua posição privilegiada de acesso a esta esfera, seria o "ventríloquo" dela (2015, p. 94).

Portanto, os impasses de tradução de conceito distintos sobre o real entre antropólogos e nativos não são incompreensões (de um ou de outro) sobre a mesma realidade, mas compreensões diferentes, porque relativas a mundos diferentes (2015, p. 92). Viveiros de Castro deixou bastante claro que a forma de equivalência entre pensamento ameríndio e antropológico não implicava "fusão de horizontes" (2015, p. 72) ou "consenso dialógico" (2002, p. 117). Então, uma boa antropologia deveria "manter os valores de outrem implícitos" dentro da "deliberação de guardá-los indefinidamente como possíveis" (2002, p. 131-132).

Dessa forma, a resultante da relação entre dois conceitos (ou mais) sobre a realidade, incomensuráveis entre si – o do antropólogo e os do nativo – seria apenas a equivalência perene entre os dois, o paralelismo constante?

Esta equidistância simétrica entre os dois pensamentos poderia estar exemplificada no debate recriado por Viveiros de Castro, entre a Professora De Lima, marcada pelo registro do "multiculturalismo" e da índia Piro, pelo registro do "multinaturalismo", onde para a primeira o corpo humano é um só, embora possa sofrer intervenções culturais: "um universalismo natural e seu diferencialismo [...] cultural" (2002, p. 139); e a segunda de que os corpos são diferentes, referenciada no conceito da existência de mundos distintos que proporcionam corpos diferentes dos brancos e índios (2002, p. 139-140). Também no debate entre europeus e índios travado no encontro colonial retratado na anedota contada por Lévi-Strauss. Nela, de um lado os europeus queriam saber se o corpo indígena tinha "alma"; ao passo que os indígenas queriam saber se o que os europeus tinham era "corpo". Na busca sobre a extensão do seu conceito de "humanidade" em relação ao outro, variava radicalmente o que significava "humanidade", se possuir "alma" ou se possuir "corpo" (2015, p. 89).

Mas, penso que Viveiros de Castro propõe uma alternativa a um possível paralelismo, que é quando afirma que na "ficção" montada por ele da relação simétrica entre dois pensamentos conceituais, o pensamento ameríndio pode ser acionado – através de sua radical alteridade – para interpelar o nosso pensamento. No caso, "não se trata de propor uma *interpretação* do pensamento ameríndio, mas de realizar uma *experimentação* com ele" (2002, p. 123-124). A comparação não é para é para "explicar, interpretar, contextualizar racionalizar esse pensamento, e passa a ser o de o utilizar, tirar suas consequências, *verificar os efeitos que ele pode produzir no nosso*" (grifo meu, 2001, p. 129). Ou de outra maneira, para conseguir "fazer com que os conceitos alheios deformem e subvertam o dispositivo conceitual do tradutor, para que a *intentio* do dispositivo do dispositivo original possa ali se exprimir, e assim transformar a língua de destino" (2015, p. 87).

Todavia, seria possível estender o papel do pensamento ameríndio, na reflexão de Viveiros de Castro, para o pensamento religioso em geral? Associar o pensamento ameríndio na sua alteridade radical de "outro conceito de conceito" com o pensamento religioso, que na atualidade aceita as mediações da Modernidade e, de certa forma, admite funcionar (ao lado de seu autoenvolvimento e experiência própria e intraduzível com o sagrado) também como representação simbólica do social e cultural? No entanto, há uma última instância no religioso, uma reserva de sentido, que pode estar no "sagrado", na "experiência mística", no "milagre", no "mistério" ou na "fé" que não pode ser reduzida a representações de dimensões histórico-sociais-culturais. O envolvimento dos religiosos com a percepção de que os orixás "descem" à terra, comem a "comida de santo" e manifestam-se nos corpos de seu adeptos (SEGATO, 1992, p. 118), de que o "Espírito Santo" possui agência na salvação dos homens (1992, p. 117), ou de que "a hóstia é o Corpo de Cristo e o vinho consagrado é seu sangue, e não alguma coisa no lugar de" (1992, p. 132), pode ser associado às cosmologias ameríndias na sua faceta de alteridade radical.

Neste sentido, ela, religião, suas doutrinas, cosmologias, teologias, podem oferecer-se como outro "conceito de conceito", que pode ter, à maneira do pensamento ameríndio na proposição de Viveiros de Castro, efeitos e consequências na formulação teórica da antropologia, particularmente da antropologia da religião, mas também das Ciências Sociais e das Ciências da Religião de uma forma geral.

Otávio Velho em um instigante texto do final dos anos de 1990, intitulado "O que a Religião pode fazer pelas Ciências Sociais" (1998), onde aborda o dilema enfrentado pelo antropólogo no estudo da religião, entre "tornar-se nativo" ou o controle objetificador do fenômeno, sugere – antecipando-se a formulação expressa por Viveiros de Castro acima – que a tradução do pensamento nativo para o antropológico, deva seguir o fluxo "em que aquilo que é traduzido *afeta* a linguagem para qual é traduzido" (1998, p. 11). Isto é, "deixar-se *afetar* pelo nativo pressupõe que 'ele/ela' tenha algo a nos ensinar" (1998, p. 12). Velho recupera numa discussão com outros pensadores, entre eles o antropólogo Obeysekere, sua perspectiva de "cross-epistemological thinking", "através da qual os etnógrafos podem experimentalmente usar outras epistemologias para interrogar a sua e outras sociedades" (1998, p. 15).

No que tange o domínio específico da religião, enquanto polo "nativo" desta relação, Velho lembra os seguintes casos onde conceitos nativos/religiosos "afetam" ou podem "afetar" aqueles antropológicos. A começar com o conceito de carisma de Weber tomado emprestado do meio teológico e aplicado na sua sociologia dos ideal-tipos. Ou a possibilidade de apropriação da "categoria de *Espírito*, proclamada por grupos pentecostais, neopentecostais, carismáticos e Nova Era" para ser confrontada com "questões oriundas da centralidade da *comunicação* e do *corpo*" (1998, p. 12). Ou ainda, quando noções budistas de ausência de um *self* metafísico [...] poderiam ajudar a problematizar noções ocidentais de *self* e causalidade"; assim como "a distinção entre *self* e ego que nos chega por diversos 'orientalismos', seria capaz de complexificar nossas discussões a respeito do individualismo moderno" (1998, p. 15).

IV – Bruno Latour: das coisas "feitas" e que "fazem" ao mesmo tempo – A simetria dos fe(i)tiches

Se nos casos anteriores a simetria ou equivalência propostas entre pensamento religioso e da antropologia revelam uma incomensurabilidade e intradutibilidade entre ambos, seja na forma de absoluto e relativo de Segato, seja na forma de conceitos que expressam mundos distintos de Viveiros de Castro, busco neste último caso uma simetria/equivalência que envolve não estranhamento, mas afinidades eletivas entre a religião e ciência, através desta antropologia de Bruno Latour.

Na sua obra "Reflexão sobre o culto moderno dos deuses fe(i)tiches" (2002), Latour parte da ideia de fe(i)tiche, aquilo que é feito/fabricado, mas ao mesmo tempo é uma divindade autônoma conforme o pensamento "primitivo" e de sua crítica pelo pensamento moderno ao que imputam ser uma contradição a esta lógica: ou é feito, então é coisa inerte e provém de quem a faz, ou tem vida própria e provém de si mesmo. Ou é um, ou é outro, não pode ser os dois ao mesmo tempo (2002, p. 15-17). No candomblé, contudo, as divindades "são feitas", "assentadas", pelos aderentes e por isso são reais (2002, p. 21). Não são entidades "caídas do céu", mas sua existência é construída pela mediação dos adeptos (2002, p. 79). Sem o "fazimento" do "santo" pelo devoto, ela, divindade, morre ou não existe. Diante disso, a atitude moderna é de acusar esta conjunção entre o que é feito, mas que fala por si próprio, de ingenuidade ou falsificação (2002, p. 21).

Para Latour, a noção de ciência foi erigida nesta separação entre o que é feito do que é fato (2002, p. 23), estabelecendo a demarcação entre "construtivismo" e "realismo" (2002, p. 37). A postura antifetichista visa desmascarar o erro que é atribuir ao fetiche uma autonomia que ele não possui, ou seja, atribuir uma força ao objeto que está na pessoa que o fabricou. Desta forma, a crítica antifetichista buscaria revelar que a ilusão do fetiche estaria na sua condição de dissimular o trabalho humano incrustado nele e transformar o criador em criatura (2002, p. 26-27).

No entanto, Latour revela uma grande contradição no argumento antifetichista: A quem restituir o poder de iniciativa/realidade "deturpado" pelo fetichismo? Ao homem que o fez? ou às forças representadas no fetiche: a realidade, a sociedade? Ou a iniciativa está de fato, no sujeito construtor que termina manipulado pelo que construiu ("religião", "superstição", "ideologia")? – o "objeto encantado" – ou, o sujeito (fantasioso, alienado) se julga um construtor, mas na verdade se encontra submetido à forças reais, exteriores a ele? – "objeto feito" – (2002, p. 31-32). Ao separar o fato do feito (e vice-versa) e não reconhecer que aquilo que é construído, também supera o construtor (situação aceita de há muito pelos primitivos) o pensamento "moderno" se vê enredado numa "contradição que ocupa a Filosofia da Ciência há três séculos" (2002, p. 37).

Mas, de fato, os modernos fazem esta articulação entre feito e fato, construção e autonomia, só que de forma oculta, enquanto prática "clandestina" (2002, p. 50). Na esfera da teoria se encontra estabelecida a distinção entre construtivismo ou realidade em si mesma, porém no terreno da prática existe a passagem e comunicação entre as duas dimensões. Esta aproximação na prática entre feito e fato, ocultada no discurso teórico moderno, foi revelada no exercício da antropologia da ciência (descrever a ciência como uma prática cultural, simbólica, construída no cotidiano e não como um processo objetivo e inconteste (2002, p. 42)).

Como exemplo inquestionável, a antropologia da ciência de Latour trouxe o caso emblemático de Pasteur, um paradigma de cientista, que afirmou fabricar, ele próprio, o fermento do ácido lático, que em seguida se revela como possuidor de existência própria (2002, p. 38-39). Através das experiências de Pasteur fica evidente – até por suas declarações públicas – que ele constrói seus fatos que também são fatos dados da experiência; ou seja, que há uma continuidade entre trabalho humano e independência do objeto fermento (2002, p. 39-41).

Na sua acepção de que "jamais fomos modernos!" (1994), Latour revela como o fe(i)tiche sempre esteve presente na forma oculta da prática nas elaborações e experimentos científicos e racionais das sociedades ocidentais. Esta presença se dá sob uma forma particular de "culto". Ou seja, "no alto", no mundo da teoria, "quebram-se" os fetiches através da separação entre construção e realidade, ao passo que "no baixo", no cotidiano da vida, nos laboratórios, fábricas, consultórios e instituições, permite-se a passagem, "remendando-se" a ligação destes dois momentos. E é sobre essa dinâmica (de declarações teóricas e ocultamentos de práticas) que são possíveis as "inovações" no mundo. Estas depois são apresentadas como um produto objetivo do "fazer ciência" (2002, p. 62), sem revelar o passo a passo do cotidiano, em que, como no caso de Pasteur, este fabrica uma realidade que ao mesmo tempo, o ultrapassa, ganhando autonomia fática (2002, p. 41).

Para Latour, é graças ao fe(i)tiches que se pode operar a passagem entre construtivismo e realismo permitindo a existência da vida social/científica/cultural/ simbólica. Pois no terreno do cotidiano há o reconhecimento de que constantemente se é superado por aquilo que se construiu, seja quanto às divindades, seja no que diz respeito ao mercado, aos genes, aos neurônios e a evolução (2002, p. 42-47). Os fe(i)tiches enquanto seres transportadores/mediadores é que nos permitem viver (2002, p. 55-61). A atitude iconoclasta frente aos fe(i)tiches na busca por revelar a verdade da iniciativa humana e/ou da realidade das coisas leva à perda de sentido, à desumanização e à dessocialização, pois o resultado do objeto-ídolo destruído não restitui nem a liberdade do sujeito, nem a simples materialidade da coisa, mas a impossibilidade da comunicação constante entre criar e constatar (2002, p. 51-56).

E é pelo exercício da "antropologia simétrica", ou seja, mostrar a presença ativa dos fe(i)tiches entre os primitivos, mas também entre os modernos, por meio desta comparação esclarecedora, que se pode ir atrás das ações que fazem a vida social, na confluência da fabricação e da autonomia da realidade. E é com a antropologia simétrica que Latour, faz também como os autores acima, a crítica a noção de "representação." Os defensores da ideia de representação, respeitando a repartição entre feito e fato exterior, buscam uma alternativa, por meio das noções de *interioridade* e *exterioridade*, que representariam uma possibilidade de relação entre ambos.

A representação seria então, a projeção da realidade exterior operada pelo sujeito (da interioridade, subjetividade) sobre seus próprios códigos (2002, p. 77). Seria a percepção "fragmentada" do exterior, enquanto contaminada pelas "ilusões", "fantasias" do sujeito interior; mas que seria explicada (pela ciência) como uma alegoria que teria sua base na realidade fática. Restitui-se através desta noção uma falsa dignidade ao portador da chamada "crença", dotado de um pensamento "teórico", mas com a condição de que seu modo de pensar (teórico), por ser o da "representação", tem a sua razão na captação indireta e não premeditada de dimensões reais (do social, da psique etc.).

59

Latour julga que a representação é uma torção desnecessária para lidar com a questão do construtivismo e realismo. Se considerarmos o sentido positivo dos fe(i)tiches podemos fazer o melhor caminho, até do ponto de vista "científico" (2002, p. 80).

A metodologia que Latour propõe então, é a "de seguir os objetos-encantados", fe(i)tiches (sejam eles, divindades, fermentos de ácido lático, Virgens Maria que aparecem ou genes) não como "fatos brutos", mas como seres de mediação entre o que construímos e o que descobrimos/constatamos, fora de nossa construção, mas que também faz parte dela. Para Latour, a antropóloga Elizabeth Claverie na sua pesquisa, corretamente "seguiu" a Virgem que aparece em Medjugorge e não as "representações" de domínios do social, cultural ou da psique nas visões que dela teriam seus devotos (2002, p. 81). A Virgem que aparece não exige materializar-se nas fotos que seus devotos tiram da aparição, de ser reconhecida como "coisa a ser vista" ou a ser "representada", mas como algo "que ocupa o mundo" (2002, p. 82) preenchendo-o dentro dos "acontecimentos", através dos quais, o que é construído é ao mesmo tempo autônomo em sua realidade.

A Virgem ou as divindades que os devotos trazem bem perto de si são mantidas em "estados múltiplos e frágeis [...] sem exigir que elas durem obstinadamente ou provenham de nossa psicologia" (2002, p. 105).

Na comparação com a ação dos fe(i)tiches das divindades, pode-se ver o que nossa ciência e tecnologia de fato fazem, não descobertas escudadas nas metas e por processos objetivos, mas construções, invenções ao acaso e à sorte que produzem realidades que adquirem independência e se voltam para a criação com a força de sua realidade. Nas palavras de Latour: "encontro mais exatidão no meu fermento lático se o ilumino com a luz das divindades do candomblé. No mundo comum da antropologia comparada as iluminações se cruzam..." (2002, p. 106).

Conclusão

A partir destas últimas reflexões de Latour, talvez possamos pensar a (simetria entre) a ciência e a religião enquanto ações, contidas em ambas, que produzem algo, que ao mesmo tempo em que é produzido, ganha autonomia, superando esta construção. O fe(i)tiche que é feito e também faz. O território onde se articulam num mesmo instante, o artificial e a exterioridade fática.

No entanto, queria ressaltar não uma distinção, mas uma ênfase, que gostaria de agregar a visão latouriana do "culto aos deuses fe(i)tiches", para pensar as equivalências entre a configuração da ciência e da religião. No caso, Latour dispensa uma divisão entre o que se passa com as divindades e espíritos e o que se passa no laboratório e na clínica de etnopsiquiatria, contra a separação dos domínios cativos do "mistério", do "outro mundo", de um lado e da objetividade, de outro, ficando a favor de ambas as experiências disseminadas nos "acontecimentos" e no cotidiano (2002, p. 88). Eu, por minha vez, (concordando com ele contra a tal divisão: ciência objetiva x religião transcendente) preferiria chamar atenção para os momentos que concentrariam com intensidade estas passagens entre o fato e o feito. Momentos fugazes, mas significativos onde aconteceria a conjunção entre construção e ultrapassagem dela e conquista de autonomia, num instante contíguo, conforme ele apontou[1]. Aquilo que Otávio Velho chamou das experiências dos "rituais, da *communitas* e da efervescência", experiências extracotidianas coladas ao cotidiano que produziriam um sentido para este (1995, p. 182-184). Para mim, estes momentos fugazes aconteceriam tanto nos laboratórios no momento das "descobertas" (onde um elemento é fabricado e também é constatada sua existência exterior) quanto nos terreiros dos candomblés onde as entidades se dão conhecer, mas pela construção/mediação das mães e pais de santo.

Aqui, a simetria de ambas as ações/experiências irromperia em momentos especiais. O que Da Matta, para situações de ritual, chamou de *close up*, algo que está no cotidiano, mas que realça, destaca um aspecto deste, para em seguida retornar ao cotidiano, qualificando-o (DA MATTA, 1977, p. 25-29). Neste particular poderíamos relacionar a "antropologia simétrica" de Bruno Latour com o que Otávio Velho mencionou, neste contexto de destaque, intensificação e iluminação do cotidiano pelo extracotidiano, como uma "antropologia da transcendência" (1995, p. 184).

Talvez essa nova localização ou especificidade para a Antropologia sugerida por Velho, possa funcionar como um *mote* provocador e instigador para as Ciências da Religião, sempre zelosas (deste seu primeiro termo objetificador em relação ao segundo) para se distinguir da Teologia, a todo preço.

---

1 Latour, embora fale do *modus operandis* do sistema, realça o momento em que isto ocorre, o do encantamento por meio da artimanha: "transferência dos pavores" (2002, p. 93, 96, 97).

Aqui poderia funcionar também a perspectiva de Viveiros de Castro, aquela de um exercício de imaginação onde o interpretado termina por transformar os postulados do dito intérprete, somada a perspectiva de Velho do que a "religião pode fazer pelas Ciências [da Religião]?"

Referências

DA MATTA, R. "Carnavais, paradas e procissões: reflexões sobre o mundo dos ritos". *Religião e Sociedade* nº 1, 1977, p. 3-30.

EVANS-PRITCHARD, E.E. *Bruxaria, oráculos e magia entre os Azande*. Rio de Janeiro: Zahar, 1978.

FERNANDES, R.C. "Praticantes e pesquisadores – Uma contraditória viagem ao interior". *Comunicações do Iser*, n. 12, 1984, p. 33-39.

FILORAMO, G. & RANDI, C. *As Ciências das Religiões*. São Paulo: Paulus, 1999.

GEERTZ, C. "O beliscão do destino – A religião como experiência, sentido, identidade e poder". *Nova luz sobre a Antropologia*. Rio de Janeiro: Zahar, 2001, p. 149-165.

LATOUR, B. *Reflexão sobre o culto moderno dos deuses fe(i)tiches*. Bauru: Edusc, 2002.

SEGATO, R. "Um paradoxo do relativismo: o discurso racional da Antropologia frente ao sagrado". *Religião e Sociedade*, n. 16/1-2, 1992, p. 114-135.

VELHO, O. "O que a religião pode fazer pelas Ciências Sociais". *Religião e Sociedade*, 19/1, 1998, p. 9-17.

_____ *Besta fera*: a recriação do mundo. Rio de Janeiro: Relume Dumará, 1995.

VIVEIROS DE CASTRO, E. "Imagens do pensamento selvagem". *Metafísicas canibais*. São Paulo: Cosac Naify, 2015, p. 71-96.

_____. O nativo relativo. *Mana*, vol. 8, n. 1, 2002, p. 114-148.

Dicas de livros e artigos

Livros

1) FILORAMO, G. & PRANDI, C. *As Ciências das Religiões*. São Paulo: Paulus, 1999.

Nessa obra, os dois pensadores italianos expõem o estado da arte das discussões sobre o estatuto epistemológico das chamadas Ciências da Religião. Na introdução e no posfácio empreendem uma discussão sobre questões de método e do objeto do que eles definem como Ciências das Religiões, ou seja, como um campo disciplinar plurimetodológico, dado a impossibilidade de ser reduzido a uma única metodologia científica e também tendo seu objeto contornos plurais, visto ser impossível definir uma unidade diante da diversidade de religiões históricas, em processo de constante devir, dentro de contextos múltiplos. Ao longo do livro explicitam as diversas abordagens do fenômeno religioso: fenomenológicas, históricas, sociológicas, antropológicas, psicológicas e linguísticas. O ponto crucial da posição dos autores quanto ao estudo deste objeto complexo que é a religião, diz respeito a sua "autonomia relativa", uma terceira via entre a perspectiva reducionista e a essencialista.

2) VIVEIROS DE CASTRO, E. "Imagens do pensamento selvagem". *Metafísicas canibais*. São Paulo: Cosac Naify, 2015.

Nesse complexo e notável livro, Viveiros de Castro rende homenagem ao papel que a filosofia de Gilles Deleuze (e Félix Guattari) legou para o pensamento de sua geração e particularmente para sua perspectiva teórica própria do "perspectivismo ameríndio" e do "multinaturalismo". Ao conferir ao pensamento ameríndio amazônico um estatuto de pensamento filosófico (ou de uma contrafilosofia voltada para vida) é no perspectivismo filosófico de Deleuze que ele vai se ancorar, estabelecendo uma afinidade eletiva deste com o pensamento ameríndio. Nela, ambos admitem a incomensurabilidade e intradutibilidade entre cosmovisões (de humanos diferentes, de humanos e não humanos), o que não impede a comparação, pois o que é importante é comparar o incomparável.

3) LATOUR, B. *Reflexão sobre o culto moderno dos deuses fe(i)tiches*. Bauru: Edusc, 2002.

Nesta obra de Bruno Latour, o autor desconstrói habilidosamente a postura antifetichista do chamado pensamento crítico moderno. O autor revela que por trás da ferrenha crítica dos antifetichistas ao que reputam uma contradição entre o que é feito e o que é fato nas concepções ditas fetichistas (ou é feito, e quem o fez está por trás, ou é fato, e tem autonomia), ocorre de fato, uma comunicação entre estas duas dimensões (o que é feito, nos ultrapassa e ganha autonomia ou o que é autônomo foi também feito). Neste particular, Latour associa o discurso dos negros da Guiné do século XVI, dos adeptos do candomblé no Brasil, ao discurso de um dos ícones da ciência moderna Louis Pasteur, onde todos afirmam que o que é feito, é também um fato autônomo. Latour mostra sim que a verdadeira contradição é a que está contida na crítica antifetchista ao suposto fetichismo, ou como querem os primeiros: é o homem que está por trás do ídolo ou, como também afirmam: o homem é pseudoprotagonista da realidade pois está submetido a forças naturais e sociais que o ultrapassam.

Artigos

1) VELHO, O. "O que a religião pode fazer pelas Ciências Sociais". *Religião e Sociedade*, 19/1, 1998, p. 9-17.

Neste provocador ensaio, Velho questiona a clássica postura da necessidade do "distanciamento" do pesquisador em relação ao meio religioso, sob pena de tornar-se "nativo", mas que pode levar também a uma explicação totalmente exterior ao domínio que estuda. Defende, então, a ideia de que as Ciências Sociais – a exemplo até de algumas *hard sciences* – deve deixar-se *afetar* pela sensibilidade religiosa, numa "via de mão dupla" aonde o que é estudado, afeta também a teoria que empreende este estudo. Aonde o pensamento religioso pode ser tomado como uma epistemologia, através da qual os antropólogos podem interrogar as dinâmicas de suas próprias sociedades. Exemplos como a noção teológica de "carisma" reapropriada em Weber, ou de "self" e "ego" das religiões orientais e dos novos esoterismos podem servir como pressupostos teóricos para indagar sobre as características e contradições da modernidade ocidental.

2) SEGATO, R. "Um paradoxo do relativismo: o discurso racional da Antropologia frente ao sagrado". *Religião e Sociedade*, n. 16/1-2, 1992, p. 114-135.

Neste instigante artigo, a autora revela seu grande incômodo com a promessa da antropologia de chegar ao "ponto de vista nativo", mas de realizar nesta operação uma "censura" de algo fundamental na experiência nativa com o transcendente, que não cabe na tradução para dimensões culturais e sociais empreendida pela tradução antropológica de feição "reducionista". A isto ela chama de "paradoxo" dentro da ambição relativista da antropologia. Propõe que a antropologia refreie sua vontade de dar significado à experiência (religiosa) e possa exibir a diferença entre experiência e interpretação externa, sem pretensões de resolvê-la de imediato.

3) VIVEIROS DE CASTRO, E. "O nativo relativo". *Mana*, vol. 8, n. 1, 2002, p. 114-148

Neste texto o autor desenvolve o seu conceito de "perspectivismo ameríndio" para lançar as bases do que se passou a se chamar de "antropologia simétrica". De uma forma profundamente inovadora estabelece à crítica a antropologia modernista e a noção de representação, pelo qual o antropólogo é quem tem a chave hermenêutica para decifrar o discurso nativo, que tem sua verdade, não naquilo que diz de si mesmo, mas como forma alegórica de remeter a outros domínios – dos quais só o antropólogo tem acesso – estes sim, plenos de realidade. No pensamento nativo (ameríndio), a cultura é que é universal e a diversidade se dá nas formas corporais/naturais. O desafio para o autor, diante da incomensurabilidade entre estas duas formas de pensar, é de ver em que o pensamento nativo pode interpelar e transformar este nosso.

3

A abordagem histórica nos estudos de religião: contribuições para um campo multidisciplinar

Ana Rosa Cloclet da Silva
(PUC-Campinas)

Introdução

A complexidade instaurada na configuração das religiões e formas de religiosidade contemporâneas tem evidenciado o esgotamento dos modelos tradicionais de estudo sobre o tema os quais, tributários de uma concepção ocidental e ocidentalizante, cunhada entre os séculos XIX e XX, enfatizaram o "caráter institucional, congregacional, normativo, ilusório e socializador das religiões" (SIQUEIRA; LIMA; 2003). Ao romperem com estes parâmetros convencionais, as atuais manifestações do fenômeno religioso são capazes de revelar o quanto a religião (ou a busca por religiosidade) revela-se entretecida a outros campos do saber, perdendo em nitidez, mas ganhando em complexidade.

Tal contingência tem levado pesquisadores de diferentes áreas a refletirem sobre a identidade acadêmica de seus estudos, sintoma este que se reflete particularmente nas *Ciências da Religião*, construída a partir de abordagens multidisciplinares, acompanhadas pela pluralidade das opções teóricas, metodológicas e epistemológicas que potencialmente comportam, o que acaba por implicar dificuldades na orientação do pesquisador que ingressa nos inúmeros programas de pós-graduação na área.

Neste sentido, o presente capítulo propõe uma reflexão sobre os desafios e possíveis contribuições da *história* para os estudos de *religião*, tendo em vista as relações reversivas que, historicamente, estabeleceram-se entre o objeto e a disciplina. Para tanto, problematiza algumas dimensões que, tradicionalmente, marcaram o diálogo da História com as demais Ciências Humanas, atentando para as suas implicações epistêmicas e, também, políticas. Em seguida, procura situar a contribuição em termos de *abordagens, métodos* e *fontes* de pesquisa legada por duas matrizes historiográficas cunhadas no século XX, as quais modelam o atual perfil da disciplina *História das Religiões*. Pelo lado francês, a ruptura que o movimento dos *Annales* buscou empreender em relação à historiografia historizante do século XIX – de cariz positivista, evolucionista e factual –, desdobrado, desde a década de 1970, na *Nova História*. Pela vertente italiana, a crítica às abordagens sistemáticas da religião, desdobrando-se em novos métodos, conceitos e objetos propostos pela *Escola Italiana,* que a partir da década de 1920 passaria a reivindicar a radical historicização do fenômeno religioso, opondo-se às vertentes fenomenológicas em voga naquele momento.

Na intenção de inserir o estudante do tema no universo da pesquisa documental – que informa o potencial empírico do conhecimento produzido pelo historiador da religião –, o texto elenca alguns estudos que estruturam a trajetória recente da *História das Religiões* – definida por seu caráter autônomo como disciplina, a sua acepção multicultural, na percepção do objeto, e uma visão agnóstica na abordagem proposta (MATA, 2010) –, problematizando questões relativas às estratégias de escolha e recorte do tema, construção do objeto de pesquisa, eleição de conceitos e categorias analíticas, acesso e tratamento das fontes primárias, formas de análise e sistematização dos resultados finais etc. Reflexões estas gestadas em diferentes lugares da historiografia, bem como numa dimensão institucional que, atualmente, insere o pesquisador em espaços múltiplos e articulados[1], situando a produção do conhecimento sobre religião numa prática cada vez mais internacionalizada, interdisciplinar e que, justamente por isso, demanda a sistemática indagação acerca de seus pressupostos e determinações específicos.

---

1 Além da universidade, estes espaços de interlocução são constituídos por associações de pesquisadores (no Brasil, apenas a título de ilustração, temos Anptecre, Soter, ABHR), simpósios temáticos, grupos de trabalho, periódicos qualificados na área, mercado editorial e a própria mídia.

No caso em questão, trata-se ainda de explicitar um determinado percurso – que é também individual –, no decorrer do qual se estabelecem e sistematizam as mediações impostas pela transição, nem sempre óbvia e confortável, de uma determinada disciplina – a *História das Religiões* –, para uma área que, em busca de sua identidade acadêmica, vem definindo-se mais pelo consenso em torno do objeto de estudo, que de um método autêntico de pesquisa: as *Ciências da Religião*.

História das Religiões: dimensões epistemológicas e teórico-metodológicas

A interação entre História e Religião é antiga e, apesar desta quase obviedade, tal constatação sempre envolveu os intérpretes destas relações em debates inacabados e fortemente marcados pela falta de consenso, os quais, ainda hoje – e sobretudo hoje – revelam-se atuais.

A demonstração desta complexidade justifica o esforço sistematizador de alguns estudiosos da área, os quais, ajudando a definir os contornos da disciplina, situam e problematizam os pressupostos, desdobramentos e reconfigurações da *História das Religiões*, no decorrer dos últimos dois séculos[2]. Sem dúvida alguma, um esforço digno de nota, o qual nos permite contemplar o percurso de um conhecimento em busca de suas determinações específicas, preocupado, desde o início, com a necessidade de singularizar a natureza da aproximação que se propõe estabelecer com o objeto eleito, ora identificando-se, ora diferenciando-se das abordagens religiosas.

Sob tal perspectiva, consideram-se as evidências antigas das primeiras tentativas de se conceber e interpretar as relações entre História e Religião, que remontam aos séculos IV e V a.C. "ancorada nos valores greco-romanos" (PRADO & SILVA JR., 2014, p. 5) – num momento que marca o próprio nascimento da História como forma específica de registro da memória (MOMIGLIANO, 2004)[3] – e, posteriormente, nos princípios judaico-cristãos. Desde então, a História passou a

---

2 Nas reflexões que seguem, recorreremos sistematicamente a algumas destas contribuições, dentre as quais: Agnolin, 2013; Albuquerque, 2003, 2007; Massenzio, 2005; Hermam, 1997; Julia, 1976; Londoño, 2013; Mata, 2010.

3 O que não significa assumir que os chamados povos "primitivos" não teriam história. O fato é que, na linha de Finley, nem toda cultura chegou a desenvolver uma concepção histórica do tempo e, por decorrência, da existência coletiva como uma constante transformação (FINLEY, 1989, p. 5).

servir de base para a legitimação do cristianismo, fazendo desta uma verdadeira "religião de historiadores" (BLOCH, 2010, p. 76)[4] – ou ainda, de "clérigos-historiadores" – que já ao tempo do Império Romano consagravam uma História Religiosa de caráter confessional e apologético, cujo precursor fora Eusébio de Cesareia (p. 265-339)[5].

Contudo, se este inaugura um momento em que a necessidade de se assegurar historicamente os fundamentos da crença cristã colocou a História cada vez mais como um instrumento basilar na defesa e legitimação de uma dada religião em relação às outras – nos séculos XI e XII contra a expansão do Islã e, a partir do século XVI, contra o protestantismo, seu concorrente mais direto no campo religioso cristão –, é apenas entre meados do século XVII e finais do XIX que emergem aqueles "pré-requisitos" fundamentais para as abordagens com pretensão de tornar a religião um tema científico "objetivo". Segundo Usarski, para tanto "foi necessário um processo de alienação dos intelectuais europeus da sua herança religiosa", o que torna o "pensamento sistemático sobre religião" um produto da modernidade (USARSKI, 2006, p. 18).

Para os interesses da discussão aventada no âmbito deste capítulo, é justamente aqui que começam nossos problemas e algumas das confusões – de natureza epistemológica, teórica e metodológica – que, até hoje, permeiam os estudos sobre religião. Isto porque, se a "possibilidade de explicar em termos científicos uma religião, significa que esta já deixou de fundamentar a sociedade", despindo-se do "privilégio de verdade com relação a outros produtos" da Modernidade (JULIA, 1976), isto não institui de antemão e de forma definitiva os termos mediante os quais se daria, daí por diante, a aproximação da História – enquanto disciplina – com a religião – enquanto objeto.

---

4 Segundo Bloch: uma "religião de historiadores" firma-se em virtude da necessidade de legitimação histórica das crenças bíblicas por parte das organizações religiosas, de modo especial a Igreja Católica, que como já se conhece, desde o tempo do Império Romano já se munia de seus próprios clérigos-historiadores, como Eusébio de Cesareia (265-339) e sua famosa obra *História Eclesiástica*, escrita no século IV" (BLOCH, 2010, p. 76).

5 Em sua *História eclesiástica,* publicada no século IV, Eusébio de Cesareia descreve cronologicamente a trajetória do cristianismo primitivo e a organização da Igreja Católica. Posteriormente, nos séc. XI e XII, figurando em defesa da fé, os chamados Doutores da Igreja, tal como Tomás de Aquino (1225-1274) – no início do séc. XIII à moda escolástica –, onde a Filosofia e o pensamento racional embasavam a Teologia (PIRES, 2012).

Primeiramente, porque, desde seu início, as formas de conhecimento científico que então emergem se veem cingidas em dois níveis qualitativamente distintos, embora ligados entre si: um *teórico* e outro *prático*, que fizeram as próprias concepções de ciência oscilarem entre a "procura de uma lógica do descobrimento de leis científicas" – acreditando-se na possibilidade de um "conhecimento verdadeiro" – e outra que, reconhecendo o caráter falível de tal pretensão, admitia a busca de verdades apenas parciais e provisórias. O problema, aqui, decorria do fato de que, ao invés "de se respeitarem a autonomia relativa dos dois níveis mencionados", as diversas correntes da Filosofia da Ciência que então emergiram trataram, "pelo contrário, de operar uma unificação através da redução ou subordinação de um deles ao outro" (CARDOSO, 1984, p. 14).

Tais filosofias, encarregadas de emprestar rigor lógico ao trabalho científico, acabariam por legar às disciplinas em ascensão no final do século XIX – como a Etnologia, a Antropologia, a Sociologia, a Filologia, a Linguística e a História – algumas de suas questões tradicionais. Dentre estas: o "realismo ontológico" – preocupado com a descoberta de uma realidade externa e autônoma ao sujeito que observa; o "determinismo ontológico" – investigando possíveis relações de causalidade ou determinação no universo (CARDOSO, 1984, p. 20) e, opondo-se a tais visões, o "idealismo ontológico" que, a partir de Descartes[6], encontraria sua forma mais acabada com Kant (2006) e Hegel (1992), postulando o sentido e a inteligibilidade de um objeto de conhecimento como dependente da subjetividade do sujeito que o compreende, o que tornaria a realidade cognoscível desprovida de autossuficiência (MAYOS, 1995).

Desse modo, a forma específica de organizar e expressar os conhecimentos que se autodenominavam filosófico e científico, passa a ser a teoria – este "eixo linguístico comum" – que não tardaria a manifestar suas tensões com outras "formas de expressão intelectual, dentre os quais se destacam o mito, as artes e a religião" (SILVEIRA & MORAES JR., 2017, p. 19).

---

6 Segundo Mayos, o "ascepticismo epistemológico ou propedêutico de Descartes nos remete ao problema do sujeito "porque a dúvida sistemática cartesiana se define e se caracteriza por ser uma decisão teórica espontânea e livre do sujeito que quer se aproximar de um conhecimento plenamente seguro. O sujeito teórico começa a descobrir-se como ativo e constituinte do seu saber, ao menos no tanto que lhe puder negar ou não sua aquiescência" (MAYOS, 1993).

Uma vez que foi no âmbito daquelas disciplinas que se organizou inicialmente o conjunto de informações sobre as religiões e as alteridades culturais – disponíveis desde a etapa dos descobrimentos e ampliados na segunda metade do século XIX –[7] é possível inferir que as abordagens científicas sobre o fenômeno religioso e, no seu interior, as relações entre História e Religião, herdaram os pressupostos e desafios dessas formas de se compreender a relação entre sujeito e objeto[8]. Especificamente, é possível concordar que, desde então, a *História das Religiões* foi tributária de uma oposição de natureza propriamente filosófica e teológica, que, paradoxalmente, inscreveu o debate histórico-religioso num horizonte problemático de fortes conotações "anti-históricas", conforme procuraremos demonstrar (MANCINI, 2011, p. 195).

Esta uma primeira problematização que gostaríamos de destacar, uma vez que constitui etapa incontornável da produção de conhecimento por parte daqueles que ingressam na área dos estudos de religião: qual seja, precisar os lineamentos histórico-filosóficos do conhecimento que se visa produzir, tocando sua *dimensão epistemológica*.

* * *

Coerentes com tal propósito, desdobra-se a necessidade de se considerar algumas dimensões da pesquisa em *História das Religiões*, que tem a ver com as próprias especificidades da modalidade de abordagem que o surgimento da História como disciplina passou a definir em relação ao objeto religião.

Nesse sentido, é preciso lembrar que a história como discurso, como narrativa, é muito antiga e, portanto, anterior ao surgimento das ciências modernas. Na segunda metade do século XIX, contudo, observa-se uma tendência no interior das

---

7 Momento em que o orientalismo e a construção do binômio barbárie-civilização tornaram a invenção do "outro" material e intelectualmente importante para consolidar uma dada etapa da modernidade ocidental (SAID, 2007).

8 É possível distinguir duas etapas deste dilema, que se sucedem a partir da segunda metade do século XIX e primeiras décadas do XX: "aquela em que os esforços se concentravam na procura de uma lógica do descobrimento de leis científicas, definindo-se a ciência como conhecimento necessária e absolutamente verdadeiro; outra fase em que se reconheceu a impossibilidade da primeira busca, procurando-se agora definir uma lógica da adoção de teorias científicas, aceitando-se já o caráter falível da ciência, cujas verdades são parciais e provisórias" (CARDOSO, 1984, p. 16).

atuais Ciências Humanas de afirmarem sua independência umas em relação às outras e da História em relação a todas, apesar de compartilharem o mesmo fundamento ontológico de seus objetos – a relação do homem com outros homens, suas atitudes fundamentais, em face dos valores, da comunidade e do universo (GOLDMANN, 1978) –, assim como o mesmo estatuto científico, cujos fundamentos, métodos e conceitos eram bebidos na Teoria Social e nas Filosofias da História do século XVIII.

Surgia, assim, uma economia política atrelada ao desenvolvimento do capitalismo e suas supostas leis de movimento; uma sociologia, buscando teorizar as relações sociais no âmbito da sociedade urbano-industrial; uma antropologia, preocupada com a explicação da alteridade cultural e, até certo ponto, comprometida com a legitimação do imperialismo da segunda metade do século XIX; uma psicologia que inseria a subjetividade do indivíduo como dimensão constituinte deste "processo civilizador" e, no meio de tudo isso, a História, pautada em critérios rigorosos de crítica erudita, preocupada com o estabelecimento de fatos passados "únicos e irrepetíveis", absolutamente "rebeldes a leis" (CARDOSO, 1984, p. 32).

Nesta perspectiva, ainda que o processo de construção da História como disciplina não tenha seguido um percurso linear e homogêneo[9], revelou-se profundamente influenciado pelos métodos e conceitos das Ciências Sociais e, de modo especial, por duas correntes filosóficas: o positivismo (de Auguste Comte) e o historicismo (ou idealismo alemão).

Neste contexto, os historiadores profissionais priorizaram o estatuto de cientificidade capaz de validar o conhecimento então produzido (BURKE, 2002). Por um lado, tenderam a estabelecer uma determinada relação entre História e Sociologia: enquanto a primeira dedicava-se à coleta de "fatos sociais", a Sociologia descobria entre eles "nexos legais", ou seja, "relações *constantes* de sucessão e similitude" (CARDOSO, 1984, p. 32). Por outro lado, afastaram-se da História

---

9 Neste sentido, além do desenvolvimento de técnicas filológicas, arqueológicas e outras que, constituindo disciplinas auxiliares, colocavam-se a serviço da crítica externa e interna das fontes, surgiam no século XIX grandes escolas históricas nacionais e europeias, marcadas quer pelo romantismo (Jules de Michelet), quer pelo positivismo (Leopold von Ranke), quer ainda por perspectivas tributárias da política e do direito (como Macaulay, Guizot e Alexis de Tocqueville), convivendo com estudos monográficos. Por fim, é este ainda o momento em que, "fora do mundo dos historiadores", surge o materialismo histórico como método e teoria global dedicado à interpretação das estruturas e leis de transformação das sociedades humanas (CARDOSO, 1984, p. 30).

Social – cujas fontes eram vistas como menos confiáveis e um tanto imprecisas –, dedicando-se ao desenvolvimento da crítica erudita das fontes e a uma História meramente documental, adotada por quase todos os historiadores do século XIX, e que encontraria na *Escola Metódica* francesa e na *História Historicista*, de matriz alemã, suas expressões mais acabadas.

No primeiro caso, o manual de *Introdução aos estudos históricos*, escrito por Langlois e Seignobos e originalmente publicado em 1897, propunha métodos rigorosos de crítica aos documentos escritos e, em particular, aos textos de arquivos postos a serviço do "estabelecimento dos fatos", exigindo-se que cada afirmação fosse "acompanhada por provas e pela indicação das fontes e citações" (PROST, 2008, p. 55). Na visão desses historiadores e de toda a *Escola Metódica* por eles formalizada, o procedimento crítico envolvido na construção dos fatos e sua posterior interpretação permitiria instituí-los "de uma forma definitiva", tarefa que ficava a cargo dos pesquisadores (entenda-se, "professores universitários"), que disponibilizariam tal conhecimento – "expressão de uma verdade objetiva" – aos "professores do liceu" (PROST, 2008, p. 54).

No caso do *historicismo* alemão – cujo principal representante fora o professor da Universidade de Berlim, Leopoldo von Ranke, fundador da *Escola Histórica Alemã* –[10], o problema da cientificidade da História, condicionada à objetividade do conhecimento, derivou a perspectiva segundo a qual, para se produzir um discurso histórico verdadeiro, era preciso dispor de documentos legítimos, incontestáveis, oficiais, capazes de garantir o acesso aos fatos e seu encadeamento na narrativa, segundo uma relação de causa e efeito, de modo a revelar o passado como este "realmente aconteceu" (RANKE, 1996). Surgia, assim, uma História "factual, subjetivista, psicologizante e idealista" (RÉMOND, 2003, p. 18), que con-

---

10 O historicismo apresentou alguns precursores já na passagem do século XVIII para o XIX, abrigando tendências relativamente diversificadas. Neste sentido, vale lembrar que o século XVIII, fundamentalmente na Alemanha, caracterizaria importante momento de inflexão no estudo crítico da história das religiões, em função da separação que se processaria entre história eclesiástica e história universal. Coube a Johann Lorenz Mosheim formular essa distinção, libertando a história da Igreja do seu papel de disciplina instrumental da teologia. De qualquer forma, nesta sua primeira etapa, apesar de ter galgado um estatuto profissional para o historiador e um lugar para a História no meio acadêmico, foi marcado por uma tendência conservadora, a serviço dos governos nacionais da fase da restauração europeia. Além disso, em sua primeira etapa, ainda apresentava fortes vínculos com o paradigma positivista, tão influente na história (BARROS, 2010, p. 80).

cebia a política como única dimensão legítima e capaz de ser interpretada a partir de fontes oficiais.

No âmbito deste debate – no qual cada disciplina buscava afirmar sua identidade e em que todas condicionavam-na ao estatuto científico estabelecido –, coube à filologia e à antropologia a institucionalização das *Ciências Sistemáticas da Religião*, na segunda metade do século XIX. Um conhecimento tributário das *ideologias evolucionistas e naturalistas* em voga e do *método comparativo*, orientador de análises preocupadas em situar o lugar de cada religião numa escala ascendente, composta por etapas a serem superadas, estabelecendo as gradações do que fosse supostamente equiparável ao modelo judaico-cristão, no qual bebiam seus referenciais, inclusive conceituais.

Originaram-se, aqui, perspectivas que atrelavam os termos religião-cultura-civilização, emprestando ao objeto uma conotação *a-histórica*, baseada na busca das supostas origens das religiões e suas evoluções ou degenerações, que interpretava os fenômenos religiosos por meio da linguagem, elaborando uma história comparada interna às estruturas de sentido e ao sistema ocidental e ocidentalizante, sendo incapaz de compreender a alteridade antropológica (AGNOLIN, 2013, p. 19).

Na obra do indólogo e filólogo Max Müller – contratado pela Universidade de Oxford, desde 1854 e um dos primeiros a empregar o termo "Ciências da Religião"[11] –, inaugurava-se uma vertente romântica, segundo a qual a religião era associada a complexos de vestígios comuns e verdadeiros, escondidos na mitologia dos povos primitivos, depositários de uma religião supostamente fundamental, unificadora (do povo, da nação, ou etnia) e culturalista, associada a uma "língua adâmica"[12].

---

11 Ainda na época que antecede a institucionalização da disciplina, teólogos, filósofos e filólogos europeus como, p. ex., o suíço Johann Georg Muller, desde 1837 davam cursos na área de história de religiões. Paralelamente, aqui e ali, o termo "Ciência da Religião" já havia sido aplicado. Pelo que se sabe, os primeiros dois autores que usaram essa designação foram Abbé Prosper Leblanc (1852) e F. Stiefelhagen (1858), porém não no sentido estrito como no caso do orientalista alemão Max Müller, formado em Paris por Eugène Burnouf e desde 1854 contratado pela Universidade de Oxford como indólogo e filólogo. Foi ele quem, no prefácio de seu livro *Chips from a German Workshop*, publicado em 1867 em Londres, introduziu o termo no sentido de uma disciplina própria. Segundo Muller, a Ciência da Religião (*Religionswissenchaft*) *teria de ser uma disciplina comparativa [vergleichend]*. Além de Max Müller, o termo e o método difundiram-se graças aos trabalhos de Théophil Droz (professor de História das Religiões na Universidade de Genebra, na Faculdade de Letras (1873); *Cornelius Peter Tiele* (Universidade de Leyden, em 1877) e *Daniel Chantepie de la Saussaye* (Universidade de Amsterdã, em 1877) (USARSKI, 2006, p. 23-25).

12 Perspectiva esta consagrada na obra de Max Müller: *Lectures on the Science of Language*, publicada em Londres, em 1861 (cf. AGNOLIN, 2013, p. 29).

Com os estudos do antropólogo Edward Burnett Tylor[13]. Por sua vez, inaugurava-se uma linha positivista-evolucionista-racional, segundo a qual as religiões estariam em um constante processo histórico evolutivo, que teria levado do "religioso" ao "laico", cabendo ao pesquisador detectá-lo (AGNOLIN, 2013, p. 32).

Assim como na historiografia com pretensões científicas, os cientistas da religião pretendiam investigar como algo realmente era, afirmando a mesma positividade do conhecimento. Além disso, revelavam-se tributários do mesmo viés da história positivista: o "mito das origens"[14], por meio do qual visavam descobrir no passado cronológico precedentes para fenômenos atuais e não a diferença de circunstâncias. De tal forma que as religiões estariam determinadas entre a *conservação de um passado unificante e o movimento de um progresso diversificante na história*.

Progressivamente, no âmbito das nascentes Ciências Sociais, este "originário comum" das religiões foi sendo identificado com os "povos primitivos", nos quais, conforme cunhado pela sociologia durkeimiana, deveriam ser buscadas as "formas elementares" da religião (AGNOLIN, 2013, p. 38). Do ponto de vista das fontes, aqui também os textos eram considerados a matéria-prima "por excelência" da produção acadêmica dos estudos sobre religião; a tal ponto que, em seu início, a "*Ciência da Religião era uma ciência de textos*" (GRESCHAT, 2005, p. 48-52). Daí a necessidade da filologia e da crítica erudita, reivindicação cara à vertente historiográfica inaugurada pela Escola Metódica francesa.

Acentuando esta ênfase na exterioridade do objeto "religião", mas, ao mesmo tempo, subtraindo-o de uma interpretação lógico-racional e invocando sua suposta autonomia em relação à estrutura sociocultural, surgia, ainda no século XIX, uma concepção de *História das religiões* fortemente marcada pela *fenomenologia*. Esta reportava o fenômeno religioso a realidades metatemporais e não modificáveis, a uma esfera do transcendente, tomado como sagrado, verdadeira essência das religiões. Ao pesquisador, caberia acessá-lo, quer através da recupe-

---

13 Os dois principais estudos deste antropólogo seriam: *On the Origin of Language* e *The Religion of Savages*, ambos publicados em 1866.

14 Em sua *Introdução à História*, o historiador francês, Marc Block, denunciava, dentre outros viéses tributários da historiografia positivista do século XIX, a "obsessão das origens", entendendo-se por origens as causas, "um começo que explica" e, pior ainda, "que basta para explicar" (BLOCH, 2010, p. 56-57).

ração do "sentimento religioso por meio da observação e estudo da experiência com o invisível" – perspectivas cunhadas por Rudolf Otto[15] e Van der Leeuw[16] –, quer pelas suas manifestações: as hierofanias, conforme Mircea Eliade, por meio do qual "a multiplicidade dos fenômenos culturais torna-se a expressão de uma mesma essência religiosa" (AGNOLIN, 2013, p. 47)[17]. Sob tal perspectiva, a religião assumia uma dinâmica própria, ontologicamente independente e autônoma que, segundo uma cosmovisão dualista, passava a representar a esfera complementar ao "profano", ambos constituindo o "ser" em sua totalidade.

Em qualquer dos casos, a fenomenologia afastava-se da História, na medida em que partia de premissas essencializantes, que não conseguiam compreender a própria natureza histórica e cultural da experiência religiosa em si. Do ponto de vista metodológico, por sua vez, a ênfase excessiva na "experiência" – exigindo que o pesquisador se abstraísse do mundo empírico para ativar seu próprio *sensus numinis*, deixando-se "penetrar emocionalmente pelo numinoso e experienciá--lo" (USARSKI, 2006, p. 35) – acabava por desconsiderar a diferença entre "linguagem teórica" (afirmações científicas) e "linguagem em nível do objeto" (afirmações religiosas), de forma que o pesquisador entrava em disputa com a própria visão do sujeito religioso, inspirando-se no mesmo motivo deste: "o encontro com o sagrado" (USARSKI, 2006, p. 40-41).

Pautados nestas tendências, em voga na segunda metade do século XIX, os estudos de religião se deram como ponto de intersecção de várias disciplinas e matérias auxiliares – diversificados segundo as condições acadêmicas e religiosas de cada país –, cindidos por uma dualidade precocemente diagnosticada por Joachim Wach, em 1924: as *Ciências Sistemáticas* e as *Ciências Históricas da Religião*.

---

15 Teólogo luterano e filósofo kantiano, cuja obra *O sagrado* (1917), marca o surgimento de uma Ciência da Religião a serviço da teologia.

16 Pastor da Igreja Reformada holandesa, Gerardus Van der Leeuw propõe em sua obra *Fenomenologia da religião* (1833), uma fenomenologia capaz de "fixar e ordenar o objeto religioso recuperando-o através da fragmentariedade da documentação" e nele reencontrando o *mysterium* (AGNOLIN, 2013, p. 45).

17 Um dos principais intérpretes de religião, mito e símbolo, Mircea Eliade foi pioneiro em considerar a religião como algo *sui generis* no âmbito das Ciências Humanas, exigindo, portanto, uma metodologia própria, perspectiva esta cunhada em seu *Tratado de história das religiões*, de 1949. O objeto religião era aqui caracterizado pelos *elementos simbólicos* que remeteriam à *categoria crucial do sagrado* (elementos arquetípicos por detrás das suas hierofanias), sendo o papel das disciplinas empíricas fornecer *dados e interpretações* que auxiliam na configuração do objeto, mas que por si só falseariam caráter da religião (PRADO & SILVA JR., 2014, p. 13-14).

De tal forma que, enquanto no primeiro grupo teólogos, filósofos e teóricos da religião corriam o risco de "se esgotar em especulações abstratas que teriam pouco a ver com o mundo real das religiões", os pesquisadores reunidos no segundo grupo ameaçavam pretender abarcar a totalidade do campo, reduzindo os estudos da religião a componentes socioculturais e, em função disso, negando a possibilidade de se entender a religião em seus próprios termos, em sua lógica, valores e referenciais internos, ainda que não autônomos (CAMURÇA, 2001).

Para nossos interesses, cabe frisar que, no contexto em que surgiu e institucionalizou-se[18], a *História das Religiões* assumiu várias formas e entendimentos, tendo sua identidade disciplinar comprometida, tanto a partir da modalidade de aproximação com o objeto – e, neste sentido, da "forma como este é visto e tratado" –, quanto pelas singularidades e particularidades que a disciplina viria a assumir posteriormente, "pelo fato de o objeto de estudo serem as religiões" (LONDOÑO, 2013, p. 125).

Assim, se pela perspectiva da fenomenologia nascia uma *História das Religiões*[19] que negava a própria historicidade dos fatos religiosos, ao "ontologizá-los", no que concerne às relações com as abordagens socioculturais a confusão se tornava ainda mais evidente. Isto porque, ao incorporarem métodos, conceitos e pressupostos das Ciências Sociais para abordar o objeto "religião", a História passou a lançar mão de instrumentos "fortemente modelados pelas características do objeto em si e não pela tradição da disciplina história ou do saber histórico". De tal forma que, paradoxalmente, a disciplina que no decorrer do "século XIX ficou consagrada como História das Religiões, mais do que fazer a história das

---

18 A oficialização de cátedras, seções e programas em Ciência da Religião nas universidades europeias: 1870-1920. Na Alemanha, Inglaterra, França e Itália (USARSKI, p. 27). Ao longo do século XX, nas academias da Alemanha, Inglaterra, França e Itália, foram elaborados compêndios enciclopédicos de Histórias das Religiões que pretendiam dar conta inicialmente de todas as religiões. Como exemplo dessa tendência, na França, os seguidores da *Histoire des Religions* organizaram-se em torno da *Revue de l'Histoire dês religions* (Paris, 1880), A obsessão enciclopedista levou Henri Charles Puech ao organizar uma monumental *Histoire des Religions*, pulicada em 1970, que compilava estudos sobre as religiões desde a Antiguidade – passando pelos "sumérios, o Budismo chinês, as religiões árticas sem tradição escrita" – até os "os movimentos religiosos modernos de aculturação na Indonésia". Data também desta época o *Manual de História das Religiões*, de Mircea Eliade, onde o autor formula uma espécie de morfologia do sagrado e postula grandes temas e espaços sagrados (cf. LONDOÑO, 2013, p. 126).

19 Na sua obra *O sagrado e o profano* (1956), Mircea Eliade afirma que, em sua fase inicial, a História das Religiões chegou a confundir-se com a *Ciência da Religião*, inaugurada por Max Müller (1823-1900).

religiões, praticasse um estudo analítico-comparativo em que se estudavam mitos e ritos das religiões, tendo como modelo estruturante a religião cristã" (LONDOÑO, 2013, p. 125).

Por decorrência, na busca pela legitimação de seu estatuto científico, os historiadores do século XIX e boa parte do XX[20] ignoraram o fato de que, "uma coisa são as ciências sociais dialogando entre si e outra coisa é o diálogo da História com cada uma" delas: no "primeiro caso, trata-se de um diálogo entre esferas da existência; no segundo caso, um diálogo das esferas de existência com a totalidade" (NOVAIS, 2008). Ou seja: o que a História visa não é formular conceitos e modelos de análise, buscando tendências e regularidades no estudo de um dado fenômeno – ainda quando o submeta ao método comparativo –, mas comparar para identificar as diferenças e originalidades que somente as particularidades históricas conseguem justificar, compreendendo como em cada época e lugar estabelecem-se articulações específicas entre as várias esferas da existência: o social, o econômico, o político, o cultural, o religioso.

Da perspectiva do historiador caberia, portanto, afirmar o pressuposto fundamental da possível e necessária redução do seu conhecimento à razão histórica (RÜSEN, 2010), bem como acolher e definir aqueles fatos que não resultassem redutíveis aos modelos analógicos – isto é, constituídos ao redor de denominadores comuns sugeridos pela pesquisa comparada do século XIX (AGNOLIN, 2013, p. 21) – e aos conceitos e categorias herdadas do cristianismo, cuja estrutura de sentido tendeu a "autonomizar o religioso em relação a outros âmbitos da vida social e cultural", bem como estabelecer "uma separação clara entre uma esfera religiosa e uma civil" (MANCINI, 2016, p. 108).

Esta verdadeira tomada de consciência acerca do que constitui a especificidade da História em relação às demais áreas do conhecimento e, no seu âmbito, da *História das Religiões* (ou *História Religiosa*, na sua conotação francesa), teria que aguardar o surgimento de vertentes historiográficas comprometidas com a conquista do seu método científico e da descoberta dos meios de análise adequados aos seus objetos de estudo, pautadas na convicção de que um "conhecimento

---

20 "Historicamente a fenomenologia dominou o ramo sistemático da Ciência da Religião até aproximadamente os anos de 1950, quando a escola de Chicago se celebrizou por sua abordagem, que era também parcialmente fenomenológica, mas continha importantes alargamentos hermenêuticos" (COELHO, 2013, p. 117).

merece o nome de científico ainda que não seja susceptível de demonstrações ou de imutáveis leis de repetição" (BLOCH, 2002, p. 49).

Tanto em nível histórico quanto acadêmico, tais condições se deram a partir das primeiras décadas do século XX, com as renovações historiográficas que mais diretamente impactaram os estudos históricos de religião, orientando o perfil atual da disciplina: a Escola francesa dos *Annales* e a *Escola italiana histórico-comparativa*. Nas reflexões que seguem, articularemos algumas das contribuições destas vertentes historiográficas para a atual configuração da *História das Religiões,* chamando a atenção para a atualidade e urgência que o debate acerca de sua especificidade disciplinar assume no âmbito das *Ciências da Religião*.

História das Religiões é História

As questões teóricas e metodológicas legadas pela historiografia do século XIX, bem como o fato de os primeiros manuais de história das religiões terem surgido de dentro da matriz teológico-protestante (AGNOLIN, 2013, p. 22), acabaram configurando três maneiras fundamentais de se conceber as relações entre História e Religião. A primeira delas, que se convencionou chamar-se *História das Religiões*, derivou dois modelos no início do século XX: "um almejando a confirmação de crenças que os dados históricos pudessem trazer para o cristianismo e o outro, afirmando que ela ajudaria no desaparecimento da religião que ocorreria fatalmente com a expansão do progresso da ciência e da indústria" (ALBU-QUERQUE, 2007). Postulava-se, assim, uma História voltada para a origem das religiões, que deveriam ser buscadas e analisadas através do método comparativo, tornado verdadeiro veículo "para estabelecer a verdade do cristianismo".

Num segundo modelo, a historiografia tradicional atrelava a *História das Religiões* à história dos países, "onde ela é considerada como fazendo parte da história das instituições e das relações com os estados". O próprio Ranke consagrou este estilo de História, através de seus estudos sobre a complexa interação entre questões políticas e religiosas no século XVI e, posteriormente, sobre a Reforma na Alemanha como resultado desta interação.

Finalmente, emergia uma abordagem tributária do "gênero milenar História da Igreja", concentrada "nos grandes personagens, nos dogmas, nas instituições, nas estruturas, na hierarquia, na santidade canonizada e nas teologias oficiais, com ênfase em suas relações com os governos" e que, similarmente à história historizante, desprezava os "movimentos de ideias, descrição de práticas e piedades populares, atividades missionárias etc." (ALBUQUERQUE, 2007).

Em qualquer dos casos, a visão "objetivista" da religião – bem como da cultura – construída durante a segunda metade do século XIX, desdobrava-se num problema não apenas epistemológico, mas fortemente político e cultural, legitimado pelo "sistema interpretativo ocidental do outro" (AGNOLIN, 2013, p. 22).

Esta herança seria revista no decorrer da primeira metade do século XX, sob a influência de um duplo movimento historiográfico, que promoveria a desconstrução dos fundamentos teórico-metodológicos inspiradores da historiografia tradicional. Tal movimento foi impulsionado, de um lado, pela forte reação historiográfica a setores do *historicismo* e do *positivismo* então hegemônicos, a qual já se esboçava no âmbito de outras disciplinas. De outro lado, pela crise geral de paradigmas aberta pela Primeira Guerra Mundial, impondo à Europa repensar o próprio conceito de civilização (atrelado à cultura) e rever os estudos antropológicos relativos às religiões dos povos não europeus, cunhados sob a égide do imperialismo.

Neste contexto, muitos historiadores engajaram-se na crítica aos nacionalismos exacerbados e, no seu âmbito, à História política: "na verdade uma história (da) política, e de uma política bem específica que era a dos estados-nacionais" (BARROS, 2010, p. 90). Simultaneamente, o entreguerras punha em destaque as crises econômicas e sociais – sintomas do esgotamento do modelo capitalista liberal –, impondo a necessidade de estudos que integrassem estas esferas da realidade, abandonando a verdadeira obsessão pelo político.

Como resultado, surgia o movimento dos *Annales* – fundado por M. Bloch e L. Febvre em 1929 na França, com o lançamento da revista originalmente denominada *Annales d'histoire économique et sociale* –, o qual, ao lado do Materialismo Histórico e das contribuições da Hermenêutica historicista, constitui uma das influências mais marcantes e duradouras sobre a historiografia ocidental. Conforme Barros, tratava-se de empreender "uma luta em duas frentes: contra um adversário a ser desmoralizado – a História Historizante – e contra um adversário a ser respeitado, mas submetido", representado pelas "diversas Ciências Humanas que começavam a se afirmar no cenário intelectual europeu" (BARROS, 2010, p. 89).

Assim, os *annalistas* lançaram-se à crítica de um paradigma positivista já retrógrado para a época, representado pelo historicismo alemão e pela Escola Metódica francesa, que postulava a *objetividade* dos fatos, a *verdade* das *fontes oficiais* e a fixação no *Estado* e nos *acontecimentos políticos*. Atacavam, desse modo, aquilo que o economista François Simiand chamou à época de "os ídolos da tribo dos historiadores": a fixação no *político*, no *individual* e no estudo das *origens*, de forma a construir uma narrativa onde os fatos fossem encadeados segundo a ordem cronológica de suas ocorrências e relações causais (BURKE, 1992, p. 21).

As oposições radicais dos *Annales* das duas primeiras gerações (até 1968)[21], instituíram, assim, alguns dos fundamentos principais da disciplina histórica, marcando suas especificidades em relação à História Historizante e, simultaneamente, às Ciências Sociais em ascensão. Em ambos os casos, as críticas redundavam na proposição de uma "História-problema", que revia as noções de *tempo* e *fato histórico* e reivindicava: o alargamento dos *objetos* do historiador a "todas as atividades humanas" – rompendo com a exclusividade do político; a consideração de outros níveis da realidade – com *ênfase nas estruturas* e não nos eventos, considerados por Braudel ricos em interesse humano, mas constituindo o nível mais superficial (BURKE, 1992, p. 47); no *diálogo interdisciplinar* com a Sociologia, a Antropologia, a Linguística, a Geografia Humana e a própria Psicologia. Um movimento mediante o qual a estratégia externa dos *Annales*, diante das outras Ciências Sociais, fortaleceu sua estratégia interna, perante as outras formas de História.

Foge aos objetivos deste capítulo compreender os alcances e especificidades das diferentes fases desta renovação historiográfica francesa. No entanto, cabe-nos fixar algumas concepções que, desde então, nortearão a historiografia ocidental e influirão, decisivamente, nos estudos de religião. A primeira delas, a defesa de que "todo projeto científico é inseparável de um projeto de poder" (BURGUIÈRE, 1979) e, neste sentido, é informado pelas próprias "questões do historiador", que, afinal, é um homem social e culturalmente situado, envolvido com determinados compromissos pessoais e institucionais de sua época e meio.

---

21 Os principais representantes deste grupo foram Lucien Febvre, Marc Bloch, Fernand Braudel, Georges Duby, Jacques Le Goff e Emanuel Le Roy Ladurie, contando ainda com a participação dos historiadores marxistas: Ernest Labrousse, Pierre Vilar, Maurice Agulhon e Michel Vovelle (BURKE, 1992, p. 11).

Neste sentido, concluía-se, "a história não pode definir-se por seu objeto, nem por documentos" (PROST, 2008, p. 75) e, tampouco, ter a pretensão à neutralidade. Ao contrário do historicismo alemão – que afirmava a completa exterioridade dos fatos ao pesquisador – e da Escola Metódica – para a qual estes poderiam ser construídos de forma definitiva, através da crítica metódica –, a historiografia dos *Annales* sustentava não existirem fatos históricos por natureza[22]: estes são sempre uma construção do próprio historiador, pautado nas indagações de seu presente.

Tal perspectiva estabelece uma relação de solidariedade tanto entre o *passado* e o *presente* – uma vez que, conforme Bloch, é "sempre nas nossas experiências cotidianas que vamos buscar os elementos que nos servem para a reconstituição do passado", representando esta a própria essência de uma História-Problema (BLOCH, 2002, p. 66) – quanto entre as *questões* do historiador, os *documentos* e os *métodos* adotados na construção dos seus objetos. De tal forma que, não "existem fatos, nem história, sem um questionamento", reposto em cada momento e nem sempre com a mesma legitimidade.

Se por um lado "o primado da questão sobre o documento" implica a impossibilidade de sua "leitura definitiva" – conforme postulado por Langlois e Seignobos, em seu manual de *Introdução à História* (1946) –, por outro, "a solidariedade indissociável entre a questão, o documento e o procedimento adotado para abordá-lo explica que a renovação do questionário implica uma renovação dos métodos e/ou do repertório documental" (PROST, 2008, p. 75). Finalmente, ao acessar novas fontes e vestígios, o historiador acessa novos aspectos da realidade, tornando "o campo dos objetos, potencialmente históricos", ilimitado, o que atende a outra reivindicação dos *Annales*: a de ser *História Total*.

Tal pretensão implica certa ambiguidade na relação entre a História e as Ciências Sociais, pois, se por um lado ambas compartilham os mesmos objetos, métodos e conceitos, por outro, a História não pode "ter o mesmo grau de apreensão do objeto pelo conceito" (NOVAIS, 2008), podendo "no máximo atingir certas 'zonas de cientificidade' em meio à caótica totalidade dos acontecimentos históricos" (VEYNE, 1976).

---

22 Nesse sentido, destaca-se a implacável crítica de L. Febvre à História Historizante, registrada em seu *Combates pela História,* para cujos historiadores bastava simplesmente "desenterrar" os fatos, "limpar e apresentar à luz do dia aos nossos contemporâneos. Ao contrário disso: "Tratando-se de história, é o historiador que as forja" (FEBVRE, 1977).

Estas reflexões informam não apenas a nova concepção da especificidade da História como disciplina, mas suas possibilidades inéditas de aproximação com (e construção do) o objeto "religião". Na França, surgia então uma abordagem que se opunha à *História Eclesiástica* (feita de dentro da própria perspectiva religiosa) e na confluência entre a *História Religiosa* e a *História Cultural* (LAGRÉE, 1998).

É neste itinerário intelectual que alguns historiadores, a partir da herança dos *Annales,* transitaram da ênfase no econômico e no social para a "superestrutura cultural" – ou, conforme a frase cunhada por Le Roy Ladurie, "do porão ao sótão" (BURKE, 1992, p. 81) –, estendendo as fronteiras da História bem como explorando as várias possibilidades presentes no conceito de "mentalidade", adotado na abordagem da religião (ALBUQUERQUE, 2007b, p. 38).

Embora estas possibilidades já estivessem presentes nos estudos pioneiros de Marc Bloch (*Os reis taumaturgos*)[23] e Lucien Febvre (*O problema da incredulidade no século XVI*)[24] – os quais, valendo-se de conceitos e métodos oriundos da sociologia durkeimiana, da antropologia de Frazer e da "psicologia histórica", de Henri Berr, inauguraram o conceito de "mentalidade religiosa" como "construção coletiva" (BURKE, 1992, p. 30-31) –, sua consagração só viria anos depois, com a *Nouvelle Histoire,* cujo marco fora a Coleção organizada por Jacques Le Goff e Pierre Nora (*História: novos objetos, novas problemáticas, novas abordagens*), publicada nos anos de 1970.

Dentre outras contribuições, a obra contou com o capítulo decisivo de Dominique Julia, o qual sistematiza os diversos estudos e tendências historiográficas francesas capazes de indicar a progressiva diferenciação de uma "História Religiosa" laica, em relação à "História das Religiões", herdada do século XIX. Assim, indicava a constituição de um novo campo de estudos históricos, no âmbito do qual a religião passava a ser explicável pela organização social. Valendo-se de Marcel Mauss, postulava que as "mudanças religiosas só se explicam se admi-

---

23 Nesse estudo, Bloch analisa o sistema de crenças no poder miraculoso atribuído aos reis na França e Inglaterra, valendo-se do conceito de "consciência coletiva" advindo da sociologia de Durkheim. Para tanto, focaliza os ritos e o sistema de crenças que fundamentavam tal "representação coletiva" (BLOCH, 1993).

24 Nessa obra, Febvre debruçou-se sobre o estudo dos instrumentos mentais de uma época – aos quais denominou "utensilagem mental" –, para analisar o problema do ateísmo no século XVI, negando suas possibilidades históricas em função da ausência de conceitos que lhe emprestassem fundamentos.

tirmos que as mudanças sociais produzem nos fiéis modificações de ideias e de desejos tais que os obrigam a modificar diversas partes do seu sistema religioso" (JULIA, 1976, p. 108).

Sob a concepção de que a religião e as religiosidades – seja a piedade, seja a teologia ou o clero – ensinam sobre a "condição social de um dado momento histórico", Julia criticava a permanência de atitudes teológicas na historiografia (1976, p. 110), apontando que, mediante as novas tendências historiográficas, a religião perdeu seus privilégios, passando a ser abordada sempre em conexão com algum outro campo, perdendo em nitidez, mas ganhando em complexidade, porque novas relações históricas vieram à tona. Segundo Julia:

> O que interessa ao operador, ao analista, não é a condição de verdade das afirmações religiosas que estuda, mas a relação que mantém essas afirmações, esses enunciados com o tipo de sociedade ou de cultura, que os explicam. Tornaram-se, assim, sintomas, sinais de uma coisa diferente daquela que pretendiam dizer. Quer se trate do clero, quer das práticas de piedade ou das teologias, nós interrogamos os fenômenos religiosos em função daquilo que são suscetíveis de ensinar-nos de uma certa condição social, quando, justamente, essas teologias eram, para os contemporâneos, o próprio fundamento da sociedade. Entre eles e nós, desde o tempo deles e o nosso, o que é explicado tornou-se o que nos faz compreender as suas explicações (JULIA, 1976, p. 108).

Com tais avanços da historiografia, os estudos históricos da religião ganharam novas dimensões, incorporando novas fontes, objetos e métodos, a partir de uma concepção das mentalidades como representativas da própria junção entre o indivíduo e o coletivo, o longo tempo e o cotidiano, o inconsciente e o intencional, o estrutural e o conjuntural, o marginal e o geral (LE GOFF, 1976, p. 69). Da mesma forma, ampliaram a noção de *documento histórico*, a partir de um enfoque que busca perceber as maneiras como o "visível" e o "invisível" se articulam segundo a dimensão do poder. Tal visão apontava na direção de um sujeito que vê, bem como das técnicas e modalidades do ver, tomadas como produto da história e lugar a partir do qual certas práticas são articuladas.

Para Le Goff, portanto, a História – forma científica da memória coletiva – é resultado de uma construção, sendo que os materiais que a imortalizam podem apresentar-se sob duas formas principais: os monumentos – herança do passado – e os documentos – escolha do historiador" (LE GOFF, 1992, p. 535). Dessa forma, o documento não é qualquer coisa que fica por conta do passado, é um produto da sociedade que o fabricou segundo as relações de forças que aí detinham o poder. Só a análise do documento enquanto monumento permite à memória coletiva recuperá-lo e ao historiador usá-lo cientificamente, isto é, com pleno conhecimento de causa (LE GOFF, 1992, p. 545).

Até os anos de 1990, a História das mentalidades, segundo Albuquerque, derivou duas formas de tratamento da religião. Por um lado, compreendidas como "estruturas de longa duração", rompia-se com as abordagens anteriores da historiografia tradicional, fixadas no tempo curto[25]. Simultaneamente à valorização do tempo longo, percebeu-se a proficuidade dos estudos históricos sobre a contemporaneidade, rompendo-se com a visão positivista do século XIX, segundo a qual apenas o passado longínquo era garantidor de testemunhos legítimos e da neutralidade do historiador (ALBUQUERQUE, 2007b, p. 42).

Se ao incorporar objetos contemporâneos o historiador das mentalidades estreitava o diálogo com as Ciências Sociais, ao avançar na aproximação com as várias dimensões da realidade precisou desconfiar dos conceitos advindos das disciplinas afins, historicizando as categorias de classificação da religião e repensando suas conexões com outras temáticas (ALBUQUERQUE, 2007b, p. 43). Neste sentido, a partir da história religiosa francesa, progredia-se na definição das especificidades da própria *História* como disciplina.

Na que tange à dimensão conceitual, implicava assumir que, na importação dos conceitos oriundos das Ciências Sociais, o historiador deve proceder a uma "flexibilização decisiva" destes, que "perdem seu rigor, cessam de ser utilizados sob a forma absoluta para receberem imediatamente uma especificação", sendo reposicionados numa perspectiva diacrônica, desconfiando sempre de conceitos advindos sem conexões com a historicidade (PROST, 2008, p. 127).

Do ponto de vista metodológico, a *História Religiosa* incorporou os métodos serial e quantitativo, a despeito de seus limites reconhecidos. Assim, interessou-se pela elaboração de "mapas de práticas religiosas na França rural", assim como pelo "estudo serial das imagens religiosas e a evolução das sensibilidades" (LON-

---

25 Exemplo deste enfoque são as contribuições de Jean Delumeau (1990), ao debruçar-se sobre uma documentação normativa – os textos que orientavam a prática dos padres confessores e dos fiéis –, modeladora de aspectos de uma psicologia coletiva, que ultrapassavam a própria esfera do confessionário (DELUMEAU, 1990).

DOÑO, 2013, p. 128), derivando estudos monumentais do ponto de vista da pesquisa documental[26]. Nas análises qualitativas, por sua vez, a disciplina passou a se interessar pelas "formas de expressão do sentimento religioso", seja através da vertente da história das mentalidades medieval (G. Duby e Le Goff) e moderna (Febvre e Delumeau), seja pela influência da Antropologia italiana, onde se destaca a aproximação com a *Escola Italiana de História das Religiões*, cujas influências passaremos a analisar.

A "viragem antropológica" nos estudos de religião foi ainda resultado do encontro entre *História Religiosa* e *História Cultural* marcante, sobretudo, a partir da década de 1990, a qual levou à progressiva substituição do termo "mentalidade" por "cultura", "imaginário" e "representação". Nos marcos deste diálogo, houve uma aproximação com a antropologia cultural e simbólica, com forte expressão em G. Duby (1984), Pierre Bourdieu (1989), Michel de Certeau (1998) e Roger Chartier (2002), para citar apenas alguns nomes (BURKE, 1992, p. 94). Tais mudanças acarretaram a utilização de novas fontes no campo da História, a partir das quais a religião passou a ser trabalhada em aspectos inéditos, "entre os quais a compreensão do simbólico na vida cotidiana", emergindo uma história das crenças e comportamentos religiosos (ALBUQUERQUE, 2007(b), p. 44).

Este diálogo fundamental estabelecido entre a História e as Ciências Sociais, além da própria Linguística – já que a *Nouvelle Histoire* é também marcada pelo ressurgimento da narrativa (BURKE, 1992, p. 104) – lança ênfase numa análise crítico-interpretativa, capaz de revelar o que representações podem dizer sobre a condição social na qual são produzidas e as quais ajudam a modelar.

Conforme veremos, é principalmente pela vertente da *História Cultural das Religiões* que, atualmente, estreita-se o diálogo entre a historiografia francesa e a *Escola Italiana*. Uma das reivindicações comuns a ambas as vertentes, aplicada aos estudos de religião, é a *historicidade* do objeto, concordando serem os movimentos religiosos redutíveis à razão histórica enquanto produtos culturais (SIL-

---

26 Exemplo disso é o livro *O homem diante da morte*, de Phillipe Ariès – herdeiro dos *Annales* e considerado um dos pioneiros no estudo das mentalidades –, no qual o autor analisa textos literários, inscrições lapidares, obras de arte, diários pessoais reveladores das transformações das atitudes em relação à morte, própria e dos outros, no decorrer do tempo, desde a sociedade medieval até o século XX (ARIÈS, 2014).

VA, 2013, p. 126), de modo a romper com a "experiência do modelo civilizador" herdado do século XIX (MANCINI, 2016, p. 108).

* * *

Se a *História Religiosa* francesa surge num cenário onde o "olhar *crítico* e *interpretativo* do novo, do diferente, do singular, se consolida" (PRADO & SILVA JR., 2014, p. 23) – marcando um movimento mais amplo da própria História enquanto disciplina –, a *Escola Italiana de História das Religiões* nasce a partir da crítica contundente às perspectivas "sistemáticas, essencialistas, teológicas e fenomenológicas", propondo-se a "fundar e implementar uma metodologia histórico-religiosa", de cunho profundamente laico (AGNOLIN, 2013, p. 53-54).

O marco inicial da nova *Escola* foi a fundação, em 1925, da revista *Studi e materiali di Storia delle religioni* (SMSR), sob direção de Raffaelle Petazzoni (1883-1959), a qual passou a publicar textos daqueles que viriam a se tornar seus principais expoentes, dentre os quais: Ernesto De Martino (1908-1965), Angelo Brelich (1913-1977), Vittorio Lanternari (1918-2010), Dario Sabbatucci (1923-2002), tendo como principais representantes contemporâneos Marcelo Massenzio (catedrático da Universidade de Roma III) e, no Brasil, Adone Agnolin (professor titular da Universidade de São Paulo).

Embora não exista uma plena homogeneidade de enfoques e temas, estes historiadores convergem no sentido de propor de um método histórico-comparativo (*comparativismo histórico)*, pautado na convicção acerca da natureza humana e cultural dos fatos religiosos – e não construída a partir de um "estruturalismo-essencial vazio" –, passíveis de serem submetidos a uma problematização histórico-crítica por meio de sua comparação (AGNOLIN, 2013, p. 61). Nota-se, assim, uma convergência com os pressupostos da historiografia francesa, uma vez que, para ambas, a experiência religiosa é expressa e transmitida num contexto sócio-histórico particular, de forma que tanto a *História Religiosa* quanto a *História das Religiões* faz uso desse pressuposto.

Em 1973, na cidade de Urbino, Itália, a nova tendência é nomeada de *Escola Romana de História das Religiões*, marcando uma fase de "amadurecimento da escola italiana" (AGNOLIN, 2005, p. 20). Tratava-se, desde então, de *"des-ontologi-*

zar" os fatos religiosos, tanto a partir do pressuposto fundamental de sua possível e necessária redução à razão histórica quanto pela necessidade de acolher e definir, nesta perspectiva, aqueles fatos que não resultassem redutíveis aos modelos analógicos (i. é, constituídos ao redor de denominadores comuns) sugeridos pela pesquisa comparada.

Fatalmente, tal enfoque levou à aproximação epistemológica da *Escola Italiana* com a *Antropologia*, em oposição a "todas as outras escolas de pensamento que, de fato, privilegiavam abordagens não históricas ou, quando pior, des-historicizantes" (AGNOLIN, 2013, p. 21)[27]. Por sua vez, a proposta da *radical historicização* se estende aos conceitos empregados pelo historiador da religião. Conforme Agnolin, na proposta de Massenzio:

> Para entender determinados contextos histórico-culturais "outros" é preciso entrar em (e adequar-se a) uma lógica autônoma e consoante ao sistema de valores e ao mundo das ideias próprios de cada cultura: no contexto das culturas etnológicas, uma lógica diferente da clássica ocidental (a lógica aristotélica, p. ex.) (AGNOLIN, 2013, p. 120).

Neste sentido, desvendava-se um *etnocentrismo crítico* por parte destes historiadores, preocupados em estudar as estratégias religiosas de populações de âmbito etnológico em relação à aculturação ocidental; processos de ocidentalização das outras culturas, que frequentemente redundaram em justificativas para as políticas de dominação e inferiorização do "outro". Sob a lente da *Escola Italiana*, portanto, o método comparativo deixava de ter uma finalidade classificatória, devendo ressaltar as diferenças e originalidades, que somente as particularidades histórico-culturais conseguem justificar[28].

Como desdobramento da perspectiva comparativa, a *Escola Italiana* definia como seu objeto de estudo "as religiões". Conforme Agnolin:

> De fato, contra a proposta de abordar a Religião no singular, porque entendida e conceituada enquanto objeto sólido, a metodologia histórico-religiosa italiana vem se destacando por um pressuposto prioritário, necessário e fundamental:

---

27 Além do próprio trabalho de Agnolin, um exemplo bem-sucedido deste encontro com a antropologia são os trabalhos de Pompa, 2002; Montero, 2006.

28 Pettazoni denunciava em seu estudo pioneiro sobre o monoteísmo que este não se formara por evolução, mas, ao contrário, por revolução. "Não é o resultado de uma progressiva redução aritmética do divino", assim como "O Deus Supremo dos povos primitivos não é o Deus do cristianismo..." (AGNOLIN, 2013, p. 60-61).

aquele de uma "des-objetivação" da Religião que, portanto, é projetada numa perspectiva comparativa (e, então, plural) e histórica (i. é, relacional). Esta operação de historicização do próprio conceito de Religião, antes, enquanto instrumento fundamental para constituir uma comparabilidade das religiões, depois, é o significado mais peculiar conexo e sintetizado no nome da disciplina: História das Religiões (AGNOLIN, 2005).

Foi com Angelo Brelich que o empenho em se definir o "verdadeiro objeto" da História das Religiões desdobrou-se na redefinição do próprio conceito de religião, utilizado pelas abordagens sistemáticas herdadas do século XIX sem nenhum rigor teórico. Deriva daí uma tendência, atualmente influente, de se definir religião de forma mais ampla, abarcando

> [...] um complexo de instituições, organizações, crenças, ações, comportamentos que se modificam a partir de novas situações e que visam regular e influir um mundo essencialmente não humano, mas relacionado com o humano e investido de valores (BRELICH, 2006, p. 36).

A proposta da *Escola Italiana* configurava, desse modo, uma crítica não apenas epistemológica, mas sobretudo política, à *História das Religiões* e às *Ciências Sistemáticas da Religião* cunhadas no século XIX. Isto porque, ao conceber os fatos religiosos como "*produtos culturais,* sujeitos à ótica histórica", e ao historicizar as próprias categorias de análise desses fenômenos, "de acordo com suas temporalidades e contextos", lançava "também uma crítica às posturas preconceituosas e degradantes em relação às religiões diferentes das da Europa, etnofóbicas, combatendo assim a visão *eurocêntrica* de uma história das religiões" (PRADO & SILVA JR., 2014, p. 16). Dessa forma, reconhecia o quanto os monoteísmos (em especial o cristianismo) não são fruto de uma "evolução histórica", mas resultam de verdadeiras revoluções culturais, que apoiadas na ideia de uma "verdade revelada" inquestionável, abateram-se sobre os politeísmos antigos (MANCINI, 2016, p. 108).

Tal perspectiva convergia, assim, com duas reivindicações caras à historiografia francesa dos *Annales*: a defesa de uma *História-Problema* – atenta aos riscos do *etnocentrismo* e do *anacronismo* –, além de uma definição de religião capaz de tornar o domínio religioso um campo investigativo incrivelmente amplo. Estas confluências se fazem sentir, sobretudo, a partir da década de 1990, com a aproximação entre a *Escola Italiana* e a *História Cultural das Religiões*, conceito que propunha ao historiador das religiões "aplicar ao estudo histórico das religiões as práticas de pesquisa que vinham sendo incorporadas aos estudos da chamada história cultural", instrumentalizando conceitos tais como os de representação, poder simbólico, além do próprio termo "religião", que passou a ser pensado "no plural de um modo que não o considerassem como sinônimo de cristianismo, chegando à conclusão de que uma série de outras manifestações e práticas religiosas também deveriam ser chamadas de religião (PETERS, 2015, p. 95). Segundo Eliane Moura:

> a história cultural das práticas religiosas deve, portanto, procurar entender a formação da categoria generalizante "a religião" como um código cultural com sentidos variados, investigando mediações, empréstimos, cruzamentos, difusões, hibridações e mestiçagens. Os objetos intelectuais de pesquisa não são, dessa forma, estruturas essencializantes de um espírito humano com conteúdo universal em formas diferenciadas. Ao contrário, são produtos históricos em relações específicas que se comunicam através de processos de generalizações (SILVA, 2013, p. 124)[29].

Sob esta ênfase, rompia-se com uma tendência afirmada no âmbito da *História Religiosa* francesa, "desenvolvida e caracterizada por tratar apenas de *uma* religião dentro de uma postura interpretativa-crítica-investigativa, e não, comparativamente, de *duas, três* ou *várias* religiões ao mesmo tempo" (PRADO & SILVA JR., 2014, p. 24). Ao contrário disso, torna-se possível e necessário uma compreensão mais apurada das práticas religiosas cotidianas, das "circularidades das culturas" – conceito que rompe com a velha e superada dicotomia existente entre cultura erudita e cultura popular (GINZBURG, 1987)[30] –, assim como dos próprios significados dos conceitos e códigos empregados por diferentes grupos, em diferentes lugares e momentos, numa abordagem que justifica e mesmo requisita o *método comparativo*.

Para nossos interesses, cabe frisar que, em qualquer dos casos, a modalidade de aproximação com a(s) religião(ões) é a *História*, cujo objeto não é o passado, mas o homem na dimensão temporal (BLOCH, 2002). Ao historiador da religião

---

29 Celebrando este encontro entre História Cultural e História das Religiões no Brasil, vale ressaltar a iniciativa de organização do *1º Encontro Nacional do Centro de Estudos em História Cultural das Religiões* (Cehir), ocorrido na Unicamp, entre os dias 18 e 20 de abril de 2017.

30 Do ponto de vista da pesquisa documental, os novos estudos sobre cultura e religiosidade popular revelaram uma gama inédita e diversificada de fontes, conforme revela a contribuição de Ginzburg ao analisar processos inquisitoriais, a partir dos quais reconstrói todo um universo onde saberes eruditos e populares se entrecruzam, conformando uma atmosfera social marcada por verdadeiros hibridismos culturais (GINZBURG, 1987).

cabe, portanto, "estudar as características de um fenômeno religioso e detectar sua relação com o contexto sociopolítico, sua historicidade e sua contribuição para a cultura em seu conjunto" (PRADO & SILVA JR., 2014, p. 29), aderindo ao recorte teórico, metodológico e conceitual que melhor adequar-se aos propósitos de sua investigação, sabendo que:

> Quoiqu'il en soit du terme le plus adéquat – Histoire de l'Église, Histoire du catholicisme, Histoire du christianisme, Histoire religieuse – une chose est en tous cas certaine: il s'agit d'histoire, pratiquée selon les règles de la méthode historique (AUBERT, 2000, p. 757-781).

A História das Religiões nas Ciências da Religião: considerações finais

As reflexões alinhavadas ao longo deste capítulo buscaram situar a trajetória e demarcar as especificidades da *História das Religiões,* problematizando os pressupostos epistemológicos, teóricos e metodológicos que a definem como modalidade específica de aproximação com um objeto de estudos que, ao mesmo tempo, justifica e demanda sua inserção na área multidisciplinar das *Ciências da Religião.* Sob tal enfoque, é possível concordar que, o problema da *História das Religiões,* no âmbito das *Ciências da Religião,* é que ela é colocada, necessariamente, num diálogo com as Ciências Sociais (mais tranquilo) e com a Teologia (nem sempre) devendo, portanto, estabelecer suas relações não só de complementariedade com tais disciplinas, mas preservar a especificidade do seu método, daquilo que delineia uma forma singular de construção do próprio objeto. Afinal, a despeito das iniciativas pioneiras em afirmar a especificidade epistêmica, teórica e metodológica da área[31], do ponto de vista institucional esta tem assumido o perfil de "um campo de pesquisa autônomo, reconhecido academicamente e que trata da religião como seu objeto", de uma "maneira crítica, empírica, imparcial, metódica e interdisciplinar" (PRADO & SILVA JR., 2014, p. 29).

Desse modo, a área é marcada por aquilo que já foi chamado de "incerteza identitária", expressa na diversidade de nomenclaturas que denominam os programas

---

31 Sobretudo na sua vertente alemã, cuja tradição se faz representar no Brasil por pesquisadores comprometidos com a defesa de sua autonomia em relação às produções teológicas sobre religião. Merece destaque, neste sentido, a contribuição ímpar do Professor Frank Usarski, vinculado ao Programa de Estudos Pós-Graduados em Ciências da Religião da PUC-SP.

de pós-graduação instituídos nas universidades brasileiras: "Ciências da Religião, Ciência da Religião ou Ciências das Religiões?" (PORTELLA, 2010, p. 214). Complexidade esta que não se resume à diversidade interna de correntes e métodos, mas que toca a natureza epistemológica do conhecimento que se visa produzir, bem como a compreensão acerca do objeto de estudo, ora percebido como "forma substancial", ora como "expressões humanas puramente sociais/funcionais."

No caso específico do Brasil[32], a situação é agravada pelo fato de que a maioria dos Programas na área contam com a presença ainda estruturante da Teologia e da Filosofia que, ao lado das Ciências Sociais, tendem a reproduzir o dilema que esteve na gênese dos estudos de religião:

> De um lado é e quer ser Ciência da Religião (sistemática) e está em franco contato com a filosofia e a teologia. De outro é Ciências da Religião, agregado de disciplinas que buscam objetividade e cientificidade em seu discurso. Ambos os lados sofrem com a indefinição quanto às perguntas típicas da área: A religião pode ser objeto de um estudo científico? Que tipo de estudo deveria ser este? Ele pode ameaçar ou depende da Teologia? (COELHO, 2013, p. 112)[33].

Concordamos com os apelos de pesquisadores que tem sublinhado o quanto a discussão específica sobre *Ciência da Religião* se torna infrutífera se não vier associada e comprometida com a discussão sobre o estatuto epistemológico das próprias Ciências Humanas – sejam estas vistas como "da cultura" ou "do espírito" (COELHO, 2013, p. 113) –, uma vez que toca os dilemas e limites carregados pela noção de ciência cunhada nos séculos XVIII e XIX, em ambas as versões, *dedutivas* e *empírico-formais*.

Do ponto de vista da inserção da História na modelagem da área em questão, cabe frisar que, o critério mediante o qual um estudo se encaixa na categoria *História das Religiões, História Religiosa*, ou, ainda, *História Cultural das Religiões,*

---

32 Para um balanço acerca do percurso da *História das Religiões* no Brasil, cf. Londoño, 2013.

33 Esta relação entre Teologia e Ciências da Religião marcou o debate que subsidiou o processo de reconhecimento da autonomia da área pela Capes, dentro do Colégio de Humanidades e das Ciências Humanas, entre 2016 e 2017. Tendo sua autonomia reconhecida em 2016, a área 44 foi denominada "Teologia". No entanto, depois de amplo e qualificado debate que incluiu uma solicitação da Anptecre – Associação que representa de 21 programas de pós-graduação –, a área 44 passou a se chamar "Teologia e Ciências da Religião", para poder incluir uma crescente parte dos programas de "Ciências da Religião", que agregam a Teologia, dentre outras hermenêuticas do fenômeno religioso, em um campo disciplinar de estudos da religião (cf. a informação em carta aberta do conselho diretor da Anptecre disponível em http://www.anptecre.org.br/index.php?pagina=grupo_noticia& tela=10&vw=300).

não é em si seu objeto, mas a forma como este é visto, construído e tratado pelo pesquisador. Seguindo nesta linha, cabe atentar para um duplo e indesejado movimento, sobre o qual nos alerta Coelho: de um lado, a eleição de "uma das Ciências da Religião como *a* Ciência da Religião"; de outro, a redução da própria área de estudos a um "agregado de ciências humanas mais ou menos relacionadas a um objeto vago" (COELHO, 2013, p. 120).

Em função disso, sua efetiva autonomização enquanto área do conhecimento requer investimentos no sentido de, ao mesmo tempo, afirmar e elucidar as especificidades das disciplinas que a constituem – já que o caráter multidisciplinar é a tônica observada – e explicitar suas possibilidades de articulação – e não de "diluição" umas nas outras (GOMES, 2002, p. 19) –, definindo os limites e alcances de simulação do rigor científico dentro do seu campo específico.

Caso contrário, as *Ciências da Religião* correm o risco de herdar aquele "diálogo de surdos", que, conforme Peter Burke (2002, p. 13), marcou tradicionalmente as relações entre História e Teoria Social – em especial, entre historiadores e sociólogos – eivado de preconceitos e críticas mútuas, a partir dos quais cada grupo tendeu a "perceber o outro como um estereótipo bastante grosseiro", barrando a proficuidade do diálogo interdisciplinar. No seu âmbito, cabe reconhecer que a *História das Religiões* ainda é "hipotecada" por ambiguidades de natureza estrutural (MANCINI, 2011, p. 193), resultantes de um processo implementado por nossa cultura desde pelo menos meados do século XVII, que demanda e justifica a urgente revisão dos complexos temáticos associados à modernidade ocidental.

Referências

AGNOLIN, A. *História das Reli*giões: perspectiva histórico-comparativa. São Paulo: Paulinas, 2013.

ALBUQUERQUE, E.B. "A História das Religiões". In: USARSKI, F. (org.). *O espectro disciplinar da Ciência da Religião*. São Paulo: Paulinas, 2007a, p. 19-53.

_____. "Da história religiosa à história cultural do sagrado". *Ciências da Religião – Histó-ria e sociedade*, vol. 5, n. 5, 2007b, p. 34-49.

_____. "Historiografia e religião". *Revista Nures,* n. 5, jan.-ABR./2007c [Disponível em http://www.pucsp.br/revistanures].

ARIÈS, P. *O homem diante da morte*. São Paulo: Unesp, 2014.

AUBERT, R. " Les nouvelles frontières de l'historiographie ecclésiastique". *RHE* – Deux mille ans d'histoire de l'Église: bilan et perspectives historiographiques, n. Esp. [centenário da revista], n. 95/3, 2000, p. 757-781.

BARROS, J.D'A. "A Escola dos *Annales* e a crítica ao historicismo e ao positivismo". *Revista Territórios e Fronteiras*, vol. 3, n. 1, jan.-jun/2010.

BLOCH, M. *Introdução à História*. 2. ed. Lisboa: Europa-América, 2010.

_____. *Apologia da História*. Rio de Janeiro: Zahar, 2002.

_____. *Os reis taumaturgos* – O caráter sobrenatural do poder régio, França e Inglaterra. São Paulo: Companhia das Letras, 1993.

BOURDIEU, P. *O poder simbólico*. Lisboa: Difel, 1989.

BRELICH. *Introduzione alla Storia delle Religioni*. Roma: Dell Ateneo, 2006.

BUARQUE, V.A.C. "A especificidade do religioso: um diálogo entre historiografia e teologia". *Projeto História*, n. 37, 2008, p. 53-64. São Paulo.

BURKE, P. *História e Teoria Social*. São Paulo: Unesp, 2002.

_____. *A Escola dos Annales (1929-1989)* – A revolução francesa da historiografia. 2. ed. São Paulo: Unesp, 1992.

CAMURÇA LIMA, M.A. "Ciência da religião, Ciências da Religião, Ciências das Religiões? – Observações de um antropólogo a partir das experiências no corpo docente de um programa de pós-graduação da área". In: TEIXEIRA, F. (org.). *A(s) Ciência(s) da Religião no Brasil*: afirmação de uma área acadêmica. São Paulo: Paulinas, 2001, p. 197-232.

CARDOSO, F.S. *Introdução à História*. 4. ed., São Paulo: Brasiliense, 1984.

COELHO, H.S. "Ciência sistemática e histórica da religião". *Atualidade Teológica*, ano XVII, n. 43, jan.-abr./2013, p. 112-128.

CHARTIER, R. *A história cultural*: entre práticas e representações. Lisboa: Difel, 2002.

DE CERTEAU, M. *A invenção do cotidiano*. 3. ed. Petrópolis: Vozes, 1998.

DELUMEAU, J. *A confissão e o pecado*. São Paulo: Companhia das Letras, 1990.

DUBY, G. *A Três Ordens ou o imaginário do feudalismo*. 2. ed. Lisboa: Estampa, 1984.

FEBVRE, L. *Combates pela História*. Lisboa: Presença, 1977.

FINLEY, M.I. Uso e abuso da História. São Paulo: Martins Fontes, 1989.

GINZBURG, C. *O queijo e os vermes* – O cotidiano e as ideias de um moleiro perseguido pela Inquisição. São Paulo: Cia. das Letras, 1987.

GOLDMANN, L. *Ciências Humanas e Filosofia* – O que é a Sociologia? 6. ed. Rio de Janeiro: Difel, 1978 [Trad. de Lupe Cotrim Garaude e José Arthur Giannotti].

GOMES, F.J.S. "A religião como objeto da História". In: LIMA, L.L.G. et al. *História e religião*. Rio de Janeiro: Mauad, 2002.

GRESCHAT, H.-J. *O que é Ciência da Religião?* São Paulo: Paulinas, 2005.

HEGEL, G.W.F. *Fenomenologia do Espírito*. 2 vols. Petrópolis: Vozes, 1992.

HERMAM, J. *História das religiões e religiosidades*. In: CARDOSO, C.F. & VAINFAS, R. *Domínios da História*. Rio de Janeiro: Elsevier, 1997.

HIGUET, E.A. "A teologia em programas de Ciências da Religião". *Correlatio*, n. 9, mai./2006, p. 37-53.

HOCK, K. *Introdução à Ciência da Religião*. São Paulo: Loyola, 2006.

JULIA, D. "A religião: história religiosa". In: LE GOFF, J. & NORA, P. *História*: novas abordagens. Rio de Janeiro: Francisco Alves, 1976.

KANT, I. *Crítica da razão pura*. São Paulo: Martin Claret, 2006.

LAGRÉE, M. "História religiosa e história cultural". In: RIOUX, J.-P. (org.). *Para uma história cultural*. Lisboa: Estampa, 1998.

LANGLOIS, C. & SEIGNOBOS, C. *Introdução aos estudos históricos*. São Paulo: Renascença, 1946.

LE GOFF, J. *História e memória*. 2. ed. Campinas: Unicamp, 1992 [Trad. Bernardo Leitão et al.].

LE GOFF, J. & NORA, P. *História*: novas abordagens. Rio de Janeiro: Francisco Alves, 1976.

MANCINI, S. "Reflexionando sobre Religión y Política". *Temas*, n. 85-86, jan.-jun./2016, p. 107-113.

_____. "L'histoire des religions entre universalisme anthropologique et particularisme historique – Contradictions et atouts d'une discipline em quête d'identité". In: SCHREIBER, J.-P. (dir.). *L'école bruxelloise d'étude dês religions*: 15O ans d'approche libre-exaministe du fait religeux. Bruxelas: EME, 2011, p. 193-221.

MAYOS, G. "A maturidade do idealismo" [Trad. José Luiz Borges Horta, a partir de uma versão castelhana revisada pelo autor. Originalmente publicado em catalão] [Cf. FORTUNY, F.J.; CASTIÑEIRA, Á. & BOSCH I VECIANA, A. et al. *Breu historia de la filosofia* – Les grans etapes del pensament filosófic. 2. ed. Barcelona: Columna, 1995, p. 127-146 [Disponível em http://www.ub.edu/histofilosofia/gmayos_old/0Publicaciones.htm].

_____. "El problema sujeto-objeto en Descartes, prisma de la modernidad". *Pensamiento* – Revista de investigación e información filosófica, vol. 49, n. 195, jul.-set./1993, p. 371-390. Madri.

MASSENZIO, M. *A história das religiões na cultura moderna*. São Paulo: Hedra, 2005.

MOMIGLIANO, A. *As raízes clássicas da historiografia moderna*. São Paulo: Edusc, 2004.

ONTERO, P. (org.). *Deus na aldeia* – Missionários, índios e mediação cultural. São Paulo: Globo, 2006.

NOVAIS, F.A. "Entrevista". In: *Revista Brasileira de Psicanálise*, vol. 42 n. 2, jun./2008. São Paulo.

PETERS, J.L. "A história das religiões no contexto da História Cultural". *Faces de Clio*, vol. 1, n. 1, jan.-jun./2015, p. 87-104.

PIRES, T. "Revisitando a historiografia eclesiástica – A superação de uma narrativa eusebiana". In: BUARQUE, V.A.C. (org.). *História da historiografia religiosa*. Ouro Preto: Edufop/PPGHIS, 2012, p. 27-42.

POMPA, C. *Religião como tradução* – Missionários, Tupi e Tapuias no Brasil colonial. Bauru: Edusc/Anpocs, 2002.

PRADO A.P. & SILVA JÚNIOR, A.M. "História das Religiões, História Religiosa e Ciência da Religião em perspectiva: trajetórias, métodos e distinções". *Religare*, vol. 11, n. 1, mar./2014, p. 4-31.

PROST, A. *Doze lições de História*. Belo Horizonte: Autêntica, 2008 [Trad. Guilherme João de Freitas Teixeira].

RANKE, L. *Pueblos y Estados en la Epoca Moderna*. México: Fondo de Cultura Económica, 1986.

RICOEUR, P. *História e verdade*. Rio de Janeiro: Forense, 1968.

RÜSEN, J. *Razão histórica; teoria da história; fundamentos da ciência histórica*. Brasília: UnB, 2010.

SAID, E.W. *Orientalismo* – O Oriente como invenção do Ocidente. São Paulo: Companhia das Letras, 2007.

SANCHIS, P. "O campo religioso contemporâneo no Brasil". In: ORO, A.P.. & STEIL, C.A. (orgs.). *Globalização e religião*. Petrópolis: Vozes, 1997, p. 103-116.

SILVA, E.M. "Entre religião, cultura e história: a Escola Italiana das religiões". In: MARANHÃO FILHO, E.M.A. (org.). *Religiões e religiosidades em (con)textos* – Conferência e mesa do Simpósio Sudeste da ABHR [Simpósio Internacional da ABHR: diversidades e (in)tolerâncias religiosas]. São Paulo: Fonte, 2013.

SILVEIRA, E.S. & MORAES JR., M.R. *A dimensão teórica dos estudos de religião* – Horizonte histórico, epistemológico e metodológico nas Ciências da Religião. São Paulo: Fonte, 2017.

SIQUEIRA, D. & LIMA, R.B. (org.). *Sociologia das adesões* – Novas religiosidades e a busca místico-esotérica na capital do Brasil. Rio de Janeiro/Goiânia: Garamond/Vieira, 2003.

USARSKI, F. *Constituintes da Ciência da Religião*: cinco ensaios em prol de uma disciplina autônoma. São Paulo: Paulinas, 2006.

VEYNE, P. "A história conceitual". In: LE GOFF, J. & NORA, P. *História*: novos problemas. Rio de Janeiro: Francisco Alves, 1976.

Dicas de livros e artigos

Livros

1) AGNOLIN, A. *História das Religiões:* perspectiva histórico-comparativa. São Paulo: Paulinas, 2013.

O livro do historiador italiano e principal representante da *Escola Italiana de História das Religiões* no Brasil, apresenta interesse fundamental para o historiador da religião. Isto, tanto pela contribuição apresentada em sua primeira parte – "Problemática metodológica" –, onde apresenta a perspectiva propriamente histórica e comparativa das religiões, opondo-se às abordagens essencialistas do século XX, quanto pela Parte 2 – "História das Religiões e indagação historiográfica" –, na qual apresenta os diálogos possíveis com uma dada vertente da historiografia – a Escola Italiana de História das Religiões –, partindo da configuração histórica e específica do tema/conceito de religioso, desde a Antiguidade tardia, passando por sua herança medieval e suas transformações dos códigos religioso e civil no Renascimento.

2) MATA, S. *História e religião*. Belo Horizonte: Autêntica, 2010.

Obra de fundamental contribuição para a apreensão da trajetória e das relações reversivas entre a constituição da História como disciplina e o surgimento de um campo próprio da História das religiões. Além do viés atual do livro – que retoma o debate em torno dos limites do chamado processo de secularização –, a compreensão da História das religiões como dissociada da história eclesiástica e da teologia leva-o a refletir, em cada capítulo, sobre aspectos relacionados à religião como objeto da História, questões de método, fontes, conceitos e a morfologia histórica das religiões.

3) SANTIROCCHI, Í.D. *Questão de consciência* – Os ultramontanos no Brasil e o regalismo do Segundo Reinado. Belo Horizonte: Fino Traço, 2015.

O livro retoma sob perspectiva renovada e com análise amparada em documentação densa e em parte inédita – reunida no Arquivo Secreto do Vaticano e em vários arquivos brasileiros – a história da Igreja Católica no Brasil oitocentista, a partir dos interesses da própria instituição, em seus embates e alianças com o Estado imperial e em suas ligações com a Santa Sé. Além da sofisticada revisão de interpretações vigentes, a abordagem explora as relações entre religião, vida social, política e cultural, enveredando ainda pela história social e de atuação do clero ultramontano no Brasil.

Artigos

1) ALBUQUERQUE, E.B. "Historiografia e religião". *Revista Nures,* n. 5, jan.-abr./2007 [Disponível em: http://www.pucsp.br/revistanures].

Examina as abordagens da religião realizada pelo campo de saber histórico. Percorre a historiografia tradicional da religião e identifica suas vertentes. Demonstra a fratura dessa historiografia realizada pelos recortes temáticos experimentados pelas correntes historiográficas como a dos *Annales* e da *História Nova.*

2) COELHO, H.S. "Ciência sistemática e histórica da religião". *Atualidade Teológica,* ano XVII, n. 43, jan.-abr./2013, p. 112-128 [Disponível em https://www.maxwell.vrac.puc-rio. br/22645/22645.PDF].

O artigo aborda o dilema epistemológico da Ciência da Religião como área de estudos: de um lado é e quer ser Ciência da Religião (sistemática), o que a coloca em contato com a filosofia e a teologia; de outro é Ciências da Religião, agregado de disciplinas que buscam objetividade e cientificidade em seu discurso.

3) MONTERO, P. "Secularização e espaço público: a reinvenção do pluralismo religioso no Brasil". *Etnográfica,* vol. 13(1), 2009, P. 7-16 [Disponível em: http://etnografica.revues. org/1195].

Situado no profícuo e atual diálogo entre História, Antropologia e demais Ciências Sociais, o artigo examina as particularidades do processo de emergência do espaço público no Brasil e seu impacto sobre o campo religioso. Problematiza o paradigma da secularização, criticando a normatividade com a qual o conceito vem sendo tomado – o que o torna inútil para a Teoria Social –, demonstrando como no Brasil a religião católica operou como modelo e referência para a formulação de direitos e enquadramento das práticas populares enquanto práticas religiosas.

4) DI STEFANO, R. "Disidencia religiosa y secularización em el siglo XIX iberoamericano: cuestiones conceptuales y metodológicas". *Projeto História,* n. 37, dez./2008, p. 157-178. São Paulo [Disponível em: http://www4.pucsp.br/projetohistoria/downloads/volume37/ Historia%20e%20Religiao.pdf].

Nesse artigo, o historiador argentino propõe, a partir do enfoque da História das Religiões, uma abordagem empírica que historiciza o conceito/fenômeno da secularização. Dialogando com abordagens consagradas da sociologia, oferece reflexões de caráter metodológico acerca do tema da *contestação religiosa* em geral, e do *anticlericalismo,* em particular. Especificamente, recorrrendo ao conceito de "umbrais de secularização", formulado por Jean Baubérot para o caso francês e da Europa latina, visa demonstrar, a partir do caso argentino, como tais movimentos revelaram-se profundamente religiosos, num duplo sentido: por embaterem-se contra a religião oficial instituída (a católica) e por disputarem a mesma carga simbólica cristã.

4

O antropólogo e o sagrado: trajetos etnográficos em contextos religiosos diferenciados

Donizete Rodrigues
(Universidade da Beira Interior
e Centro em Rede de Investigação em Antropologia,
Portugal)

Introdução

Do ponto de vista epistemológico, teorias, métodos, categorias e conceitos são indispensáveis e fundamentais para a definição do que (não) é ciência e, consequentemente, na (re)produção de conhecimento científico (POPPER, 1959).

Considerando a temática principal deste livro, uma primeira e importante questão que se coloca nesta discussão é: O que é um método? E o que são as técnicas?

O método é um corpo de práticas, procedimentos e regras usadas no processo de busca de dados, de informações, num campo específico do conhecimento. No caso das ciências sociais (Antropologia e Sociologia), baseando-se em teorias e observações já existentes, os cientistas sociais utilizam o/um método como uma estratégia integrada para organizar as suas práticas de pesquisa (BECHHOFER & PATERSON, 2000). O método, como uma forma de atuação orientada para o conhecimento da realidade empírica, auxilia na seleção, observação, classificação e análise dos fenômenos e fatos sociais, ou seja, da realidade social (RIIS, 2009). As técnicas, por sua vez, são instrumentos e práticas de recolha e tratamento das informações, que podem ser: oral, documento escrito, filme/vídeo, fotografia e dados estatísticos.

Os métodos estão divididos em duas grandes categorias: *Quantitativo*, caracterizado pela ausência do pesquisador no terreno, que trabalha com dados estatísticos e com questionário/inquérito; e *qualitativo*, caracterizado pela observação direta e observação-participante do pesquisador no terreno, utilizando ainda a entrevista (semi)diretiva e/ou conversas informais e a análise de conteúdo das narrativas orais e/ou escritas. Embora o quantitativo seja mais utilizado pela Sociologia e o qualitativo pela Antropologia, estas categorias não implicam, necessariamente, uma separação, exigindo a opção por apenas um método. Como realçaram Bernard e Gravlee (2015), há uma "false Qual-Quant divide" (p. 1). Há, na verdade, inúmeras pesquisas sociológicas e antropológicas que conjugam os dois métodos (BECHHOFER & LINDSAY, 2000).

Na elaboração de um projeto de pesquisa, a primeira decisão de um cientista social é sobre qual o método a utilizar, qual é o mais adequado: quantitativo ou qualitativo? A escolha do método depende sempre dos objetivos definidos. O qualitativo é útil se o objetivo é analisar, *in loco*, o desenvolvimento de um grupo social/fenômeno/prática cultural, ao longo de um período prolongado de tempo; geralmente, é voltado ao estudo de grupos relativamente pequenos, como é o caso dos estudos antropológicos (CRESWELL, 1998).

A lógica da pesquisa antropológica

Como qualquer ciência, a Antropologia, baseada em fundamentações teóricas, deve seguir rigorosamente, do ponto de vista epistemológico, as corretas práticas éticas e metodológico-empíricas (RODRIGUES, 2014).

Para compreender os povos primitivos – objeto original de estudo – a Antropologia desenvolveu um método de trabalho de campo pioneiro, denominado *observação-participante*, cujo precursor foi o polaco-inglês Bronislaw Malinowski (1884-1942), principalmente na sua importante obra *Argonauts of the Western Pacific* (1922), resultado da pesquisa etnográfica realizada com os trobriandeses, entre 1914 e 1918. Segundo o método da observação-participante, não basta observar, é preciso integrar-se e participar plenamente – e num tempo prolongado – nas atividades quotidianas do grupo ou sociedade em estudo. É preciso ser adotado (ser aceito pelo grupo); aprender a língua nativa e as suas regras de comportamento; ajudar nas atividades que garantem a subsistência do grupo (caça, agricultura, pastorícia, pesca); rir e chorar com (e como) eles, ou seja, participar nos momentos felizes (festas) e nos momentos de tristezas (catástrofes naturais, doenças, mortes). Resumindo: embora sem nunca esquecer que é um investigador, o etnógrafo (o antropólogo em campo) deve procurar viver com e como a sociedade ou grupo em estudo vive (RODRIGUES, 2007).

Como testemunhou Evans-Pritchard (1937), quando fazia trabalho de campo etnográfico na África com os Azande,

> I tried to adapt myself to their culture by living the life of my hosts, as far as convenient, and by sharing their hopes and joys, apathy and sorrows. In many respects my life was like theirs: I suffered their illnesses; exploited the same food supplies; and adopted as far as possible their own patterns of behaviour with resultant enmities as well friendships (p. 45). [Tentei me adaptar a sua cultura vivendo a vida dos meus anfitriões, tanto quanto conveniente, e compartilhando suas esperanças e alegrias, apatia e tristeza. Em muitos aspectos, minha vida era como a deles: eu sofri suas doenças; utilizei os mesmos alimentos e adotei, na medida do possível, seus próprios padrões de comportamento com suas inimizades e amizades resultantes.]

A observação-participante é um método de recolha de informação, uma prática de pesquisa fundada em trabalho de campo, de médio e longo prazo, no qual o pesquisador participa ativamente nas atividades diárias – práticas econômicas e de subsistência, ritos/rituais, interações sociais – de um grupo/tribo, para apreender/entender a sua rotina de vida; em resumo, compreender a sua cultura (SELIGMAN, 1951; DeWALT & DeWALT, 2010).

Conforme reforçaram Bechhofer e Paterson (2000),

> Fieldwork... describes the activities that take place in a particular research locale over the medium to long term... the researcher then studies the locale by living or working there for a period of time, or by making repeated visits (p. 91). [Trabalho de campo... descreve as atividades que ocorrem em um local de pesquisa específico a médio e a longo prazo... o pesquisador estuda a localidade vivendo ou trabalhando aí por um período de tempo ou fazendo visitas repetidas.]

Portanto, a prática de trabalho de campo mais comum usada na Antropologia é a etnografia (MAUSS, 1947), onde o pesquisador se submerge num contexto social e cultural específico, geralmente através da observação-participante. A etnografia – uma microssociologia, na linha de Weber e Simmel – está particularmente atenta às relações entre atores sociais, entre indivíduos ou entre grupos, e às posições e aos papéis sociais que os atores ocupam e desempenham no seio dos espaços sociais em que estão inseridos.

Falemos agora da Antropologia da Religião, tema central deste capítulo. Este importante ramo da Antropologia valoriza o *homo religiosus*; através do método comparativo, estuda, sobretudo, a grande diversidade de crenças e práticas religiosas, em diferentes contextos sociais e culturais. Esta abordagem envolve sempre os símbolos, mitos, ritos, rituais e as experiências do sagrado, vividas no contexto da sociedade (BOWIE, 2000; STAUSBERG & ENGLER, 2011).

Da mesma forma como ocorreu na Sociologia, o início da Antropologia da Religião coincide com o aparecimento da própria Antropologia como ciência, na segunda metade do século XIX. Portanto, o fenômeno religioso sempre foi um tema primordial para a compreensão da estrutura social e das manifestações culturais das diferentes sociedades humanas (DURKHEIM, 1912).

Os dois grandes ilustres fundadores da escola antropológica britânica, Edward Tylor (1832-1917) e James Frazer (1854-1941), embora ambos teóricos de gabinete, foram os primeiros antropólogos a defender que as práticas religiosas das sociedades tribais poderiam ser estudadas segundo as regras do método científico. Assim, metodologicamente, estavam criadas as bases para a abordagem comparativa das crenças e práticas religiosas da sociedade humana, em diferentes contextos históricos, geográficos e culturais. Estes antropólogos clássicos estavam particularmente preocupados com duas questões fulcrais: a natureza/essência da religião e a origem/evolução da religião. Fortemente influenciados pelo contexto científico da época, dominado pelo evolucionismo social/cultural, eles defendiam uma progressão do pensamento humano, das formas mais simples para as mais complexas, na seguinte sequência: magia, religião e ciência.

Edward Tylor, em *Primitive Culture* (1871), foi o primeiro a criar as bases teóricas do estudo antropológico da religião. O animismo, enquanto teoria, seria um "modelo explicativo religioso" e a crença em seres espirituais a "essência da religião primitiva". Os seres espirituais (que podem ser benignos ou malignos), que vivem no mundo dos homens, podem influenciar ou condicionar o comportamento humano quotidiano.

James Frazer começou a publicar a sua obra clássica *The Golden Bough: a study in magic and religion*, em 1890, numa coletânea de 13 volumes, sendo o último já em 1935. O livro *O ramo de ouro* apresenta uma enorme diversidade de mitos, lendas e narrativas sobre magias e práticas religiosas de diferentes povos do mundo. Frazer formaliza as três principais questões antropológicas sobre a religião primitiva: a relação entre magia, religião e ciência; seguindo o modelo evolucionista (social/cultural) predominante na época, defende a ideia de que, nas sociedades mais avançadas, a magia seria substituída pela religião e ambas seriam finalmente substituídas pela ciência.

Após os trabalhos de gabinete dos teóricos clássicos Tylor e Frazer, Radcliffe-Brown (1881-1955), um ilustre antropólogo da Universidade de Cambridge, foi um dos primeiros a realizar trabalho de campo etnográfico sistemático[1]. A sua obra *The Andaman Islanders* (1922), cuja investigação foi realizada entre 1906 e 1908, no subcontinente indiano, é considerada a primeira e uma das mais influentes monografias no campo da Antropologia da Religião. Segundo esse autor, essas sociedades tribais caçadoras-recoletoras representam um importante "fóssil" vivo que pode ajudar a explicar a origem da cultura humana e da religião. Ao interpretar dados etnográficos sobre populações primitivas, tenta compreender as correlações entre religião e estrutura social, cuja abordagem será depois retomada e melhor fundamentada pelo antropólogo belga-francês Claude Lévi-Strauss (1908-2009), o fundador da Antropologia Estrutural, principalmente na compreensão da estrutura universal do pensamento humano e da vida social.

---

1 É importante lembrar que, antes de Radcliffe-Brown e Malinowski irem para o terreno, o norte-americano Lewis Morgan (1818-1881), um dos fundadores da Antropologia, fez pesquisa de campo com os Iroqueses, nativos da região dos Grandes Lagos (Canadá e Estados Unidos). Depois de Morgan, Franz Boas (1858-1942), um geógrafo alemão naturalizado norte-americano, é considerado o principal precursor da etnografia moderna: entre 1883 e 1884, Boas realizou uma expedição ao norte do Canadá, na Ilha de Baffin, onde desenvolveu trabalho de campo com o povo Inuit. Na Universidade de Colúmbia, em Nova York, criou a influente Escola antropológica americana, onde formou grandes nomes, como: Kroeber (1876-1960), Ruth Benedict (1887-1948), Margaret Mead (1901-1978) e até mesmo o brasileiro Gilberto Freyre (1900-1978).
O leitor já poderá ter notado que a discussão sobre o trabalho de campo etnográfico está focada no eixo Grã-Bretanha-Estados Unidos. E a França, outra importante Escola antropológica? A Antropologia francesa esteve fortemente ligada à Sociologia (e vice-versa) e só desperta para a pesquisa considerada verdadeiramente etnográfica na década de 1930.

Outro grande antropólogo que desenvolveu importantes estudos no campo da Antropologia da Religião foi Evans-Pritchard (1902-1973), professor na Universidade de Oxford. Teoricamente influenciado principalmente por Malinowski e Radcliffe-Brown, a maioria dos seus trabalhos de campo etnográficos foi realizada na África. As suas obras *Witchcraft, Magic and Oracles among the Azande* (1937) e *Nuer Religion* (1956) são dois clássicos da Antropologia da Religião, cuja perspectiva foi depois seguida por Victor Turner (1920-1983), Mary Douglas (1921-2007) e Clifford Geertz (1926-2006).

Após a crise da Antropologia na década de 1960 – o denominado *retorno a casa* – a Antropologia da Religião, para além dos estudos que já vinha realizando, das sociedades tribais remanescentes e do sincretismo religioso (como, p. ex., o sincretismo dos deuses/divindades africanas com os santos católicos, no Brasil e no Caribe) e movimentos messiânicos nas sociedades marcadas historicamente pelo colonialismo, passou também a estudar as manifestações religiosas no contexto das sociedades modernas (Europa e América do Norte), como é o caso dos novos movimentos religiosos e das minorias étnicas e religiosas (fruto do maciço processo de imigração dos países periféricos pós-coloniais para estes dois grandes centros), e do importante fenômeno do Pentecostalismo transnacional, presente hoje em todos os continentes.

Após o retorno a casa (leia-se, as sociedades modernas ocidentais), a Antropologia teve que enfrentar um novo desafio: com a *glocalização* (na lógica de Roland Robertson) – contexto em que o local e o global interagem numa complexa rede multidimensional e onde os fenômenos culturais-religiosos, originalmente localizados, se difundem através de fluxos migratórios transcontinentais de pessoas, adquirindo uma escala global – como estudar esses fenômenos? Que estratégia metodológica seguir? A Antropologia encontrou uma resposta: a Etnografia multissituada.

Etnografia multissituada

Quando estudamos migrações, de pessoas e grupos religiosos em contextos diaspóricos, de carácter transcontinental, que envolve uma dimensão geográfica de escala mundial, qual é a metodologia mais adequada para estudar um fenômeno desta magnitude? Neste caso, o método mais apropriado é o qualitativo, numa perspetiva macroetnográfica, seguindo o novo paradigma do trabalho de campo antropológico denominado *multi-sited ethnography* (MARCUS, 1995).

De acordo com Falzon (2009), "the essence of multi-sited research is to follow people, conections, associations, and relationships across space... multi-sited ethnography involves a spatially dispersed field through wich the etnographer moves" (2009, p. 1-2).

Segundo ainda Falzon (2009), o aparecimento da pesquisa num espaço-tempo multissituado está relacionado com o contexto das profundas mudanças sociais à escala mundial – globalização, transnacionalismo, sistema-mundo e diáspora – daí denominar a abordagem multissituada de *etnografia da diáspora*. Para este autor, o *espaço* (se) apresenta (em) três perspectivas: a) produto de inter-relações e interações (globais e locais); b) multiplicidade/pluralidade/heterogeneidade, com diferentes trajetórias; c) está sempre em constante (re)construção.

No contexto da Pós-modernidade, substituindo o (antigo) local – ou o "lugar localizado" – por (novos) múltiplos e dispersos espaços, a etnografia multissituada (COLEMAN & HELLERMANN, 2011) privilegia os fenômenos translocais, como os fluxos migratórios transnacionais. Superando lugares, fronteiras e situações localizadas, a ênfase agora é a mobilidade geográfica, seguindo as dinâmicas, trajetórias e conexões de grupos de imigrantes, movimentos religiosos e agências missionárias. Neste contexto, o antropólogo torna-se também um viajante, um *traveler-ethnographer* (APPADURAI, 1996).

Numa primeira fase, o pesquisador é um *etnógrafo-viajante*, mapeando e conhecendo imigrantes, agências e grupos religiosos, em vários contextos geográficos (no meu caso, Brasil, Estados Unidos, Europa e, mais recentemente, Ásia). Após esta abordagem macroetnográfica, numa segunda fase, a pesquisa privilegia, nos respetivos países, as *localized situations*, com trabalho de campo no interior das denominações religiosas, utilizando o tradicional método antropológico da observação-participante.

Nas situações localizadas, encontramos uma outra opção metodológica dentro da observação-participante: o etnógrafo poderá ser um *outsider, insider* ou mesmo combinar essas duas práticas/perspectivas de pesquisa.

Insider-Believer

No caso específico do etnógrafo ser *insider-believer* a prática de pesquisa etnográfica é, digamos assim, muito mais *participação* do que *observação*. Uma questão metodológica importante a considerar é: Quais são as vantagens e desvantagens em ser um *insider* ou *outsider*? (ARWECK & STRINGER, 2002). Enquanto o *outsider* é excluído de muitas (e provavelmente mais importantes) atividades religiosas e discursos, o *insider*, para além de ser mais facilmente aceito como um membro/fiel do grupo em estudo, está mais capacitado na recolha de informações sobre a vivência das íntimas experiências religiosas da "sua tribo".

Portanto, ser *insider* é uma prática privilegiada, visto que o *outsider* (não se integrando no grupo) está excluído de muitas e importantes atividades, informações, discursos e práticas religiosas. Como afirmou Geertz (1983), o *outsider* pode *observar*, mas somente o *insider* pode *sentir* o comportamento humano e as experiências religiosas. Esta estratégia metodológica é de primordial importância para a concretização dos objetivos de um estudo que envolve participação ativa e prolongada em inúmeros eventos sociais e religiosos, cultos especiais, grupos de oração, vigílias, retiros espirituais, sendo muitas destas atividades somente permitidas aos membros efetivos e mais comprometidos com a Igreja.

É importante realçar que a questão da opção metodológica em ser *insider* ou *outsider* nos estudos da religião é um tema bastante polêmico e de difícil acordo. Por esta razão, no campo da Sociologia e da Antropologia há uma extensa discussão sobre as vantagens e desvantagens de cada opção. Para complicar ainda mais esta questão é importante notar que, metodologicamente, às vezes é difícil saber quando é que o pesquisador é um *outsider* ou um *insider*, porque existem diferentes níveis de *insiderness* e *outsiderness*. Por isso, muitos autores preferem considerar *insider/ousider* não como uma dicotomia, mas como um *continuum* metodológico (HEADLAND; PIKE & HARRIS, 1990; McCUTCHEON, 1999).

O terreno etnográfico: procedimentos metodológicos

Para discutir procedimentos metodológicos e problemáticas de pesquisa no terreno etnográfico – e divulgação dos resultados – consultei várias obras antropológicas, clássicas e modernas, algumas delas já mencionadas neste texto[2]. Desta leitura – e com base também na minha experiência de campo – formulei os 12 procedimentos metodológicos, que a seguir passo a explicar:

1) Na formulação inicial e execução de um projeto, o pesquisador deve ir para o campo com um conjunto de perguntas (iniciais), mas deve ser capaz de adaptá-las de acordo com a realidade no terreno. No fim do processo, deixará o campo etnográfico e voltará para o gabinete ainda com mais perguntas/indagações e incertezas.

2) Quando o etnógrafo chega pela primeira vez no terreno, é necessário escolher dois interlocutores importantes, que irão, de certa forma, definir o sucesso (ou não) do estudo: o *gatekeeper* – "this is a data collection term and refers to the individual who the researcher must visit before entering a group or cultural site. To gain access, the researcher must receive this individual's approval" e os *key-informants* – "there are individuals with whom the researcher begins in data collection because they are well informed, are accessible, and can provide leads about other information" (CRESWELL, 1998, p. 247).

3) É comum no trabalho de campo o etnógrafo ser considerado como um desajustado social-cultural pela sociedade que está estudando. Como passou por outro processo de socialização/endoculturação, e desconhece as regras básicas de sociabilidade do novo grupo em estudo, tem que aprender as regras sociais da (sua) nova comunidade onde, por algum período de tempo, fica inserido[3].

4) Uma experiência marcante da observação-participante num contexto cultural diferente é o denominado choque cultural: implica a dificuldade do etnógrafo em se adaptar a uma nova cultura/sociedade/grupo; receber e transmitir sinais comportamentais errados; não ser capaz de ter um/o comportamento adequado; lidar com o comportamento do Outro que é – na lógica da cultura de origem do etnógrafo – impróprio, chocante, sujo, imoral, ou simplesmente diferente, mas

---

2 Sobre esta problemática, e para atualização do tema, sugiro a leitura da obra editada por Bernard & Gravlee, *Handbook of Methods in Cultural Anthropology* (2015).

3 É pertinente realçar que esta regra era mais comum nos primórdios da Antropologia, nos primeiros trabalhos de campo do início do século XX, onde o 'choque cultural' do etnógrafo no contato com o nativo era mais evidente. Veja o caso do inglês Radcliffe-Brown entre os andamaneses do subcontinente indiano e do polaco Malinowski entre os aborígenes australianos e os trobriandeses da Nova Guiné.

que é perfeitamente normal e aceitável dentro do contexto social-cultural-religioso no qual o pesquisador se encontra inserido.

5) As notas e os diários de campo são o principal método de registo escrito de dados do terreno. Como disse Malinowski (1922), "To bring home to the reader all the conditions in which... the observations were made" (p. 3). Além disso, o pesquisador deverá tirar fotografias, gravar (em áudio e vídeo) conversas informais, entrevistas, comportamentos e eventos para posterior análise. Estas duas práticas são primordiais para o registro das práticas culturais-religiosas quotidianas para posterior construção da narrativa e análise antropológicas sobre o grupo em estudo (GEERTZ, 1988).

6) As características pessoais do etnógrafo – como, por exemplo, pertença étnica-racial, sexo, idade, orientação sexual, filiação religiosa – têm um impacto considerável no trabalho de campo. Considerando, por exemplo, que há restrições de informações dependendo do sexo do pesquisador, é aconselhável, quando possível, os trabalhos em equipe, com a presença de homens e mulheres. Outra vantagem do trabalho de equipe é poder, ao mesmo tempo, observar e recolher informações de um determinado rito/ritual/evento e, assim, obter diferentes olhares e perspectivas do mesmo acontecimento.

7) Embora possa ser desconfortável falar de assuntos pessoais, é importante que o pesquisador, quando questionado diretamente pelos "nativos", responda, com sinceridade, às perguntas sobre as suas crenças/práticas religiosas, opiniões, valores etc. No entanto, o pesquisador deve partilhar as suas opiniões e informações pessoais da forma mais neutra possível.

8) Levando em consideração a orientação metodológica weberiana e durkheimiana, é importante notar que o estudo do social, de uma determinada cultura ou grupo, exige que o pesquisador abandone todo o seu preconceito social, cultural e religioso, a fim de não influenciar as suas explicações científicas. O trabalho no terreno, intimamente associado com a recolha e a interpretação das práticas culturais (GEERTZ, 1983, 1988), desafia o pesquisador a refletir criticamente sobre uma importante questão metodológica: A sua leitura etnográfica, o seu olhar etnográfico, poderá estar sendo filtrado através das suas próprias ideias, sentimentos, orientação religiosa e visão de mundo? Neste contexto, há ainda um outro imperativo: o etnógrafo deve estar constantemente em alerta, autoconsciente,

digamos assim, acerca da neutralidade ética quanto à questão da reivindicação da *verdade* religiosa. Ou seja, deve estar "interested in what people *says* is the truth, the way people *think* the world works, their *understanding* of the mysteries of God... and their atual *behaviour*" (BOWIE, 2003, p. 49). A preocupação nunca deve ser testar a verdade: da crença, das práticas religiosas, da eficácia dos rituais ou julgar as interpretações bíblicas divergentes (WILSON, 1982).

9) Reciprocidade: é uma componente importante do trabalho de campo. Pode implicar o etnógrafo garantir a sua própria subsistência, ajudar os "nativos" em assuntos governamentais-burocráticos, partilha de bens pessoais, de informações e prestação de serviço, como, por exemplo, transportar pessoas, se tiver meios para isso. A reciprocidade inclui também partilha dos resultados finais da investigação com a comunidade/grupo em estudo. Isto é essencial para uma pesquisa participativa (*action and applied Anthropology*) e é especialmente importante se a comunidade estudada puder fazer um bom uso da informação.

10) O antropólogo enfrenta, há muito tempo, um desafio que afeta a forma como produz e divulga os resultados do seu estudo, o seu conhecimento: os "nativos" podem ler o texto final e podem ou não concordar com as interpretações/explicações dadas pelo pesquisador. Hoje cada vez mais as pessoas – e informadores (*key-informants*) – estão conectados à internet e consultam informações (textos, fotografias, vídeos) disponíveis *online*. Como muitas das publicações científico-acadêmicas estão agora acessíveis através de fontes e dispositivos eletrônicos, facilmente o trabalho do antropólogo pode ser, previamente e/ou posteriormente, escrutinado pelas pessoas e grupos envolvidos na sua pesquisa.

11) Outra questão importante numa pesquisa etnográfica é o seguimento do procedimento ético da confidencialidade. Se for o caso, na identificação do grupo, do local e das pessoas mencionadas no estudo, o pesquisador-autor deve usar nomes fictícios, ou seja, deve "anonimá-los", a fim de proteger as suas identidades.

12) Há um conjunto diversificado de critérios para avaliar se o trabalho foi bem feito ou não: O método, as técnicas e os conceitos foram bem aplicados? O pesquisador conseguiu narrar devidamente a situação, o acontecimento? A descrição é suficientemente rica e pormenorizada? A descrição segue critérios objetivos e é consistente com os outros dados recolhidos no terreno? Será que os atores locais concordariam com os resultados e com as interpretações? Foram consideradas

outras explicações e interpretações para o mesmo fenômeno/prática cultural-religiosa? As interpretações/explanações são generalizáveis? Os resultados podem fundamentar melhor as antigas e/ou criar novas teorias/modelos explicativos?

Formulados e explicados os 12 procedimentos metodológicos, abordarei agora as minhas situações/experiências no terreno, ao longo de vários anos estudando movimentos religiosos, em que muitas destas questões aparecem.

Trajetos etnográficos

É o momento, portanto, de apresentar os meus trajetos etnográficos, em diferentes contextos culturais, nomeadamente estudando movimentos, grupos e práticas religiosas. Dado o grande número de publicações resultantes destas etnografias – e para a bibliografia deste capítulo não ficar demasiadamente extensa – optei por não fazer essas citações bibliográficas.

Em dezembro de 1982, terminei o 2º ano da Licenciatura em Geografia e o primeiro ano como monitor-bolseiro em Antropologia na Universidade Estadual Paulista, em Presidente Prudente. Eu já tinha começado a estudar as teorias antropológicas, mas faltava a prática, o primeiro trabalho de campo etnográfico, o contato direto com o objeto de estudo. Para a minha primeira experiência como aprendiz de etnógrafo, escolhi uma comunidade indígena na Bolívia, mais precisamente, uma aldeia próxima das famosas ruínas de Tiwanaku e não muito longe das margens do Lago Titicaca, zona fronteiriça entre a Bolívia e o Peru.

Em janeiro de 1983, apanhei o trem para a cidade de Corumbá, no Estado do Mato Grosso do Sul, fronteira do Brasil com a Bolívia, a porta de entrada do Pantanal. Atravessei a fronteira e apanhei em Puerto Quijarro o trem para Santa Cruz de la Sierra. Logo nas primeiras horas de viagem percebi porque era conhecido como "el tren de la muerte"; um grande número de índios e camponeses, pobres, não podendo pagar os bilhetes, viajam nos tejadilhos das carruagens e, constantemente, perdem as mercadorias que foram comprar na zona de fronteira e, o que é mais dramático, alguns deles caem do comboio; mas este segue a sua viagem como se nada tivesse acontecido – ferimentos graves e mortes são infelizmente uma rotina nestas viagens.

Seguindo os ensinamentos do grande antropólogo Bronislaw Malinowski, de que o etnógrafo, utilizando o método da observação-participante, tem que conviver com os índios e participar plenamente nas suas atividades, fui também para o tejadilho do comboio. Numa região montanhosa, avistei algumas carruagens contorcidas, com sinais evidentes de que havia ocorrido um grande acidente. O meu companheiro de viagem ao lado, um índio da tribo Chiriguana, explicou-me que meses antes houve um terremoto e o "trem da morte" foi atingido. Tragicamente, nesse dia, muitos índios e camponeses mestiços não chegaram ao fim da viagem; houve muitos mortos e feridos. Na minha viagem, felizmente, não caiu ninguém, apenas algumas malas e sacos com mantimentos que eles costumam comprar em Corumbá.

Após consulta bibliográfica na Universidade de Santa Cruz, parti de ônibus para a cidade de Cochabamba. Por estar subindo a Cordilheira dos Andes, comecei a sentir os efeitos da altitude; sangrava constantemente pelo nariz e faltava-me o ar. Os indígenas aconselharam-me a mascar folhas de coca, o que eles fazem o tempo todo, inclusive as crianças. Aceitei a sugestão e a oferta das folhas de coca e senti-me bem melhor durante a viagem. Fiquei dois dias na Universidade de Cochabamba e parti para a capital do país.

Na manhã seguinte, de La Paz, apanhei a camioneta que ia para Copacabana, uma aldeia situada nas margens do Lago Titicaca. Desci próximo das ruínas de Tiwanaku, andei a pé cerca de três quilómetros que mais pareciam trinta. Tinha apanhado um calor infernal (42 graus) no Pantanal e agora a temperatura era de sete graus negativos e o ar era insuficiente para os meus inadaptados pulmões.

Logo que cheguei à aldeia Quíchua ouvi algo que me deixou estarrecido – foi o meu primeiro contato com o fenômeno da bruxaria. Uma índia feiticeira disse que já estava a minha espera. Disse também para eu nunca sentir medo, porque eu era uma pessoa de muita luz e que os espíritos dos antepassados proteger-me--iam pelo resto da vida. Fascinado com o que tinha ouvido, apercebi-me de que esta feiticeira era uma pessoa de extrema importância para a minha etnografia e instalei-me o mais próximo possível da cabana dela.

No dia seguinte, fui falar com o chefe, o homem mais sábio e idoso da tribo. Nos dois meses que fiquei nesta aldeia, passei longas horas com o ancião Quíchua e aprendi muita coisa, não só sobre o seu povo, mas também sobre a natureza e a vida humana. Para um simples aprendiz de etnógrafo, passar por esta experiência nos Andes era realmente extraordinário. As conversas com o chefe Quíchua eram muito interessantes, mas o que mais me fascinava era o poder sobrenatural e os conhecimentos que a feiticeira da aldeia possuía. Estava constantemente pensando nisso e logo que me despedia do ancião da tribo, corria para a cabana dela.

Após uns dias de aprendizagem sobre alguns aspetos da religiosidade da tribo, disse entusiasmado à feiticeira que queria ser um aprendiz de feitiçaria, conviver mais tempo com ela para conhecer melhor esse mundo sobrenatural. Porém, ela disse-me que eu não poderia ser feiticeiro porque não tinha o *dom*: "não bastava querer, é preciso ter sido escolhido pelos deuses, ter poderes sobrenaturais para comunicar com os mortos e com os espíritos e para lutar contra as forças malignas". Mas que me ia ensinar "muitas coisas do mundo da feitiçaria", acrescentou (notas do diário de campo).

Logo de manhã bem cedo, antes de começar a falar sobre os mitos e práticas religiosas da tribo, a feiticeira macerava umas ervas com efeitos alucinógenos, misturava com água quente e bebíamos aquela substância. Fortemente influenciado pelo impressionante trabalho do antropólogo Carlos Castañeda, principalmente pelo seu primeiro livro *A erva do diabo*, esta experiência despertou ainda mais o meu interesse em compreender melhor a relação entre plantas alucinógenas e o sobrenatural. Na primeira vez que provei a bebida preparada por ela, senti fortes contrações no estômago, náuseas e vomitei. A feiticeira disse-me que o meu organismo "de homem branco" não estava acostumado com esta substância. Depois de várias tentativas, consegui beber a infusão e entrei num estado de entorpecimento. Segundo a feiticeira, essas plantas ajudavam a desprendermo-nos do mundo terreno e a passar para o outro mundo, o espiritual, a entrar em contato com os espíritos e ir em busca da verdade.

Num certo dia, a feiticeira disse-me que íamos fazer uma viagem que iria durar uma semana. Levantamo-nos de madrugada. Embora sendo verão, o frio e o vento eram insuportáveis, pois estávamos a quase quatro mil metros de altitude. Mas, após a dose diária de plantas alucinógenas e do abastecimento de folhas de coca, para mascar durante a viagem, já podíamos suportar qualquer provação física e até mesmo espiritual, segundo a feiticeira. Fomos até às margens do Lago Titicaca e daí até a povoação de Copacabana, onde apanhamos um barco feito de junco (*totora*) e fomos visitar as ilhas do Sol e da Lua.

O objetivo da feiticeira era mostrar-me os locais mitológicos mais importantes. Explicou-me que tudo começou no sagrado Lago Titicaca. Em princípio, disse ela, "Runa Kamac Viracocha..." Interrompi-a e perguntei-lhe qual era o significado da frase, pois eu não percebia quase nada na língua Quíchua. Ela respondeu-me em espanhol que significava "Deus criador de todo o universo e de todos os homens". Mas ficou zangada, disse-me que eu perguntava muito e para nunca mais a interromper. Às vezes, a feiticeira era um pouco agressiva comigo, dizia que eu parecia uma criança e que fazia perguntas estúpidas; fazer perguntas "estúpidas" é típico dos antropólogos quando estão fazendo trabalhos de campo. "Depois", disse ela – agora eu já não a interrompia –, "Viracocha criou outras divindades". Mas as mais importantes eram o Sol e a sua esposa Lua, que nasceram nas respectivas ilhas que visitamos. Do casamento entre o Sol e a Lua, nasceu Manco Kapac, que foi enviado à terra para fundar o Império Inca.

Aprendi muita coisa com essa feiticeira, mas a principal lição foi o que ela me deu na hora triste da despedida: "ama ilula, ama quella, ama sua, ama kuchi, ama uanki", que quer dizer mais ou menos o seguinte: "não sejas mentiroso, nem preguiçoso, nem ladrão, nem sujo, nem um trabalhador negligente", é o que tenho tentado fazer ao longo da minha vida, porque sei que esses conselhos são sábios. Sei também que ela já morreu, mas tenho a certeza que lá no mundo dos mortos, na morada eterna dos espíritos, continua a proteger-me, pois foi isso que ela me prometeu quando nos despedimos pela última vez.

Depois desta marcante experiência etnográfica na Bolívia[4], comecei a realizar algumas pesquisas preliminares sobre religiões afro-brasileiras (Umbanda e Macumba) e movimentos evangélicos neopentecostais, principalmente Assembleias de Deus, no Brasil (Estado de São Paulo) e no Paraguai, com populações mestiças próximas da fronteira de Ponta Porã, no Mato Grosso do Sul. Mas foram etnografias exploratórias, como *outsider*, e não dei seguimento a estes estudos.

Em 1988, após a defesa do mestrado em Antropologia na Universidade de São Paulo – instituição onde eu era docente em início de carreira – e cujo tema não teve nada a ver com religião –, iniciei o meu projeto de doutoramento em Antropologia na Universidade de Coimbra (Portugal), sobre uma aldeia camponesa,

---

4 A primeira experiência etnográfica prolongada é sempre marcante na vida do pesquisador; por isso esta narrativa na Bolívia foi demasiadamente longa, comparada com as outras etnografias que vou descrever a seguir.

isolada das cidades (a busca da tal "primitividade" social/cultural que estava a se perder na Europa), com trabalho de campo desenvolvido entre abril de 1988 a Março de 1990[5]. Na época, com o retorno da Antropologia a casa, este era um tema privilegiado – estudos etnográficos de sociedades camponesas na área do Mediterrâneo. Tratando-se de uma comunidade no contexto da sociedade ocidental-moderna-histórica, este tipo de estudo exige, metodologicamente, o inevitável e profícuo diálogo da Antropologia com a História e com a Sociologia.

Seguindo o método malinowskiano da observação-participante, era preciso arranjar uma casa para morar na aldeia. Quando comecei a fazer os primeiros contatos com a comunidade, ninguém queria falar comigo. Passaram cerca de três meses e a situação foi ficando deveras preocupante. Sendo uma localidade do interior português, fortemente católica, a solução foi falar com o padre da aldeia e explicar as razões da minha presença. Estabelecemos uma estratégia para a minha entrada na aldeia; ajudei-o a celebrar uma missa; foi o meu *batismo de aceitação*. Depois fiquei sabendo do porquê da recusa por parte dos locais em falar comigo: eu combinava duas características "negativas", segundo eles – falava com sotaque brasileiro (era um estranho) e, pior do que isso (na perspectiva êmica, naturalmente), achavam que eu era membro de um grupo de Testemunhas de Jeová, que andava pelas aldeias da região batendo porta à porta, tentando converter os fortemente devotos e resistentes católicos. Depois desse batismo de aceitação, rapidamente arranjei uma casa para instalar a minha família e iniciei a minha rotina etnográfica na aldeia – como um "brasileiro-católico a morar na aldeia para saber como vivemos cá" (notas de campo) – focando o estudo sobre os ritos do ciclo de vida (batismo, casamento, morte) e o fenômeno da bruxaria e outras práticas religiosas numa pequena aldeia camponesa.

Há um acontecimento que merece aqui uma referência: na primeira vez que levei uma idosa da aldeia para ir a uma "consulta" na casa de uma bruxa-curandeira da região, esta quando me viu entrar na sua sala, disse-me: "filho, que luz que tu irradias! Tens muita luz. És protegido por espíritos bons". Quando perguntei se podia ser um aprendiz de bruxaria, ela respondeu: "tens muita luz, mas jamais serás um bruxo, porque não tens o dom de falar com espíritos" (notas de campo). Lembrei-me imediatamente das palavras proferidas pela feiticeira Quíchua

---

5 Parte da tese de doutoramento desenvolvi na Universidade de Sorbonne, em Paris, onde tive o privilégio de participar num seminário ministrado por Claude Lévi-Strauss e de conversar com ele sobre as suas pesquisas etnográficas no Brasil.

no exato momento que me viu pela primeira vez. Ou seja, dois contextos temporais e culturais-religiosos tão diferentes, mas, no entanto, a mesma constatação da minha "luz", da "proteção espiritual" e, ao mesmo tempo, da incapacidade de ser aprendiz de bruxo-feiticeiro-curandeiro.

Seguindo a lógica da reciprocidade, passei três anos na aldeia ajudando os locais com assuntos burocráticos, partilhando informações (história da aldeia, registos de nascimento/casamento/óbito, relações de parentesco, posse da terra) e transportando pessoas para consultas médicas e para visitar bruxas, curandeiras(os) e endireitas de ossos, em locais distantes da aldeia.

Ainda em Portugal, entre 1992 e 1999, já como docente da Universidade da Beira Interior (Covilhã), em parceria com a Universidade de Salamanca (Espanha), onde fui professor visitante (1995-2011), desenvolvi um novo projeto de pesquisa, na região da Beira Interior e na Província de Salamanca. Os temas principais foram: emigração, bruxaria, minorias étnicas, medicina popular/uso de plantas medicinais e o aspeto religioso na literatura popular de tradição oral. Neste caso, tendo o projeto um carácter mais sociológico, não morei numa comunidade específica e, por isso, não utilizei a observação-participante.

Em 1994, iniciei um exaustivo e longo projeto de pesquisa sobre a Igreja Universal do Reino de Deus (Iurd). Numa primeira fase (e até 1999), o estudo foi feito conjuntamente com o teólogo Anders Ruuth, da Universidade de Uppsala (Suécia), onde fui professor visitante[6]. Posteriormente (entre 2011 e 2016), retomei o projeto e comecei a trabalhar com a estreita e profícua colaboração do jovem antropólogo Marcos de Araújo Silva. O método utilizado neste longo período de estudo foi a observação-participante, mais propriamente como um *etnógrafo--evangélico-insider-believer* nesta importante confissão neopentecostal brasileira, com trabalhos de campo realizados nos Estados Unidos, Moçambique, Brasil, mas com maior incidência em países europeus (Portugal, Espanha, Itália, Irlanda e Alemanha). Aqui a pertença étnica-identitária-linguística facilitou imenso a minha inserção nas diferentes congregações iurdianas estudadas; era sempre apre-

---

6 O sueco Anders Ruuth (1926-2011), pastor luterano e teólogo, foi um dos pioneiros no estudo da Igreja Universal do Reino de Deus, com uma tese de doutoramento publicada em 1995. Além de um grande amigo, foi ele que me inspirou e influenciou nos meus estudos sobre a IURD e outras igrejas evangélicas.

sentado e visto pelos fiéis e pastores como um "imigrante-evangélico-brasileiro", em busca do necessário apoio espiritual na diáspora.

Seguindo o princípio da reciprocidade, em 1999, contribui com o Parlamento Europeu na criação da legislação sobre os direitos e liberdade de atuação das minorias religiosas. No caso específico da Igreja Universal do Reino de Deus, com uma presença polêmica na Europa, estava na categoria de seita, o que implicava reduções dos seus direitos de atuação como denominação religiosa em vários países europeus. Os meus estudos sobre a Iurd contribuíram para clarificar a situação e esta foi classificada como Igreja; adquirindo, assim, plenos direitos de atuação religiosa no espaço europeu.

Entre 1998 e 2003, voltei o meu "olhar antropológico" para a Índia. Desenvolvi o projeto "Medicina popular – plantas medicinais e práticas de curas tradicionais em Goa/Índia", em colaboração com a Universidade de Goa, onde fui professor visitante. Foram realizados dois trabalhos de campo etnográficos, em 1998 e 1999, na aldeia hindu Shirent-Chimbeu, do Concelho (Taluka) de Tiswadi. Neste estudo, eu estava interessado em compreender, não só as plantas curativas utilizadas nesta aldeia, mas, principalmente, as práticas religiosas envolvidas nos rituais de cura. Embora com uma casa na aldeia e utilizando a observação-participante, a língua foi uma barreira difícil de superar: na aldeia falam a língua marathi e o mais acessível, embora ainda muito difícil, o crioulo Marathi-Konkani. Só duas pessoas falavam inglês na aldeia: o chefe Pandurang Kunkalienkar (o *gatekeeper*) e a jovem Salmina (*key-informant*), que passou a ser a minha principal informadora-mediadora-tradutora-intérprete com a população local. Nesta etnografia, a questão do gênero adquiriu uma importância acrescida: sendo a Salmina mulher, eu como etnógrafo-homem não podia trabalhar sozinho com ela; havia sempre a presença física e a intermediação de um habitante do sexo masculino, sempre sob o restrito controle do chefe da aldeia.

Entre 2000-2005, como professor-visitante e Erasmus-Fellow no Departamento de Sociologia da Universidade de Bristol (Inglaterra), estudei o florescente movimento pentecostal cigano, concretamente a Igreja Evangélica de Filadélfia de Portugal; uma "Igreja étnica", portanto. Ao contrário da Iurd, por causa da diferença étnica do etnógrafo – não sendo cigano – o método utilizado foi mais *observação* do que *participação*, por isso, este estudo teve um caráter mais sociológico do que antropológico.

Este período em Bristol foi partilhado com trabalhos na Universidade de Oxford, onde eu estava a escrever o livro *The God of the New Millennium*, com a supervisão do eminente sociólogo Bryan Wilson, que escreveu o prefácio. Convivi com ele não só profissionalmente, no All Souls College, mas, também, era frequentemente convidado para o "English five o'clock tea" em sua casa. Infelizmente, ele faleceu em outubro de 2004 e este capítulo é dedicado a ele.

Com base na experiência da aldeia hindu de Shirent-Chimbeu, surgiu um outro projeto – "Deu Borem Korum: estudo antropológico da comunidade católica da aldeia de Verem-Reis-Magos, Goa, Índia", com o primeiro e único trabalho de campo realizado em 2003. Neste caso, já havia uma maior proximidade cultural-linguística: nesta aldeia fala-se o "Konkani-Portuguese", que apresenta muitas palavras em português e que é falado pelos goeses católicos. Neste contexto etnográfico, passei a ser o "português-branco-católico".

A povoação de Verem-Reis Magos faz parte do Concelho de Bardez, cuja capital é Mapusa. Do ponto de vista étnico-religioso, é mista; habitam nesta localidade hindus (de diferentes regiões e etnias) e católicos (goeses, mestiços indo-portugueses). A própria dubiedade do nome da aldeia reflete esta dicotomia étnico-religiosa hindu-católica. Nos meus primeiros contatos com os seus habitantes, os hindus diziam *Verem* (com significado hindi-hindu) e os católicos *Reis Magos*. Esta situação reflete um pouco da religiosidade goesa: enquanto nos outros Estados indianos há uma forte separação entre as comunidades religiosas, que chega mesmo a originar conflitos étnico-religiosos entre hindus e muçulmanos e a perseguição de cristãos (católicos e protestantes-evangélicos), em Goa há um forte sincretismo religioso, envolvendo principalmente o hinduísmo e o catolicismo.

Em fevereiro de 2003, os primeiros contatos começaram a ser feitos no restaurante do Eddie Lobo, um (mestiço) goês que conheci a bordo do Ferry Dona Maria, na travessia do Rio Mandovi, que liga a capital de Goa (Panaji ou Panjim) e Betim, uma minúscula aldeia do Concelho de Bardez. Fizemos juntos a curta viagem de ônibus, de Betim até a aldeia de Verem. O Eddie fala com uma certa dificuldade o português e, por isso, utilizávamos também o inglês nas nossas conversas.

Como a taberna, espaço de sociabilidade masculina por excelência no contexto das sociedades camponesas em Portugal – que eu tinha estudado na minha tese de doutoramento – este pequeno restaurante (com o nome de *Alegre*) era o principal ponto de encontro dos homens desta aldeia indiana. Na verdade, o pequeno restaurante era uma cabana muito primitiva, com cobertura de palha, um anexo em frente da casa, com uma cozinha improvisada. Quando ofereci um almoço (bacalhau) para os notáveis da aldeia, que eu próprio cozinhei, o Eddie amavelmente me disponibilizou a cozinha "de dentro" da casa, bem como a sala de jantar privada, um luxo, no contexto da aldeia. Ele também me ofereceu um quarto da "casa de dentro" para eu morar enquanto estivesse na aldeia. Do ponto de vista metodológico, este pequeno restaurante foi um local privilegiado para estabelecer os primeiros contatos e explicar a razão da minha presença que, na verdade, já tinha sido rapidamente denunciada por toda a aldeia.

Sendo uma aldeia católica, naturalmente que havia um padre e era vital para a minha pesquisa trabalhar com ele. O padre chamava-se José Ubaldo da Cunha. No nosso primeiro encontro, na casa paroquial situada ao lado da Igreja principal (Três Reis Magos), quando lhe expliquei a razão da minha presença na aldeia, ele foi extremamente atencioso e disse que eu teria o seu total apoio. E assim, o Eddie e o Padre José foram não só os meus *gatekeepers*, mas também os meus principais *key-informants*.

Em 2005, como Erasmus Fellow no Departamento de Sociologia da Universidade de Iasi-Roménia, iniciei o projeto "Ser Cigano Ortodoxo: estudo etnográfico da aldeia cigana de Ciurea-Zania, Romênia", cujos trabalhos de campo intensivos foram realizados entre fevereiro e junho de 2005 – com a participação de uma aluna de Sociologia – e visitas esporádicas feitas por mim em 2007. Sendo os dois etnógrafos não ciganos e sem dominar totalmente a língua (latino-romena, mas com variações étnico-ciganas), a etnografia foi realizada mais como *observação* do que *participação*. O fato de ter uma etnógrafa-mulher foi fundamental para os dois "olhares" – diferenciados, mas complementares sobre as práticas religiosas – e para o estudo do "mundo feminino", nomeadamente sobre as regras e comportamentos relacionados com o namoro, casamento e sexualidade.

É pertinente referir aqui mais uma situação de reciprocidade. Com os meus estudos sobre comunidades ciganas, participei em várias reuniões e conferências de peritos em Portugal, Hungria e Cuba, promovidas pelo Parlamento Europeu, e contribui na criação de leis e regulamentos para definir os direitos dos ciganos como minoria étnica, incluindo a liberdade de expressão religiosa.

Em 2008, com a minha já (longa) experiência no estudo de movimentos protestantes-pentecostais no Brasil e na Europa, utilizando a etnografia multissituada, iniciei nos Estados Unidos o estudo sobre imigrantes e igrejas evangélicas brasileiras na área metropolitana de Nova York. Depois do levantamento/mapeamento de mais de duas centenas de igrejas brasileiras, escolhi a Igreja Pentecostal Missionária de Língua Portuguesa (IPMLP) para uma etnografia localizada (Rodrigues, 2016).

Centros comerciais, restaurantes, livrarias (com vendas de obras religiosas), especializados em produtos brasileiros, são excelentes lugares para se encontrar, entrevistar e falar com pessoas sobre as suas histórias de vida. Tornaram-se, metodologicamente, lugares privilegiados para se fazer contatos e obter informações sobre igrejas; foi onde eu encontrei os meus *key-informants*. Foi num restaurante brasileiro (perto de três igrejas brasileiras) que conheci, em outubro de 2008, o fundador e líder de um grande movimento religioso, no Brasil, e da IPMLP, nos Estados Unidos. O líder deste movimento religioso viria a ser o meu principal *gatekeeper*, não só entre os congregantes da sua igreja, mas, também, entre outros evangélicos brasileiros da Área Metropolitana de Nova York.

Logo no início do projeto, eu estava consciente de que a questão metodológica era muito importante: Quais seriam as vantagens e desvantagens em se fazer a pesquisa etnográfica nessa " como um *insider* ou um *outsider*?

No meu primeiro contato com o líder, disse-lhe que, já há muito tempo, vinha estudando e frequentando os cultos na Igreja Universal do Reino de Deus (IURD), no Brasil e em vários países europeus. Mencionei ainda que tinha frequentado e estudado uma outra congregação pentecostal em Portugal, de base cigana. Ou seja, realcei o meu "passado evangélico" e as vantagens de um estudo acadêmico desta natureza, que iria mostrar o trabalho de evangelização do "seu" movimento religioso. O fato de me apresentar como professor-pesquisador no Departamento de Religião da Universidade de Colúmbia também conferiu maior credibilidade e honorabilidade à minha pessoa. Com base na minha experiência etnográfica no estudo de igrejas neopentecostais, eu sabia que era crucial me apresentar ao líder da Igreja desta forma; caso contrário, teria sido praticamente impossível realizar esta pesquisa antropológica, do ponto de vista êmico, como um *insider-believer*. Como realcei acima, as vantagens no terreno etnográfico seriam imensas: mais do que uma "mera" observação, eu iria participar plenamente em todas as atividades da Igreja. E assim lá estava um antropólogo, na grande Nova York, tornando-se um "crente nativo".

Neste tipo particular de estudo, é muito importante o procedimento ético. Consciente disso, informei o líder, os pastores e alguns fiéis-membros destacados da Igreja que eu estava estudando imigrantes e minorias religiosas nos Estados Unidos. Desde o início da minha chegada, a congregação sabia que eu não queria ser apenas um membro da Igreja; o interesse era também (ou principalmente) estudar esta comunidade religiosa. Expliquei que tinha a intenção de fazer um estudo acadêmico e que iria escrever um livro sobre essa Igreja evangélica. Tal atitude foi muito importante porque me permitiu, como *insider-believer*, como um membro efetivo da Igreja, fazer o trabalho de campo etnográfico e uma narrativa antropológica (GEERTZ, 1988) sem grandes dificuldades: podia fazer inúmeras perguntas ao líder deste movimento religioso e à sua família, aos pastores, obreiros e aos fiéis em geral. Isso também me possibilitou gravar, fotografar e filmar muitas das atividades da Igreja; enriquecendo, desta forma, os meus dados etnográficos.

A minha experiência etnográfica a estudar igrejas pentecostais, que implicou a participação em centenas de cultos, me tinha "socializado" como um crente evangélico. De muitas maneiras, nos rituais, nos cultos, eu me comportava de acordo com as normas destinadas aos membros masculinos da IPMLP.

Depois de alguns (mas intensos) dias na igreja, notei que havia um pequeno grupo muito coeso e ativo de fiéis. Embora pertencendo a diferentes congregações, estes fiéis estavam sempre juntos e participando ativamente nas atividades religiosas mais importantes da Igreja; por este motivo, seriam, com certeza, bons informantes para a minha pesquisa etnográfica. Assim, rapidamente percebi que, metodologicamente, seria muito benéfico para o meu estudo me juntar a este grupo. Devido ao meu (bom) comportamento como fiel, participando ativamente em todas as atividades da Igreja, fui aceito como membro, a ponto de ter sido aceito para participar em um retiro espiritual, onde só um seleto grupo de pessoas participou; portanto, de grade riqueza etnográfica.

É importante notar que, durante mais de um ano de intenso trabalho de campo (setembro de 2009 a dezembro de 2010, e com contatos pontuais até 2015), tentei participar em todas as atividades religiosas, mas, ao mesmo tempo, tentando ser um "etnógrafo invisível". A "ausência" do etnógrafo, ou seja, a ocultação do papel de etnógrafo aos membros da Igreja, evitava que eles se sentissem constrangidos a falar (sobre) e experienciar/expressar os seus verdadeiros sentimentos, experiências e crenças religiosas (RISS, 2009).

Em 2015, voltei novamente o meu "olhar" antropológico para a Ásia: agora para Camboja e Japão, para estudar o processo de pentecostalização nestes dois países.

Apesar do trabalho de evangelização de missionários católicos – portugueses (século XVI) e franceses (século XIX) – o número de cristãos é residual e Camboja é um país maioritariamente budista (95% da população). No entanto, na última década, há uma entrada significativa de igrejas pentecostais, nomeadamente oriundas dos Estados Unidos e da Coreia do Sul. A minha etnografia, ainda exploratória, foi realizada, nos meses de dezembro de 2015 e janeiro de 2016, na *New Life Church*. Dada à dificuldade em aprender a língua local (Khmer), o líder do movimento, de origem norte-americana, nomeou pastores nativos para o trabalho de proselitismo e evangelização. Por isso, sendo uma "Igreja étnica", as cerimónias religiosas/cultos são celebrados na língua nativa. Por esta razão, este estudo terá uma abordagem mais sociológica, com etnografia feita em inglês e mais como *observação* do que *participação*.

No caso específico do Japão, o interesse surgiu, em 2013, com o estudo da Primeira Igreja Batista de Marília, quando eu era professor-visitante na Unesp. Este projeto tem a participação de um doutorando, que está fazendo a etnografia na Igreja utilizando a observação-participante. É pertinente realçar aqui alguns dos procedimentos metodológicos que expliquei anteriormente: no início do trabalho de campo, o pastor responsável foi informado e autorizou a pesquisa, e nos deu total liberdade para que pudéssemos participar em todas as atividades da Igreja, fazer entrevistas etc.; foi um verdadeiro *gatekeeper*. Mas havia uma condição: queria acompanhar de perto e ler o texto final com os resultados/explanações da pesquisa, e assim foi feito: ele autorizou a publicação, após fazer pequenas alterações no texto, apontando algumas "imprecisões" nas nossas explicações, mas não suficientes para alterar substancialmente a análise antropológica.

Essa Igreja surgiu em Marília, em 1931, e tem convertido alguns descendentes de japoneses. Aproveitando a onda emigratória deste grupo étnico para o Japão, essa Igreja está criando algumas congregações neste país. Embora o estudo da Igreja em Marília já esteja numa fase mais avançada, a etnografia sobre a sua expansão está ainda na fase inicial, apenas com um trabalho de campo exploratório realizado no Japão no mês de abril de 2016. Com uma estadia mais prolongada no Japão, será possível utilizar a observação-participante no trabalho etnográfico. Mesmo que a grande maioria dos fiéis sejam brasileiros – os cultos são em japonês (para tentar atrair os nacionais), por isso, é preciso aprender a língua japonesa, mesmo que num nível mais básico, para conseguir acompanhar as cerimônias religiosas.

Desta curta estadia no Japão – como professor-visitante na Universidade de Tenri/Nara – surgiu também o interesse em estudar a *Tenrikyo*, um movimento religioso de base budista-xintoísta, criado no século XIX. Foram feitas até agora observação e participação em algumas cerimônias religiosas realizadas no Japão, em abril, e uma entrevista, em julho de 2016, com o responsável pela Tenrikyo nos Estados Unidos, na sede da Igreja em Nova York. Este estudo antropológico será focado na expansão deste movimento japonês no Brasil, nomeadamente no Estado de São Paulo, valorizando a perspectiva histórica.

Ainda em 2016, iniciei o projeto "Caminhar com Fé: estudo antropológico de uma peregrinação ao Santuário de Fátima, Portugal". Segundo Cardita (2012), "a peregrinação conta-se entre o tipo de experiência que... só se podem entender... passando por ela... se alguém quer realmente saber o que é a peregrinação deveria pôr-se a caminho" (p. 196). E foi exatamente isso que fiz. O objetivo deste estudo é descrever e analisar a experiência vivida por um grupo de peregrinos, do Concelho de Sabugal, ao Santuário de Fátima, caminhando a pé, ao longo de um difícil e sofrido percurso de aproximadamente 200 quilômetros. No trabalho de campo etnográfico, desenvolvido entre os dias 7 e 11 de maio de 2016 – período que durou a peregrinação – privilegiou-se o método antropológico da observação-participante, o que favoreceu a necessária inserção/aceitação do etnógrafo, como um *insider-believer*, no interior de um fervoroso grupo de peregrinos católicos.

Um projeto ainda em construção é o estudo antropológico de identidades e expressões religiosas na Amazônia, mais especificamente sobre o processo de pentecostalização de povos tradicionais no Pará, Brasil. Apoiando em teorias e categorias sociológicas e antropológicas, e a partir de um substrato cultural-religioso amazônico, o objetivo é estudar as dinâmicas históricas e identitárias de movimentos missionários e igrejas (neo)pentecostais, materializadas no forte processo de conversão e evangelização de povos tradicionais (indígenas, ribeirinhos e caboclos). O foco é analisar o impacto destas expressões religiosas em comunidades de cultura ancestral e de que forma estas comunidades ressignificam, criam e desenvolvem novas expressões do sagrado.

E foram, portanto, essas investigações antropológicas e sociológicas que fiz e ainda estou fazendo sobre religião.

Considerações finais

Numa abordagem desta complexidade – sobre como pesquisar a religião – é necessária a leitura/discussão de vários autores, clássicos e modernos, no campo das ciências sociais. É pertinente referir que, neste capítulo, não tive a pretensão de esgotar o tema da problemática da produção de conhecimento científico, nem as diversificadas estratégias de pesquisa na Antropologia.

A partir de uma discussão teórica e da formulação/apresentação de alguns importantes procedimentos metodológicos a serem seguidos no trabalho de campo, pretendi, neste capítulo, apresentar a minha trajetória etnográfica em diferenciados contextos culturais e religiosos (animista, hindu, budista-xintoísta e cristão), tais como: Bolívia, Brasil, Estados Unidos, Índia, Camboja, Japão e em vários países europeus. Como o leitor pôde constatar, trata-se de um texto com traços biográficos e retrospectivos, mostrando como se deu a trajetória de pesquisa, enfatizando algumas dificuldades e problemas enfrentados e soluções encontradas durante a realização da etnografia no terreno. Com esta partilha de experiências, espero poder ajudar, metodologicamente, os jovens pesquisadores, antropólogos e sociólogos, na sua difícil e complexa tarefa no estudo da religião.

Referências

APPADURAI, A. *Modernity at Large*: cultural dimensions of Globalization. Mineápolis: University of Minnesota Press, 1996.

ARWECK, E. & STRINGER, M. (org.). *Theorizing Faith*: the insider/outsider problem in the study of ritual. Birmingham: University of Birmingham Press, 2002.

BECHHOFER, F. & PATERSON, L. *Principle of Research Design in the Social Sciences*. Nova York: Routledge, 2000.

BERNARD, R. & GRAVLEE, C. (orgs.). *Handbook of Methods in Cultural Anthropology*. Lanham: MD, Rowman & Littlefield, 2015.

BOWIE, F. *The Anthropology of Religion*. Oxford: Blackwell, 2000.

CARDITA, Â. "Peregrinação: possibilidades de compreensão crítica de uma experiência". *Sociologia*, vol. XXIV, 2012, p. 195-213. Porto.

COLEMAN, S. & HELLERMANN, P. (orgs.). *Multi-Sited Ethography:* problems and possibilities in the translocation of research methods. Nova York: Routledge, 2011.

CRESWELL, J. *Qualitative Inquiry and Research Design*. Londres: Sage, 1998.

DeWALT, K. & DeWALT, B. *Participant Observation:* a guide for fieldworkers. Palo Alto, CA: AltaMira, 2010.

DURKHEIM, É. *Les formes élementaires de la vie religieuse*. Paris: Presses Universitaires de France, 1912.

EVANS-PRITCHARD, E. *Witchcraft, Oracles, and Magic among the Azande*. Oxford: Clarendon, 1937.

FALZON, M.-A. (org.). *Multi-Sited Ethnography:* theory, praxis and locality in contemporary research. Surrey: Ashgate, 2009.

GEERTZ, C. *Works and Lives:* the anthropologist as author. Cambridge: Polity, 1988.

_____. *Local Knowledge:* Further Essays in Interpretative Anthropology. Nova York: Basic Books, 1983.

HEADLAND, T.; PIKE, K. & HARRIS, M. (orgs.). *Emics and Etics:* the insider/outsider debate. Londres: Sage, 1990.

MALINOWSKI, B. *Argonauts of the Western Pacific*. Londres: George Routledge & Sons, 1922.

MARCUS, G. "Ethnography in/of of the World System: the emergence of multi-sited ethnography". *Annual Review of Anthropology*, v. 24, Palo Alto, 1995, p. 95-117.

MAUSS, M. *Manuel d' Ethnographie*. Paris: Payot, 1947.

McCUTCHEON, R. (org.). *The Insider/Outsider Problem in the Study of Religion*: a Reader. Londres: Cassell, 1999.

POPPER, K. *A lógica do método científico*. São Paulo: Cultrix, 1959.

RIIS, O. Methodology in the Sociology of Religion. In: CLARKE, P. (org.). *The Oxford Handbook of the Sociology of Religion*. Oxford: Oxford University Press, 2009, p. 229-244.

RODRIGUES, D. *O evangélico imigrante* – O pentecostalismo brasileiro salvando a América. São Paulo: Fonte, 2016.

_____. *Jesus in Sacred Gotham:* Brazilian Immigrants and Pentecostalism in New York City. Seattle: Amazon Publishing, 2014.

_____. *Sociologia da Religião:* uma introdução. Porto: Afrontamento, 2007.

SELIGMAN, B. *Notes and Queries on Anthropology*. Londres: Routledge & Kegan, 1951.

STAUSBERG, M. & ENGLER, S. (orgs.). *The Routledge Handbook of Research Methods in the Study of Religion*. Nova York: Routledge, 2011.

WILSON, B. *Religion in Sociological Perspective*. Oxford: Oxford University Press, 1982.

Dicas de livros e artigos

Livros

1) SELIGMAN, B. *Notes and Queries on Anthropology*. Londres: Routledge & Kegan, 1951. Este livro é um clássico e importante manual sobre métodos de pesquisa, produzido pelo Royal Anthropological Institute of Great Britain and Ireland, cuja primeira edição foi em 1874. Depois de várias edições, a última foi publicada por Brenda Seligman, com a colaboração dos ilustres antropólogos Evans-Pritchard, Raymond Firth e Meyer Fortes.

2) STAUSBERG, M. & ENGLER, S. (org.). *The Routledge Handbook of Research Methods in the Study of Religion*. Nova York: Routledge, 2011.

É um excelente conjunto de ensaios sobre métodos e técnicas utilizados no estudo da religião, contendo uma extensa e importante bibliografia sobre o tema. A obra está dividida em três partes: metodologia (epistemologia, ética), métodos (estudos de caso, com a aplicação de várias práticas de pesquisa) e materiais (técnicas e recursos utilizados).

3) BERNARD, R. & GRAVLEE, C. (org.). *Handbook of Methods in Cultural Anthropology*. Lanham: MD: Rowman & Littlefield, 2015.

Depois das importantes contribuições de Malinowski e Mauss, esta é uma obra obrigatória para quem pretende realizar trabalho de campo. Revela-se um recurso valioso para antropólogos (e outros cientistas sociais) de todos os níveis acadêmicos. Os 23 capítulos, escritos por pesquisadores experientes, fornecem uma diversidade enorme dos métodos e técnicas de pesquisa disponíveis.

Artigos

1) WILSON, B. "An Analysis of Sect Development". *American Sociological Review*, vol. 24, 1959, p. 3-15. Chicago.

Bryan Wilson é considerado o "founding father" da Sociologia da religião na Grã-Bretanha e um dos mais influentes sociólogos do século XX. Neste estudo, sobre as igrejas Elim, Christadelphians e Christian Science, este autor weberiano criou uma tipologia pioneira, transformando este texto num marco metodológico no estudo socioantropológico de novos movimentos religiosos.

2) MARCUS, G. "Ethnography in/of of the World System: the emergence of multi-sited ethnography". *Annual Review of Anthropology*, vol. 24, 1995, p. 95-117. Palo Alto.

Esse artigo é um marco na pesquisa antropológica. Aborda a emergente macroetnografia multissituada, adaptada aos novos desafios nos estudos antropológicos num contexto global, multidimensional e mais complexo, nomeadamente sobre migrações, de pessoas e grupos religiosos, de carácter transcontinental, que envolve uma dimensão geográfica de escala mundial.

3) BLANES, R. "The Atheist Anthropologist: believers and non-believers in anthropological fieldwork". *Social Anthropology*, 14 (2), 2006, p. 223-234. Londres.

O texto parte de uma pertinente pergunta feita por um "nativo" (cigano) ao etnógrafo no terreno: Poderá um antropólogo-ateu entender o significado de Deus? A questão central é: A crença religiosa (ou mesmo a ausência dela) do pesquisador influencia o olhar antropológico? O autor discute esta questão e as dificuldades e dilemas envolvidos na pesquisa num contexto evangélico.

5

Contribuição dos estudos de cultura visual para as Ciências da Religião

Etienne Alfred Higuet
(Universidade do Estado do Pará)

O percurso intelectual do pesquisador

O ponto de partida das minhas pesquisas foi pedagógico e teológico, relacionou-se com o ensino em sala de aula. No programa de pós-graduação em Ciências da religião da Universidade Metodista de São Paulo, onde atuei por mais de trinta anos, tive a incumbência de ministrar várias vezes a disciplina *Temas de teologia*[1]. Depois de trabalhar durante vários anos de um modo mais clássico, analisando criticamente obras teológicas, procurei um diferencial para não tornar o meu ensino repetitivo e, sobretudo, para adequá-lo melhor aos estudos teológicos no seio de um programa de Ciências da Religião, evitando assim as posições normativas confessionais. Por que não procurar as dimensões visuais na religião e na teologia, tentando elaborar uma teologia em imagens?

Assim, foram abordados os temas do iconoclasmo, da criação do mundo, da cristologia, do fim dos tempos, com o juízo final, o céu, o purgatório e o inferno, e da colonização do imaginário. As ferramentas metodológicas foram, sobretu-

---

1 Uma breve descrição dessas aulas está no texto *Interpretação das imagens na teologia e nas Ciências da Religião* (HIGUET, 2012, p. 69-71).

do, a teoria do imaginário de Gilbert Durand e a hermenêutica dos símbolos e mitos (Ricoeur, Nancy, Tillich). Desse modo, podiam aparecer reflexos da religião e da espiritualidade vivida não necessariamente tematizados pelas teologias tradicionais.

Além de imagens fixas – artísticas ou devocionais –, recorri também a filmes, especialmente relacionados com a vida de Jesus. Por duas vezes, a disciplina inteira, dedicada à cristologia, trabalhou exclusivamente com apresentação, análise e comparação de obras cinematográficas: *A imagem de Jesus no cinema*. Que tipo de teologia estaria subjacente aos filmes que apresentam a história de Jesus?

Com a introdução da disciplina *Cultura visual e narrativas*, no currículo do programa da Umesp, o acento foi colocado sobre estudos teóricos e metodologias de análise das imagens, especialmente em relação com a semiótica e os modos socioculturais do olhar. O visual é concebido doravante como prática discursiva em pé de igualdade com a linguagem articulada, igualando e até superando a semiótica como fonte de conhecimento. As perspectivas metodológicas anteriores não foram abandonadas e serão descritas no corpo do texto.

Contudo, havia uma tendência a privilegiar a linguagem oral e escrita, tratando da religião e também das imagens como texto. Em consequência, a linguagem visual foi analisada de preferência a partir de ferramentas metodológicas pensadas para estudar textos escritos, em particular sagrados e literários, como a semiótica e a hermenêutica. Isso não deixou de influenciar a minha pesquisa até hoje, embora esteja, desde o início, preocupado em analisar as imagens religiosas na sua especificidade vinculada ao olhar.

Ao assumir o cargo de professor-visitante no programa de pós-graduação em Ciências da Religião da Uepa, explorei e continuo expandindo as minhas pesquisas em cultura visual, em relação com as disciplinas oferecidas. A cultura visual em relação com a religião foi objeto de dois estudos teóricos publicados em dois livros organizados pelo Professor Paulo Augusto de Souza Nogueira: *Linguagens da religião* e *Religião e linguagem*. No primeiro volume, o meu capítulo foi intitulado: "Interpretação das imagens na teologia e nas Ciências da Religião". No segundo volume, o texto foi: "Imagens e imaginário: subsídios teórico-metodológicos para a interpretação das imagens simbólicas e religiosas". Aproveitei, em particular, os trabalhos de Jean-Jacques Wunenburger, discípulo de Gilbert Durand et Gaston Bachelard. Publiquei também vários estudos de caso, colocando em prática diversas abordagens teóricas. Remeto para tudo isso ao corpo do trabalho e à bibliografia final.

Estado da questão: a cultura visual e o iconic turn

Num artigo importante publicado em 2008: *Visual Studies and the Iconic Turn*, Keith Moxey traça um panorama dos estudos visuais recentes a partir da distinção entre os conceitos de presença/apresentação (*mostração*) e representação/significado (*Meaning*) (MOXEY, 2008, p. 131-146). O autor assinala o surgimento de um movimento novo nos estudos visuais, chamado primeiro *pictorial turn* (W.J.T. Mitchell) e depois *iconic turn* (G. Boehm) ou virada icônica. A nova tendência, centrada na noção de *Presença*, destaca-se criticamente em relação aos estudos de *Cultura visual*, mais preocupados com a inserção dos objetos visuais no espaço e no tempo culturais, sociais e políticos. Os estudos visuais encontram a sua origem na História da Arte, mas se expandem em todas as áreas das humanidades, incluindo a filosofia e as ciências humanas.

A ideia de *presença* chama atenção para a vida dos objetos, que são capazes de agir e de suscitar sentimentos e emoções, de trazer de volta um passado perdido, de indicar valores culturais, de permitir a realização de rituais e de satisfazer necessidades pessoais e coletivas. Nasce a convicção de que a experiência, antes de ser filtrada pelo *médium* da linguagem, nos faz aceder de modo imediato ao mundo em nossa volta. Trata-se de encontrar os objetos visuais de todo tipo – não apenas estéticos ou artísticos – em vez de interpretá-los, pois eles possuem propriedades ontológicas. As propriedades físicas – a natureza e estrutura – das imagens são tão importantes quanto a sua função social. Há uma *intencionalidade* e uma vida peculiar nos objetos, que nos levam a dar tanta atenção aos *efeitos de presença* quanto aos *efeitos de significado*. O mundo é ser existente antes de ser constituído por um sistema de signos.

O paradigma da imagem entendida como apresentação/mostração (*presentation*) se opõe à concepção da imagem como representação. Como representação, a imagem é um construto visual que manifesta as tendências ideológicas dos seus produtores e é suscetível de manipulação por seus receptores. Na nova tendência, dá-se atenção à presença do objeto visual, à sua *aura*, à imediação da sua localização no tempo e no espaço, à sua capacidade de nos afetar, a seu apelo estético e poético. Na realidade, abordagem ontológico-fenomenológica interna e abordagem histórico-semiótica externa são complementares. Sendo recíproca a relação entre sujeito e objeto, os objetos passam por metamorfoses e *recontextualizações* no decorrer do tempo.

Os primeiros passos se deram na história da arte. Em contraste com o paradigma da história social dos anos de 1980, que procurava o significado das obras no seu contexto de produção e na sua função social, há nos anos de 1990 um reavivamento das abordagens fenomenológicas derivadas de modelos criados por Heidegger e Merleau-Ponty. Nessa linha, Georges Didi-Huberman pretende ir além da iconologia de Erwin Panofsky e da história social de Michael Baxandall, revalorizando a presença da obra e a experiência do espectador. Na obra de arte, o espiritual se materializa e a obra torna-se um princípio ativo, capaz de produzir o seu próprio significado. É no presente que encontramos a imagem. Didi-Huberman remete a Aby Warburg, que reconhecia o poder da imagem de *romper* o tempo. Pela sua *pós-vida* (*Nachleben*) e as *fórmulas da paixão* (*Pathosformel*), as imagens possuem uma vida que continua nos interpelando. A história da arte torna-se, assim, um empreendimento *anacrônico*:

> A intensidade da relação estabelecida entre a obra e o espectador contemporâneo nos impede de subordinar a arte a alguma trajetória histórica preestabelecida. Em todo objeto, todos os tempos se encontram, se chocam, se influenciam plasticamente, bifurcam, estão emaranhados uns nos outros (MOXEY, 2008, p. 135).

W.J.T. Mitchell trouxe o interesse renovado pela presença para os estudos visuais, saindo do campo das obras tradicionalmente consideradas como artísticas. Anunciando um *pictorial turn* (MITCHELL, 1994, apud MOXEY, 2008, p. 135), ele rejeita as análises semióticas, por dependerem de um modelo linguístico. As imagens devem ser consideradas independentemente da linguagem, mesmo se elas estão inextricavelmente enroscadas nela. As imagens possuem *vidas* que escapam parcialmente dos seus produtores, pois a natureza da percepção e da visualidade é mutável. Elas ganham características humanas e se tornam capazes de proliferar e de se reproduzir.

No domínio germânico, Gottfried Boehm propõe o conceito de *Iconic turn*, inspirado na ideia da presença divina nos ícones religiosos, e que seria mais apto para significar a vida atribuída aos objetos visuais. Ele rejeita como sem fundamento a visão tradicional da superioridade epistemológica do pensamento linguístico sobre o visual. Se, conforme Lacan, os paradigmas da visualidade condicionam e moldam a subjetividade humana, a linguagem, em vez de fornecer informações numa sequência linear ordenada e na base de princípios lógicos, depende de metáforas visuais para transmitir os significados que ela produz. Boehm defende a autonomia do visual e adota um formalismo perceptivo radical: "O que vemos em imagens são construções de cores, formas e linhas que nem descrevem objetos nem oferecem signos, mas *nos dão algo a ver*" (BOEHM, apud MOXEY, 2005, p. 137).

A lógica das imagens é uma lógica de presença ou de *mostração*, não de representação. Na concepção da imagem – cópia da iconografia, temos apenas a identificação interna de significações externas, trazidas por um texto ou uma narrativa anterior. Seria uma redundância mostrativa do que já foi *dito* antes. Ao contrário, a lógica intrínseca das imagens, a *diferença icônica* resulta da prioridade antropológica do visual, desde as origens da humanidade. Por ser o único animal a se interessar pelas imagens, o ser humano é, antes de tudo, um *homo pictor*. A realização de uma imagem é um ato de diferenciação em relação ao objeto, pois, pela encarnação das imagens num substrato material, o corpo material das imagens torna-se o fundo de onde emerge algo que será caracterizado como isso ou aquilo. E o acontecimento da emergência da imagem significa a suspensão do objeto. A diferença icônica equivale à distância interna de toda imagem entre o seu aparecer e aquilo que ela faz aparecer. Daí a equivocidade da presença visual.

Na tradição, desde Platão, as imagens foram excluídas do *logos* por causa da sua equivocidade. Ao contrário, precisamos pensar o entrelaçamento do objeto e da imagem. Assim as imagens produzem sentido sem obrigação de fazer uso das regras de predicação, elas dão acesso a um *pensamento com os olhos*. Na perspectiva da fenomenologia husserliana, toda coisa é simultaneamente alguma coisa e o horizonte sobre o fundo do qual alguma coisa se mostra. O vínculo intencional entre sujeito e objeto significa que "ainda que vejamos sempre apenas um aspecto limitado das coisas (*Abschattung*, aspecto ou esboço), vemos, entretanto, toda a coisa". E ainda: "As imagens são constituídas de uma associação do *contínuo* e dos elementos diferenciáveis que se mostram *diante* ou *nele*" (BOEHM, 2015, p. 29).

Se privilegiarmos a transparência, a imagem revelará apenas o sistema de simbolização, a rede de significantes, na qual ela se inscreve. A imagem fica subordinada ao discurso. Se dermos a preferência à opacidade, à irredutibilidade e à inesgotável materialidade das imagens, atentaremos às qualidades intrínsecas da imagem. A imagem só remete a si mesma. Assim, a lógica da mostração é processual, numa dialética entre a opacidade do fundo e a transparência da figuração. A imagem é sempre menos e mais do que aquilo que ela torna visível. "Janela aberta, a pintura da representação permite a *visibilidade,* corpo opaco, ela garante a *lisibilidade* (ALLOA, 2015, p. 14)." Há uma aliança subterrânea entre uma ontologia do objeto e uma semiologia da referência, entre a alegoria – que diz o outro – e a tautologia – que diz o mesmo. É como no ato eucarístico, "em que a matéria autentica o signo e o signo, inversamente, garante o milagre" (ALLOA, 2015, p. 14).

Na perspectiva antropológica adotada por Hans Belting, os artefatos visuais estão embutidos em *média*, e uma coisa não pode ser estudada sem a outra. O *médium*, que incorpora os objetos visuais, é uma metáfora para o corpo humano, que contém as imagens internas. As imagens vivem da ausência – temporária ou definitiva (na morte) – do corpo. Isto é, elas suprem a ausência do corpo com uma forma diferente de presença. A presença icônica mantém a ausência do corpo e faz dela uma *ausência visível*, a presença de uma ausência. Uma das origens das imagens está nas máscaras, nos bonecos e retratos (*imagines*) que mantém a presença do(a) defunto(a) na ausência dele(a). Por um lado, a ideia de um objeto visual não pode ser reduzida a códigos e sistemas significantes. Por outro lado, as imagens não podem ser acusadas de forjar a realidade, porque a realidade não existe independentemente das imagens pelas quais nos apropriamos dela (cf. MOXEY, 2008, p. 137-138).

Por sua vez, Horst Bredekamp concebe a *ciência da imagem* (*Bildwissenschaft*) como meio de institucionalizar a independência do visual. O objeto é reconhecido como forma de pensamento visual, independente da linguagem (*Bildakt*). É o caso das representações científicas, como os desenhos dos biólogos e dos antropólogos. "A imagem não é derivação nem ilustração, mas um *médium* ativo do processo de pensamento" (BREDEKAMP, apud MOXEY, 2008, p. 139). O que exige que se acrescente a análise das formas e da sua história à procura de informações sobre produção, recepção e efeitos sobre o espectador, para entender os conteúdos visuais.

Em suma, a tendência que surge nos estudos visuais com o *iconic turn,* fascinada pelo poder de animação que investe os objetos visuais, contrasta com o rumo representado por Nicholas Mirzoeff e suas antologias populares, que se preocupa mais com a *mensagem* dos artefatos visuais do que com seu *médium* e suas qualidades intrínsecas. Que se interessa, sobretudo, pelas funções culturais e políticas das imagens, ao concentrar-se no seu potencial ideológico. Para essa linha, é central o conceito de representação. Articulam-se as concepções culturais não apenas com o criador e o receptor, mas também com o discurso autorizado do crítico intérprete. A ideia de representação cultural, de cultura visual se opõe à noção de presença ontológica de um objeto dotado de existência e exercendo efeitos mágicos sobre o receptor.

Muitos, como Mitchell, acham possível conciliar as duas abordagens, na medida em que elas enfatizam a importância da recepção e dramatizam a contingência histórica da interpretação. Há uma dialética entre a autonomia dos objetos e a sua dependência em relação à cultura humana.

> Para o melhor e para o pior, os seres humanos estabelecem sua identidade coletiva ao criar em volta deles uma segunda natureza composta por imagens que não refletem apenas os valores visados conscientemente por seus produtores, mas irradiam novas formas de valores formados no inconsciente coletivo, político dos seus observadores (MITCHELL, apud MOXEY, 2008, p. 142).

Afinal, o que a imagem dá a ver está suspenso ou infinitamente adiado, pois "ela introduz um *excedente* não reintegrável na ordem do saber e provoca, a partir de dentro, uma exposição ao fora" (ALLOA, 2015, p. 16). Estamos na interpretação infinita.

Perspectivas metodológicas

Na terceira parte, estudaremos de modo complementar as duas grandes linhas de interpretação das imagens: a semiótica (sistemas de signos) e a fenomenológica (intencionalidade). Contudo, ambas necessitam de uma relação com a história social, a qual será apresentada num primeiro momento. As bases teóricas foram desenvolvidas nos dois textos já mencionados (HIGUET, 2012, 2015). Aqui, o acento será colocado na metodologia.

Interpretação sócio-histórica

Começo com uma metodologia que privilegia o caráter de representação da imagem. A abordagem sócio-histórica, como todos os estudos visuais, encontra a sua origem na disciplina da *História da arte*, já mencionada acima.

Apresentarei em primeiro lugar a metodologia elaborada por Erwin Panofsky, centrada nas noções de iconografia e iconologia (PANOFSKY, 2014, p. 26-41). Panofsky considerava a história da arte como uma disciplina humanista, isto é uma "história do espírito humano assim como se manifesta através de suas obras artísticas" (ARASSE, 2016). Ele herdou de Aby Warburg o interesse pela função social da imagem e a sua relação com o sistema de representação da sua época, assim como a concepção da arte como elemento essencial da cultura. Da reflexão filosófica de Ernst Cassirer, Panofsky recebeu a noção de formas simbólicas, "símbolos de uma cultura e formas pelas quais 'um conteúdo espiritual particular está vinculado a um signo concreto e intimamente identificado com ele'" (CASSIRER, apud ARASSE, 2016).

Para Panofsky, "a esfera em que o campo dos objetos práticos termina e o da arte começa depende da *intenção* dos seus criadores" (PANOFSKY, 2014, p. 32). Essas intenções são condicionadas pelos padrões da época e o meio ambiente em que vivem esses criadores. As intenções dos criadores só poderão ser formuladas em termos de alternativas: as várias possibilidades de atuação que se ofereciam a eles no lugar e no momento histórico da obra (PANOFSKY, 2014, p. 40).

A iconografia, interessada na descrição, quantificação e classificação dos temas e assuntos representados, em vista de identificá-los corretamente, constituía a base da iconologia, que era, por sua vez, interpretação do significado intrínseco ou conteúdo das imagens, em vista de reconstituir o universo dos valores simbólicos. Panofsky distinguia três tipos de significado:

1) Significado primário ou natural, dividido em fatual e expressivo, constituindo o mundo dos motivos artísticos. O intérprete procura identificar as formas puras (cores, linhas etc.) nas representações dos objetos naturais, suas mútuas relações e suas qualidades expressivas. Trata-se da descrição pré-iconográfica da obra de arte.

2) Significado secundário ou convencional, constituindo o mundo das imagens, estórias e alegorias. A análise iconográfica procura compreender a asso-

ciação de motivos artísticos e composições de motivos a temas e conceitos. Por exemplo, um grupo de figuras sentadas na mesa de jantar em arranjo e postura determinados pode representar a Última Ceia (estória); uma figura feminina com os olhos vendados pode representar a justiça (alegoria).

3) Significado intrínseco ou conteúdo, constituindo o mundo dos valores simbólicos (conforme a expressão de Ernst Cassirer). É o objeto da interpretação iconológica, que, em oposição à iconografia, encontrará os princípios subjacentes às atitudes básicas que caracterizam uma nação, uma época, uma classe, uma convicção religiosa ou filosófica, qualificadas por uma personalidade e condensadas numa obra. Esses princípios transparecem através dos elementos iconográficos ou formais. Por exemplo, interpretamos o mural da *Última Ceia*, de Leonardo da Vinci, como um testemunho da personalidade do pintor ou como um documento do alto Renascimento italiano. A iconologia poderá usar metodologias históricas, psicológicas, críticas etc. É um método mais sintético que analítico, que pressupõe a diversidade das análises iconográficas.

No nível pré-iconográfico, o historiador ou intérprete recorrerá em primeiro lugar à própria experiência prática, que lhe traz familiaridade com os objetos e eventos, usando, todavia, o princípio corretivo da história do estilo ou modo de expressar os objetos e eventos por meio de formas, em determinadas condições históricas. Por exemplo, estilo realista ou irrealista.

No nível propriamente iconográfico, exige-se o conhecimento das fontes literárias, que produz a familiaridade com temas e conceitos específicos. O princípio corretivo será encontrado na história dos tipos ou modos de expressão de temas e conceitos específicos pelos objetos e eventos, em determinadas condições históricas. Por exemplo, o relato bíblico da Última Ceia e seus modos de representação na tradição iconográfica.

Enfim, no nível iconológico, a competência esperada do intérprete é a intuição sintética, ou familiaridade com as tendências essenciais do espírito humano, condicionada pelo psiquismo e a visão do mundo pessoais. O princípio corretivo está na história dos sintomas culturais ou *símbolos* em geral, representando o modo de expressão de tendências essenciais do espírito humano, por meio de objetos e eventos, em determinadas condições históricas (cf. PANOFSKY, 2014, p. 26-41).

Nos três níveis apresentados, a *re-criação* depende também da bagagem cultural prévia ou adquirida pela pesquisa, do intérprete. O historiador da arte procurará colher um máximo de informações sobre o autor, o meio, o destino da obra. Comparará a obra com outras de mesmo tipo e época, examinará escritos que reflitam os padrões estéticos do país e da época; procurará conhecimentos sobre o assunto em livros de filosofia, teologia e ciência; tentará determinar o lugar histórico da obra e separar a contribuição individual do seu autor dos aportes de seus antepassados e contemporâneos; fará o máximo possível para se familiarizar com as atitudes religiosas, sociais e filosóficas de outras épocas e países (cf. PANOFSKY, 2014, p. 36-37).

Mas a história da arte não conservou o monopólio dos estudos visuais. Aos poucos, o caráter singular e excepcional da obra de arte cede lugar a uma noção mais abrangente de imagem, incluindo todas as imagens que podem ser entendidas como produções culturais, artísticas ou não. Já que o cultural e o social são intercambiáveis, a cultura visual será também o estudo da construção visual do social, inclusive das diferenças e desigualdades sociais. A centralidade do visual aparece, afinal, como característica essencial da cultura ocidental (cf. KNAUSS, 2006).

Num balanço dos estudos visuais dedicados às relações entre as imagens e a história, Ulpiano T. Bezerra de Meneses insiste na ideia que não são apenas as intenções dos autores que produzem sentido, mas, sobretudo, a interação social: da imagem para a sociedade e da sociedade para a imagem. Para verificar como as formas geram sentido, é preciso relacionar as práticas de representação com os processos sociais e psicológicos de geração de sentido, por exemplo, na política e na religião, tanto do ponto de vista da produção quanto na perspectiva da recepção (história dos efeitos). "Trabalhar historicamente com imagens obriga a percorrer o ciclo completo de sua produção, circulação e consumo" (MENESES, 2003, p. 28).

As imagens são parte viva da nossa realidade social. Tanto é que a mesma imagem pode reciclar-se, assumir papeis novos na cultura e na sociedade (MENESES, 2003, p. 29): ela pode desempenhar funções informativas, comunicativas, afetivas, religiosas, ideológicas, identitárias etc., ao mesmo tempo ou sucessivamente. Por exemplo, uma representação da Última Ceia poderá ser entendida como afirmação da concepção católica ou jansenista da Eucaristia, ou da identidade de uma comunidade monástica, ou como exemplo da teoria da representação do espaço pela perspectiva geométrica, e poderá também ter efeitos políticos e econômicos etc. Segundo Meneses, a arte é mais intervenção social, mobilização que codificação simbólica. A imagem visual é "o lugar da construção e figuração da diferença social" (MENESES, 2003, p. 17).

Meneses sintetiza a metodologia de análise sócio-histórica das imagens a partir de três focos:

a) O visual: a "iconosfera", os sistemas de comunicação visual e os ambientes visuais contemporâneos da obra ou imagem; a produção, circulação, comercialização, apropriação, consumo, ação dos recursos e produtos visuais, as instituições visuais criadoras da tradição etc.

b) O visível: relação com a esfera do poder, os sistemas de controle, a "ditadura do olho" (no Ocidente moderno), o ver/ser visto, o dar-se/não-se-dar a ver, objetos de observação, prescrições sociais e culturais de ostentação e invisibilidade etc.

c) A visão: os instrumentos técnicos de observação, os papéis do observador, os modelos e modalidades do olhar (MENESES, 2003, p. 30-31).

Esse último ponto foi objeto do trabalho de John Berger – recém-falecido – sobre os modos do ver e do ser-visto. Para ele, é o ato de ver, anterior à palavra, que nos incorpora ao mundo. A nossa percepção do mundo, e também das imagens, está marcada pelo nosso modo de ver. Este, por sua vez, é condicionado pelas nossas experiências anteriores, pelos nossos conhecimentos e pelas nossas crenças. Por outro lado, o ver se distingue do olhar, que é um ver ativo, intencional, focado. Vemos e olhamos, mas somos também vistos e olhados pelos outros. Toda imagem inclui uma forma de ver e de olhar. A imagem mostra como algo ou alguém foi visto e olhado por outra pessoa ou por uma coletividade, num determinado momento do tempo e num determinado lugar do espaço. John Berger aplica essa ideia especialmente à história da pintura ocidental e à publicidade (cf. HIGUET, 2012, p. 76-81).

O pesquisador ficará atento também à relação dialética do visual e do verbal, do imagético e do textual, pois não podemos separar os dois domínios. Nenhum dos dois é apenas ilustração ou comentário do outro. As imagens são geralmente acompanhadas de textos, dependem de textos para a sua produção e sua recepção e suscitam a produção de novos textos. O inverso é também verdadeiro. Além da visão e da audição, os sentidos do tato, do paladar e do olfato têm também a sua importância própria.

Para Jean-Claude Schmitt, "a construção do espaço da imagem e a organização entre as figuras nunca são neutras: exprimem e produzem ao mesmo tempo uma classificação de valores, hierarquias, opções ideológicas" (SCHMITT, 2007, p. 34).

> A imagem não é a expressão de um significado cultural, religioso ou ideológi-co, como se este lhe fosse anterior e pudesse existir independentemente dessa expressão. Pelo contrário, é a imagem que lhe faz ser como o percebemos, con-ferindo-lhe sua estrutura, sua forma, sua eficácia social. Dito de outro modo, a análise da obra, de sua forma e de sua estrutura é indissociável do estudo de suas funções (SCHMITT, 2007, p. 42).

Schmitt resume a seguir a posição do historiador a partir de Aby Warburg:

> Na relação entre a forma e a função da imagem, encontra-se expressa a intenção do artista, do financiador e de todo o grupo social envolvido na realização da obra; nesta se inscrevem de antemão o olhar do ou dos destinatários e os usos, por exemplo, litúrgicos, da imagem. Devem ser levados em conta não somen-te o gênero da imagem, mas o lugar ao qual era destinada (bem diferente do museu ou da biblioteca onde na maior parte das vezes encontra-se hoje), sua eventual mobilidade (ela podia, p. ex., ser levada em procissão) assim como o jogo interativo dos olhares cruzados que as figuras trocam entre si no interior da imagem e com os espectadores fora da imagem (SCHMITT, 2007, p. 46).

David Morgan dedicou os seus estudos sobre a piedade visual aos olhares que as pessoas que utilizam e contemplam objetos religiosos em seus múltiplos espa-ços e significados lançam sobre eles, tentando caracterizar o *olhar sagrado* (*Sa-cred Gaze*). Quais são as práticas e os hábitos que em determinada cultura estão ligados a determinadas imagens e como é feita a interpretação dessas imagens? O ato de olhar inclui o expectador, seus olhares e suas reações físicas e gestuais, os rituais vinculados às imagens e também o contexto dessas atitudes (cultura, polí-tica, teologia, movimento de espiritualidade, religião popular etc.).

Morgan enumera seis funções principais das imagens religiosas: 1) Organiza-ção do espaço e do tempo religiosos, pelo local onde as imagens são colocadas e pelos momentos de devoção que lhe são ligados. 2) Imaginação comunitária: as imagens participam da construção da identidade das comunidades que as utilizam, assim como os livros, cânticos, danças, comidas etc., demarcando as fronteiras que as separam de outros grupos. 3) Comunicação com o divino ou transcendente: as imagens são mediações entre os humanos e o mundo sobrenatural, como receptáculos de petições humanas, sacrifícios, orações, ofertas e negociações e também como fonte de respostas vindas do além. 4) Comunhão com o divino: as imagens podem transmitir a experiência da própria presença divina, como no caso dos ícones ortodoxos. 5) Colaboração com outras formas de representação: as imagens se misturam e se inter-relacionam com outras formas de mediação: textos, música, arquitetura, liturgia, dança etc. 6, Substituição de imagens rivais e ideologias: as imagens se transformam em lugar de conflito entre ideologias e identidades, podendo provocar práticas iconoclastas (cf. LIMA & LARA, s.d.).

Gostaria de concluir essa seção com uma breve análise sócio-histórica – necessariamente parcial – do famoso mural de Leonardo da Vinci, a *Última Ceia*. Trata-se de um mural realizado *a tempera*[2] entre 1495 e 1497 para o refeitório do convento dominicano de Santa Maria delle Grazie em Milão. Atualmente, o convento é um museu, que cobra ingressos caros, e a visita precisa ser reservada com meses de antecedência. A última refeição de Jesus com os seus doze apóstolos está representada no meio de uma arquitetura muito trabalhada, que ocupa quase a metade superior da obra.

A representação da Ceia no refeitório do convento é uma antiga tradição monástica, a fim de dar um sentido religioso e paralitúrgico à refeição dos frades. Tradicionalmente, a refeição era feita em silêncio, enquanto um religioso lia um texto bíblico ou o martirológio do dia, ou ainda um trecho da crônica do convento.

Acima da Ceia, no teto do refeitório, foram pintados os brasões da família do Duque de Milão, Ludovico Sforza, dito *O Moro*, que financiou o mural. Abaixo dos brasões, há inscrições em louvor ao duque Ludovico, sua esposa Beatriz d'Este e seus filhos Massimiliano e Francesco. O duque queria transformar a igreja e o convento dominicano num conjunto monumental à glória do seu governo e da sua

---

2 Técnica inventada pelo próprio pintor: o óleo é feito a partir de pigmentos de tinta dissolvidos num adstringente, com cola ou clara de ovo. O óleo é passado sobre o muro seco coberto com duas demãos de reboco feito de gesso, piche e massa de vidraceiro. A técnica não resistiu às más condições atmosféricas e à humidade da cozinha próxima. A obra já estava deteriorada vinte anos após a sua criação, daí a necessidade de várias restaurações. Além disso, o local foi usado como estaleiro pelas tropas de Napoleão e o convento foi bombardeado durante a Segunda Guerra Mundial.

família, incluindo o mausoléu da família. No muro do refeitório oposto à Ceia, o pintor cobriu quase completamente a crucifixão de Donato di Montorfano (1495) com uma representação da família ducal em oração. Leonardo tratou diretamente com o duque, passando por cima da autoridade do prior do convento Vincenzo Bandello[3]. É que a obra está na fronteira entre a sociedade medieval e uma sociedade moderna ainda cristã, mas na qual a Igreja não é mais o único ator nas questões políticas, econômicas e culturais. Assim, a obra é, ao mesmo tempo, religiosa – pelo tema e pela localização – e profana – pelo vínculo com o poder econômico, político e cultural do príncipe.

A análise histórica inclui também a relação com os relatos da Última Ceia no Novo Testamento, com uma longa tradição textual interpretativa na liturgia, nos comentários bíblicos e tratados de teologia. Seria interessante descobrir o que Leonardo sabia dessa tradição textual. No Novo Testamento, há quatro relatos da última refeição de Jesus com os discípulos: nos três sinóticos e em Paulo. O Evangelho de João substitui a partilha do pão e do vinho por uma refeição comunitária com o lava-pés[4]. Além disso, temos o relato do anúncio da traição de Judas, nos sinóticos e em João[5]. O sinal da traição seria dado por quem colocasse a mão no prato junto com Jesus (Mt, Mc) ou na mesa (Lc), ou recebesse de Jesus um bocado de pão (Jo 13,26). No caso, Leonardo escolheu Lucas. Mencionemos também os versículos específicos de Lucas (22,15-17), nos quais Jesus manifesta a sua tristeza pela última refeição e sua esperança pelo banquete do Reino de Deus. A tradição textual dos comentários tendeu a harmonizar os relatos. É o que faz também Leonardo da Vinci, preocupado em representar a Ceia assim como foi descrita pelos Evangelhos. Ele centra a sua atenção no anúncio da traição, mas faz referência também à partilha do pão.

Os relatos do Novo Testamento já se situam a certa distância dos acontecimentos e já resultam de um trabalho interpretativo bíblico, litúrgico e teológico. Em relação ao velho testamento, há referência à libertação do Egito, já retomada liturgicamente e simbolicamente nas festas da Páscoa e das colheitas do judaísmo, e também nas refeições sabáticas. Mateus e Marcos remetem também ao sacrifício

---

3 Aliás, Leonardo desprezava e ridiculizou abertamente o prior, sugerindo que o rosto dele seria perfeito para representar o rosto feio e ignóbil de Judas.

4 Mt 26,26-29; Mc 14,22-25; Lc 22,17-20; 1Cor 11,23b-26; Jo 13,1-20.

5 Mt 26,20-25; Mc 14,17-21; Lc 22,21-22; Jo 13,21-30.

pelo perdão dos pecados (Ex 24,4-8) e Lucas fala numa Nova Aliança. O contexto neotestamentário é também litúrgico e cultual. A última refeição de Jesus não foi uma refeição pascal judaica tradicional (*seder*), mas foi reescrita pelos autores bíblicos como sendo simbolicamente uma nova refeição pascal, na qual o Cristo assumiria o papel do cordeiro sacrificado.

Todos esses elementos foram retomados por uma tradição iconográfica, já longa na época de Leonardo (desde as iluminuras dos códices bíblicos) e que se prolonga até hoje. Aliás, a Ceia de Leonardo está na origem de uma tradição própria na representação, sendo a obra mais reproduzida e imitada na arte devocional popular. Os pintores não queriam apenas contar uma estória do passado, mas mostrar o sentido universal dela para os cristãos do presente e do futuro. A estória, vivida existencialmente pelos personagens representados, se prolonga na história da humanidade. Jesus e os discípulos são figuras típicas, exemplares (do que se deve ou não fazer), enquanto indivíduos (na perspectiva renascentista) para o espectador cristão[6]. Eles mostram a situação do fiel, dividido entre a dúvida e a fé.

O espaço arquitetural muito construído, característica da tradição florentina, insere a cena no contexto da alta sociedade florentina e remete à arquitetura greco-romana, tão exaltada pela arte da Renascença. A Ceia de Leonardo é uma obra de síntese entre a estética do Renascimento italiano e as pesquisas próprias do pintor-engenheiro. Jesus e os discípulos estão sentados na mesa, olhando para os espectadores. Leonardo projeta assim as figuras num espaço teatral, fora do quadro arquitetural, questionando a verdade da perspectiva geométrica teorizada por Alberti. Ele substitui o ponto de fuga único por perspectivas múltiplas, acompanhando as posições diversas dos religiosos no refeitório. Desse modo, Jesus olha nos olhos de cada um. Isso corresponde à visão teológica de Nicolau de Cusa: o Cristo olha, com amor infinito, cada um de nós de modo pessoal. O olhar do Cristo, que organiza o espaço na obra, é uma metáfora do amor de Deus, que ordena a harmonia da criação. Apreendendo a organização espacial do mural, o espectador é conduzido ao encontro com Deus (cf. COTTIN, 2008, p. 223-236).

---

6 Contrariamente à tradição iconográfica, especialmente florentina, o discípulo amado, identificado com o Apóstolo João, não está recostado no colo ou no ombro do mestre, talvez para mostrar a distância entre o ser humano e Deus. Do mesmo modo, Judas não está mais isolado do outro lado da mesa, mas está reintegrado ao grupo. Por um esboço do pintor, que foi conservado, sabemos que Leonardo da Vinci identificou cada um dos apóstolos.

Interpretação semiótica – a religião e a imagem como linguagens e como textos

Em relação com as imagens, a semiótica, ou ciência dos signos, se pergunta como o sentido é produzido pelas imagens consideradas como signos. O signo é uma coisa que remete a outra coisa ausente, concreta ou abstrata, que a significa. Na visão de Peirce, o signo contém três elementos: o significante (a coisa que significa, no caso presente, a imagem); o objeto ou referente (o que a imagem representa); o significado ou interpretante (o que a imagem significa). A imagem representa visualmente algo para alguém.

Na relação do signo consigo mesmo, no seu modo de aparecer, o signo pode ser uma mera qualidade (quali-signo); um existente singular aqui e agora (sin-signo); ou uma lei (legi-signo). Com o quali-signo, falamos da qualidade de sentimento envolvida na consciência imediata, do olhar ingênuo diante do admirável, muito próximo do sentimento religioso sacramental ou místico. Por exemplo, olhando para o Cristo da Última Ceia, podemos ser tomados por um sentimento de comunhão com o Cristo celeste, com o mundo divino. A profundidade sugerida pela perspectiva leva às janelas, que abrem sobre o infinito. "Como sin-signo, a imagem é uma configuração de linhas e cores num suporte, e que possui um tempo e uma época precisa" (BORTOLOTTI, 2008, p. 116). Todos os elementos são singulares daquela imagem. A *Ceia* de Leonardo é um afresco renascentista, do final do século XV em Milão na Itália. É uma pintura cristã, que traz para o espectador a origem do Sacramento da Eucaristia, que ele presencia todo dia. O Cristo é representado ligando o céu e a terra. Como legi-signo, a imagem obedece a padrões de representatividade, a normas definidas por uma escola artística e pela instituição que a encomendou, no caso da Ceia, a Igreja e a Ordem Dominicana (cf. BORTOLOTTI, 2008).

Do ponto de vista do objeto ou referente, há três tipos principais de signos (correspondendo às categorias apresentadas logo acima: o quali-signo sugere os objetos possíveis; o sin-signo indica os objetos existentes; o legi-signo é o modo de representação do objeto):

1) O ícone corresponde à classe de signos que mantém uma relação de analogia qualitativa ou semelhança com o seu referente. É o caso, também, da pintura figurativa, que Panofsky estudava na iconografia. A imagem seria uma subcategoria do ícone, podendo, contudo, conter índices e símbolos. Na Ceia, há um contraste entre a mesa e os personagens do primeiro plano, em cores claras, e a sala, mais escura, salvo as janelas, que abrem sobre a terra e o céu. O quadro arquitetural, imitando a sala de um palácio, que parece bem maior graças à perspectiva, e os brasões produzem uma impressão de nobreza, grandeza e solenidade religiosa.

2) O índice – ou traço – corresponde à classe dos signos que mantém uma relação causal de contiguidade física com o que representam. Por exemplo, a fumaça é índice de fogo. Trata-se das conexões existenciais da pintura. Há indicações internas e externas à composição: de um lado, cada detalhe indica algo; do outro lado, cada traço e cor remete à cultura da época. Por exemplo, na Ceia, a posição de Jesus sugere calmo e meditação, enquanto a posição dos discípulos indica uma viva discussão. O quadro arquitetural indica a pintura renascentista.

3) O símbolo corresponde à classe dos signos que mantém uma relação de convenção com o seu referente. Por exemplo, a bandeira nacional, os sinais de trânsito, as regras da representação pictural renascentista. Podemos situar a Ceia de Leonardo numa tradição iconográfica de representação do Cristo e de representação da própria Ceia, observando semelhanças e diferenças, continuidade e ruptura. Os signos podem corresponder à totalidade ou a elementos parciais do objeto. A interpretação dos signos os remete a outros signos, e assim indefinidamente (cf. HIGUET, 2012, p. 82).

Do ponto de vista do intérprete, a imagem pode provocar diversos efeitos sobre a sua sensibilidade e sobre a sua mente. Como quali-signos, as imagens podem provocar diversos sentimentos (efeito emocional), ações (efeito energético) ou conceitos (efeito lógico), por exemplo, reforçar a consciência da importância da Eucaristia na vida cristã, da contemplação e adoração de Cristo nas espécies eucarísticas (interpretante emocional). O observador sente-se incluído no mundo sobrenatural evocado pela pintura, presencia a Última Ceia junto com Cristo e os discípulos. Aliás, é a atitude meditativa que Inácio de Loiola recomendava nos seus *Exercícios espirituais*. A imagem pode suscitar também uma reação iconoclasta ou outro tipo de ação (interpretante energético). Permite, enfim, verificar os conceitos e regras da arte cristã renascentista, do próprio Leonardo e da sua escola (interpretante lógico) (cf. BORTOLOTTI, 2008).

A semiologia das imagens estuda as imagens como textos e, no caso das imagens religiosas, como textos que remetem a outro texto, isto é, à religião como sistema de comunicação e elaboração de mensagens. Roland Barthes, por exemplo, postula que os signos a serem encontrados nas imagens têm a mesma estrutura que a do signo linguístico, proposta por Saussure: um significante ligado a um significado. As imagens aparecem então como mensagens visuais, que usam diferentes categorias – ou códigos – de signos: icônicos ou analógicos, plásticos (cores, formas, composição interna, textura), linguísticos (linguagem verbal associada à imagem). Na interpretação das imagens, trata-se de encontrar os significados a partir do lugar ocupado no código pelos significantes presentes na imagem. Muitos significantes já estão ligados ao seu significado por convenção ou hábito. Por exemplo, as regras que governam a arte pictural em determinados movimentos ou períodos: uso das cores, modos de composição, perspectiva etc. (cf. HIGUET, 2012, p. 83-84).

Conforme Gillian Rose, ao descobrir como o sentido é produzido a partir da imagem, a semiologia pode ajudar a desmascarar ideologias que encobrem as reais relações sociais, desiguais em termos de poder: classe, gênero, raça, cuidados com o corpo etc. É que os grupos dominantes procuram representar o mundo em formas que refletem os seus próprios interesses (cf. ROSE, 2007, p. 75-78). Na Ceia, o quadro arquitetural e os brasões indicam a subordinação do cristianismo aos interesses do príncipe, que aparece como o verdadeiro proprietário do convento.

Em conexão com isso, a autora oferece algumas tipologias de signos – ou códigos culturais – relacionados com a representação do ser humano:

1) Representações de corpos: idade (inocência, sabedoria, senilidade); gênero (estereótipos da masculinidade e da feminilidade, p. ex., em relação com a atividade profissional e os trabalhos domésticos); raça (estereótipos a respeito de brancos e negros); cabelo (em relação com o poder de sedução das mulheres, p. ex.); corpos desejáveis ou não (gordos ou magros, p. ex.); tamanho (superioridade dos mais altos); aparência (beleza ou feiura, especialmente feminina). Por exemplo, na Ceia, a beleza do rosto do Cristo contrasta com a feiura do rosto de Judas. A cor morena do traidor pode deixar aflorar um preconceito racial. A figura do

discípulo amado sugere juventude e feminilidade. Os cabelos cinzentos de Pedro podem indicar uma idade maior, marcando dignidade e autoridade, pois sabemos que ele será o chefe da Igreja. A figura de Jesus é maior do que a dos discípulos.

2) Representações de modos de se apresentar: expressão (felicidade, altivez, saúde etc.); contato visual (quem olha para quem, inclusive para o espectador e como); posição (em pé, sentado, deitado). Na Ceia, a posição central, frontal, sentada, imóvel e hierática do Cristo indica autoridade, altivez, transcendência. A posição dele representa o momento litúrgico, sacral da cena, enquanto os discípulos representam o momento dramático ou narrativo. O olhar do Cristo se volta para o pão e para as próprias mãos, numa atitude meditativa, talvez de tristeza em previsão da paixão e da morte, oferecendo-se aos olhares dos espectadores. Os olhares dos apóstolos se voltam para o Cristo ou para os companheiros. Nenhum deles olha na direção dos espectadores, pois eles estão tomados pelas preocupações do momento. Essa diferença sugere a distinção entre humanidade e divindade. A mesma coisa é significada pela distância física entre os discípulos e Jesus. Jesus é representado como homem e como Deus, com a cabeça no céu e os pés na terra.

3) Representações de atividades: toque (quem toca o que, com quais efeitos); movimentos corporais (atividade/passividade); comunicação posicional (organização das figuras, superioridade/inferioridade, interpelação do espectador). Os movimentos dos discípulos remetem a uma viva discussão, bem humana, enquanto o Cristo é imóvel, como ausente da cena, mas presente no seu sentido religioso. A mão direita dele indica o movimento de Judas, que se aproxima do pão, enquanto a sua mão esquerda se dirige ao significado eucarístico do pão. A mão do segundo discípulo a partir da esquerda cutuca o ombro de Pedro, para que esse pergunte a João o que Jesus quis dizer.

4) Acessórios (objetos que possuem um significado cultural particular) e cenários (p. ex., realistas ou fantásticos). Para a Ceia, já mencionamos o significado do quadro arquitetural. Judas segura a bolsa, pois é responsável pelo dinheiro do grupo e vai trair Jesus por dinheiro. Pedro segura uma faca, pois vai cortar a orelha do servidor do Sumo Sacerdote. Os objetos na mesa se referem a uma refeição frugal, como a refeição pascal. As cortinas frente às portas dos dois lados sugerem a riqueza do local. O cenário se quer realista, mas se torna irreal pela ilusão da perspectiva e pelos detalhes que significam a cultura renascentista, não a cultura

da Palestina do primeiro século. Por exemplo, não se comia sentado à mesa, mas semideitado no chão (cf. ROSE, 2007, p. 81-82).

Um dos elementos metodológicos usados pela semiologia é o princípio de permutação, já testado pela linguística. É um meio de distinguir os diferentes componentes ou unidades da imagem, substituindo cada elemento por outros que poderiam também ter sido utilizados: por exemplo, uma cor no lugar de outra, a forma realista de um rosto por uma forma estilizada, o uso ou não da perspectiva plana, as roupas das personagens, presença ou não de seres humanos, de animais, presença de um título etc. Esse exercício mental do intérprete permite a interpretação das cores, das formas, dos motivos, pelo que são, mas também e, sobretudo, pelo que não são (cf. HIGUET, 2012, p. 83-84).

Por exemplo, Leonardo dá mais destaque ao anúncio da traição, ao passo que outras representações focalizam mais a instituição da Eucaristia. Por outro lado, há uma preocupação em refletir a "verdade histórica" encontrada nos textos evangélicos. Outras ceias mostram um Cristo transfigurado, mais divino que humano. Alguns pintores, na atual contemporaneidade, para focar o sentido simbólico da cena, não hesitam em atualizar conscientemente o caráter étnico e o gênero dos personagens, ao colocar negros, índios, mulheres e crianças, e seus gestos, ao privilegiar os sinais de fraternidade[7]. O pintor alemão Ben Willekens representa a Ceia sem personagens, reduzindo o quadro à mesa sem os assentos, e às paredes, portas e janelas. Pode querer assim reforçar o sentido místico ou sugerir o fim do cristianismo. Na realidade, o pintor deixa a interpretação por conta do espectador (cf. COTTIN, 2008, p. 240-242).

Outro elemento metodológico pode ser encontrado na procura pelas funções da imagem enquanto mensagem dirigida a um destinatário. Trata-se de considerar a imagem como linguagem ou ferramenta de expressão e comunicação de um emissor com um destinatário, ou como meio de comunicação e intercessão entre o ser humano e o seu mundo. Aqui, a semiologia aplica métodos que foram elaborados para a interpretação de textos linguísticos.

Nesse sentido, Roman Jakobson elaborou um esquema de comunicação constituído por seis fatores: emissário, contexto, mensagem, contato, código, destinatário. A cada um desses fatores corresponde uma função (linguística para ele,

---

7 É o caso de Mino Cerezo Barreto, no mural *Ceia ecológica*, na Igreja de Querência, MS.

imagética para o presente estudo). Trata-se de identificar as diversas funções de uma imagem e de discernir a função principal. A função expressiva ou emotiva remete à subjetividade do emissor da mensagem. A função denotativa, ou cognitiva, ou referencial centra-se no conteúdo da mensagem, na relação com o referente. No caso da imagem a função denotativa pode estar presente na mensagem linguística constituída pelo título. A função conativa ou conotativa manifesta a implicação do destinatário na mensagem. A função fática diz respeito aos modos de se manter o contato entre o emissor e o destinatário. São os acenos que a imagem dirige ao destinatário, a partir de certos elementos formais. A análise da função metalinguística procura os códigos que foram utilizados. Enfim, a função poética organiza a própria mensagem, lhe dando certo *ritmo* ou dinâmica (cf. JOLY, 1996, p. 55-57).

Gillian Rose ressalta o interesse da distinção entre signos denotativos ou descritivos e signos conotativos. Esses carregam significados ampliados: por exemplo, uma criança conota o futuro. Os signos conotativos podem ser metonímicos (o signo é uma coisa que representa outra coisa) ou sinedóquicos (o signo é parte de outra coisa, representando essa outra coisa ou é uma totalidade representando uma parte) (cf. ROSE, 2007, p. 87). Por exemplo, o pão representa o corpo crucificado de Cristo ou a Eucaristia celebrada pelos cristãos. O pedaço de paisagem no fundo representa, ao mesmo tempo, o céu e a terra. Enquanto instrumento de intercessão entre o ser humano e o próprio mundo, a imagem pode ser meio de conhecimento e interpretação do próprio mundo, assim como pode desempenhar uma função estética, isto é, suscitar o prazer estético. Ela pode também ser intermediária entre o ser humano e o Além, o sagrado, a morte, exercendo então a função de símbolo ou de duplo (caso do ícone bizantino, instrumento de acesso ao divino ou duplo blasfematório) (cf. JOLY, 1996, p. 59-60).

A expectativa do espectador ou destinatário é também muito importante para a interpretação da imagem. Ela se relaciona com o contexto institucional de produção e interpretação da obra. A imagem nunca é uma novidade absoluta, ela apresenta uma série de elementos que correspondem às expectativas do público, a partir de sua educação, de sua cultura, de experiências anteriores mais ou menos codificadas, das convenções relativas ao gênero, à forma ou ao estilo. Do mesmo modo que a imagem remete a essas expectativas, ela pode romper com elas por meio de elementos de criação ou inovação. Desse modo, novos movimentos artísticos, por exemplo, se anunciam por meio de rupturas mais ou menos radicais com as expectativas dos públicos (cf. JOLY, 1996, p. 61-62).

Vale ressaltar que, ao contrário da história da arte, a análise semiótica não se interessa em primeiro lugar pelas intenções dos autores, mas, antes de tudo, pelas significações presentes aqui e agora, no momento da decodificação da mensagem pelo receptor, individual ou coletivo. Contudo, o contexto da emissão e da recepção da mensagem visual guarda toda a sua importância, pois os signos só têm sentido no contexto cultural da sua produção e recepção, eles nos remetem a determinados esquemas culturais, que fornecem as ferramentas para sua interpretação. Na análise semiótica, a obra de arte não é privilegiada em virtude do gênio do seu criador nem de uma pretensa *aura* própria das *obras primas*, que lhes daria uma dimensão mágica ou misteriosa (cf. JOLY, 1996, p. 62-63).

Interpretações filosóficas: antropologia, hermenêutica, fenomenologia

Depois de tratar da semiótica, método mais positivista, preocupado com uma interpretação mais objetiva, mais científica dos signos visuais, estou reunindo na terceira parte algumas metodologias mais reflexivas, que se centram na interpretação do sentido por e para um sujeito ou uma consciência – isto é, na apresentação e na mostração –, procurando trabalhar a dimensão propriamente simbólica das imagens. Para esse fim, precisamos ampliar a categoria do *simbólico*, para poder designar representações figuradas que escapam às normas lógico-formais dos signos. A forma simbólica inclui um excedente de sentido que não se esclarece graças a um simples código. Contrariamente ao signo, em geral apenas denotativo, o símbolo é conotativo ou polissêmico, pois indica uma pluralidade de sentidos. Além disso, o símbolo participa da realidade que simboliza, isto é, mantém um vínculo ontológico com ela. O símbolo tem capacidade de abrir para nós níveis de realidade – do mundo e do nosso próprio espírito – para os quais a linguagem não simbólica é inadequada (cf. TILLICH, apud HIGUET, 2012, p. 89). Mais do que um saber constituído, o sentido das imagens simbólicas é um horizonte de sentido, suscetível de uma interpretação infinita de seus múltiplos significados.

Antropologia (teoria do imaginário)

Começo com elementos de uma teoria antropológica do imaginário. Ela tem a sua origem na epistemologia transcendental de Immanuel Kant, mas é com o pós-kantiano Ernst Cassirer que a experiência empírica alcança o sentido graças às formas simbólicas transcendentais que são as imagens. Pela função simbólica, o espírito constrói um mundo objetivo dotado de sentido, primeiro passo no caminho da abstração conceitual. Como ser cultural, o ser humano encena o mundo no mito, na arte e na linguagem em geral. Essas expressões culturais são símbolos que criam, cada um, um universo de sentido – um mundo imagético – a partir de si mesmo.

Para Gaston Bachelard e Gilbert Durand, as imagens surgem a partir da vitalidade do sujeito e se estabilizam por meio de estruturas figurativas, que organizam as arborescências de imagens, permitindo assim reconhecer certa racionalidade ao imaginário. Conforme Bachelard, as imagens nascem de matrizes inconscientes ou arquétipos, que podem assumir três formas: a polaridade masculina (*Animus*) – feminina (*Anima*), que opõe a luta à reconciliação; a simbólica cosmológica dos quatro elementos (terra, água, ar e fogo); a experiência do corpo (fala, movimentos e ritmos musculares e gestuais, ritmo descontínuo da consciência temporal). Essas matrizes são base de significações potenciais, que nos permitem descobrir a riqueza do cosmos e do Ser (cf. HIGUET, 2015, p. 28-37).

No mural de Leonardo da Vinci, a polaridade masculino/feminino encontra-se na perspectiva agonista da representação dos discípulos, oposta ao sentido de paz e reconciliação presente na figura de Jesus. Por outro lado, a representação feminina de João suscita a questão da alteridade de gênero. Para Dan Brown, autor do *Código da Vinci*, seria mesmo uma mulher, Maria Madalena. Entre os elementos, destaca-se a dialética do céu (ar) e da terra, da paternidade e da maternidade. O casal divino céu/terra é um *leitmotiv* da mitologia universal (cf. DURAND, 1992, p. 262). À experiência do corpo, podemos vincular toda a gestual de Jesus e dos discípulos.

Para Durand, a sintaxe das imagens enraíza-se nos reflexos corporais, que são os esquemas estruturadores do imaginário: posturais (estação vertical); digestivos (ingestão e expulsão); sexuais (rítmica corporal). Por sua vez, a semântica simbólica habita o imaginário cultural, no qual o sujeito produtor de imagens atualiza os elementos míticos, os arquétipos e os símbolos presentes na cultura. Os símbolos são as expressões culturais concretas dos arquétipos, enquanto os mitos constituem sistemas dinâmicos de símbolos, arquétipos e esquemas, que tendem a transformar-se em narrativas.

O imaginário, enquanto *mundo* de representações, impõe às imagens uma lógica, uma estruturação que se manifesta, por exemplo, na lei dos contrários (como puro x maculado, claro x escuro, alto x baixo, luz x trevas, cume x abismo etc.). Por exemplo, encontramos no nosso mural a oposição puro (Cristo) – maculado (Judas) e a oposição alto-baixo: Jesus é mais alto, sua cabeça alcança o céu, elevação e poder são sinónimos, como no Deus altíssimo (cf. DURAND, 1992, p. 151). Há também a altura da sala, que remete a uma igreja ou basílica. A polaridade claro-escuro aparece no contraste entre a luz que ilumina a mesa com Jesus e os discípulos, com a toalha branca, e a escuridão do resto da sala, que remete ao mistério divino ou às trevas infernais. Há uma ligação indissociável entre estruturas (mentais, antropológicas), que reduzem a massa das imagens a alguns conjuntos de mesma forma, e significações simbólicas organizadas a partir de um número finito de esquemas, de arquétipos e de símbolos.

A partir da sintaxe corporal das imagens, Gilbert Durand propõe uma classificação das estruturas de composição das imagens em dois regimes: noturno e diurno, e três estruturas polarizantes: mística ou fusional (com dominante digestiva), heroica ou oposicional (com dominante postural) e cíclica ou sintética (com dominante copulativa). Na estrutura mística noturna, encontramos o arquétipo do alimento: a destruição do alimento na digestão remete a uma transubstanciação, presente também no sacramento do pão consagrado.

Na estrutura heroica diurna, encontramos a oposição entre o herói (Jesus) e o monstro (Judas). Temos a separação de Jesus em relação aos discípulos, separação ainda reforçada pelos batentes das janelas. Também a separação dos discípulos entre si, divididos em quatro grupos de três. Enfim, a separação do local em relação com o mundo exterior (simbolizado pela natureza criativa da terra e a pureza do azul-celeste). A figura retangular da sala coloca o acento simbólico nos temas de defesa da integridade interior. É um lugar de culto, um espaço sagrado. O que sacraliza antes de tudo um lugar é o seu fechamento ou clausura (o fechamento do cenáculo dentro da clausura do convento). Como todo lugar sagrado, está no centro do mundo, a figura central e vertical de Jesus representando o eixo do mundo.

A noção de espaço sagrado implica a ideia de repetição primordial (a repetição do rito), que consagra este espaço ao transfigurá-lo (cf. DURAND, 1992, p. 281-284).

Na estrutura sintética diurna, encontramos o arquétipo do andrógino, que remete à bi-unidade divina, símbolo de união, princípio de acordo e união harmoniosa. Num ambiente patriarcal, há apenas um resquício de androginia nas figuras de Jesus e João (cf. DURAND, 1992, p. 334-335). Salvo essas figuras, a presença masculina é quase exclusiva. Por outro lado, a ceia é um ritual de iniciação, que inclui o esquema agrolunar: sacrifício, morte, túmulo, ressurreição. É no poder sacramental de dominar o tempo, inclusive a morte, por uma troca vicária e propiciatória que reside a essência do sacrifício. A substituição sacrificial permite, pela repetição, a troca do passado pelo futuro, a domesticação de Kronos (DURAND, 1992, p. 357).

A partir dessas estruturas, o intérprete poderá identificar as figuras míticas dominantes num determinado momento cultural, sua tipologia e os ciclos de transformação do imaginário. Pela "mitocrítica", poderemos, por exemplo, evidenciar o mito diretor das representações renascentistas da Última Ceia e as transformações significativas operadas por Leonardo da Vinci. A "mitanálise" permite retratar a evolução das imagens dominantes nos ciclos históricos culturais, do surgimento ao declínio, na duração aproximativa de três gerações (cf. HIGUET, 2015, p, 33-37). A pintura de Leonardo da Vinci reflete os mitos renascentistas da exaltação da beleza corporal e da glorificação do herói solitário e do artista genial.

Hermenêutica das imagens simbólicas

A hermenêutica aparece como método específico de interpretação das expressões simbólicas – aplicada aqui às imagens – em relação com um esforço de compreensão subjetiva do ser humano. Para interpretar as imagens, o intérprete precisa implicar-se profundamente como sujeito no trabalho da interpretação. Isso significa que estaremos mais perto da presença/apresentação que da representação/imitação. Trata-se de reconstituir, pelo ato de contemplação, os múltiplos sentidos desnivelados e ocultos da imagem, relacionando a sua reserva polissêmica de sentido com as diversas dimensões da experiência humana, do "mundo da vida". Esses sentidos poderão ser reativados a partir da experiência própria do sujeito interpretante, em particular sua experiência de uma transcendência de sentido, de uma realidade que o ultrapassa, lhe prometendo o desvendamento do sentido da sua própria existência, a apreensão do próprio ser da vida, da totalidade do sentido.

Em virtude do círculo hermenêutico, encontraremos o ponto de partida da interpretação na pré-compreensão que nos é oferecida, não apenas por nossa experiência pessoal, mas também por nossa tradição cultural. É preciso já saber algo do sentido transcendente de uma representação para poder empreender o seu desvendamento (cf. HIGUET, 2015, p. 37-40).

Como a semiótica, a hermenêutica trata a religião, e também as imagens religiosas, como *textos*. Para serem compreendidas, as imagens não devem apenas ser referidas aos textos linguísticos que as suscitaram, as acompanham ou as interpretam, mas devem ser consideradas em si mesmas como textos. Isso é verdade tanto das imagens isoladas quanto das imagens organizadas em sequências, como os filmes ou as histórias em quadrinhos. Assim como um texto oral ou escrito, a imagem não é apenas um conjunto heteróclito de símbolos, mas ela é também uma narrativa que conta, ou melhor, torna presente uma história, mesmo se ela condensa essa história numa única cena. A representação da Ceia remete aos relatos dos evangelhos e de Paulo que mencionamos acima.

Como qualquer texto, a imagem estrutura um mundo, que poderemos chamar de *mundo da imagem*. O mundo que se estrutura na imagem é distinto do mundo do produtor, do mundo da linguagem imagética e do mundo do receptor ou espectador. A primeira tarefa da hermenêutica será deixar aflorar o mundo que a imagem desvela diante do intérprete. Num segundo momento, ele poderá perguntar-se em que medida esse mundo da imagem questiona o próprio mundo e a compreensão que ele tem de si mesmo. As imagens religiosas nos remetem à experiência do sagrado, que é uma experiência de excesso de sentido, que ultrapassa o limite da existência doadora de sentido. É o caso de imagens que pretendem evocar a experiência do *numinoso*, do *mysterium tremendum et fascinosum* (Otto), como certas imagens da transfiguração de Cristo, da Ressurreição ou do Apocalipse. A imagem da Ceia remete a um mundo humano, no qual se busca o sentido do sofrimento e da morte provocados por conflitos e traições, no qual a refeição, reforço do laço comunitário, pode ser também despedida e promessa de retorno. Tudo isso está povoando a nossa vida cotidiana.

A imagem da Ceia enseja também uma ponte entre a ambiguidade do mundo humano e a luminosidade do mundo divino. No rosto do Cristo, Leonardo quis retratar a indizível beleza de Deus. O mesmo rosto traduz a aflição e a dolorosa solidão de Cristo num momento que já o introduz na paixão: a cabeça ligeiramente inclinada, pálpebras abaixadas, braços ligeiramente afastados, mão direita tensa na direção de Judas, mão esquerda aberta, num gesto de oferta. Tem o olhar entristecido de Deus sobre a natureza humana inteira – sem ilusões a respeito da fraqueza de suas criaturas. A postura hierática de Jesus contrasta com os movimentos dos discípulos, manifestando diversas emoções: estranheza, estupor, incompreensão, indignação, conversação febril, horror. Há gestos de desconfiança, de recusa. Outros incentivam o diálogo, a partilha, o encontro, a interioridade, a abertura aos outros. O olhar do Cristo, que organiza o espaço em volta dele, é uma metáfora do amor divino, que ordena a harmonia da criação. O espectador, que apreende a organização espacial do mural, vai assim ao encontro de Deus (cf. COTTIN, 2008, p. 223-236).

Entre as narrativas religiosas – possivelmente condensadas em imagens – os mitos ocupam um lugar de destaque, pois remetem a experiências fundantes do sentido da existência humana. "O mito é uma narrativa no horizonte do sagrado que procura dar sentido e fixar ordens originárias" (JOSGRILBERG, 2012, p. 56). Assim, encontramos no mural da Última Ceia uma encenação narrativa do mito fundador do cristianismo. Nos textos evangélicos, a Ceia antecipa simbolicamente o mistério da paixão, morte e ressurreição de Jesus, tanto pelo sentido dado à ceia pelo relato da instituição quanto pelo anúncio da traição de Judas. Os relatos constituem também o mito fundador da Eucaristia, memorial e sacramento da Páscoa cristã e, pela presença dos doze junto com Jesus, o mito fundador da igreja.

Fenomenologia das imagens simbólicas

A fenomenologia, enquanto descrição pré-reflexiva das atitudes de consciência ligadas às imagens, parte da estrutura intencional da consciência, que determina o modo do sujeito se relacionar com o seu mundo e com as suas representações. Ela entende as imagens como visadas intencionais do sujeito. Assim, o sentido religioso de uma imagem simbólica só existe como resultado de uma intencionalidade crente, que estabelece a imagem como representação simbólica. A leitura dos símbolos depende mais da imaginação e do olhar que da coisa vista, da consciência que do mundo.

A fenomenologia procura, em particular, reconstituir as intenções significantes dos símbolos, dos mitos, dos ritos e das crenças que são evocados pelas imagens. Por exemplo, a intenção significante de uma narrativa mítica, que pode ser evocada por uma imagem, é de instaurar ou reativar no tempo atual – por exemplo, através de um rito – um mundo produzido por um evento fundador, num tempo antes da história, *in illo tempore* (cf. HIGUET, 2015, p. 40-44). Seria o caso de imagens religiosas colocadas em cima do altar onde são celebrados rituais, como a Eucaristia. Por exemplo, um retábulo contando em imagens episódios da vida de Cristo ou de um santo, como seria, por exemplo, a imagem da Última Ceia. No refeitório dos frades dominicanos, a Última Ceia remete à paixão de Cristo, à Eucaristia e também às refeições fraternas cotidianas dos religiosos, que recebem o seu sentido dos múltiplos símbolos ligados à Ceia de Cristo.

Podemos tentar reconstituir a intencionalidade do pintor, das personagens e do espectador, pelo menos como amostra. Contudo, não teremos acesso à sua intencionalidade mais profunda, oculta no mistério do Ser e do Não Ser. Pelo que sabemos, a intenção de Leonardo foi representar um episódio capital da vida de Cristo, no qual se encontram, em virtude do mistério da encarnação, a ação de Deus e as ações humanas. Outra intenção foi alimentar a fé dos religiosos, dando sentido sacramental às suas refeições cotidianas. O pintor quis também exaltar a glória e a beneficência do duque de Milão. Enfim, ele procurou iniciar uma maneira nova de criar na arte pictural e afirmar a autonomia da sua inspiração artística. Do lado das personagens, podemos focar, por exemplo, a sua dificuldade em entender o comportamento estranho de Jesus, dificuldade que os textos evangélicos mencionam constantemente. Um comportamento humano aparentemente banal torna-se abertura ao mistério.

Quanto à intencionalidade dos espectadores cristãos, ela visa tornar presente na sua existência a instituição da Eucaristia e o mistério da paixão, morte e ressurreição de Cristo, coração da vida cristã. Isso, tanto nos lugares de culto quanto na vida cotidiana. Inúmeras são as famílias que mantêm em seu lar uma reprodução da Última Ceia inspirada em Leonardo da Vinci. A Ceia evoca as principais realidades da revelação e da fé cristãs: encarnação, redenção, salvação.

Para Henry Corbin, as imagens de realidades sobrenaturais, suportes dos mitos e dos ritos, podem ser apreendidas como visadas intencionais da consciência. A consciência simbólica se orienta, através de uma forma visível: imagens de deuses ou representações de objetos tidos como sagrados, para uma *surrealidade* invisível. Essa consiste em manifestações imaginais indiretas do Absoluto divino, como os espaços paradisíacos, as cidades divinas, os anjos, os santos no céu, produtos de uma imaginação visionária. A descrição fenomenológica das visões resgata a visada de uma realidade *imaginal*, intermediária entre o material e o espiritual, de um terceiro mundo onde o espírito se corporaliza e os corpos se espiritualizam (*mundus imaginalis*), constituindo personificações reais (cf. HIGUET, 2015, p. 42-43). No mural de Leonardo, Cristo e os discípulos já não são mais apenas figuras terrestres, mas personificações imaginais, às quais os cristãos podem recorrer, pois são mediações entre o céu e a terra. Contemplando a Ceia, o cristão acede à presença do Deus encarnado. Para ele, Jesus está sempre voltando.

Georges Didi-Huberman chama a atenção para o fenômeno antropológico fundamental da figuração e da figurabilidade: há objetos que *fazem figura*, isto é, apresentam-se como mediação visual de algo que não está atualmente presente. No seu uso das figuras, o cristianismo desenvolveu uma verdadeira teoria da figurabilidade, da exploração de potências figurativas presentes num inconsciente do visível, de matriz cristã. Em virtude da encarnação do Verbo (Palavra) na pessoa *visível* de Jesus Cristo, invenção central do cristianismo, há convertibilidade entre formas verbais e formas visuais. A partir daí, a doutrina cristã aplicou um trabalho de superação dialética (*Aufhebung*) às categorias usuais de figura e de visibilidade. Se o Deus encarnado fosse visível, na ordem da imitação ou da representação, ele seria um ídolo. Por isso, tratou-se de sacrificar o visível ao visual. Paralelamente, a noção de Escritura Sagrada exigiu e produziu um trabalho de superação dialética do legível. Houve uma perda sacrificial em história e significação, mas houve um ganho em mistério e "significância". A exegese, que vai sempre além do sentido manifesto, visa abrir o texto a todos os ventos do sentido latente. É que, conforme Paulo (1Cor 13,12), o tempo final da redenção, quando os olhos verão o divino face a face, ainda não chegou. Por isso, precisamos das figuras, pois vemos no espelho, em enigma. A Idade Média desenvolveu a hierarquia do quádruplo sentido da Escritura (história, alegoria, tropologia, anagogia), suscitando o desejo infinito de encontrar e de ver a virtualidade figural infinita do sentido. O mistério cristão, porque inapreensível, é apenas figurável, tanto na palavra quanto na imagem. As figuras visavam a um autêntico valor de presença, sendo o sacramento eucarístico o modelo último de toda figura cristã. Na hóstia, o corpo de Cristo existe tanto como figura quanto como presença. Em vez de imitar, representar, a figura religiosa cristã se apresenta (*Darstellbarkeit, presentabilidade*).

A partir do Renascimento, privilegia-se o aspecto figurativo, a *mimesis* (imitação), a transparência representativa, a univocidade. Não se reconhece mais nas imagens de arte o trabalho de abertura, equivocidade e virtualização da Idade Média. O Renascimento quis fazer com que o visual dependesse do visível, reduzindo a dimensão exegética a uma simples narratividade iconográfica. Podemos dizer que a *Última Ceia* de Leonardo da Vinci está na fronteira entre os dois regimes, misturando o anedótico e a evocação do mistério.

Para o autor, precisamos praticar uma fenomenologia do olhar aplicada aos receptores da imagem. Precisamos voltar às condições do olhar, da apresentação e da *figurabilidade*, condições anteriores ao visível representado, isto é, voltar ao visual, ao evento da pintura que é a sua apresentação, ao figurável, ao virtual, à potência que torna possíveis constelações inteiras de sentido, ao sintoma de uma arborescência de associações e de conflitos de sentido. Na virtualização do mistério irrepresentável, a imaginação desempenha um papel decisivo, fazendo da imagem uma superfície de contemplação, de expectativa da *Visio Dei* (cf. DIDI-HUBERMAN, 2013, p. 19-64; 1990, p. 608-621).

Considerações finais

As três perspectivas metodológicas apresentadas nesta terceira parte podem desembocar em *conflitos de interpretação*, mas podem também constituir um repertório de procedimentos interpretativos das imagens, que podem ser utilizados isoladamente ou conjuntamente, de modo complementar. Elas anunciam uma superação dialética (*Aufhebung*) das metodologias de tipo mais positivista, centradas na decodificação dos signos e no resgate do contexto de produção, sem que por isso tenhamos que abandonar os estudos sócio-históricos e semióticos, que oferecem ao intérprete uma base factual imprescindível.

Assim, podemos nos interrogar a respeito da intencionalidade própria da imagem pictural, que não pretende apenas representar ou copiar, mas também concentrar, aumentar e enriquecer a realidade. Para Heidegger, a imagem desvenda o mundo sob uma nova luz, inaugurando uma nova visão das próprias coisas. Ela torna presente – não visível – o invisível e, quando é chamada de sagrada, pode deixar advir a presença do próprio Deus. Contudo, ao atestar uma presença, a imagem é também traço ou vestígio de uma ausência, pois o Ser se oculta mais do que se mostra. Merleau-Ponty reforça essa ideia, ao mostrar que a imagem pictural é apenas uma figura determinada, uma perspectiva particular sobre o ser, que não abraça o próprio Ser. Ele remete assim, de modo laicizado, ao paradigma teológico cristão da encarnação, para o qual Deus está presente e ausente, ao mesmo tempo, na natureza divino-humana do filho.

Na obra como manifestação sensível, entrecruzam-se a imanência e a transcendência, mas apenas para o sujeito que se deixa penetrar pela experiência, na qual se produz uma espécie de fusão do olhar e da coisa. A transcendência da imagem além do visível, a *deflagração do Ser* só será dada no horizonte da escuta ou da visão.

Afinal, só apresentei uma pequena parte das metodologias em uso na análise das imagens, em vista de discernir o seu sentido. No campo da semiótica, cada autor possui uma perspectiva própria, que mereceria ser destacada, por exemplo, nos casos de Umberto Eco, Júlia Kristeva, Nicholas Mirzoeff, Algirdas Julien Greimas ou Iuri Lotman, entre outros[8]. Quanto à teologia, quero destacar as obras de Jérôme Cottin, que usamos na análise do mural de Leonardo da Vinci. Gillian Rose trata, além da semiótica, da análise de conteúdo, da psicanálise, da análise do discurso[9] e da antropologia.

---

8 Para a semiótica da cultura de Iuri Lotman, aplicada à religião e às imagens religiosas, remeto a vários trabalhos de Paulo Augusto de Souza Nogueira, p. ex.: Nogueira, 2012, p. 13-30. Para as diversas semióticas, cf. Nöth, 2005.

9 Para a análise do discurso, cf. tb. os trabalhos de Dominique Maingueneau, p. ex., *Gênese do discurso*, cujo capítulo 6 contém uma análise comparativa de duas representações da aparição de Jesus aos discípulos de Emaús: de Ticiano e de Philippe de Champaigne.

Referências

ALLOA, E. "Entre a transparência e a opacidade – O que a imagem dá a pensar". In: ALLOA, E. (org.). *Pensar a imagem*. Belo Horizonte: Autêntica, 2005, p. 7-17 [Coleção Filô/Estética].

ALLOA, E. (org.). *Pensar a imagem*. Belo Horizonte: Autêntica, 2015 [Coleção Filô/Estética].

ARASSE, D. "Panofsky". In: *Encyclopaedia Universalis*. Paris: Universalis, 2016 [DVD-rom].

BERGER, J. *Modos de ver*. Rio de Janeiro: Rocco, 1999.

BOEHM, G. "Aquilo que se mostra – Sobre a diferença icônica". In: ALLOA, E. (org.). *Pensar a imagem*. Belo Horizonte: Autêntica, 2015, p. 23-38.

BORTOLOTTI, R.G. "Pressupostos para a abordagem semiótica da *imagem* religiosa". In: *Revista Brasileira de História das Religiões*, ano I, n. 1 – Dossiê Identidades Religiosas e História, 2008, p. 111-120.

BREDEKAMP, H. *Teoria do acto icônico*. Lisboa : A. Morão, 2015.

COTTIN, J. *La mystique de l'art* – Art et christianisme de 1900 à nos jours. Paris: Cerf, 2008.

DIDI-HUBERMAN, G. *Diante da imagem*. São Paulo: Ed. 34, 2013. [Coleção Trans].

_____. "Puissances de la figure – Exégèse et visualité dans l'art chrétien". In : *Symposium Universalis* – Les enjeux. Vol. I. Paris: Encyclopaedia Universalis, 1990, 608-621.

DURAND, G. *O imaginário* – Ensaio acerca das ciências e da filosofia da imagem. Rio de Janeiro: Difel, 1998.

_____. *Les structures anthropologiques de l'imaginaire*. 11. ed. Paris: Dunod, 1992. [Trad. port. *As estruturas antropológicas do imaginário*. São Paulo: Martins Fontes, 1997].

_____ *A imaginação simbólica*. Lisboa: Martins Fontes, 1986.

GOMBRICH, E.H. *História da arte*. Rio de Janeiro: LTC, 2000.

HIGUET, E.A. "Interpretação de imagens religiosas – A Via-sacra da Pampulha, de Cândido Portinari". *Plural Pluriel*, vol. 7, 2016, p. 1-15.

_____. "Imagens e imaginário: subsídios teórico-metodológicos para a interpretação das imagens simbólicas e religiosas". In: NOGUEIRA, P.A.S. (org.). *Religião e linguagem* – Abordagens teóricas e interdisciplinares. São Paulo: Paulus, 2015, p. 15-62.

_____. "A representação do Cristo no expressionismo alemão". *Observatório da Religião*, vol. 1, 2014, p. 76-91.

_____. "Interpretação das imagens na teologia e nas Ciências da Religião". In: NOGUEI-RA, P.A.S. (org.). *Linguagens da religião* – Desafios, métodos e conceitos centrais. São Paulo: Paulinas, 2012, p. 69-106.

_____. "A crucifixão de Matthias Grünewald à luz de uma teologia protestante da imagem". *Correlatio*, vol. 8, n. 16, 2009, p. 74-94.

JOLY, M. *Introdução à análise da imagem.* Campinas: Papirus, 1996.

JOSGRILBERG, R.S. "Hermenêutica fenomenológica e a tematização do sagrado". In: NOGUEIRA, P.A.S. (org.). *Linguagens da religião*: desafios, métodos e conceitos centrais. São Paulo: Paulinas, 2012, p. 31-67.

KNAUSS, P. "O desafio de fazer história com imagens". *ArtCultura*, vol. 8, n. 12, 2006, p. 97-115.

LIMA, A.O. & LARA, V.L. "Introdução ao estudo da cultura visual religiosa". *História agora* – Revista de história do tempo presente, dossiê 12, [s.d.], p. 204-220.

MENESES, U.T.B. "Fontes visuais, cultura visual, história visual: balanço provisório, propostas cautelares". *Revista Brasileira de História*, vol. 25, n. 45, 2003, p. 11-36.

MIRZOEFF, N. (ed.). *The Visual Culture Reader.* Londres/Nova York: Routledge, 1998.

MITCHELL, W.J.T. *Iconology*: image, text, ideology. Chicago: University of Chicago Press, 1997.

MORGAN, D. *The Sacred Gaze*: Religious Visual Culture in Theory and Practice. Berkeley: University of California Press, 2005.

_____. *Visual Piety*. A History and Theory of Popular Religious Images. Berkeley: University of California Press, 2005.

MOXEY, K. "Visual Studies and the iconic Turn". *Journal of Visual Culture*, vol. 7, 2008, p. 131-146.

NOGUEIRA, P.A.S. "Religião como texto: contribuições da semiótica da cultura". In: NO-GUEIRA, P.A.S. (org.). *Linguagens da religião*: desafios, métodos e conceitos centrais. São Paulo: Paulinas, 2012, p. 13-31.

NÖTH, W. *A semiótica no século XX.* 3. ed. São Paulo: Annablume: 2005.

PANOFSKY, E. *Significado nas artes visuais.* 4. ed. São Paulo: Perspectiva, 2014 [Coleção Debates, n. 99].

ROSE, G. *Visual Methodologies* – An Introduction to the Interpretation of Visual Materials. 2. ed. Londres: Sage, 2007.

SANTAELLA, L. *O que é semiótica.* São Paulo: Brasiliense, 1983 [Coleção Primeiros Passos].

SCHMITT, J.-C. *O corpo das imagens* – Ensaios sobre a cultura visual na Idade Média. Bauru: Edusc, 2007.

TILLICH, P. *On Art and Architecture*. Nova York: Crossroad, 1987 [Ed. John e Jane Dillenberger].

WUNENBURGER, J.-J. *O imaginário*. São Paulo: Loyola, 2007.

_____. *La vie des images*. Grenoble: Presses Universitaires de Grenoble, 2002.

_____. *Philosophie des images*. Paris: PUF, 1997.

Anexo – figura

[Disponível em http://www.magariblu.com/wp-content/uploads/2012/11/cenacolo.jpg [Acesso em 05/04/2017].

Dicas de livros e artigos

Livros

1) DIDI-HUBERMAN, G. *Diante da imagem*. São Paulo: Ed. 34, 2013 [Coleção Trans].

O autor procura renovar a crítica do conhecimento próprio às imagens. O ato de ver se desdobra entre representação e apresentação, entre símbolo e sintoma, determinismo e *sobredeterminação* e, sobretudo, entre a noção habitual do visível e uma noção renovada do *visual* como *figurabilidade*. Perspectiva fenomenológica que vai além da iconografia tradicional, inspirada no modo de figuração cristã medieval.

2) MORGAN, D. *The Sacred Gaze:* Religious Visual Culture in Theory and Practice. Berkeley: University of California Press, 2005.

Boa introdução ao estudo da cultura visual religiosa. David Morgan dedicou os seus estudos sobre a piedade visual aos olhares que as pessoas que utilizam e contemplam objetos religiosos em seus múltiplos espaços e significados lançam sobre eles. Como é feita a interpretação das imagens ligadas a determinadas práticas em determinada cultura?

3) ROSE, G. *Visual Methodologies* – An Introduction to the Interpretation of Visual Materials. 4. ed. Londres: Sage, 2016.

Um dos melhores manuais de estudo e análise das imagens, novamente atualizado em 2016. Contempla as múltiplas facetas do estudo: interpretação composicional, análise de conteúdo, semiologia, psicanálise, análise do discurso, estudos de recepção, métodos digitais, imagens como objetos de pesquisa e como meios de divulgação da pesquisa, questões éticas. Contém exercícios didáticos.

Artigos

1) MOXEY, K. "Visual Studies and the iconic Turn". *Journal of Visual Culture*, vol. 7, 2008, p. 131-146 [Acesso pelo portal Capes].

Panorama dos estudos de cultura visual das últimas décadas anteriores à sua publicação. Mostra o deslocamento do eixo dos estudos, passando da representação/imitação para a presença/mostração.

2) NOGUEIRA, P.A.S. "Religião e linguagem: proposta de articulação de um campo complexo". *Horizonte*, vol. 14, n. 42, abr.-jun./2016, p. 240-261.

Esse artigo propõe uma articulação para a nova área de estudos que se convencionou chamar de Linguagens da Religião, por meio de uma abordagem semiótica e cognitiva da temática. A imagem aparece como um dos três sistemas semióticos fundamentais da religião, articulados entre si: o gesto, a imagem e a narrativa.

3) MENESES, U.T.B. "Fontes visuais, cultura visual: história visual. balanço provisório, propostas cautelares". *Revista Brasileira de História*, vol. 25, n. 45, 2003, p. 11-36.

Pretende introduzir a um tratamento abrangente da visualidade como uma dimensão importante da vida social e dos processos sociais. Resume as contribuições da História da Arte, da Antropologia Visual, da Sociologia Visual e dos Estudos de Cultura Visual que propõe algumas premissas para a consolidação de uma História Visual.

6

Estudo de caso aplicado à religião: entre louvores, corpos, intersubjetividades

Emerson Sena da Silveira
(Universidade Federal de Juiz de Fora)

Por onde começar?

Compreender um fenômeno religioso é um trajeto que, em contextos contemporâneos, dificilmente é único, uniforme e definitivo; ao contrário, trata-se de um percurso plural, multiforme e provisório. Especialmente em pesquisas qualitativas com estudos de caso, o caminho e o caminhar são cheios de percalços e demandam algumas habilidades fundamentais: capacidade de adaptação e autocrítica, sensibilidade metodológica, honestidade intelectual, disposição para a disciplina do trabalho e da leitura crítica, entre outras.

Gostaria de imprimir duas direções a este texto: a primeira, biográfico-retrospectiva, pois, como lembra a fenomenologia cultural[1], a dimensão da experiência é fundamental ao processo do conhecimento e compreensão; a segunda, acadêmico-científica, tecendo reflexões sobre a metodologia de estudo de caso com observação participante, bem como sobre os problemas e as soluções surgidas e,

---

1 A ideia de uma fenomenologia cultural, fundamentalmente diversa da filosofia fenomenológica de Edmund Husserl, é desenvolvida pelo antropólogo norte-americano Thomas Csordas (1994) em seu estudo sobre as práticas de cura no movimento carismático.

por fim, sobre os estudos que realizei dos (e com) os carismáticos-católicos. Ao final, proponho um roteiro com oito passos essenciais para a elaboração de um estudo de caso com observação participante, trazendo um conjunto de referências bibliográficas fundamentais que forneceram *insights*, abalaram convicções e mudaram minhas opiniões durante a longa jornada de estudos com os católicos carismáticos – iniciada durante a graduação em Ciências Sociais (1990-1994), mestrado e doutorado em Ciência da Religião (1998-2000 e 2002-2006), pós-doutorados (2008 e 2016), e que ainda segue, com outras intensidades e temáticas (SILVEIRA, 2009, 2014).

O "pesquisador da religião" e o "nativo": uma primeira aproximação

Não obstante o crescimento das pesquisas em Ciências ou Estudos da Religião, a literatura mais recente ainda não sistematizou as contribuições metodológicas do campo, nem o sentido mais didático do termo, algo almejado por esta obra, nem no sentido discursivo-epistêmico, empreendendo as necessárias discussões teórico-metodológicas. Por outro lado, as vertiginosas transformações das estruturas socioculturais, econômicas, políticas, em conjugação com os fenômenos religiosos, as religiões e as espiritualidades, impõem desafios enormes ao discurso da ciência e ao discurso dos atores religiosos na medida em que as situações de múltipla pertença religiosa, política ou cultural são cada vez mais comuns.

O enfrentamento dos desafios da pesquisa nos Estudos da Religião ou na Ciência da Religião – entendida como ciência ou como área interdisciplinar para a qual confluem as ciências que estudam a religião (história, psicologia, sociologia, antropologia) ou, então, como um *corpus* científico dotado de unicidade – exige múltiplas metodologias, ainda mais quando estamos falando de estudos de caso, combinadas à uma cuidadosa análise e à crítica contextualizada das linguagens e dos discursos usados pelos religiosos e por seus estudiosos.

> As discussões sobre métodos e metodologias são raras na Ciência da Religião, seja no Brasil, seja no exterior, seja nas revistas acadêmicas, congressos, livros, textos [...]. Nisso a Ciência da Religião distingue-se de uma maneira até vergonhosa das outras Ciências Humanas e sociais (ENGLER; STAUSBERG, 2013, p. 63).

No campo da Ciência da Religião, defendo que o politeísmo-pluralismo metodológico é condição sem a qual não é possível compreender e explicar a religião ou as religiões com a densidade necessária que os contextos contemporâneos demandam. E isso exige uma ideia clara acerca das relações de concorrência, complementaridade, tensão e oposição entre métodos e teorias. É contraproducente que se adote uma perspectiva exclusiva: é fundamental combinar estudos sincrônicos e diacrônicos, uma perspectiva morfológica com uma perspectiva histórica. No entanto, é necessário que, ao mesmo tempo, todas as escolhas metodológicas sejam bem-elaboradas e refletidas.

A maior parte das centenas de alunas(os) que inicia, anualmente, sua jornada acadêmico-científica de pesquisas (mestrado e doutorado), nos mais de 12 programas de pós-graduação em Ciência(s) da(s) Religião(ões) no Brasil, sem mencionar os mais de 8 programas de pós-graduação em Teologia, mantém ou manteve laços existenciais e/ou institucionais com os muitos universos religiosos – cristão (católico e evangélico, em suas diversidades internas), afro-brasileiros, orientais, *new age*, kardecistas, novos movimentos religiosos, Santo Daime e muito outros, também diversos internamente. Há que se mencionar, também, os cursos de graduação em Ciências da Religião e os de Teologia. Para se ter uma pequena ideia da amplitude desse público, segundo dados do Inep, em 2012, os cursos de religião e teologia, em nível de graduação, chegavam a 111, com 13.134 matrículas, concentradas, ainda, no setor privado, embora com boa participação do setor público.

Nesse quadro hermenêutico, a compreensão é um movimento em direção ao outro/alteridade, que é a religião num processo de vaivéns entre o "sujeito" da compreensão (a(o) pesquisadora(o) que deseja estudar o "objeto") e o "objeto" (a realidade/fenômeno/caso/evento religioso/espiritual/sagrado que se busca compreender). Coloquei entre aspas os termos da equação metodológica fundamental, sujeito e objeto, porque, a partir da hermenêutica contemporânea[2], as ciências

---

2 A hermenêutica é um grande movimento da filosofia que, a partir de seu solo original (a antiga exegese bíblica), desenvolveu-se ao longo do tempo; sobretudo a partir dos séculos XVIII-XIX e XX, ela se espraiou para as mais diversas áreas do conhecimento, inspirando reflexões de antropólogos como Clifford Geertz (2001), referência fundamental nos estudos e pesquisas de religião, Hans-Georg Gadamer, Paul Ricouer, Jürgen Habermas e outros grandes pensadores. Este texto é inspirado, em parte, nas pesquisas que desenvolvi em 2016 junto ao Programa de Pós-Graduação em Ciências da Religião da Universidade do Estado do Pará (Uepa), cujo projeto se intitulava: "Ciências da Religião, Hermenêutica e Religiões: pontes, diálogos, tensões e interlocuções".

humanas em geral e as Ciências da Religião em particular, mantêm, entre si, uma relação específica. Ambos, sujeito e objeto, compartilham simultaneamente um estatuto ontológico universal, a humanidade; mas também compartilham diferenças e contextos históricos, sociais e culturais, devendo, portanto, ser pensados mais como instâncias intersubjetivas – plenas de desejos, continuidades, descontinuidade, tensões e disputas, produtores de ideias e pensamentos – e menos como realidades naturais e objetivas, monolíticas e completas.

Não se trata de tornar-se nativo, mas de *estar com* os nativos, um processo de compreender-se enquanto um com o nativo (GEERTZ, 2001). Todavia, a relação entre nativo e pesquisador é complexa, acidentada e requer uma sensibilidade que transcenda a mera aplicação formal de métodos e técnicas, embora o conhecimento especializado em múltiplas metodologias seja indispensável.

É necessário comentar, mesmo que brevemente, as expressões "nativo", "perspectiva nativa", "teoria/ideia/expressão nativas" ou, ainda, *insider perspective*. Um dos nascedouros do termo "nativo" no campo das ciências sociais da religião é a metodologia empregada pela antropologia interpretativa, representada por Clifford Geertz (2001, 2008). "Nativo" refere-se a todos aqueles que vivem uma realidade religiosa, sendo conaturais, imersos nela, não estando preocupados em cultivar distância social, cultural e epistemológica que possibilite desenvolver olhares críticos sobre si mesmo. O "não nativo", ou ainda a *outsider perspective*, é tudo aquilo e aquele que está "fora" de uma realidade, transitando por ela. Geertz (2001), fazendo um balanço crítico de suas reflexões, chegou a dizer que todos somos/estamos "nativos". Em outras palavras, todos somos "nativos" de alguma realidade e, portanto, estamos mergulhados em uma (e por uma) *insider perspective*; todos podemos, portanto, nos colocar fora de alguma realidade, ou seja, nos banharmos em uma (e por uma) *outsider perspective*.

A intersecção entre o dentro e o fora é o que nos permite pensar de outras formas a vida social. O jogo entre *insider* e *outsider perspective* é o que permite compreender as posições, ideias, discursos e práticas do "nativo" e do "não nativo", bem como o ponto em que elas convergem e divergem. Em linhas gerais, só é possível compreender o "dentro" (o familiar, a realidade tida como natural) a partir de deslocamentos (vivências, leituras, experiências e pesquisas) para "fora", e vice-versa. Aqui, coloca-se, de imediato, um problema: É condição inarredável viver uma religião ou a religião de um "nativo" para alcançar a compreensão efetiva de seu mundo e de sua "natividade"? Pode-se falar em perspectivas "externo-sociológicas" (conceitos e quantidades) ou "interno-antropológicas" (vivências e qualidades), as quais não devem ser submetidas a hierarquias de valor, impondo superioridades entre esses distintos modos de conhecer uma realidade.

De fato, há tensões entre os modos de conhecimento, o do nativo e o do pesquisador; todavia, é possível desenvolver entendimentos sobre tais, não sendo obrigatória uma experiência religiosa da religião do nativo para sua compreensão. Mas, atenção: conhecer o mundo sagrado de um outro grupo implica algum tipo de compartilhamento, maior ou menor, de situações, espaços, comidas, ambientes, leituras, visões de mundo, estruturas, rituais, modos de ser e de viver. Em determinadas situações, o acesso a certos dados, produções, artefatos, rituais, relatos orais, textos escritos e vivências de uma religião só é possível quando o pesquisador está dentro também da mesma realidade religiosa, quando, por exemplo, é iniciado, convertido ou participante ativo. Isso coloca alguns dilemas aos que pesquisam o objeto religião desde tal perspectiva, a do *insider-believer* (RODRIGUES, 2016)[3].

Entre esses dilemas, encontra-se a instrumentalização dos resultados da pesquisa pelos nativos. Isso nos remete ao fato de que o conhecimento científico pode ser apropriado e usado para diversos fins, bons e ruins. De toda forma, o impacto da atuação do(a) pesquisador(a) junto ao grupo é irremediável, e intensifica-se quando o contato se aprofunda. O(a) pesquisador(a) deverá mensurar essas dimensões, caso contrário poderá provocar reações adversas, rejeições e outros problemas.

Ademais, viver e não viver uma experiência religiosa com a finalidade de alcançar uma perspectiva compreensivo-explicativa qualitativa é um direito, e não uma obrigação epistemológica, assim como manter ou não vínculos pessoais com os grupos religiosos ou com uma religião. Mas, qualquer que seja a escolha metodológica, é preciso ultrapassar o conceito de representação clássico, porque o mesmo exige a ideia de correspondência entre o real e o conceito e, portanto, uma realidade mais verdadeira/autêntica e absoluta do que outra. É necessário nos basearmos na ideia de perspectivas múltiplas, que elide a ideia de verdade-autenticidade absoluta, remetendo, isso sim, a verdades e autenticidades relativas

---

3 Sobre isso, um importante antropólogo britânico, Raymond Firth, escreveu: "lo objetivo de la antropología social de la religión como campo de investigación consiste en observaciones personales, pero, también conlleva una auténtica participación en las prácticas religiosas de las personas estudiadas y el análisis sistemático y junto a ellas de sus creencias religiosas" (apud MORRIS, 2009, p. 17).

aos contextos e possibilidades abertas na interação entre a(o)s pesquisadora(o)s e os nativos.

Segundo Camurça (2008), a incomensurabilidade do domínio do sagrado e do espiritual, objeto das Ciências da Religião que vai de encontro à pretensão de relatividade e construção social das ciências sociais da religião, evoca uma tensão insolúvel, mas enriquecedora, um embate constante entre o desencantamento (tomar distância em relação ao fenômeno, saber criticá-lo) e o encantamento (a proximidade amistosa com o fenômeno, saber apreciá-lo).

Durante as leituras de mestrado e doutorado, foram muito úteis para mim, dentro dessa perspectiva da dinamicidade do contato pesquisador-nativo, três textos fundamentais de Clifford Geertz, publicados na década de 1970, intitulados: *Um jogo absorvente: notas sobre a briga de galos balinesa*, *Uma descrição densa: por uma teoria interpretativa da cultura* e *A religião como sistema cultural*, todos publicados no Brasil em uma coletânea (GEERTZ, 2008). Esses textos seminais apresentam os problemas que podem surgir quando, estando entre os nativos, o(a) pesquisador(a) não desfruta de sua aceitação ou obtém uma aceitação formal, fria – e, como, por um imprevisto, essa relação se altera profundamente. Elaboram, também, a noção de cultura como texto, passível, portanto, de uma hermenêutica metódica. Além disso, desenvolvem a ideia de uma interpretação simbólica da religião que, embora criticada, é um ponto de partida mais equilibrado entre a *insider* e a *outsider perspective*.

Todavia, os quadros impensados das experiências vivenciais podem se tornar sério entrave para uma metodologia qualitativa rigorosa, devendo, por isso, serem bem equacionados, em especial quando pesquisadores, marcados por intensas militâncias religiosas, lançam-se aos estudos e pesquisas – ou seja, quando pesquisadores que, com militância e questionamentos interno-subjetivos em suas militâncias religiosas, sentem-se chamados à pesquisa e ao estudo de um tema religioso. Essa questão vale também para pesquisadores marcados por outros engajamentos vivenciais, subjetivos ou institucionais – por exemplo, os que militam ou militaram em movimentos negros, feministas, políticos e outros (CAMURÇA, 2001).

Os sentimentos advindos dessa militância podem trazer armadilhas aos que desejam pesquisar com seriedade. O que se faz, então? Jogar fora tudo o que se viveu e o que se vive? É impossível desfazer-se do vivido e do vivente; no entanto, é possível trazer tudo para reflexão e objetivar, isto é, tomar distância, pensar o "objeto" por outras perspectivas. E como se faz isso? Ora, buscando diferentes leituras sobre o "objeto", ampliando-as, aprofundando a autorreflexão e a autocrítica. Os quadros da experiência anterior, inscrita no corpo, no olhar e na mente, produzem distorções perceptivas do "objeto" em duas direções: na primeira, há um excesso otimista e uma boa vontade, o que deixa passar pontos cegos, falhas, dúvidas, tensões explícitas e implícitas, contradições, coisas ditas e não ditas presentes no universo com o qual há identificação; na segunda, há um excesso pessimista e uma má vontade, que podem levar à recusa de outras formas de compreensão, menosprezando experiências nativo-subjetivas, reduzindo-as a rótulos ou caricaturas. As distorções da boa e má vontade são precedidas por uma defesa cega e apaixonada do "objeto" que se deseja investigar, ou de um acerto de contas ranzinza e mal-humorado (CAMURÇA, 2001).

Quando a carga de leituras acadêmico-científicas aumenta, quando a participação em discussões com professores, orientador, colegas e o contato intenso com as metodologias se intensifica, é que pesquisadores se dão conta dos exigentes esforços para lidar melhor com a dialética sujeito-objeto no estudo da religião. Entretanto, discutir as implicações da experiência do pesquisador no processo de conhecimento requer um ambiente propício ao diálogo franco e aberto, interlocutores dispostos a ouvir, além de bons mecanismos de discussão. Ao expor suas vivências, pesquisadores precisam da autocrítica e da avaliação crítica da comunidade acadêmica, do contrário podem ficar presos a um testemunho positivo ou ao duro acerto de contas, não avançando rumo a uma compreensão inteligente do "objeto".

Nesse sentido, gostaria de avançar discutindo três modelos fundamentais da abordagem metodológica, de modo a avaliar sua pertinência no estudo de caso com observação participante[4].

O primeiro modelo, a valorização da neutralidade e da observação desde o exterior, é uma posição defendida pelo positivismo e que elege, como essenciais ao método científico, a neutralidade e a objetividade, passíveis de serem obtidas por procedimentos controlados e rigorosos, com o uso de ferramentas quantitativas,

---

4 Os modelos estão mais explicados no texto de Pires (2012), o qual tomo aqui como base para minha explanação.

empíricas e estatístico-matemáticas (PIRES, 2012). Esse olhar privilegia as relações causais, mensuradas a partir do que se denomina de "variáveis", desenvolvendo modelos abstratos de explicação (PIRES, 2012). A atual posição metodológica defende que não é possível neutralidade e objetividade absolutas no estudo dos fatos humanos, sociais ou religiosos. Por outro lado, a busca pela maior neutralidade e objetividade possíveis, embora sejam provisórias e relativas, são legítimas como horizontes a serem perseguidos nas pesquisas.

O segundo, a valorização da neutralidade e da observação a partir do "interior", é uma posição defendida por Max Weber (PIRES, 2012). Esse modelo reconhece que a neutralidade e a objetividade são valores importantes, mas, ao mesmo tempo, reconhece que as sensibilidades, os significados e sentidos, inclusive do pesquisador, não podem ser isolados em um laboratório; eles podem, isso sim, ser controlados, discutidos e refletidos (PIRES, 2012). Esse segundo modelo funda-se no horizonte fundamental de controle e de vigilância epistemológicas que reconhecem como elementos naturais o senso comum, as prenoções e as estruturas anteriores da compreensão. O modelo, aliás, sem deixar de buscar a neutralidade e objetividade possíveis e relativas a cada contexto e situação, privilegia os dados qualitativos, as estruturas de afinidade e as de interpretação, bem como as intenções e subjetividades inscritas nas ações e relações humanas em sociedade.

Já o terceiro modelo, a valorização da prenoção e da visão a partir de baixo (no sentido da estrutura social), é derivado de uma leitura marxista das ideias hegelianas, dando primazia a um caminho aparentemente paradoxal do conhecimento: um olhar que assume, de partida, uma prenoção e um pertencimento específico, já que os "interesses sociais influenciam na objetividade dos sujeitos" (PIRES, 2012, p. 74).

Segundo esse modelo, a quantidade de interesses, explícitos ou implícitos, nos quais estamos enredados podem atrapalhar a busca das verdades sobre os "objetos". O argumento marxista é o de que "as condições concretas de vida de um grupo determinam sua maneira de compreender e ver o mundo social" (PIRES, 2012, p. 75). Segundo Pires (2012), é útil traçar uma analogia com a dialética senhor-escravo de Hegel. O olhar do "senhor", condicionado por suas condições materiais, despoja outros modos de ser, viver – no caso, a vida do escravo.

Um olhar, o de cima, está interessado em manter o *status quo*, dissimulando as verdades para justificar a opressão; o outro, o de baixo, devido aos temores e ao exigente trabalho da situação de escravidão, predispõe-se a ver por ângulos imprevistos, inusitados, buscando uma transformação social; e é através desse olhar que se deveria ver o mundo (PIRES, 2012). Esse modelo metodológico pretende desestabilizar o condicionamento social/material no qual estamos imersos, isto é, o meio "natural" em que vivemos sem nos darmos conta de suas profundas implicações sociais e políticas (PIRES, 2012).

Entretanto, esse modelo epistemológico fracassou parcialmente, porque supunha que os outros modos de ver, que não os ligados aos olhares de baixo, eram pura ideologia, alienados e não podiam acessar a verdade, devendo ser combatidos e denunciados como falsos ou mentirosos (PIRES, 2012). Idealizou-se, nessa medida, o olhar de baixo ou do escravo como pura expressão da verdade, uma expressão maior; combinou-se um olhar de baixo, transformado em uma realidade objetiva e natural, com o olhar do exterior, advindo do positivismo, com muito gosto por números e quantidades (PIRES, 2012). Não se concebeu, no entanto, o olhar de baixo como portador de distorções e distrações, tal qual o olhar de cima.

Em outras palavras, as dinâmicas de dominação, violência e imposições podem se dar no interior de grupos subalterno-periféricos, contaminando o olhar compreensivo; por outro lado, as dinâmicas compreensivas não estão interditadas aos grupos e indivíduos de grupos sociais não subalternos, podendo esses desenvolver conhecimentos válidos. Após os anos de 1970, segundo informa Pires (2012), as perspectivas epistemológicas dos estudos feministas (*feminist standpoint*) retomaram o olhar de baixo, no caso da dominação homem-mulher, e o olhar do segundo modelo, superando a falsa dicotomia ideologia/falsidade e ciência/autenticidade, e investindo na interpretação e na produção de diversos olhares (PIRES, 2012).

Defendo o argumento de que, nas Ciências da Religião, pode-se combinar os três olhares: o exterior/objetivista do primeiro modelo, o interior/subjetivista do segundo modelo e o de baixo, do terceiro modelo, para aumentar a capacidade de compreensão dos problemas e fenômenos. Por isso, em relação aos problemas trazidos pelos vínculos existenciais, objetivos e institucionais com o universo religioso, Pierucci (1997, 1999) desfere uma forte crítica ao risco do jogo duplo que muitos pesquisadores podem incorrer quando trabalham temáticas ligadas à religião, qual seja: assumirem-se enquanto cientistas e, ao mesmo tempo, assumirem-se religiosos ou sensíveis ao sagrado. Diante das comunidades religiosas, alguns pesquisadores, que podem ter posições institucionais em igrejas e grupos religiosos, apresentam-se como autoridades científicas, chancelando vozes e interpretações "nativas", reprimindo ou desqualificando outras vozes nativo-subalternas, emprestando cientificidade a algumas, exercendo o poder de conceituar, de definir e de pautar discussões.

Diante das comunidades acadêmico-científicas, alguns pesquisadores apresentam-se como a voz nativa autêntica, um porta-voz confiável do mundo da religião, uma autoridade nascida da experiência do sagrado, a princípio incomensurável e inalienável. Camurça (2001) diz que tal problema de legitimidade não é exclusivo das Ciências da Religião, mas estende-se por todas as ciências sociais quando essas se debruçam sobre seus grupos desde uma metodologia engajada com trabalho de campo.

Para Bourdieu (1990), a saída metodológica desse impasse seria a objetivação das crenças e dos engajamentos subjetivos ou institucional com o universo religioso. Trata-se de um esforço trabalhoso, mas necessário para que os pesquisadores não sejam desonestos consigo mesmos, com a comunidade acadêmica e com as comunidades "nativas". Tendo em mente a autocrítica constante, combinando, por exemplo, os três modelos metodológicos acima descritos, o pesquisador pode alcançar maior equilíbrio, tomando suas experiências como deflagrador de ideias e hipóteses, que serão submetidas ao rigor das regras acadêmico-científicas, evitando-se, assim, desvios e interferências obscuras durante a investigação.

Georg Simmel (1979) usa uma bela metáfora nesse sentido, a do estrangeiro, para demostrar a busca da objetividade. Elementos opostos definem o estrangeiro, elementos integrativos e de oposição. O estrangeiro é aceito pelos nativos, torna-se um elemento de dentro, mas sua posição interna não coextensiva, ou seja, não imanente ao grupo, implica exterioridade. Por outro lado, sendo um elemento de fora, enquanto oponente potencial que "não está lá [no grupo] apenas para dizer 'amém' [...]. A função (auto)crítica indispensável ao pensamento científico" encontra aí uma forma de exprimir-se (PIRES, 2012, p. 82). Assim, "a despeito desse elemento frio, o estrangeiro é também um amigo e um aliado preocupado com o grupo" (PIRES, 2012, p. 82).

O esforço de objetivação combina o olhar de dentro e o de fora, o olhar de baixo (o pobre) e solidariedade (o amigo, o aliado). Exige-se, primeiramente, "vinculação e interesse pelo grupo; em seguida, distância em relação aos particularismos do grupo ou, pelo menos, a algumas particularidades" (PIRES, 2012, p. 82). Estar vinculado e interessado, ou seja, não ser neutro, não implica "pôr-se a reboque do grupo ou aceitar tudo a partir de um ponto de vista determinado" (PIRES, 2012, p. 83).

Vivi os impasses desses três modelos nas pesquisas que empreendi ao longo de minha vida acadêmica, experimentando várias perspectivas e procurando problematizar, progressivamente, minhas inserções, prenoções e vivências – e fazendo delas alavancas para *insights*, posteriormente aperfeiçoados. Nossas biografias e vivências influenciam, direta ou indiretamente, tudo que fazemos em pesquisas. Os traços biográficos dos pesquisadores que têm afinidade religiosa com os universos que pretendem estudar devem ser bem trabalhados nos estudos de religião.

De "nativo" a pesquisador: reflexão, biografia e crítica

Convivi com sentimentos religiosos católicos durante um bom tempo. Fui batizado, fiz primeira comunhão; porém, ao mesmo tempo, e às vezes intermitentemente, eu me enriqueci com experiências práticas e leituras (sobretudo de livros religiosos e acadêmicos) pentecostais, umbandistas, kardecistas, *new age* e esotéricas.

Durante a infância, impressionou-me um catolicismo popular-devocional, marcado pela sisudez do dogma proclamado pelas batinas sacerdotais nos altares, mas tolerante, sincrético, assinalando uma grande cinestesia religiosa: procissões, com longas filas lado a lado, beatas recitando o terço, serpenteando por entre as ruas, ao som das matracas e com andores, nichos em que as estátuas de santos e santas são fixas, ornados de muitas cores (roxo, verde, vermelho, branco) e salpicados de odores de manjericão, alecrim, cipreste, tomilho. Trata-se de uma cinestesia muito intensa em liturgias como as da Semana Santa (SILVEIRA, 2004). As velas, imagens, ladainhas e terços vieram pelas mãos da mãe e dos tios, órfãos maternos durante a infância na região de Barbacena (Minas Gerais), apegados aos símbolos religiosos católicos, mas com piscadelas direcionadas à outros universos espirituais.

Por outro lado, a desconfiança em relação às batinas clericais e aos símbolos religiosos em geral, e católicos em particular, vieram pelas atitudes irreverentes e debochadas de meu pai, ex-aluno de um rígido colégio interno na cidade de Manhuaçu, MG, crítico e bem-humorado em relação às atuações religiosas. Uma vez ou outra, uma palavra mais forte do pai ou do tio quebrava a gravidade religiosa com uma sonora gargalhada, lembrando fatos, lapsos, distrações, histórias, citando elementos da Idade Média e dos aprendizados do cotidiano vividos por eles. Em momentos de raiva, meu tio acenava ao demônio, ao que minha mãe respondia com sinais da cruz feitos várias vezes nos tradicionais pontos – cabeça, peito e ombros. Lembro que em uma ladainha rezada em família por ocasião das festividades marianas de maio e entoada por minha mãe, dizia-se: "bata e a porta se abrirá", e meu tio, endireitando a cabeça, olhando para o lado, prontamente respondeu, "pode entrar!"

Aqui, penso ser necessário um pequeno parêntese para fazer uma distinção entre o que o senso comum pensa que é o dogma (rigidez, intolerância) e um significado mais aberto e amplo sobre ele. Nessa última acepção, numa perspectiva acadêmica, o dogma seria um ponto da doutrina, isto é, um conjunto de normas, crenças e ideias fundamentais que são consideradas corretas e verdadeiras pelos crentes das mais diversas religiões. Nesse sentido, toda religião possui uma dogmática.

Por outro lado, esbocei essas imagens da sisudez do dogma e da tolerância tendo em vista o catolicismo que vivi, algo que se constituiu a partir da oposição entre as diversidades das vivências católicas que tive, algumas alegres, outras monótonas, rígidas. Lembro-me, por exemplo, de uma vez, quando fui à missa, levado por minha mãe, mas muito contrariado; manifestei minha insatisfação de forma audível. Havia ali, perto do banco, algumas beatas com seus véus rendados negros. Uma beata, rosário em mãos, ouviu o que eu disse, tomou-me pela mão, rosto hirto, postou-me no meio do corredor – a igreja estava cheia –, apontou-me a cruz com Cristo crucificado e ralhou, deixando-me com uma sensação de pavor. Mas, também lembro, um pouco antes de me graduar em Ciências Sociais, do prazer de participar da Pastoral do Menor, contando histórias e vendo os sorrisos de crianças desvalidas.

Muitas vezes, achamos que o familiar é igual e homogêneo; mas se olharmos bem, enxergaremos diferenças e, mais ainda, diferenças nas diferenças – ou, incorrendo em um pleonasmo ainda maior, diferentes diferenças que mudam ao longo do tempo e do espaço quando recontextualizadas, em um processo contínuo, mas, ao mesmo tempo, perpassado pela permanência dos mitos, das grandes narrativas, dos livros sagrados, dos valores fundamentais que estruturam a visão de mundo de um grupo religioso (no caso, o catolicismo).

Minhas experiências pessoais ecoavam também um mundo católico em transformação, marcado pela tensão entre movimentos novos e antigos, entre os dilemas da Modernidade e os da tradição. Comunidades eclesiais de base, teologia da libertação, devoções populares, movimentos conservadores como a TFP (Tradição, Família e Propriedade), os carismáticos-católicos, grupos neoconservadores, as pastorais sociais (criança, terra, menor, índios) e as comuns (batismo, dízimo, liturgia), entre outros aspectos, escancararam a diversidade e a pluralidade de tendências internas ao catolicismo (TEIXEIRA, 2005).

No catolicismo, a pluralidade interna visível é simultânea ao processo de perda de fiéis para outras religiões: 90%, em 1980; 83,3%, em 1991; 73,8%, em 2000; 64,6%, em 2010. Ao longo do tempo em que fiz a graduação, ficava claro um ponto fundamental da atual mudança do panorama religioso, em especial o católico: a crise da transmissão de valores, símbolos, crenças e ideias católicas entre as gerações (HERVIEU-LÉGER, 2008). Em termos específicos, entre 2000 e 2010, houve 12,2% de redução de católicos, em contraste com o grande crescimento dos evangélicos, algo em torno de 44,1%, constituindo-se, por sua vez, um universo religioso cheio de especificidades. Esse universo em mutação é atravessado por muitas combinações entre raça, educação, renda, gênero, espaço público, política, estética etc. Por exemplo, no Censo de 2010, o maior número de pessoas que se diziam brancas foi verificado entre os espíritas (68,7%); mas, entre os umbandistas e candomblecistas, os que se assumiram como negros somaram 21,1%, sendo, simultaneamente, a maior proporção de pessoas dessa cor em um grupo religioso.

Eu participei, primeiro como católico e depois como pesquisador, desse amplo processo de mudanças – ainda em andamento –, dotado de nuanças regionais, urbanas, culturais e geográfico-demográficas. Da graduação em diante, leituras e autocríticas foram, e são, a minha argamassa metodológica. A primeira questão sobre métodos de estudo e a questão do rigor científico surgiu das leituras dos livros de Karl Popper (1989) sobre a conduta científica: a necessidade de refutação e de falsificação dos postulados teóricos. Para o filósofo, os sistemas modernos de pensamento que não conseguem refutar ou falsificar seus principais postulados – ou seja, que não conseguem provar em que condições suas respectivas teorias são válidas e legítimas e em que condições as pressuposições teóricas possuem falhas e limites, sendo, por isso mesmo, passíveis de novas hipóteses, investigações e pesquisas – são sistemas similares ao mito e à religião, sistemas não científicos da mesma ordem da literatura, da poesia e que não podem ser avaliados por conceitos como falso ou verdadeiro, no sentido tradicional-acadêmico.

Ainda durante a graduação, me deparei com dois livros de metodologia fundamentais, aos quais recorri sempre que possível: *A aventura sociológica: objetividade, paixão, improviso e método na pesquisa social*, de Nunes (1978), e *A aventura antropológica: teoria e pesquisa*, de Cardoso (1986). Realço, nesses dois livros, alguns textos de destaque: *O ofício de etnólogo, ou como ter* Anthropological Blues (DA MATTA, 1978), *Teoria e prática do trabalho de campo: alguns problemas* (ZALUAR, 1986) e *Observando o familiar* (VELHO, 1978). Foi a partir das reflexões provocadas por esses textos que apresentei o pré-projeto ao programa de mestrado, posteriormente aprovado, e depois desenvolvido até o exame de qualificação – que, no meu caso, consistiu na defesa do projeto – e que, depois de executado, tornou-se minha dissertação de mestrado[5].

Uma das passagens textuais que me fez pensar sobre o trabalho de campo veio de uma observação de Velho[6], em que ele diz: "o que sempre vemos e encontramos pode ser familiar, mas não é necessariamente conhecido, e o que não vemos e encontramos pode ser exótico, mas, até certo ponto, conhecido", pois "estamos sempre pressupondo familiaridades e exotismos como fontes de conhecimento ou desconhecimento, respectivamente" (VELHO, 1978, p. 39).

---

5 Vale notar que, em algumas universidades, a qualificação engloba, além do projeto de pesquisa, uma parte da dissertação. O tempo entre a admissão ao programa de pós-graduação e a qualificação é essencial. Nesse sentido, defendo o modelo em que a aluna ou o aluno apresenta, após alguns meses, um projeto, que será submetido ao crivo e análise de uma banca (orientador mais um professor), tendo, assim, a chance de ser aperfeiçoado. Com isso, a pesquisa poderá ser melhor empreendida, a partir das sugestões e críticas da banca.

6 Antropólogo carioca, já falecido, Gilberto Velho (1978) fez críticas pertinentes às metodologias comumente usadas nas pesquisas de campo e nas etnográficas. Sendo de classe média alta carioca, desenvolveu estudos sobre drogas e cotidiano entre homens e mulheres de classe média alta e urbana do Rio de Janeiro e de outras cidades.

Em outras palavras:

> A "realidade" [familiar ou exótica] sempre é filtrada por um determinado ponto de vista do observador, ela é percebida de maneira diferenciada. Mais uma vez não estou proclamando a falência do rigor científico [...], mas a necessidade de percebê-lo enquanto objetividade relativa, mais ou menos ideológica e sempre interpretativa. Este movimento de relativizar as noções de distância e objetividade, se de um lado nos torna mais modestos quanto à construção do conhecimento, por outro lado permite-nos observar o familiar sem paranoias sobre a impossibilidade de resultados imparciais, neutros (VELHO, 1978, p. 43).

Nessa medida, o processo de estranhar o familiar

> [...] torna-se possível quando somos capazes de enfrentar intelectualmente e [...] emocionalmente diferentes versões e interpretações a respeito dos fatos, situações. O estudo de conflitos, disputas, acusações, momentos de descontinuidade em geral, é particularmente útil [...] (DA MATTA, 1978, p. 26).

Essa perspectiva nos permite traçar mais contornos sociais e simbólicos dos temas, mundos e objetos que pesquisamos, para além daqueles que estamos acostumados. O processo de estranhamento deve, nesse sentido, ser realizado também com a literatura acadêmica produzida sobre o tema ou "objeto" – especialmente para evitar a superdeterminação, ou seja, é preciso problematizar as camadas de significados construídos sobre o "objeto" a partir das intepretações de outros especialistas, algo que faz com que o "objeto" passe a ser visto como algo natural, banalizando ideias, conceitos e categorias. Trata-se, aqui, de um certo douto-senso, o senso comum dos doutores. A banalização dessas camadas teóricas de compreensão deve ser descontruída, ou seja, deve-se empreender um exercício de estranhar textos e conceitos acadêmicos acumulados sobre os "objetos", parte do processo de pesquisa.

Por isso, preocupou-me o rigor dos métodos quando li os textos de Pierucci (1997, 1999). Nesse momento, uma dúvida insistente rondou minhas pesquisas: Teria eu "objetivado" minha experiência de campo e refletido sobre as interferências das subjetividades, a minha e a de outros? A pergunta me acossou, e procurei respondê-la da melhor maneira, realizando os rigores metodológicos possíveis. Durante o doutorado fiz autorreflexões importantes sobre essas experiências com os carismáticos, ao longo de muitas leituras, discussões e sugestões recebidas do orientador, de colegas e de professores. Com isso, escrevi o texto da introdução da tese e as demais partes constituintes do trabalho, em primeira pessoa, fruto do amadurecimento e do aprofundamento das metodologias qualitativas.

Uma proposta e uma hermenêutica: as bases metodológicas do estudo de caso

Com base nas reflexões anteriores, proponho um quadro geral das fases de um estudo de caso, estruturado de forma mais didática e hipotética:

Quadro – Fases do estudo de caso

Primeira	Segunda	Terceira
Teórico-intelectual	*Escolha do caso*	*Estudo do caso*
• Leituras teóricas gerais sobre o tema da pesquisa, em especial sobre pesquisas desenvolvidas e estudos de caso já realizados por outros pesquisadores, que, de preferência, sejam do mesmo assunto ou tema de pesquisa ou, caso não haja esses estudos, com temáticas próximas.	• Início do contato com a realidade a ser estudada (ir a campo, reunir documentos ou literatura), com uma mudança drástica a partir do contato com os elementos religiosos que estavam descritos nos livros, nas teorias, nas pesquisas de campo de outros pesquisadores.	• O caso é delimitado (contornos e limites esclarecidos), com a formulação de perguntas, objetivos, método; para um bom desenvolvimento da pesquisa, aplicam-se os procedimentos metodológicos, que podem ser qualitativos, quantitativos ou quali-quantitativos.
• Importância das leituras, fichamentos e anotações, bem como das resenhas e rascunhos.	• Comparação entre as leituras feitas e as realidades vividas.	• Entre as técnicas mais usadas estão as entrevistas (abertas e profundas), histórias de vida, análise de documentos, aplicação de questionários, etnografia, análise de discurso, análise documental e outras.

O quadro é amplo, pois um estudo de caso pode ser o estudo de um fenômeno/fato empírico, que ocorre no que chamamos "campo", ou então o estudo de um conjunto de documentos, uma literatura específica, entre outros.

Antes de continuar, creio ser necessário falar sobre a origem dos estudos de caso e seus tipos, fornecendo uma noção básica para o tema. Para Chizzotti (2006), o estudo de caso, como modalidade de pesquisa, tem origem nas análises antropológicos de Malinowski[7] e na Escola de Chicago[8], sendo que seu uso foi

---

7 Bronisław Kasper Malinowski (Cracóvia, 7 de abril de 1884 – New Haven, 16 de maio de 1942), antropólogo britânico, nascido na Polônia, é considerado um dos expoentes mais importantes do método etnográfico clássico.

8 A Escola Sociológica de Chicago surgiu nos Estados Unidos, na década de 1910, por iniciativa de sociólogos americanos que integravam o corpo docente do Departamento de Sociologia da Univer-

ampliado para o estudo de eventos, processos, organizações, grupos e comunidades. A difusão dessa metodologia está ligada à prática médica e psicoterapêutica (reconstrução da história do indivíduo) e ao trabalho dos assistentes sociais junto a indivíduos, grupos e comunidades. O estudo de caso, adotado na investigação de fenômenos das mais diversas áreas do conhecimento, pode ser visto como caso clínico, técnica psicoterápica, metodologia didática ou modalidade de pesquisa.

Feita essa apresentação, retorno às minhas experiências de pesquisa para exemplificar o quadro há pouco descrito. A escolha do tema de minhas pesquisas, a Renovação Carismática Católica[9], teve duas gêneses simultâneas: as experiências religiosas vividas, com as cargas de conflito e dúvida, e as experiências acadêmicas de graduação em Ciências Sociais, mestrado e doutorado em Ciência da Religião[10]. Essas duas instâncias, bem como as leituras e experiências, alimentaram-se mutuamente. Vou dar dois exemplos práticos que podem explicitar as dinâmicas das fases do estudo de caso.

O primeiro deles está relacionado à primeira fase, a das explorações teóricas. Ao entrar para o mestrado em Ciência da Religião, aprofundei o contato que tinha desde os finais da graduação com a literatura acadêmica sobre o movimento carismático católico. A partir disso, me deparei com textos que, a princípio, me incomodaram. Com as suas leituras, combinadas com a leitura de outros textos, comecei a construir dúvidas e questões que, posteriormente, se transformaram em questões da pesquisa, problematizando a Renovação Carismática Católica. Os textos que provocaram coceiras intelectuais[11] foram dois livros, lidos durante a especialização e o mestrado. Um deles, publicado em 1978, é tido como um dos

---

sidade de Chicago, fundado pelo historiador e sociólogo Albion Small. Com a formação da Escola de Chicago, inaugura-se um novo campo de pesquisa sociológica, centrada em metodologias qualitativas, com destaque para etnografias, pesquisas participantes e estudos de caso rigorosamente delimitados e exemplares, mas com grande expressão hermenêutica. O foco de estudo era, sobretudo, o mundo urbano em suas mais diversas facetas.

9 Sucintamente, a Renovação Carismática Católica é um movimento de conotação pentecostal, nascido em universidades norte-americanas, em 1966/1967, e que se expandiu de forma explosiva pelo mundo católico. Chegou ao Brasil em 1969/1970; depois, cresceu enormemente e sofreu mudanças. O movimento consiste basicamente em um grupo majoritário de católicos que se reúnem semanalmente, em templos ou outros lugares, para ler trechos bíblicos, orar, dançar, cantar e viver os dons carismáticos – orar em línguas, profetizar, orar pela cura de doenças e de emoções, orar por milagres, sempre com muita emotividade.

10 Essas experiências acadêmicas foram realizadas na Universidade Federal de Juiz de Fora, MG.

11 Coçar, estimular, provocar, contrariar: uma boa leitura realça o sentido metafórico e analógico desses verbos.

primeiros estudos sistemáticos sobre a Renovação Carismática Católica (RCC). Os principais autores eram Pedro Ribeiro de Oliveira e Leonardo Boff, sociólogo e teólogo, respectivamente, muito conceituados, ligados à Teologia da Libertação e às Comunidades Eclesiais de Base. O outro livro é fruto de pesquisas sobre os carismáticos católicos coordenadas por Reginaldo Prandi (1997), sociólogo da Universidade de São Paulo (USP)[12]. Por outro lado, essa literatura criou certo consenso acadêmico que compreendia o movimento carismático como conservador [no sentido religioso, social e moral], restrito à classe alta/média, reativo ao avanço pentecostal, continuidade do catolicismo romano e de suas tradições, alienador da consciência política e, por fim, como um produto intimista e individualista criado, deliberadamente, para concorrer/competir no mercado religioso contra os pentecostais (para fora da Igreja Católica) e contra as Comunidades Eclesiais de Base (para dentro da Igreja Católica).

Incomodavam-me essas leituras sobre o movimento carismático, algumas delas feitas por Boff e Oliveira (1978, p. 61 e 190-191), apontando-o como um produto de exportação, nascido nos Estados Unidos, em classes abastadas, e tendo saído do "império" para a periferia, tornando-se uma "erva daninha" que poderia matar uma síntese original entre fé e vida que teria nascido no Brasil:

> A RCC, como se depreende da análise sociológica, não apenas não se insere na estratégia pastoral global, mas pode significar um *instrumento inibidor* e um *freio à missão libertadora da Igreja* em termos de *transformação da sociedade*. [...] Nosso receio alcança mais longe: tememos que se a RCC chegar às comunidades de base, onde se ensaia uma *síntese verdadeiramente original entre fé e vida, salvação em Jesus Cristo* com processo de libertação integral [...] caberá aos Pastores vigiar pela *pureza* das respostas evangélicas às *intimidações* que nos vêm da *realidade* [grifos do autor].

Tais análises relacionavam um julgamento de valor [severa e radical], uma instância subjetiva, pessoal, livre e legítima, a uma avaliação científico-acadêmica, instância mais reflexiva, rigorosa. No entanto, essa relação permanecia sem autocrítica e, ao mesmo tempo, reduzia a realidade a termos dicotômicos (transformação social *versus* alienação social; pureza *versus* não pureza), impróprios para uma boa análise acadêmica. A relação entre a metodologia, o posicionamento e

---

12 O livro de Oliveira (1978) utilizou métodos sociológicos de pesquisa, com técnicas de aplicação de questionários. O livro de Prandi (1997), por sua vez, utilizou a chamada observação participante e entrevistas.

os traços biográficos dos investigadores, as análises sociológico-antropológicas e teológicas feitas, bem como os julgamentos de valor, não foram problematizadas devidamente, mas pressupostas, apresentadas como fato natural e seguindo apenas um vetor. Nesses casos, há sempre um problema metodológico: o dos vieses sem contrapontos, com poucas perspectivas.

Pouco depois, surgiram estudos que evidenciavam novas perspectivas sobre o carismatismo, tais como as revisões bibliográfico-teóricas de Cecília Mariz (2003), o estudo de caso de Carlos Steil (2004) e as instigantes investigações de Marcelo Camurça (2009). Esses propuseram, respectivamente, que os carismáticos formavam uma igreja (um modo de ser) dentro da própria Igreja Católica e uma "porta giratória" de entrada e saída do catolicismo. Surgem, nesse ínterim, pesquisas comparativas, como a de Mariz e Melo (2007), que identificaram similaridades entre experiências vividas por membros das "Comunidades de Vida no Espírito Santo", surgidas em grupos de oração da Renovação Carismática Católica, e por membros de comunidades organizadas por praticantes de religiosidades do estilo *New Age*, ou Nova Era, ligados aos movimentos Hare Krishna, Osho e Santo Daime. Quais seriam, então, essas similaridades? Ora, a insatisfação com o modelo de família, sexualidade e vida contemporâneas, bem como com as regras morais e as relações de gênero que expressam essas insatisfações, na medida em que se contrapõem fortemente às regras dominantes na sociedade mais ampla[13]. Tendo isso em vista, o discurso do autêntico e do ideológico, o discurso dos portadores da verdade *versus* os outros (alienados, falsos, não autênticos) é problemático e improdutivo para as metodologias de estudo de caso no campo dos estudos de religião. Faço um pequeno parêntese, nesse sentido: é preciso ler os textos sem a "cabeça cheia", ou seja, lê-los sem pretexto. Há uma grande tentação em ler livros e artigos buscando confirmar nossas ideias, hipóteses e emoções. Ler o texto como provocação e como contrariedade às nossas ideias comuns arraigadas é um importante passo para a boa pesquisa.

---

13 É possível citar o premiado estudo de Machado (1996) sobre a adesão religiosa na esfera familiar e o estudo comparativo com os pentecostais (MACHADO & MARIZ, 1994), assim como um estudo de Steil (1999) que, embora esteja centrado na Teologia da Libertação, faz algumas comparações com os carismáticos. Camurça (1998) tem um texto muito interessante sobre as contaminações entre o catolicismo e a nova era. Por outro lado, um dos pioneiros em estudos comparativos entre correntes religiosas é Cândido Camargo (1973), sociólogo muito relevante e um dos pioneiros nos estudos de religião no Brasil.

Pesquisando a literatura especializada e indo a campo, notei a maciça participação laica, particularmente de mulheres, nas lideranças e atividades do movimento. O afeto, a espontaneidade (que no fundo é fabricada por uma repetição ritual), o toque, a corporeidade, a escolha feita pelo indivíduo, são centrais. Trata-se de experiências que a estrutura racional e burocrática da Igreja sempre olhou com profunda desconfiança. Na prática, o gerenciamento dos conflitos, entre a hierarquia e o movimento carismático, levou a Santa Sé a "normatizar" o movimento, num interessante jogo entre o poder da Igreja local e a Cúria Episcopal, padres e leigos, entre bispos e padres, entre movimentos e pastorais, ora aliando-se ora concorrendo – ou ainda convergindo entre si. Há documentos e pesquisas que mostram essas tendências, divergências, confrontos e diferenciações internas ("Bispos...", 1994a, 1994b; CNBB, 1994). O fato é que toda essa dinâmica influenciou, inclusive, na mudança do nome, já que na década de 1970 a RCC era chamada de pentecostalismo católico (LAURENTIN, 1976).

O ponto alto das minhas coceiras teóricas, advindas das leituras sobretudo, foi a leitura de textos com outras abordagens, como do antropólogo norte-americano Thomas Csordas (1983, 1994), nos quais as experiências carismáticas eram perspectivadas de forma diversa das clássicas metodologias sociológicas, propondo uma nova chave de interpretação que incorporava contribuições de filósofos e sociólogos, como Merleau-Ponty e Pierre Bourdieu.

Os modos de ser carismáticos definiam fenomenologias culturais específicas que combinavam elementos da tradição católica (grande narrativa) a elementos contextuais-regionais-locais e pessoais (pequenas narrativas). A produção de identidade católico-carismática era mais complexa, com traços políticos, estéticos, sociais, míticos, modernos, tradicionais e pós-modernos. Essas leituras de estímulo continuaram ao longo do doutorado e do pós-doutorado (CSORDAS, 1994). Outras leituras despertavam-me para aspectos de continuidades e descontinuidades com outros movimentos e com as diversas formas de entender a moral e a sexualidade, bem como a inserção do movimento em camadas populares (FERNANDES, 1996; IULIANELLI, 1997). As leituras comparativas entre os carismáticos e outros movimentos, em especial os pentecostais, eram bastante estimulantes (MACHADO, 1996).

A experiência vivida e a observação do campo, combinadas aos estudos e leituras, diziam-me coisas diferentes e diversas, algumas das quais chocavam-se com as ideias e hipóteses defendidas por boa parte das pesquisas que então se faziam sobre carismático-católicos. Por exemplo, eu conhecia e frequentava grupos de oração em áreas pobres e marginalizadas, carismático-católicos negros e negras, com empregos simples, com pouca educação escolar-formal, embora com grande sensibilidade humana e sabedoria existencial (SILVEIRA, 2000, 2006). Assim, por exemplo, no texto do sociólogo paulista Reginaldo Prandi (1997, p. 111-120), que vai ao encontro das teses gerais de Oliveira (1978), encontrei um relato de experiências que apontava para outros sentidos e significados que não os de um conservadorismo social e religioso. A experiência relatada ocorreu em São Paulo, Bairro Morro Doce, extremo-oeste. Nesse bairro, há uma comunidade, reduto da então Igreja progressista (Teologia da Libertação). Segundo Prandi (1997, p. 112), Genoveva, uma líder comunitária, viúva, leiga, participante da pastoral da moradia, ministra da Eucaristia, carismática por convicção, trouxe o movimento dos carismáticos

> [...] que se reconhecendo como missionária deixou a família, espírita, e se mudou de um bairro de gente rica para a periferia carente, num "sopro do Espírito mandado pelo Senhor Jesus". Genoveva, após afastar-se da Igreja por desavenças com o padre da matriz da Freguesia do Ó, paróquia onde exercia forte liderança, conheceu a RCC num encontro de jovens coordenado pelo Padre Jonas Abib, um dos mais importantes líderes carismáticos, e teve sua vida transformada, segundo ela. Compreendeu que devia pedir perdão ao padre da matriz, voltar para a Igreja, mas manter-se "teimosa" na fé, desta vez como "renovada".

Eu também enxergava essas e outras questões (SILVEIRA, 2000, 2006). Simultaneamente, amparado nas leituras de Max Weber (1991), que dizia que as teorias não esgotam as realidades históricas-sociais-humanas (sempre infindas em suas estruturas, manifestações, combinações e trajetórias, que não são predeterminadas, teleológicas), pois há muitas outras perspectivas a partir das quais a análise pode ser feita, procurei lacunas, contradições e não ditos na própria bibliografia acadêmica. Divergindo das questões e hipóteses propostas pela literatura acadêmico-científica, trouxe comigo outras leituras do fenômeno e propus algumas perguntas: Seria o movimento carismático católico apenas um conservadorismo e uma reação ao avanço pentecostal, ou seria uma "conspiração" contra a teologia da libertação? (ORO, 1996; CARRANZA, 1998). Não há boa pesquisa sem uma boa pergunta e uma desbanalização do senso estabelecido.

Constituindo o ponto de partida para realizar o estudo de caso, ou estudos de casos, escolhi um grupo de oração e suas práticas em Juiz de Fora, Minas Gerais. Tendo em vista tudo que vivi, bem como as leituras empreendidas, ponderei:

> Na opção construída pelos grupos de oração, como são chamadas as reuniões semanais em que se lê a Bíblia, na vertente carismática do catolicismo, invoca-se o Espírito Santo, ora-se pela cura e dança-se; o que representa um contraste com outras opções católicas, como aquela construída pela piedade popular das novenas ou aquela construída pelas reuniões de conscientização das Cebs. Nas últimas, [...] luta-se por um conceito, chamado de cidadania ou dos "direitos sociais". Nas opções populares, confia-se no Bom Jesus e demais santos e santas que curam. Entre os dois, as fronteiras são palpáveis. O movimento carismático busca uma composição simultânea entre a modernidade e a tradição [...]. Partindo desses pressupostos, na dissertação de mestrado, entrevistei e acompanhei os grupos de oração de Juiz de Fora, as trajetórias dos seus membros e sua maneira de expressar [...]. Ali já apontava para as mudanças em relação ao catolicismo tradicional, quando a ênfase na culpa, no sofrimento, na condenação e no Deus-Juiz, cede lugar à celebração, à alegria, ao corpo que louva e canta, ao Deus-Amor, à salvação como cura. Apesar das dimensões do sofrimento e do sacrifício integrarem a subjetividade do adepto deste movimento, o otimismo e a fruição do bem-estar superam e ressignificam esse sofrimento, ocorrendo um dispositivo ("o comando da felicidade") (SILVEIRA, 2006, p. 9)[14].

Depois, aprofundei-me em outras leituras e autores, dentre eles Mircea Eliade (1979) e Lévi-Strauss (1972), fundamentais para entender a noção de mito, narrativa mitológica e temporalidade. Isso me ensejou o desenvolvimento de novas abordagens sobre os carismático-católicos[15]. Formulei, então, a ideia de que o movimento carismático não é simplesmente uma estratégia para o "mercado religioso", mas, também, uma confluência tensa entre a tradição católica e a modernidade cultural[16] (SILVEIRA, 2000). Em outras palavras, "deflagra-se um impasse: Adesão individualizada ou proeminência da instituição? Emoção ou racionalidade institucional? Libertação e salvação social ou interior? Mercantilização da fé ou *performance* ritual do credo?" (SILVEIRA, 2000, p. VI). Ao assumir certa identidade religiosa, os carismáticos o fazem como escolha, a partir de meios moder-

---

14 Essa parte é a introdução da tese de doutorado que defendi junto ao Programa de Pós-Graduação em Ciência da Religião, na Universidade Federal de Juiz de Fora, no ano de 2006.

15 Como são muitos os livros e textos estudados no decorrer de minhas pesquisas (as referências da tese de doutorado possuem cerca de 20 páginas), limitar-me-ei aos citados aqui neste texto.

16 Entre os estudos que corroboram essa tese, cito o de Júlia Miranda (1999).

nos, como a comunicação de massa e eletrônica, o individualismo etc., tornando, com efeito, a tradição (uma tradição reconstruída ou justificada) um fenômeno pós-tradicional.

Durante as pesquisas de mestrado, doutorado e pós-doutorado, muitas as vezes me deparei com situações de fronteiras porosas, com muitos sentidos e significados, divergentes em relação a um certo consenso acadêmico sobre os carismáticos. Simultaneamente, aprofundando as leituras no doutorado e pós-doutorado, li um grande pesquisador, o antropólogo Pierre Sanchis, que, ao analisar o catolicismo, afirmou que "há religiões demais nesta religião" (SANCHIS, 1992, p. 33). Na ótica de outro pesquisador, o catolicismo demonstraria uma imensa capacidade de adaptação e ajustamento às novas situações: "Quando observada de perto, vemos como ela se abre e se permite diversificar, de modo a oferecer, em seu interior, quase todos os estilos de crença e de prática da fé existentes também fora do catolicismo" (BRANDÃO, 2004, p. 282).

Consultando antigos cadernos de campo, reencontro o exemplo de uma senhora, negra, dona de casa, com dois filhos adultos, falando de suas experiências carismáticas: "Eu fui à igreja de crente, e lá foi revelado pra mim que Deus tinha um plano pra que ficasse dentro da católica pra dar uma renovada. Aí que conheci os carismáticos, gostei e fiquei aqui". Ou quando, em uma festa junina promovida pelo grupo de oração que pesquisava, ouvi, de um casal carismático, coordenadores de grupo, manifestarem discordância pessoal, à meia-voz, das orientações morais dadas em relação ao uso de anticoncepcionais, e afirmaram que faziam uso dos mesmos. Alguns estudos mostraram um crescimento de tendências conservadoras no movimento, em detrimento das tendências místicas e pentecostais – uma moral anterior ao Concílio Vaticano II tem sido elevada à condição de salvação e cura.

Nos discursos carismáticos oficiais de suas lideranças, por exemplo, camisinha e anticoncepcional são apresentados como soldados do demônio (SILVEIRA, 2004). Os decotes e o sexo antes do casamento são apresentados como armas diabólicas, assim como outras igrejas e religiões, sucursais do inferno. As vozes do pecado aparecem sob um novo tom e volume: místicas, a clamarem êxtase, ao negarem, por meio de uma ascese intensa, o pecado.

Em outra situação de pesquisa, durante o doutorado, ouvi, em uma roda de conversa de músicos carismático-católicos, em um grande evento ao qual compareci para pesquisar, que "Lutero devia estar no inferno, queimando por ter dividido a Igreja santa e una". Algo que me incomodou, pois pensei nas palavras de Paulo VI no Concílio Vaticano II, quando tinha em mente o ecumenismo e usava uma metáfora, a da pepita de ouro que se divide em duas: nenhum dos dois pedaços deixa de ser valioso, deixa de ser ouro.

Nada é tão maniqueísta, tão endurecido, tão certo que não possa ser colocado em dúvida ou (re)descrito em outras palavras, sob outras luzes, mais produtivas em termos epistemológicos. A polifonia existe no interior dos movimentos, mesmo que, aparentemente, homogêneos e sólidos; é preciso saber ouvi-la, dar-lhe créditos, pois somente assim a compreensão pode avançar e progredir, não no sentido positivista do termo, mas num sentido de ampliação das perspectivas enriquecedoras.

Nesse sentido, o estudo de caso com a vivência em campo e as observações que realizei permitiu-me identificar muitas fenomenologias no movimento carismático católico. Procurei, então, organizá-las em categorias: a da catolicidade – narrativas fechadas da identidade – e a da não catolicidade – narrativas abertas. Encontrei crenças e práticas confirmativas dos dogmas durante os trabalhos de campo, como, por exemplo, a ênfase no culto mariano (reza do terço) e no culto aos santos (recuperação de antigas devoções e a produção de novas), mas também registrei práticas heterodoxas, como a cura entre gerações (a ideia de que há doenças, físicas e outras, transmitidas geneticamente e que poderiam ser curadas por meio de orações), a ênfase em glossolalias, profecias, práticas de cura e outras (SILVEIRA, 2000, 2006, 2009). Entre as duas categorias, percebi uma relação complexa, diversa, devido também às múltiplas origens e aos desenvolvimentos do movimento carismático na Igreja Católica, num jogo entre a independência e autoafirmação e a subordinação e dependência:

> Em sua construção social, o movimento carismático articula a conquista da Modernidade: a opção pessoal do sujeito; a bandeira da Pós-modernidade: emoção como critério de veracidade, e o cânone da tradição: segurança ontológica da doutrina. Afeto e corpo são valorizados como códigos de releitura dos dogmas e mitos cristãos. Tal codificação sustenta-se na "gramática" da ritualidade que estaria na vivência fundamental do movimento: os grupos de oração (SILVEIRA, 2000, p. VI).

Apesar de ser um movimento nascido em ambiente universitário católico norte-americano, houve intenso contato com estudantes e outras pessoas protestantes e pentecostais, fazendo juntos uma experiência, tal como nos relata uma das iniciadoras do movimento nos Estados Unidos, entre 1966-1967 (MANSFIELD, 1995). No Brasil, isso deixa de ocorrer, deixa de aparecer nos documentos oficiais do movimento, e emergem outros relatos que minimizam, escondem, ocultam ou dão ênfase a outras coisas, sinais, eventos etc. (SILVEIRA, 2014).

O segundo exemplo é relativo à segunda e terceira fases do Quadro – Fases do Estudo de Caso e, portanto, da relação entre leitura e experiências em campo. Eu vivi longas experiências em grupos carismático-católicos. Como poderia dizer que estava em campo se lá eu já estava antes? Na verdade, mudei minha posição no campo, transitando de um "nativo" a um pesquisador, o que provocou estranhamentos em antigos companheiros do movimento, mas também curiosidade e perguntas. Quando se investiga uma realidade muito próxima a você, ou na qual você está ou estava imerso, submetendo-a a estudo acadêmico, há mudanças que precisam ser conversadas com aqueles com quem se conviveu ou convive.

Lembro-me que, quando apresentei o projeto de pesquisa do mestrado, por ocasião da banca de qualificação no Programa de Pós-Graduação em Ciência da Religião da UFJF, conversei com a coordenação do movimento carismático sobre os objetivos e outros aspectos essenciais, como a realização de entrevistas e coleta de dados (boletins, jornais, literatura interna ao movimento etc.). Um dos líderes tomou o projeto nas mãos e começou a orar, invocando a proteção divina, o sangue de Jesus e, ao final, orou em línguas, como se costumou chamar a glossolalia, fenômeno comum na vivência religiosa dos pentecostais e carismático-católicos.

Tive uma reação de surpresa diante dessa postura, mas tal reação já era o resultado do estranhamento e distanciamento que fui cultivando no início da vida acadêmica de mestrado. Por outro lado, de que maneira poderia reagir um líder carismático, quando apresentado a um projeto de pesquisa que pretendia visitar grupos, realizar entrevistas, levantar documentos e outros procedimentos metodológicos, conduzido por alguém que integrou a liderança de grupos de oração? Não foi uma tarefa fácil a negociação de minha nova posição, pois o que era campo de vivências agora se transformava em campo de pesquisa. O agendamento de conversas, e mais ainda de entrevistas, requereu paciência e delicadeza de minha parte, sobretudo na condução das conversas e entrevistas. O tempo entre o agendamento e a realização é longo, e por isso os planos iniciais frequentemente mudaram de estruturação.

Em campo, durante o estudo de caso e quando vivenciei esse processo de adaptação e aperfeiçoamento, ocorreram fatos imprevistos que me mostraram a dinâmica fluida das negociações entre nativo e pesquisador, assim como a impossibilidade de uma posição neutra quando se está em campo. Narro um deles: quando fui a campo, depois de escolhido o grupo de oração que iria observar, anotava as observações a lápis em um pequeno caderno. Duas semanas depois, em outra reunião, quando todos estavam em oração, corpos bailando, braços erguidos, cantando e falando glossolalias, dando louvores a Deus (daí o título deste texto), uma das pessoas do grupo, que sabia de meus estudos, tocou-me com a mão no ombro e disse: "Eu sei que você faz pesquisa, mas veja, não precisa ficar anotando, abrindo os olhos e sem atenção. Basta confiar em Deus que o Espírito Santo dará sabedoria e te lembrará tudo depois".

O observador também é observado, pensei. Não me passou, num átimo que meus atos e atitudes estavam sendo vistos, notados, refletidos, percebidos. A partir desse episódio, mudei definitivamente a forma como registrava minhas anotações no estudo de caso. Passei a usar, então, um bloquinho, ou mesmo folhas esparsas pequenas, muito discretamente, e anotava algo apenas em intervalos ou momentos anteriores ou posteriores à observação participante. Aprendi a anotar de forma mais curta e breve, em geral, palavras, mas também descobri a utilidade de desenhos e símbolos, que funcionavam como "gatilhos" da memória, pois, ao chegar em minha casa, fazia a revisão das lembranças e registrava no diário de campo. De todo modo, é fundamental anotar algo para depois retomar o fio da memória.

Não existe observador invisível, que paira acima de tudo e que, ocupando um lugar confortável, consiga proceder sua observação de forma isenta, neutra e imparcial (SEGATO, 1992)[17]. Com isso, não digo que o pesquisador deixe de buscar

---

17 O texto da antropóloga Rita Segato (1992) constitui uma importante discussão dos limites metodológicos e epistemológicos no estudo da religião. Para a antropóloga argentina, radicada no Brasil, há um impasse fundamental entre a antropologia e o sagrado (e podemos estender isso para as Ciências da Religião), pois a ciência antropológica propõe uma operação de compreensão a partir de dentro e, em seus próprios termos, de uma crença nativa acerca do sagrado. Trata-se de um paradoxo: uma operação de compreender de forma relativiza a crença dos nativos, embora esta adira às crenças de maneira absoluta e não vislumbram a possibilidade de relativização das crenças (SEGATO, 1992).

o máximo de imparcialidade e objetividade possível. Em outras palavras, não é possível idealizar e romantizar a situação de campo. Estando eu a observar e investigar o campo, onde e como deveria me posicionar? A tendência é se posicionar, nem sempre conscientemente, numa zona que proporcione maior conforto para a condição de etnógrafo em campo ou que está em maior sintonia com o que se julga ser o real motivo de estar naquele campo (BRAGA, 2014, p. 45).

De acordo com Da Matta (1978, p. 30):

> Seria possível dizer que o elemento que se insinua no trabalho de campo é o sentimento e a emoção. Estes seriam [...] os hóspedes não convidados da situação etnográfica. E tudo indica que a intrusão da subjetividade e da carga afetiva que vem com ela, dentro da rotina intelectualizada da pesquisa [...], é um dado sistemático da situação. Sua manifestação assume várias formas, indo da anedota infame [...] até as reações mais viscerais [...].

O inusitado e o imprevisível estão sempre à espreita, interferindo constantemente. Daí que, em pesquisas qualitativas com estudo de caso, as perguntas e hipóteses são mais de cunho orientativo do que afirmativo-quantitativo. Por quê? Porque se trata de um encontro intersubjetivo, em que os dois, nativo e pesquisador, partilham da condição de seres históricos, possuem pensamentos e ideias sobre si, sobre o outro que ali está a perguntar, a levantar dados, a responder e fornecer informações. Pode ocorrer, por exemplo, que o nativo responda ao pesquisador de maneira formal, esperando agradá-lo, ocultando informações ou sendo irônico e brincalhão.

Por isso, quase sempre as expectativas dos nativos, que são as fontes de informação primária, e as do investigador são frustradas em algum momento durante o estudo de caso empírico com observação participante. Não é possível exercer um controle rígido do fluxo das interações que ocorrem em campo ou durante o estudo de caso; mas é possível ser sensível aos imprevistos e às mais diversas situações, extraindo delas novas possibilidades de compreensão do objeto. Observo que é também ilusória a busca da zona de conforto do observador que a tudo vê, totalmente imparcial e objetivo, mesmo em um estudo de caso não empírico. É possível que o campo lhe dificulte muito a pesquisa, ou até a impossibilite. Nesse caso, será necessário pensar outros campos, ou, se for o caso, outras delimitações da temática escolhida.

Nesse ínterim, uma dica aos pesquisadores que querem usar a metodologia do estudo de caso com trabalho de campo: manter um caderno, que pode ser em papel ou eletrônico, no qual, com rigor, registram-se fatos, conversas, observações etc., com indicação de data, hora e local, o que em antropologia se denomina "diário de campo". Esse caderno de notas deve ser rearranjado ao longo da pesquisa e pode ser bem utilizado, lançando-se mão de recursos visuais, como desenhos, quadros, tabelas, organogramas e outras técnicas que potencializem o registro das informações e a reflexão do pesquisador.

Retornando ao exemplo da pesquisa qualitativa como processo em construção, sujeito a aperfeiçoamentos, faz-se, por exemplo, um plano inicial para estudar um caso com a previsão de realizar dez entrevistas; mas, por diversos motivos (tempo, necessidade de reunir mais dados etc.), esse número poderá aumentar ou diminuir. Outra dica: poderá haver dificuldade em obter entrevistas formais por diversos fatores (rejeição dos entrevistados, imprevistos na marcação das entrevistas etc.). Lembro-me que, durante o mestrado, tive de remarcar a entrevista de uma liderança carismática umas cinco vezes. A esses aspectos, o pesquisador deve estar atento, pois o encontro com o grupo e o caso a serem estudados, bem como o acerto de posições (de nativos e pesquisadores, da condição de nativo à de pesquisador), não se faz como um contrato de emprego, no qual realizam-se formalidades burocráticas essenciais, como assinatura de papéis, com horários e atitudes fixas. Não é uma troca de roupas, não é algo da ordem da geometria, mas sim da sensibilidade humana e de suas condições.

Estudo de caso com observação participante: um roteiro básico

Apesar da breve caracterização anterior, divido os estudos de casos em empírico-concreto e não empírico. Os primeiros podem incluir os trabalhos de campo, quando o pesquisador observa e participa da realidade a ser pesquisada, ou com etnografias, que são métodos específicos de mergulho nas realidades a serem estudadas, baseada em participações e observações com intensa interação com os "nativos". Os segundos se concentram em pesquisas teóricas (conceitos, autores, revisão bibliográfica, seguida, ou não, de análise comparativa e análise de discurso) e documentais (documentos textuais escritos e expressões não escritas, audiovisuais, imagéticas, eletrônicas, arqueológicas e outras), ou seja, fontes primárias que serão analisadas, estudadas e pesquisadas.

Por fim, apresento um roteiro com oito passos básicos comentados para aqueles que desejam realizar um estudo de caso no âmbito dos estudos de religião, sintetizando os passos que segui em minhas próprias pesquisas com os carismático-católicos. Lembro que todos esses passos exigem do pesquisador disciplina e uma boa gestão do tempo, dividindo-se os horários de estudo, leitura e outras tarefas cotidianas. Outra sugestão vai no sentido da duração de um item do roteiro abaixo e do momento de se passar de um item para outro: não há fórmula ou regra única e fixa para tanto, mas é preciso razoabilidade quando se estima o tempo necessário para a pesquisa. Dito isso, apresento os oito passos que me parecem fundamentais:

1) O levantamento bibliográfico

Levantamento de leituras sobre o assunto para futura delimitação; ou seja, restrição da abrangência do "objeto" ou do "caso". Com o tempo, criei uma metodologia de levantamento, leitura e registro que leva em consideração o tempo disponível, sempre escasso e insuficiente diante da enormidade das tarefas acadêmicas. O primeiro passo é levantar o máximo de artigos acadêmico-científicos, dando preferência às revistas mais bem avaliadas da área de Ciências da Religião/teologia e das sociais-humanas em geral (em bibliotecas de grandes universidades, programas de pós-graduação e portais eletrônicos). Segundo, levantar livros, capítulos de livros, dissertações, teses e outros textos. Terceiro, a partir de critérios específicos e de conversas com o orientador, criar uma primeira classificação do material. Todo esse mapeamento deve ser procedido, ou ser concomitante, às anotações ou fichamentos dos artigos, livros e textos lidos. Recomendo o fichamento de comentário, bem descrito no livro de normas técnicas e metodologia, de Silva e Silveira (2015, p. 118-125). Sucintamente, o fichamento de comentário é o registro da referência bibliográfica completa, seguido de um resumo do texto, da transcrição de trechos fundamentais e de uma apreciação ou comentário crítico.

Esse primeiro momento também é chamado de "revisão bibliográfica". Sugiro que o pesquisador crie categorias e classificações dos argumentos, quadros comparativos e outros recursos que possam clarificar, inclusive visualmente, ideias e conceitos dos autores. Assim, deixo algumas perguntas: Quais as principais características do fenômeno, fato, caso ou movimento que cada pesquisa realizada aponta? O que os textos deixaram de abordar, ou as lacunas, sem maiores explicações? Quais foram os métodos usados e como foram apresentados, usados, manipulados? Nessa fase, também é importante levantar a bibliografia e os documentos produzidos pelos nativos (livros, textos, boletins etc.), servindo de fonte primária, ou seja, de material que será analisado, tratado, classificado e analisado posteriormente. Passada essa etapa, continuam-se as leituras, pois é preciso seguir anotando até o momento em que se vai escrever a dissertação, tese ou relatório final da pesquisa. Há quem não dê valor ao fichamento, mas é de grande valia para refazer o raciocínio do autor e serve, inclusive, de base para a futura escrita do pesquisador.

2) **A fase exploratória**

Concomitante à revisão bibliográfica, o pesquisador, que traz dúvidas, curiosidades, vontade de pesquisar, muitas vezes advindas de sua experiência e de forma intuitiva, precisa construir melhor o problema – e, com isso, ter clareza dos passos metodológicos. Assim, é necessário fixar, mesmo que provisoriamente, alguns limites, pois é impossível abordar todos os aspectos da realidade escolhida. Quando o pesquisador lê outras pesquisas e sistematiza suas observações, deve-se levar em conta alguns critérios de delimitação, tais como o territorial-geográfico (região, cidade, bairro, território etc.), o histórico-temporal (período de tempo), o categorial (aspectos fenomênicos, como rituais de iniciação, mitos de origem etc.). Essa delimitação deve levar em conta a disponibilidade de tempo e recursos financeiros, bem como fôlego para a pesquisa. Num primeiro momento do recorte, os pesquisadores criam imagens ideais e românticas do caso e do campo, e depois dão-se conta de que ainda não é um recorte ideal em virtude dos recursos disponíveis, das mudanças que as leituras e os primeiros contatos com o "caso" podem provocar. Sabe-se que, num primeiro momento, o pesquisador, em seus passos preliminares, precisa caminhar por trilhas abertas (artigos, livros, métodos e conceitos estabelecidos); porém, a partir da maturidade de suas leituras e práticas de pesquisa deve ir além, questionar os pressupostos, retirar os fenômenos do banal e do lugar-comum, dando-lhes novas perspectivas.

Em meu caso, era mais do que evidente que não era possível estudar todos os grupos de oração carismáticos de Minas Gerais, nem todos os da cidade que escolhi, sendo necessário, portanto, elaborar um recortar, delimitar a pesquisa. No entanto, para um bom recorte, é necessário ver a extensão do campo de estudos para se ter uma melhor decisão da "unidade" ou do "caso" a ser investigado; mas todo cuidado é pouco. É importante levar em consideração a representatividade do "caso", usando bons critérios qualitativos para a delimitação, e, se for o caso, usar também critérios quantitativos. É preciso pensar nas estruturas internas do caso: relações de poder e hierarquia – elas estão em toda parte e podem afetar sua escolha. Em um estudo de caso com pesquisa de campo, é preciso, ainda, pesar as possíveis interferências que poderiam provocar vieses e distorções, e, assim, controlar, contornar problemas, lidar melhor com as injunções da realidade, a fim de produzir uma pesquisa de qualidade.

Mesmo quando fiz trabalho de campo em um grupo de oração, a pesquisa da literatura nativa (livros, textos) e de documentos nativos (boletins, bilhetes, cartazes) foram fundamentais para a investigação. Por fim, é preciso elaborar um sumário provisório, ou seja, uma provisória divisão de capítulos da futura dissertação, tese ou do relatório final da pesquisa, que será alterado posteriormente, mas cuja finalidade é expressar didaticamente a divisão dos conteúdos e temáticas da pesquisa. Há várias formas de dividir os temas: alguns usam o esquema de três capítulos com pelo menos dois subcapítulos cada; mas, muito cuidado para o encadeamento lógico da ideia – comece sempre a construir o sumário, progressiva e articuladamente.

3) As etapas preliminares

Feita a delimitação, explora-se, sistematicamente, o tema, construindo para tanto o que virá a ser o "caso": visitas, conversas iniciais com os informantes (nativos, que são o ponto de contato com a religião ou grupo social), leituras específicas, enfim, é necessário explorar profundamente o caso. Por outro lado, um dos maiores problemas com a metodologia do estudo de caso é a possibilidade de generalização dos resultados, dos achados e reflexões da investigação, dos problemas e hipóteses para o universo do qual o caso é parte – ou seja, ir mais além do próprio caso estudado. Por exemplo, eu estudei a RCC por meio de um grupo de oração em Juiz de Fora durante alguns meses; mas antes de escolhê-lo tive que fazer comparações com outros grupos, de modo a saber se o mesmo teria uma representatividade qualitativa. Parte da literatura apontou a RCC como um movimento de classe média, de reforço do conservadorismo, intimismo e pouca preocupação com questões sociais etc. Escolhi, propositalmente, um grupo que apresentou divergências em relação a essa literatura, embora não tenha sido o grupo no qual eu vivi como nativo, o que poderia trazer alguns problemas éticos para a pesquisa. Negociei com o grupo, que me aceitou de imediato, e desenvolvi uma observação participante dos ritos, eventos, festas, entrevistando membros, analisando documentos e outros procedimentos metodológicos. Para não "viciar" o caso, realizei observações participantes em outros grupos, inclusive de cidades diferentes, e de outras realidades rituais dos carismáticos, como eventos de massa e tantos outros, para comparar e desenvolver estruturas de compreensão.

O grupo que estudei estava situado num bairro de classe média baixa e de classe trabalhadora, com médio porte (estimando que naquela época, em Juiz de Fora, o maior grupo tinha uns 500 frequentadores e o menor uns 15), com uma boa diversidade de líderes em termos de etnia, origem social, profissão, escolaridade etc., e de público, assim como práticas religiosas específicas da renovação carismática como orações de cura e libertação, danças, louvores e outros (SILVEIRA, 2000, 2006). Consegui, então, identificar quatro tipos de origem diferentes dos católicos e não católicos que aderiam ao movimento carismático por meio do grupo: a origem difusa, a reavivamentista, a não católica e a sincrética. A partir disso, passei a questionar o tradicional conceito de conversão enquanto ruptura completa com as heranças simbólicas anteriores (SILVEIRA, 2000, p. 133).

4) A ética na pesquisa

É preciso levar em consideração uma questão que atormenta as Ciências Humanas e Sociais: Os contatos inicias em campo podem começar sem que o pesquisador anuncie claramente sua finalidade? Devem os participantes assinar um documento formal, consentindo com a pesquisa ou estudo de caso? É preciso fazer uma comunicação formal ou, pelo menos, uma comunicação prévia junto aos nativos? É possível fazer uma pesquisa, ou estudo de caso empírico, encoberto, ou seja, sem que os nativos saibam claramente a finalidade e a extensão? Em tese, todas as pesquisas que envolvam diretamente seres humanos têm que passar por um conselho de ética, com um consequente parecer dando-lhe anuência. As Ciências Humanas e Sociais batalham duramente para se desvencilhar dos critérios éticos das pesquisas em Ciências da Vida, considerados restritivos e que não atendiam às demandas metodológicas específicas. Recentemente, foi publicado um documento sobre a ética em pesquisas das Ciências Humanas abordando essas questões. Em 6 de abril de 2016 foi aprovada nova minuta[18] sobre ética em pesquisas nas Ciências Humanas e Sociais na 59ª reunião ordinária do Conselho Nacional de Saúde (CNS). No dia 24 de maio de 2016, saiu um documento oficial[19].

Segundo Luiz Fernando Dias Duarte[20], ainda permanecem algumas demandas das Ciências Humanas e Sociais, a saber: a) diferenciação entre avaliação ética e avaliação teórico-metodológica; b) a informação sobre a proteção dos participantes pode ser promovida através de um "processo de esclarecimento" que não redunde necessariamente num "termo" formal, escrito e burocrático; c) comprovação do consentimento/assentimento dos participantes da pesquisa por outros meios que não o escrito; d) possibilidade de realização de "pesquisa encoberta" e realização de pesquisas sem processo prévio de autorização, em casos justificados ao sistema nacional de ética; e) retirada do processo de registro da pesquisa de uma série de pesquisas, como opinião pública, censitária, decorrente de experiência profissional etc.; f) não necessidade de registro no Conselho Nacional de Ética das "etapas preliminares da pesquisa"; g) nova composição dos conselhos de ética, com presença de pesquisadores oriundos das Ciências Humanas e Sociais para avaliar os projetos específicos de Ciências Humanas e Sociais. A Resolução n. 510 de 07/04/2016 do Conselho Nacional de Saúde (CNS)[21] contempla algumas dessas questões levantadas, em especial quais as pesquisas que não precisam de parecer ético prévio e a importância do consentimento livre e esclarecido, podendo ser retirado a qualquer momento pelos pesquisados, mas que pode ser registrado de diversas formas, dando-se atenção às características culturais, étnicas, sociais[22].

---

18 Cf. o documento em www.abrasco.org.br/site/2016/04/aprovada-a-resolucao-sobre-etica-em-pesquisa-nas-chs/ [Acesso em 28/08/2016].

19 Foi publicada no *Diário Oficial* de 24/05/2016 a Resolução n. 510, de 07/04/2016 do Conselho Nacional de Saúde (CNS), homologada pelo Ministro da Saúde, que trata das especificidades éticas das pesquisas nas Ciências Humanas e Sociais e de outras que se utilizam de metodologias próprias dessas áreas (Resolução CHS). Trata-se da primeira norma brasileira voltada especificamente a essas áreas. O texto aguarda a publicação no *Diário Oficial da União*. Aguardam-se mais discussões sobre o assunto.

20 Fonte: reportagem da Abrasco, cf. nota 11.

21 *Diário Oficial*, de 24/05/2016, Resolução n. 510, de 07/04/2016 do Conselho Nacional de Saúde (CNS). Sobre isso, cf. Guerriero, 2016.

22 No capítulo III, "Do processo de consentimento e do assentimento livre e esclarecido", o Art. 4 diz o seguinte: "O processo de consentimento e do assentimento livre e esclarecido envolve o estabeleci-

O parágrafo primeiro do artigo 5 diz: "o processo de comunicação do consentimento e do assentimento livre e esclarecido deve ocorrer de maneira espontânea, clara e objetiva, e evitar modalidades excessivamente formais, num clima de mútua confiança, assegurando uma comunicação plena e interativa"[23]. Os pesquisadores de religião que pretendem fazer estudo de caso com pesquisa de campo junto a um grupo religioso devem, portanto, estar atentos a essas balizas éticas já tornadas oficiais.

5) **A investigação do caso em profundidade**

Passadas essas etapas preliminares, investiga-se a realidade em profundidade, com os instrumentos mais adequados possíveis: entrevistas, questionários, história de vida, análise de discurso, análise documental, grupo focal e muitas outras ferramentas à disposição. Deve-se, nessa medida, levar em consideração o contexto histórico, social, geográfico, nos quais o caso pesquisado está inserido, ou seja, investigar as gêneses e origens do caso, aquilo que os nativos contam sobre os contextos religiosos, sociais, econômicos, políticos etc. Com isso, será possível perceber que as histórias que as pessoas contam sobre suas origens sofrem profundas mudanças. Não quer dizer que mintam, mas que contam e recontam, que há esquecimentos, ênfases, elementos que são reforçados, outros escondidos etc. As "origens" e os "contextos", portanto, não são puros e claros como pode parecer durante uma primeira pesquisa exploratória.

No começo do movimento carismático, nos Estados Unidos e no Brasil, houve intenso contato de católicos com o mundo evangélico pentecostal, com compartilhamento de experiências que impactaram os desdobramentos do movimento até hoje. Uma pesquisa nos documentos nativos que fiz traz esse aspecto, que foi gradualmente apagado dos discursos posteriores, quando a experiência carismática se expandiu no Brasil. Uma das iniciadoras do movimento escreveu: "um pequeno grupo de protestantes nos mostrou o que realmente significa ser católico" e, mais

---

mento de relação de confiança entre pesquisador e participante, continuamente aberto ao diálogo e ao questionamento, podendo ser obtido ou registrado em qualquer das fases de execução da pesquisa, bem como retirado a qualquer momento, sem qualquer prejuízo ao participante" [Disponível em http://conselho.saude.gov.br/resolucoes/2016/Reso510.pdf – Acesso em 24/09/2016].

23 *Diário Oficial* de 24/05/2016, Resolução n. 510, de 07/04/2016 do Conselho Nacional de Saúde (CNS).

adiante: "Em quase todas as sextas-feiras, nós vamos a uma reunião de oração juntamente com anglicanos, presbiterianos, metodistas, luteranos e pentecostais. E, durante três horas, diferenças sectárias são reduzidas a zero, sem que tenhamos que ceder um só milímetro nosso catolicismo romano" (MANSFIELD, 1995, p. 30). Essa foi uma narrativa de origem, que entre 1966 e 1967, tomou lugar em reuniões feitas em algumas universidades católicas, considerados pontos fulcrais e deflagradores do movimento carismático católico. Eu percebi essa diferença nas ênfases da origem e, durante minha própria pesquisa, aventei a hipótese de que, para ser integrado à instituição (Igreja Católica), os carismático-católicos mudaram o discurso de origem ou as narrativas sobre a origem para uma ênfase absoluta na catolicidade intrínseca do movimento (culto mariano, devoção aos santos, uso de sinais católicos como o terço etc.), dispensando uma experiência inicialmente ecumênica (SILVEIRA, 2006, 2009, 2014). Para isso, pesquisei a literatura produzida pelo movimento, mas também um pouco de teologia, filosofia e semiótica (BOFF, 1994; RENOVAÇÃO CARISMÁTICA CATÓLICA DO BRASIL, 1993, 1998).

6) As ferramentas do estudo

Sobre as ferramentas de pesquisa, no decorrer do mestrado, doutorado e pós-doutorado, combinei diversos repertórios: entrevistas, análise documental e questionários, entre outros. Em relação às entrevistas, particularmente, é preciso considerar aspectos outros como a representatividade dos entrevistados e o delineamento dos objetivos da coleta de dados. (Afinal, que tipo de informações desejo obter?) Pretendi investigar a estrutura ritual, as ideias, os mecanismos de afirmação da identidade, as narrativas da origem da RCC, tomando como base um caso (SILVEIRA, 2000). Procurei, então, diversificar os sujeitos das entrevistas para evitar um dos maiores problemas em pesquisas qualitativas: o viés ou as distorções. Sigamos com exemplos. Se eu tivesse entrevistado apenas homens de meia-idade e líderes do grupo de oração escolhido (e de outros grupos), isso poderia produzir um enorme desvio e distorção. Assim, procurei entrevistar mulheres, líderes e frequentadores de grupos, negros, brancos, jovens e maduros (SILVEIRA, 2000). Não consegui entrevistar algumas pessoas que tinha planejado inicialmente, tive de substituir alguns entrevistados inicialmente previstos, mas, mesmo assim, alguns eu não consegui entrevistar e outros foram evasivos na entrevista. Por isso, usei muito o registro das conversas nos diários de campo.

Em relação aos questionários, que são formas mais fixas de perguntas aplicadas às pessoas, é preciso considerar a quantidade, o número de questões (quanto maior, mais tempo é gasto na resposta, mais tempo se exige das pessoas, o que pode trazer problemas), o tipo das perguntas e o formato das respostas demandadas.

No doutorado, continuando a temática do mestrado, circunscrevi o estudo a um dos rituais mais intrigantes, o da cura interior, e empreendi uma etnografia a partir de onde o ritual ocorria, selecionando três grandes casos específicos em Juiz de Fora: uma comunidade carismática, um grupo de curadores que chamei de flutuantes, e a então chamada Secretaria Rafael (SILVEIRA, 2006). A circunscrição do tema deveu-se a interrogações nascidas durante a pesquisa de mestrado, num fato ocorrido dentro do caso que estudara: uma missa de cura e libertação, com rituais e narrativas específicas, que o grupo de oração estudado mantinha. Esse ritual pareceu-me um grande exemplo de como o movimento carismático é uma encruzilhada entre modernidade, tradição, memória, produção de intersubjetividades e a continuidade das grandes narrativas católicas (SILVEIRA, 2006). Para essa pesquisa, fiz etnografia, usei entrevistas abertas (aquela que há um roteiro de tópicos e o pesquisador constrói a pergunta a partir dos tópicos) e apliquei questionários, construindo quadros e tabelas, além das descrições e registros das falas e conversas dos pesquisados. Combinei etnografia e aplicação de questionários com uso qualitativo, ou seja, sem preocupação quantitativo-estatística. Costumo sugerir a construção de quadros, tabelas e gráficos para facilitar a clara exposição e visualização dos dados.

Costumam surgir nos estudos de caso algumas questões: Quais documentos devo levar em consideração no estudo de caso empírico ou no estudo de caso documental? Primeiro, é preciso mapear e, também, considerar um conceito amplo de documentos: a) clássicos-textuais-escritos (cartas, livros, bilhetes, boletins, manuais, códigos, livro com normas, estatutos, legislações etc.); b) documentos pictóricos-concretos-visuais (cartazes, pinturas, esculturas etc.); c) documentos sonoros (músicas); e d) documentos eletrônicos (sites, portais, chats de bate-papo, grupos de discussão). Segundo, é preciso refletir/verificar a importância dos documentos; ou seja, trata-se de documentos expressivos e representativos do pensamento, atitude, estrutura, forma do caso? Terceiro, a quantidade é suficiente? Quarto, deve-se levar em consideração a questão temporal, ou seja, os documentos produzidos e publicados ao longo de um período de tempo. Nessa etapa, é preciso que o investigador considere o critério da saturação, ou seja, os dados e informações levantados são suficientes para responder às questões que lancei, alcançando os objetivos traçados? Em geral, num estudo de caso, é possível ainda que haja sobra de dados e informações, que podem ser reaproveitados em outras oportunidades ou que podem ser retomados em futuras pesquisas (p. ex., no doutorado). Por fim, é preciso atentar para as novidades e evoluções do ferramental metodológico, afinal, no estudo de caso com pesquisa de campo, a etnografia muda, sendo válida, portanto, a proposta da *multi-sited ethnography* (MARCUS, 1995).

7) **A preparação do relatório**

Construído o estudo de caso, levantados os dados, terminado o diário de campo, chegou a hora de escrever o relatório final. Dou algumas dicas para um bom processo de escrita. O estudo de caso precisa ganhar a forma redacional (narrativa), que irá para a banca de defesa. Ao trilhar os exigentes caminhos da escrita, o pesquisador deve privilegiar o uso de rascunhos, os quais irá revisando até se chegar a uma forma mais consolidada do texto.

Por outro lado, e em geral no mestrado e doutorado, as pessoas se veem às voltas com duas necessidades: cursar disciplinas obrigatórias e opcionais e comunicar suas pesquisas em fóruns acadêmico-públicos (congressos, simpósios, jornadas, regionais, nacionais e internacionais). Isso exige tempo, e tempo é um insumo básico para o pesquisador. Primeira dica: na medida do possível, escreva os trabalhos das disciplinas contemplando aspectos do estudo de caso que possam ser aproveitados na dissertação ou tese. Segunda dica: durante a vida acadêmica, selecione bem os eventos acadêmico-científicos nos quais irá participar e apresente os resultados parciais de sua pesquisa, se houver, ou ideias acerca do caso, submetendo-as à apreciação de outros pesquisadores que poderão resultar em valiosas sugestões. Participe, também, dos eventos ativamente, lendo os trabalhos e contribuindo com sua percepção, análise e sugestões. Em geral a participação em eventos é feita sob a forma de comunicações orais e escritas, e alguns congressos têm limitado o tamanho da comunicação escrita, pois entende-se que ali se apresenta de forma sucinta uma ideia, um resultado parcial de pesquisa. Procure interlocuções e escute seu orientador ou orientadora. Leve a ele ou a ela dúvidas específicas (dúvidas gerais tendem a ser respondidas de forma geral), e não fique sentado esperando que livros, textos, informações, informantes e outros elementos caiam do céu. Instigue sempre a sede de curiosidade e a vontade de ir além; tenha sensibilidade e prepare-se para devolver senso de disciplina (organizar horários de escrita, estudo, leitura, fichamento etc.). Um bom trabalho de pesquisa é fruto de muito esforço.

8) O texto final

Até chegar ao texto final da pesquisa, eu tive que reescrevê-lo diversas vezes. Houve momentos em que vivi o chamado "bloqueio de escritor": ficar diante da tela do computador, escrever umas palavras, apagá-las todas, e ficar ansioso com o processo[24]. Tenha paciência consigo mesmo. A mais simples dica: não se envergonhe de suas dificuldades, escreva de forma livre, contínua, na medida em que as ideias vêm em sua mente. Depois, respire, dê uma pausa, releia com atenção e vá reescrevendo os parágrafos, tantas vezes quantas forem necessárias para melhorar a escrita, relendo-os sempre em voz alta. Um bom texto não nasce pronto, mas é o resultado de um grande esforço. Becker (2015, p. 9) costumava dizer que: "Se os estudantes soubessem que seus professores escrevem muitas frases péssimas, mas então reescrevem as muitas frases péssimas várias vezes até ficarem boas, perceberiam que suas frases ruins também podem ser corrigidas".

Nessa etapa, é preciso dar harmonia ao texto. Não se exagera nos contextos históricos, sociais, religiosos do caso, deixando em segundo plano o próprio caso, o coração da pesquisa. Faça uma contextualização necessária e suficiente para situar o caso, sem exagerar, mas sem omitir elementos importantes. Particularmente, eu participei de muitas bancas e avaliei dissertações que, dos três capítulos que continham, dois eram dedicados ao contexto, origem, história, conceitos e teorias, com uma extensa revisão bibliográfica, e apenas um capítulo dedicado ao caso no final do texto, o coração do texto, mas pequeno e maltratado.

Pode-se redigir o texto começando a partir do caso, das condições da pesquisa, para fazer remissão às contextualizações históricas, conceituais, culturais e outras que se fazem necessárias; mas se a pesquisadora ou pesquisador começa falando

---

24 Indico um excelente livro, escrito sobre o processo da escrita: Howard S. Becker (2015).

do contexto ou do geral para, só depois, chegar ao particular, ela ou ele deve tomar cuidado extra para não falar muito de conceitos e contextos e repeti-los quando entrar no caso propriamente dito. Durante o mestrado, optei por contextualizar as origens da RCC (a cidade, os bairros, a origem no mundo, no Brasil etc.), os estudos já realizados, mas temperando sempre com exemplos do trabalho de campo: trechos de entrevistas concedidas, observações.

Outro problema recorrente: se o pesquisador fez trabalho de campo, deve citar os nomes reais ou algum detalhe particular, como rua, moradas etc., dos entrevistados? Mesmo que os nativos tenham dado autorização, por escrito ou por outros meios, para que seus nomes e dados sejam citados, é preferível omitir, usando nomes fictícios ou números. Por quê? Por dois motivos: o consentimento pode ser retirado a qualquer momento pelo participante e pode ser que, um tempo depois, alguns entrevistados/pesquisados mudem de religião ou de ideia e fiquem em desacordo com a pesquisa, podendo trazer problemas jurídicos e éticos.

Considerações finais

Tendo vivido múltiplas experiências religiosas, o esforço de minhas pesquisas foi sempre o de olhar e refletir de um ponto de vista equilibrado, construído na constante tensão entre o "distante" e o "próximo", o que exigiu esforço e autocrítica, muita conversa com o orientador, os professores e os colegas. Essas interações são muito preciosas. A marca de pesquisadoras/pesquisadores nos estudos de religião é "em primeiro lugar, isto: o fato de que lida com um objeto de estudo extremamente complexo, que exige uma formação multifacetada e que resiste às simplificações" (DREHER, 2001, p. 155).

As pesquisadoras e os pesquisadores, oriundos de universos religiosos diversos e que desejam estudá-los de forma acadêmico-científica, devem estar atentos aos métodos, em especial ao estudo de caso. Uma das maiores limitações dessa metodologia é a possibilidade de estender as conclusões a um universo maior, pois trata-se apenas de "um caso". No entanto, uma boa construção e uma boa combinação de métodos tornam possível a extensão dos resultados do caso para um universo maior. A expressão desse processo no texto escrito pode ser objeto de escolha livre, desde que a pesquisadora e o pesquisador tenham consciência, rigor analítico e metodológico e, por fim, sensibilidade com o limites, falhas, tensões e conflitos que todo processo de compreensão/investigação de uma realidade, tão fundamental como a religião ou as religiões, comporta.

Referências

BECKER, H.S. *Truques da escrita* – Para começar e terminar teses, livros e artigos. Rio de Janeiro: Zahar, 2015.

"Bispos divididos adiam texto sobre carismáticos". *Jornal do Brasil*, 25/04/1994a.

"Bispos discutirão a Renovação Carismática". *Jornal do Brasil*, 13/04/1994b.

BOFF, L. *Igreja, carisma e poder* – Ensaios de eclesiologia militante. São Paulo: Ática, 1994.

BOURDIEU, P. "Sociólogos da crença e a crença dos sociólogos". *Coisas ditas*. São Paulo: Brasiliense, 1990.

BRAGA, A. "A pedra, a informante e o etnógrafo: ou sobre quando as expectativas das nossas idas a campo não se realizam". *Religião e Sociedade*, vol. 1, n. 35, 2015, p. 44-62. Rio de Janeiro.

BRANDÃO, C.R.B. "Fronteira da fé – Alguns sistemas de sentido, crenças e religiões no Brasil de hoje". *Estudos Avançados* (Dossiê Religiões no Brasil), vol. 18, n. 52, 2004, p. 280-295. São Paulo.

CAMARGO, C.P. *Católicos, protestantes, espíritas*. Petrópolis: Vozes, 1973.

CAMURÇA, M. "'Cuidado de si', 'imperativo de realização de si' e produção de subjetividades em redes carismáticas da Igreja Católica no Brasil no meio universitário". *Revista História: Debates e Tendências*, vol. 9, n. 2, jul.-dez. 2009, p. 348-363.

_____. "Ciência da Religião, Ciências da Religião, Ciências das Religiões?" In: *Ciências Sociais e Ciências da religião*: polêmicas e interlocuções. São Paulo: Paulinas, 2008.

_____. "Da 'boa' e da 'má vontade' para com a religião nos cientistas sociais da religião brasileiros". *Religião e Sociedade*, vol. 12, n. 1, abr./2001. Rio de Janeiro.

_____. "Sombras na catedral – A influência *New Age* na Igreja Católica e o holismo da teologia de Leonardo Boff e Frei Betto". *Numem* – Revista de Estudos e Pesquisa da Religião, vol. 1, n. 1, 1998. Juiz de Fora: EDUFJF.

CARDOSO, R.C.L. *A aventura antropológica*: teoria e pesquisa. 4. ed. São Paulo: Paz e Terra, 1986.

CARRANZA, B. "Renovação Carismática Católica: origens, mudanças e tendências". In: ANJOS, M.F. (org.). *Sob o fogo do Espírito*. São Paulo: Paulinas/Soter, 1998.

CHIZZOTTI, A. *Pesquisa qualitativa em ciências humanas e sociais*. Petrópolis: Vozes, 2006.

CNBB. *Orientações pastorais sobre a Renovação Carismática Católica*. São Paulo: Paulinas, 1994 [Documento 53].

CSORDAS, T.J. *The sacred self*: a cultural phenomenology of charismatic healing. Berkeley/Los Angeles: University of California Press, 1994.

_____. "The rhetoric of transformation in ritual healing". *Culture, Medicine and Psychiatric*, n. 7, 1983, p. 333-375 [Reidel Publishing].

DA MATTA, R. "O ofício de etnólogo, ou como ter *Anthropological Blues*". In: *A aventura sociológica*: objetividade, paixão, improviso e método na pesquisa social. Rio de Janeiro: Zahar, 1978, p. 23-34.

DREHER, L.H. "Ciência(s) da religião: teoria e pós-graduação no Brasil". In: TEIXEIRA, F. (org.). *A(s) ciência(s) da religião no Brasil* – Afirmação de uma área acadêmica. São Paulo: Paulinas, 2001, p. 150-165.

ELIADE, M. *Mito e realidade*. São Paulo: Perspectiva, 1979.

ENGLER, S. & STAUBERG, M. "Metodologia em Ciência da Religião". In: PASSOS, J.D. & USARSKI, F. (orgs.). *Compêndio de Ciência da Religião*. São Paulo: Paulinas/Paulus, 2013, p. 63-75.

FERNANDES, S.R.A. "Movimento de Renovação Carismática Católica: *ethos* comum e antagônico em camadas populares no Rio de Janeiro". *Revista da Universidade Federal Rural do Rio de Janeiro*, vol. 18, 1/2, 1996.

GEERTZ, C. *A interpretação das culturas*. Rio de Janeiro: LTC, 2008.

_____. *Nova luz sobre a antropologia*. Rio de Janeiro: Zahar, 2001.

GIDDENS, A. "A vida numa sociedade pós-tradicional". In: BECK, U.; GIDDENS, A. & LASCH, S. (orgs.). *Modernização reflexiva*: política, tradição e estética na ordem social moderna. São Paulo: Unesp, 1997.

_____. *As consequências da Modernidade*. São Paulo: Unesp, 1991.

GUERRIERO, I.C.Z. "Resolução n. 510, de 07/04/2016, que trata das especificidades éticas das pesquisas nas ciências humanas e sociais e de outras que utilizam metodologias próprias dessas áreas". *Ciência & Saúde coletiva*, vol. 21, n. 8, ago./2016, p. 2.619-2.629. Rio de Janeiro [Disponível em www.scielo.br/scielo.php?script=sci_arttext&pid =S1413-81232016000802619&lng=pt&nrm=iso – Acesso em 24/09/2016].

HERVIEU-LÉGER, D. *O peregrino e o convertido* – A religião em movimento. Petrópolis: Vozes, 2008.

IULIANELLI, J.A. "Pastoral neoconservadora, *ma non troppo*: RCC e Cebs". *REB*, 1997.

LAURENTIN, R. *Pentecostalismo entre os católicos*. Petrópolis: Vozes, 1976.

LÈVI-STRAUSS, C. *Antropologia estrutural*. São Paulo: Tempo Brasileiro, 1972.

MACHADO, M.D.C. *Carismáticos e pentecostais:* adesão religiosa na esfera familiar. Campinas/São Paulo: Autores Associados/Anpocs, 1996.

MACHADO, M.D.C. & MARIZ, C. "Sincretismo e trânsito religioso: comparando carismáticos e pentecostais". *Comunicações do Iser*, n. 45, 1994. Rio de Janeiro.

MARCUS, G. "Etnography in/of of the Word Sistem: the emergence of multi-sited ethnography". *Annual Review of Anthropology*, vol. 24, 1995, p. 95-77.

MANSFIELD, P.G. *Como um novo Pentecostes*: relato histórico e testemunhal do dramático início da Renovação Carismática Católica. Rio de Janeiro: Louva-a-Deus, 1995.

MARIZ, C.L. "A Renovação Carismática Católica – Uma igreja dentro da Igreja?" *Civitas* – Revista de Ciências Sociais, vol. 3, n. 1, jun./2003, p. 169-186, Porto Alegre.

MARIZ, C.L. & MELLO, G.B.R. "Insatisfações com a família e sociedade contemporâneas: uma comparação entre comunidades católicas e *New Age*". *Estudos de Sociologia*, vol. 13, 2007, p. 49-75. Recife.

MIRANDA, J. *Carisma, sociedade e política*: novas linguagens do religioso e do político. Rio de Janeiro: Relume-Dumará, 1999.

MORRIS, B. *Religión y antropologia* – Una introducción crítica. Madri: Akal, 2009.

NUNES, E.O. (org.). *A aventura sociológica*: objetividade, paixão, improviso e método na pesquisa social. Rio de Janeiro: Zahar, 1978.

OLIVEIRA, P.R. et al. *Renovação Carismática Católica*: uma análise sociológica; interpretações teológicas. Petrópolis: Vozes/INP/Ceris, 1978.

ORO, A.P. *Avanço pentecostal e reação católica*. Petrópolis: Vozes, 1996.

PIERUCCI, A.F. "Sociologia da Religião: área academicamente impura". In: MICELLI, S. (org.). *O que ler na ciência social brasileira (1970-1995)*. São Paulo/Brasília: Sumaré/Capes, 1999, p. 237-286.

_____. "Interesses religiosos dos sociólogos da religião". In: ORO, A.P. & STEIL, C.A. (orgs.). *Globalização e religião*. Petrópolis: Vozes, 1997, p. 249-262.

PIRES, Á.P. "Sobre algumas questões epistemológicas de uma metodologia geral para as Ciências Sociais". In: POUPART, J. et al. (orgs.). *A pesquisa qualitativa*: enfoques epistemológicos e metodológicos. 3. ed. Petrópolis: Vozes, 2012, p. 154-214.

POPPER, K.R. *A lógica da pesquisa científica*. São Paulo: Cultrix, 1989.

PRANDI, R. *Um sopro do Espírito* – A renovação conservadora do catolicismo. São Paulo: Edusp/Fapesp, 1997.

RENOVAÇÃO CARISMÁTICA CATÓLICA DO BRASIL. *Plano de ação da Renovação Carismática Católica*. Aparecida: Santuário, 1998.

_____. *E sereis minhas testemunhas*. Aparecida: Santuário, 1993.

RODRIGUES, D. *O evangélico imigrante* – O pentecostalismo brasileiro salvando a América. São Paulo: Fonte, 2016.

SANCHIS, P. "Introdução". In: SANCHIS, P. (org.). *Catolicismo*: modernidade e tradição. São Paulo, Loyola, 1992.

SEGATO, R.L. "Um paradoxo do relativismo – O discurso racional da antropologia frente ao sagrado". *Religião e Sociedade*, vol. 12, n. 16, 1992, p. 31-46. Rio de Janeiro.

SILVA, J.M. & SILVEIRA, E.S. *Apresentação de trabalhos acadêmicos:* normas e técnicas. 8. ed. Petrópolis: Vozes, 2015.

SILVEIRA, E.J.S. *Catolicismo, mídia e consumo*: experiências e reflexões. São Paulo: Fonte, 2014.

_____. "Tarô dos santos e heresias visuais: um *catolicismo new age?*" In: CARRANZA, B.; MARIZ, C. & CAMURÇA, M. (orgs.). *Novas comunidades católicas* – Em busca do espaço pós-moderno. Aparecida: Ideias & Letras, 2009, p. 107-136.

_____. *Tecnologia e ética de si* – Subjetividade e *performance* na cura interior católico-carismática a partir da figura do curador. Juiz de Fora: UFJFora, 2006 [Tese de doutorado].

_____. "Pluralidade Católica: um esboço de novos e antigos estilos de crença e pertencimento". *Sacrilegens*, vol. 1, n. 1, 2004, p. 153-174. Juiz de Fora.

_____. *"Espírito vem sobre nós, transforma tudo que é velho e faz tudo novo..."*: tradição e modernidade na Renovação Carismática Católica? – Um estudo dos rituais, subjetividades e mito de origem. Juiz de Fora: UFJF, 2000 [Dissertação de mestrado].

SIMMEL, G. "Digressions sur l'etranger". In: GRAFMEYER, Y. & JOSEPH, I. (orgs.). *L'ecole de Chicago* – Naissance de l'ecologie urbaine. Paris: Seuil, 1979.

STEIL, C. "Renovação Carismática Católica: porta de entrada ou de saída do catolicismo? – Uma etnografia do Grupo São José, em Porto Alegre (RS)". *Religião e Sociedade*, vol. 24, n. 1, 2004, p. 11-36. Rio de Janeiro.

_____. "A Igreja dos pobres: da secularização à mística". *Religião e Sociedade*, vol. 19, n. 2, 1999. Rio de Janeiro.

TEIXEIRA, F. "Faces do catolicismo brasileiro contemporâneo". *Revista USP*, n. 67, set.--nov./2005, p. 14-23.

THEIJE, M. "A caminhada do louvor, ou como carismáticos e grupos católicos da base vêm se relacionando na prática". *Religião e Sociedade*, vol. 24, n. 1, 2004, p. 37-45. Rio de Janeiro.

VELHO, G. "Observando o familiar". In: *A aventura sociológica*: objetividade, paixão, improviso e método na pesquisa social. Rio de Janeiro: Zahar, 1978, p. 36-46.

WEBER, M. "A objetividade do conhecimento nas Ciências e Políticas Sociais". In: *Sobre a Teoria das Ciências Sociais*. São Paulo: Moraes, 1991, p. 1-73.

ZALUAR, A. "Teoria e prática do trabalho de campo: alguns problemas". In: CARDOSO, R.C.L. *A aventura antropológica*: teoria e pesquisa. 4. ed. São Paulo: Paz e Terra, 1986, p. 107-126.

Dicas de livros e artigos

Livros

1) CSORDAS, T.J. *The sacred self*: a cultural phenomenology of charismatic healing. Berkeley/Los Angeles: University of California Press, 1994.

Trata-se de um dos mais instigantes livros sobre a Renovação Carismática Católica, lançando mão de uma fenomenologia cultural que articula as contribuições da antropologia com as filosofias de Merleau-Ponty e a sociologia de Pierre Bourdieu.

2) GEERTZ, C. *A interpretação das culturas*. Rio de Janeiro: LTC, 2008.

Considerado um dos mais importantes antropólogos norte-americanos e de todo o mundo, desenvolveu uma teoria interpretativa (a cultura como texto) com base em leituras das correntes hermenêuticas contemporâneas, em especial Hans-Georg Gadamer.

3) POPPER, K.R. *A lógica da Pesquisa Científica*. São Paulo: Cultrix, 1989.

Um clássico sobre a importância do rigor da lógica científica, com uma importante reflexão sobre as metodologias e filosofias da ciência. Todavia, é possível criticar o sentido de ciência que esse livro defende.

Artigos

1) CAMPOS, R.B.C. & GUSMÃO, E.H.A. "Reflexões metodológicas em torno da conversão na Iurd: colocando em perspectiva alguns consensos". *Estudos de Sociologia*, vol. 18, n. 34, 2013, p. 58-61 [Disponivel em http://seer.fclar.unesp.br/estudos/article/viewFile/5973/4526].

Trata-se de um exemplo de como as reflexões sobre pesquisas já realizadas conseguem desfazer consensos estabalecidos nos estudos de religião que antes estavam arraigados.

2) VENTURA, M.M. "O Estudo de Caso como modalidade de pesquisa". *Socerj*, vol. 20, n. 5, 2007, p. 383-386 [Disponível em http://www.rbconline.org.br/wp-content/uploads/a2007_v20_n05_art10.pdf].

O artigo apresenta o estudo de caso como modalidade de pesquisa, mostrando não ser uma tarefa fácil caracterizá-lo, tendo em vista principalmente suas diferentes abordagens e aplicações.

3) SOUZA, A.R. "A livre religiosidade e a compulsória ciência do sociólogo da religião". *Contemporânea* (Dossiê Desafios Contemporâneos da Sociologia da Religião), vol. 5, n. 2, jul.-dez./2015, p. 309-325. Curitiba [Disponível em http://www.contemporanea. ufscar.br/index.php/contemporanea/article/viewFile/353/159].

O autor aborda o conceito sociológico de religiosidade de Georg Simmel e defende sua importância para a compreensão do quadro religioso atual. É provocada uma reflexão sobre o desenvolvimento da sociologia da religião no Brasil e também de contribuições teóricas a respeito da relação entre ciência e fé religiosa, retomando um debate iniciado por autores de valioso legado.

7

O caminho da caminhada

Dificuldades e desafios da pesquisa teórico-
-bibliográfica nos estudos de religião

Josias da Costa Júnior
(Universidade do Estado do Pará)

Neste capítulo, meu objetivo é apresentar, ainda que resumidamente, alguns aspectos que envolvem a pesquisa *teórico-bibliográfica*, com destaque para o seu lugar e sua relevância no âmbito da teologia e das Ciências da Religião. Cumpre salientar que não é meu objetivo desenvolver nenhum aspecto relacionado a outras metodologias e práticas de pesquisa, pois isso caracterizaria um desnecessário desvio do objetivo proposto para o desenvolvimento deste capítulo.

Como já foi sugerido, o campo de estudos acadêmicos sobre a religião em geral e sobre as Ciências da Religião e Teologia em particular é marcado pela pluralidade metodológica. Certamente isso confere certo grau de singularidade a essa área investigativa. Porém, mesmo diante dessa pluralidade de procedimentos e de técnicas de pesquisa, é possível adotar uma distinção geral e muito elementar na classificação dessa variedade de métodos de pesquisa e seguir aquela, defendida por alguns autores, que está relacionada aos fins teóricos ou aplicados de uma determinada pesquisa (RUDIO, 2003, p. 71). Ou seja, nessa linha de compreensão, para que não haja muito espaço a dúvida, devemos entender que as pesquisas podem ser *teóricas* e *aplicadas*. Contudo, autores que adotam tal distinção alertam para o fato de que ela não é tão bem demarcada quanto se pode sugerir e, por isso, não deve ser tomada como excludente (APPOLINÁRIO, 2004; CHIZZOTTI, 2005).

Afinal, o que se pode entender por pesquisa teórica? É aquela que, em geral, está voltada para reconstrução de conceitos, teorias, discussões e ideias com vistas ao aprimoramento e aperfeiçoamento dos seus fundamentos (DEMO, 2000, p. 200). Trata-se, portanto, de um tipo de pesquisa que tem sua relevância na medida em que se ocupa com a construção de quadros teóricos que oferecem condições para intervir na realidade. Nesse sentido, a construção do conhecimento teórico adequado implica análise cuidadosa, argumentação sólida e boa capacidade de interpretação da realidade. Em outros termos e de modo ainda mais sintético, é possível afirmar que a pesquisa teórica não se dedica à coleta de dados e à pesquisa de campo, pois, grosso modo, ela quer compreender uma ideia ou uma questão inquietante da realidade. Trata-se, portanto, de uma pesquisa que é realizada sempre a partir de pesquisas anteriormente desenvolvidas e a partir de registros que já estão disponíveis. Muitas vezes, convém ainda observar, a pesquisa bibliográfica é o ponto de partida para o desenvolvimento de outras pesquisas.

Basicamente a pesquisa teórica é bibliográfica e isso justifica esse vínculo que permite e torna perfeitamente possível a nomeação de pesquisa *teórico-bibliográfica*. Certamente a pesquisa bibliográfica é a mais utilizada nas pesquisas escolares e acadêmicas. Em geral, os seus objetivos são a revisão de literatura sobre o tema e/ou autor(es) pesquisado(s) e para que se tenha acesso ao material bibliográfico. Nesse sentido, torna-se importante salientar que é fundamental em uma pesquisa teórico-bibliográfica a existência de, pelo menos, duas etapas: a) *revisão de literatura* e b) *acesso ao material bibliográfico*.

a) *Revisão de literatura* – basicamente o que está em jogo nesse processo é a busca, a análise e a explicitação de um conjunto de conhecimento em busca de resposta a um determinado tema/assunto, questão/problema previamente colocados. Além disso, é imperioso que toda revisão de literatura seja feita criticamente, com base em critérios metodológicos, a fim de selecionar os textos que são válidos dos que não são válidos para a pesquisa em curso. Essa literatura envolve um amplo conjunto de material escrito sobre o tema investigado. Essa busca pode ser através de consultas e estudos em artigos, livros, teses, dissertações, monografias, dicionários ou outras formas.

A revisão de literatura e o acesso ao material bibliográfico, como mostrei acima, são etapas indispensáveis em uma pesquisa teórico-bibliográfica. Durante a fase inicial das minhas pesquisas no mestrado e no doutorado elas foram fundamentais para conhecimento daquilo que havia sido publicado sobre o autor e o tema que eu pesquisava. Uma preocupação, entre outras que me tomaram no doutorado, foi saber se havia no Brasil trabalhos com o mesmo enfoque que eu desejava dar ao tema da minha pesquisa (a relação entre teologia e ecologia). De igual forma, busquei saber se esse tema havia sido desenvolvido a partir do autor que escolhi investigar: Jürgen Moltmann[1]. Outro passo nessa etapa foi ampliar a busca e saber sobre quais pesquisas com esse mesmo interesse foram desenvolvidas em outras latitudes. Ou seja, a preocupação fundamental foi saber se havia no Brasil e em outros países uma pesquisa sobre a articulação entre teologia e ecologia em Moltmann. A revisão de literatura revelou que as pesquisas encontradas sobre esse tema em Moltmann privilegiaram uma teologia da criação enquanto que o enfoque por mim escolhido foi privilegiar um eixo hermenêutico cuja ênfase recaía sobre uma teologia do espírito.

Convém esclarecer que a revisão de literatura não deve ser confundida com o referencial teórico. A primeira é a leitura inicial que o pesquisador faz para conhecimento geral do autor/tema pesquisado (SANTOS, 2002, p. 55). Nessa leitura inicial busca-se o levantamento dos conceitos-chave do tema/autor pesquisado e como eles se relacionam. Enquanto que na revisão de literatura a preocupação fundamental recai sobre o levantamento do tema/autor pesquisado, ou seja, o referencial teórico está relacionado com o que esses conceitos significam para a pesquisa e como eles se relacionam.

b) *Acesso ao material bibliográfico* – existem dois modos básicos para se ter acesso ao material bibliográfico: o manual e o eletrônico. Manualmente significa pesquisar diretamente nos livros que são referências no tema e/ou autor investigados. Contudo, atualmente o método mais rápido é a busca de informações através da internet. O Banco de Teses e Dissertações – Capes – pode ser uma importante ferramenta nessa tarefa, assim como algumas bibliotecas virtuais disponíveis na internet e as revistas eletrônicas. No caso das Ciências da Religião e Teologia, é possível fazer uma busca através da página da Associação de Pós-Graduação e

---

1 Teólogo alemão de tradição reformada nascido em 1926 que, após o lançamento de sua obra *Teologia da esperança* (1964), ficou conhecido como o "teólogo da esperança". Ele é também um dos fundadores da Teologia Política. Estabeleceu diálogos com a Teologia Latino-americana, com a Teologia Negra, com o Movimento Ecológico, a Teologia Feminista e é um dos teólogos mais influentes da atualidade.

Pesquisa em Teologia e Ciências da Religião (Anptecre) de todas as revistas dos Programas de Pós-Graduação que são associados.

É importante matizar um pouco mais essa etapa, mesmo que não seja de modo exaustivo, pois trata-se de um aspecto desafiador e de vital importância para a pesquisa teórico-bibliográfica: a seleção do material bibliográfico. Para isso, também tomarei minha própria trajetória de pesquisa acadêmica (como tem sido a tônica deste livro) para trazer esse aspecto à tona como objeto de reflexão. A seleção do material bibliográfico pode não ser uma tarefa das mais simples se não houver critérios. Nunca é demais lembrar que nenhuma etapa de um trabalho científico existe de modo isolado, mas cada uma está ligada a outra e todas fazem parte de todo o trabalho de pesquisa. Dessa forma, a seleção do material bibliográfico deve lançar luzes sobre o tema investigado. Quando a pesquisa trata de um tema/assunto a partir de um autor, a seleção das obras deve considerar conhecer o tema, o autor e o tema/assunto nesse autor. No caso da minha pesquisa, que buscava uma teologia ecológica em Jürgen Moltmann, foi importante selecionar material sobre o tema (teologia e ecologia), sobre o autor (Moltmann) e sobre o assunto no autor (teologia e ecologia em Molltmann). Procurei contextualizá-la e, para isso, foi fundamental conhecer as principais reflexões teológicas sobre a questão (os clássicos), os desafios apresentados e as perspectivas. Com isso, a seleção das obras precisou contribuir com esses objetivos. Além disso, a seleção do material bibliográfico considerou também conhecer as especificidades das produções teológicas do Norte (Europa e Estados Unidos) e do Sul (América Latina). Dessa forma, foi possível ter conhecimento geral sobre o tema pesquisado, perceber a originalidade da teologia ecológica articulada pelo meu objeto de estudo (Moltmann) e ainda buscar a originalidade do meu trabalho.

O pesquisador que estuda um autor com vasta produção bibliográfica, como foi o meu caso, e com diversidade de temas por ele abordados, precisam ter as atenções também voltadas para a delimitação do tema proposto. Pelo fato de o meu objeto de pesquisa ter iniciado suas publicações na década de 1960 (e desde então não parou de escrever), a seleção do material bibliográfico concentrou-se em seus dois grandes projetos: o primeiro foi aquele que Rosino Gibellini (1998, p. 26) chamou de *Trilogia da esperança* (1964-1975)[2]. O segundo, após um perío-

---

2 Uma boa introdução a essa trilogia da esperança pode ser encontrada no interessante artigo de Etienne Alfred Higuet: "'Teologia da Esperança': primeiro balanço crítico". In: *Renasce a esperança*. São Bernardo do Campo: IEPG, 1995 [Estudos de Religião, 11].

do de transição (1975-1980), o próprio Moltmann qualificou como *Systematische Beiträge zur Theologie* (Contribuições Sistemáticas para a Teologia), cujo período é de 1980 até 1999. Além das obras que elencam esses projetos há paralelamente muitos artigos e outros livros que resultam de palestras e que alargam e aprofundam as reflexões iniciadas. Isso faz com que o desafio seja ainda maior para o pesquisador. O material bibliográfico selecionado do autor evidentemente teve de considerar esses dois empreendimentos. Contudo, o tema por mim estudado no autor foi desenvolvido de modo sistematizado no período das *Contribuições*. Nesse sentido, a seleção do material bibliográfico, tanto as obras do autor quanto as que falavam sobre o autor, teve como alvo primeiro as obras que se remetiam a esse período (1980-1999).

Quanto à seleção do material bibliográfico do tema, uma estratégia que o pesquisador pode adotar é rastrear as obras indicadas no interior das produções do próprio autor pesquisado. Esse procedimento auxilia a colocar o pesquisador em contato com os referenciais teóricos do autor pesquisado, ajuda a perceber quem são seus interlocutores e mostra ainda a originalidade (se houver) da temática abordada no autor investigado. Mas, além de seguir os rastros deixados pelo autor, na seleção do material bibliográfico é fundamental que o pesquisador faça uma busca cuidadosa de artigos publicados na área de Ciências Humanas em geral e principalmente nas Ciências da Religião e Teologia em particular. O objetivo desse procedimento é saber o que está sendo discutido sobre o tema escolhido, quais os principais conceitos e como eles são articulados. Outro passo igualmente importante é também pesquisar, na área, as teses, as dissertações e os livros que abordam a temática investigada. De posse de todo o material selecionado é necessário fichá-lo, analisá-lo, resenhá-lo, ou seja, a dinâmica básica é ler e anotar. Finalmente, nessa etapa de seleção do material bibliográfico, é preciso que o pesquisador fique atento ao seu cronograma de atividades para que esse período não se estenda de tal modo que possa comprometer as outras etapas da pesquisa e ultrapassar o prazo de conclusão do trabalho. Assim, em pesquisas que se ocupam de um autor e também de um tema exige-se que as obras rastreadas devem ter essas preocupações fundamentais.

Para caminhar rumo à conclusão deste item, julgo pertinente destacar que a pesquisa teológica é, de fato, predominantemente teórica, como foi possível perceber pela breve exposição até aqui apresentada, pois está voltada para a reconstrução de conceitos e discussão de ideias que visam o aprofundamento de seus fundamentos. Nesse sentido, a teologia é tecida num jogo de linguagem próprio, que define a pertinência do seu saber. Como em todo jogo, não é diferente e possui regras. Nesse caso, o discurso teológico é regido ou regrado por exigências racionais. Conforme Clodovis Boff, a linguagem teológica se caracteriza por sua criticidade, isto é, pelo controle vigilante de suas operações. Esse controle se exprime no esforço do rigor analítico (BOFF, 1978, p. 384). Isso não impede – e em alguns casos é o que se exige, como é o caso da Teologia da Libertação[3] – que ela possa incidir na prática. Na verdade, Clodovis Boff e os teólogos e as teólogas da libertação insistem nesse aspecto. Nesse sentido, antecipo aquilo que apresentarei mais adiante, ou seja, o que ocorre na teologia é uma relação dialética entre a prática e a teoria. Com isso, a teologia é teórica, como afirmei acima, mas também prática (BOFF, 1998, p. 397).

Essa dimensão crítica da teologia deverá ser retomada mais adiante, pois agora não é o momento ainda de avançar nessa discussão e também na questão do lugar da Teologia no quadro de disciplinas das Ciências da Religião. Neste momento é suficiente oferecer apenas esses aspectos da pesquisa teórico-bibliográfica destacando que no âmbito dos estudos teológicos e das ciências das linguagens da religião prevalece a pesquisa teórica e bibliográfica. Isso não significa que haja superioridade de um procedimento investigativo sobre o outro. Nesse sentido, a pesquisa teórico-bibliográfica, como mostrei acima, é a tomada de decisão por um tipo de pesquisa que tem como característica a análise de uma determinada teoria. Ou seja, a pesquisa teórica não é a opção pela intervenção imediata na realidade.

Contudo, isso não atesta a sua falta de importância, pois essa importância deve ser vista a partir do papel que desempenha em criar as condições adequadas para a intervenção na realidade. Por outro lado, como é possível supor, isso também não a coloca em posição de superioridade em relação à pesquisa aplicada.

---

3 Mais adiante apresentarei brevemente esse movimento que representou significativa renovação metodológica no campo dos estudos de religião em geral e em particular das pesquisas e do fazer teológico.

Ciência moderna, Ciências da Religião e Teologia

Este item tem proposta mais reflexiva, pois trata-se de um convite para pensar a relação entre as Ciências da Religião e a Teologia no âmbito da compreensão de ciência. Com isso, pode-se pensar na contribuição que os estudos de religião, a partir das Ciências da Religião e da Teologia, podem oferecer à compreensão da noção de ciência. Portanto, o que proponho nesta oportunidade não tem a pretensão de ir além de um convite à reflexão, isto é, este item não propõe alçar voos mais altos, como se aventurar a solucionar problemas ou oferecer alguma síntese sobre o que é ciência. Ou seja, o leitor não encontrará aqui uma palavra final sobre a compreensão de ciência, mas alcançarei meu objetivo exatamente se, nas breves linhas desenvolvidas, promover reflexões sobre variadas formas de se pensar a noção de ciência.

No rastro dessa reflexão caberá espaço para pensar, ainda que muito brevemente, sobre a criação da nova área da avaliação proposta pela Capes (Ciências da Religião e Teologia), cujo debate sugere carregar alguns pressupostos na compreensão acerca de ciência[4].

Os estudos de religião, mais especificamente as Ciências da Religião no Brasil, são marcados pela pluralidade metodológica, como tenho insistido afirmar aqui neste capítulo. Essa pluralidade de achegas e de procedimentos metodológicos são algumas de suas marcas positivas na abordagem do fenômeno religioso, ou seja, muitas vozes, muitos recursos analíticos, muitas disciplinas para maior e mais adequada aproximação ao fenômeno estudado.

Nesse sentido, compreendo que a teologia se insere nesse contexto de diversidade disciplinar e metodológica como mais uma contribuição no quadro de disciplinas de investigação das Ciências da Religião no Brasil. Julgo neste momento ser oportuno retomar este tema da presença da teologia no quadro das Ciências da Religião no âmbito de uma reflexão metodológica. Isso se justifica, entre outros aspectos, também pelo fato de abordar neste capítulo aspectos metodológicos a partir da minha trajetória acadêmica, que aconteceu predominantemente no

---

4 Durante a produção deste capítulo, o Conselho Superior da Capes publicou a Portaria 174/2016 sobre a criação da área de avaliação Teologia. Essa decisão gerou desconforto e muitos debates no interior dos PPGs de Ciências da Religião e de Teologia, que foram levados até o Conselho Superior da Capes. No dia 28 de março de 2017, após debates e proposições dos PPGs foi decidido que o nome da área 44 passaria a ser Ciências da Religião e Teologia, conforme a decisão da Anptecre em 2012.

interior dos Programas de Pós-Graduação em Ciências da Religião e Teologia, respectivamente mestrado e doutorado.

A presença da teologia já foi objeto de algumas reflexões no âmbito das Ciências da Religião e Teologia no Brasil, mas não é meu objetivo reconstruir toda essa discussão aqui nestas poucas linhas. Contudo, devo apenas pontuar alguns aspectos que devem ajudar na contextualização da discussão e provocar algumas reflexões. Nesse sentido, devo dizer que o Professor Etienne Higuet, para citar uma reflexão um pouco mais recente, abordou o tema da presença da teologia no quadro das Ciências da Religião trazendo à tona a última aula proferida pelo Professor António Gouvêa Mendonça na Universidade Metodista de São Paulo (um dos primeiros professores do Programa de Pós-Graduação em Ciências da Religião naquela universidade). Higuet coloca em relevo o fato de que qualquer discussão sobre a cientificidade ou não cientificidade da teologia seria inócua, pois o debate sobre o que é ciência já inviabiliza a própria discussão acerca desse questionamento, uma vez que não há consonância quanto à compreensão do que é ciência.

O mais adequado e o mais importante nesse aspecto, segundo ele, é que a teologia também deve se submeter às críticas epistemológicas, tal como as outras disciplinas das Ciências Humanas, e deve abstrair tanto suas características eclesiais quanto normativas (HIGUET, 2012, p. 346). Este é um aspecto fundamental para essa discussão, que evidentemente não se encerra aqui.

Existe outro aspecto mais concreto e muito recente que também motiva essa discussão sobre a presença da teologia no quadro das Ciências da Religião. Ou seja, trazer à baila essa discussão é oportuno neste momento, tendo em vista a surpreendente decisão do Conselho Superior da Capes (Portaria 174/2016) de criar a área de avaliação com o nome *Teologia*[5] e não *Ciências da Religião e Teologia*, como foi decidido em sua assembleia ordinária realizada em 2012 e proposto pela Anptecre à Capes.

Ao mesmo tempo em que foi celebrada a autonomia de uma área de avaliação, é impossível deixar de destacar que o nome dado a essa nova área também causou muito estranhamento, desconforto e debate nos Programas de Pós-Graduação, na Anptecre e também na Capes, culminando com a acertada alteração para *Ciências*

---

5 Ciências da Religião e Teologia faziam parte da Área Filosofia/Teologia com a subcomissão Teologia.

da Religião e Teologia. A nomenclatura *Teologia* não é capaz de abarcar a pluralidade de estudos e pesquisas que são realizados pelos Programas de Pós-Graduação (PPG) que integram a área e a Associação. Basta dizer que nem todos os PPGs da área e da Anptecre são de teologia ou mesmo comportam a teologia no quadro das disciplinas das Ciências da Religião.

Além disso, a decisão arbitrária do Conselho Superior da Capes sugere que há certa "santificação" que recai sobre o termo *ciência*, que, ao que parece, não deve ser – ou não deveria ser – maculado com os estudos acadêmicos de religião que são produzidos no Brasil. Assim, a rejeição à nomenclatura *Ciências da Religião e Teologia*, proposto pela Anptecre, e a opção somente pelo segundo termo do par proposto, oportuniza o questionamento sobre o que/quem pode ou não carregar o qualitativo da *ciência*.

Quem se aventura nas pesquisas no campo dos estudos de religião e em particular das Ciências da Religião, e em menor intensidade no âmbito específico da teologia, percebe que esse debate ainda está muito envolvido nessa discussão sobre o que é ciência. Não é meu objetivo neste item problematizar os diversos aspectos que envolvem essa discussão acerca da compreensão de ciência, mas devo pontuar apenas alguns aspectos que estão conectados aos objetivos deste capítulo. O pensamento moderno promoveu contínua reorientação da importância do papel da religião, que se distanciava do âmbito da racionalidade rumo à irracionalidade.

Nesse contexto moderno emergente, a religião pode oferecer respostas relacionadas às questões da existência humana, mas não possui o conhecimento racional da ciência (ARAUJO, 2008). Portanto, a compreensão moderna de ciência esvaziou significativamente qualquer sentido que a religião podia emprestar à vida e, nesse sentido, a religião foi deixada à margem da tarefa científica.

Uma vez mais eu sublinho que quem se lança na jornada da pesquisa no campo das Ciências da Religião e Teologia deve considerar que, enquanto o positivismo do século XVIII deu músculos à consciência filosófica da ciência moderna, com suas primeiras formulações no racionalismo e no empirismo, o século XIX testemunhou o surgimento de novas ações metodológicas, sobretudo no âmbito das Ciências Humanas, que são de cunho interpretativo e compreensivo. Assim, foram propostos novos desafios críticos investigativos. O domínio absoluto de um modelo teórico, liderado pelo cálculo matemático e o experimentalismo, foi abalado através de questionamentos e da reivindicação de ampliação da noção de ciência para além do modelo empírico-formal rumo às ciências hermenêuticas (DILTHEY, 2010).

Sociedades com características de diversidade cultural e religiosa, como é o caso da brasileira, mostraram o limite epistemológico que as ciências apresentavam no século XVIII quando estudaram sociedades com características de diversidade cultural. Algumas dessas limitações epistemológicas e metodológicas foram apontadas por Boaventura de Sousa Santos, que fez críticas severas à epistemologia positivista. Segundo o autor português, foi o positivismo do século XVIII que fortaleceu a consciência filosófica da ciência moderna, que tem suas primeiras formulações no racionalismo de René Descartes e no empirismo de Francis Bacon (SANTOS, 2010, p. 33). Nesse sentido, o campo de estudo de religião no Brasil, notadamente as Ciências da Religião, pode ser interpretado também a partir da perspectiva desse esgotamento epistemológico e metodológico das ciências.

Convém esclarecer ainda que não é meu objetivo aqui problematizar toda a história das Ciências da Religião desde o século XIX. Contudo, impõe-se destacar que Wilhelm Dilthey, entre outros aspectos, denunciou os limites do modelo empírico-formal de ciência e apontou, ao mesmo tempo, que esses limites representam o início das ciências humanas (DILTHEY, 2010, p. 23). O ponto fundamental trabalhado no programa de Dilthey, tem a ver com a preocupação que aponta os limites entre as *Geisteswissenschaften* (Ciências do Espírito ou Ciências Humanas) e as *Naturwissenschafften* (Ciências da Natureza). Para Dilthey era necessário um modelo científico que fosse além do modo analítico-explicativo de lidar com os fenômenos, mas que pudessem ser a unidade vital desses fenômenos. Enquanto as ciências naturais explicam fenômenos e criam modelos explicativos para eles, as ciências humanas não lidam com os fenômenos de modo analítico-explicativo, antes buscam a unidade vital desses fenômenos (DILTHEY, 2010, p. 43).

Por meio do trabalho das ciências humanas, notadamente através da via hermenêutica, a religião teve a chance de retomar a importância de ser assumida como tarefa de atividade de investigação científica. Alguns campos das ciências humanas (como é o caso, p. ex., das ciências sociais empíricas, especificamente destaco a sociologia e a antropologia) assimilaram, em alguma medida, o modo de operar que foi determinado pelas ciências da natureza (cf. WACHHOLZ, 2011, p. 210; HIGUET, 2006, p. 38).

Aqui ganha força aquilo que posso chamar de lógica da exclusão que determina e conduz as tarefas. Essa lógica pressupõe a ideia segundo a qual entende que são as ciências empíricas que podem alcançar o *status* de ciência no quadro das ciências humanas. Ou seja, assim como a noção de ciência (ciência moderna) operou com a lógica da exclusão, isto é, operando arbitrariamente com um método e decidindo a partir da dedução do conteúdo do conceito de ciência, e toma a decisão, a partir desse conteúdo, sobre "quais são as ocupações intelectuais que merecem o nome e o *status* do conceito de ciência" (DILTHEY, 2010, p. 15), também entre as ciências humanas há, por parte de alguns, processos de exclusão de outras possibilidades metodológicas serem reconhecidas como ciência. Esse é o caso da teologia.

A exclusão da Teologia do quadro disciplinar das Ciências da Religião se origina na compreensão de que somente as ciências empíricas têm o estatuto de ciência. Caracterizam-se aí os equívocos com as noções tanto de ciência quanto de teologia. O avanço na compreensão de ciência atualmente permite pensar que ela não deve ser limitada ao modelo empírico-formal, mas deve ser estendida às ciências hermenêuticas, em que estão significativamente a categoria de *sentido*. De igual forma, é limitado e limitador ainda pensar que a teologia seja tomada apenas como justificação racional da revelação divina (HIGUET, 2006, p. 38).

Neste momento, para a finalidade deste capítulo, é suficiente salientar que a ampliação da noção de ciência oferece a possibilidade de trazer a pertinência do discurso sobre a religião e da teologia – esta, já não apenas como sistematizadora dos conteúdos da mensagem cristã, mas também como importante disciplina dos estudos de religião. Portanto, não é exagero dizer que a nomeação da área (Teologia), ainda que a decisão tenha sido modificada, conforme acima aludido, certamente teve o primeiro par – *Ciências da Religião* – excluído pelo pressuposto de que os estudos de religião no Brasil não "merecem" a nomeação de ciência, que reflete em grande medida a compreensão que predomina nos círculos acadêmicos em geral e também, de modo particular, entre as ciências humanas sobre ciências.

Teologia no âmbito das Ciências da Religião

No âmbito dos estudos da religião e, de modo mais específico, das pesquisas em teologia, das linhas de pesquisa das ciências das linguagens da religião e epistemologia das Ciências da Religião, não é exagero dizer que as pesquisas teóricas predominam em relação às pesquisas aplicadas. Isso, evidentemente, não exclui o fato de que é possível realizar pesquisa aplicada no campo dos estudos da teologia ou das ciências das linguagens da religião. Vale lembrar novamente que a relação da teologia com as Ciências da Religião enfrentou a resistência de alguns autores que privilegiam o fundamento empírico como sendo aquele que pode identificar esse campo de investigação. Para Giovanni Filoramo e Carlo Prandi, apenas para citar exemplos muito conhecidos do que afirmei, o método indutivo é assumido como delimitador das fronteiras das Ciências da Religião, sem haver espaço para a teologia e a filosofia no grupo de disciplinas que investigam o fenômeno religioso (FILORAMO & PRANDI, 1999, p. 22).

Diferentemente dos autores supracitados, defendo a permanência da Teologia entre as disciplinas que investigam o fenômeno religioso. Contudo, um aspecto que não deve deixar de ser considerado é como deve ser essa teologia, isto é, "de qual teologia estamos falando?", para lembrar as palavras do saudoso Professor Afonso Ligorio Soares (2007, p. 289). A pergunta é necessária, inclusive pela sua longa tradição e suas diferentes escolas. Como apontei anteriormente, a teologia possui uma instância crítica que lhe permite ser inclusive crítica de si mesma. António Gouvêa Mendonça chamou a atenção para essa natureza da teologia, que justifica sua presença entre as disciplinas das Ciências da Religião.

> Funciona, num primeiro momento, no campo das Ciências da Religião, como crítica interna da própria teologia, fornecendo chaves hermenêuticas para a compreensão da instituição religiosa num dado período histórico e, num segundo momento, como narrativa metódica da construção do pensamento teológico e recebe, neste caso, o nome de teologia da cultura (MENDONÇA, 2001b, p. 145-146).

Há certamente algumas pistas apontadas nessa compreensão e que permitem compreender a teologia de modo mais amplo, no interior das Ciências da Religião. Neste item o objetivo é abordar alguns aspectos que envolvem e justificam a presença da teologia no quadro de disciplinas das Ciências da Religião. Abordarei esses aspectos a partir da minha trajetória de pesquisa, que envolve a influência da Teologia da Libertação (TdL), e os seus consequentes impactos metodológicos e práticos que surgiram, e também a relação entre teologia e literatura. Tanto a TdL quanto a relação entre teologia e literatura (relação entre estudos teológicos e estudos literários) refletem, cada uma a seu modo, interessantes estratégias metodológicas que ampliam a capacidade de abordagem da teologia e a pertinência de seu discurso e de envolvimento nas vivências humanas. E essa capacidade de ampliação temática e discursiva se dá na medida em que se estendem seus diálogos, suas alianças, seus intercâmbios com outros campos.

Até certo ponto, a teologia no Brasil fortaleceu a ideia de que os estudos de religião deveriam, de algum modo, passar pelas ciências sociais, na medida em que esse estudo interdisciplinar da religião realizado no Brasil se funda a partir de base resultante da aliança entre teologia e ciências sociais. A Teologia da Libertação (TdL) é forte contribuição para uma reflexão nesta direção, pois sua base teórica não se assenta na filosofia, na metafísica da substância, antes a TdL tem nas ciências sociais as suas interlocutoras preferenciais para o fazer teológico. Ou seja, no lugar da tradicional "*Mediação Filosófica*" (BOFF, 1978, p. 46), que marcou a teologia ao longo de sua não curta história, a "Mediação Socioanalítica" é o grande diferencial metodológico da TdL e que contribuiu significativamente para a agenda dos estudos acadêmicos da religião no Brasil (DREHER, 2008, p. 159). Nessa perspectiva metodológica, a teologia (a TdL) rejeitou aquilo que Clodovis Boff qualificou como "tendência ao especulativismo" para se fazer ato segundo das "análises empíricas e positivas" da realidade sócio-histórica na qual se encontrava (BOFF, 1978, p. 46-47).

É flagrante que os teólogos da libertação se valeram do instrumental teórico marxista para que pudessem extrair suas análises e conceitos que foram de fundamental importância para a compreensão da realidade social na América Latina em geral e em particular no Brasil. Esse marxismo, que teve grande influxo na TdL da América Latina, não adota, como é fácil supor, a ideologia ateísta do marxismo e essa não era a sua preocupação central. Clodovis e Leonardo Boff adotam postura crítica ao marxismo rejeitando exatamente o ateísmo e o materialismo marxista, mas, ao mesmo, valem-se da dialética marxista como o instrumental adequado para suas análises dos mecanismos que geram a opressão na América Latina (BOFF & BOFF, 2001, p. 50-51)[6].

---

6 Um bom estudo sobre a relação da Teologia da Libertação e o marxismo ou marxismos é encontrado na tese de Ênio Mueller, que se transformou em livro: *Teologia da Libertação e marxismo*. Nessa obra são estudados os principais nomes da Teologia da Libertação e como cada um deles se apropriou do marxismo. A referência completa está no final deste capítulo.

Por isso, é adequado dizer que o marxismo confere à teologia novo fôlego, oferece novas possibilidades porque foi determinante para robustecer noções teológicas importantes como pobres, história, política e práxis. Conforme esclarece o texto seminal de Gustavo Gutiérrez, "refletir a partir da práxis histórica libertadora é refletir à luz do futuro em que se crê e se espera, é refletir com vistas a uma ação transformadora do presente" (GUTIÉRREZ, 1979, p. 27).

O sentido de libertação proposto pela TdL remete-se à compreensão da tradição cristã, paulina, que, segundo afirmam os irmãos Boff, trata-se de "uma liberdade radicalmente nova na sua concepção e na sua realização" (BOFF & BOFF, 2001, p. 52). Portanto, os anseios de libertação que alimentavam os teólogos da América Latina incluíam também, além do sentido cristão, o aspecto político-social, almejando alinhar-se à reivindicação atual de salvação do ser humano de modo integral. Esse era o sentido que os irmãos Boff chamavam de uma fé não alienada (BOFF & BOFF, 2001, p. 145-146).

A preocupação com a ação transformadora, acima mencionada, motivou o sociólogo Michael Löwy a entender que a TdL não poderia ser compreendida somente como um discurso teórico ou somente como um novo método teológico, antes deveria ser entendida como um *movimento* que se iniciou na década de 1960. Com isso, Löwy propôs um nome que pudesse alcançar a amplitude desse movimento: *Cristianismo da libertação*. Ou seja, trata-se de um conceito mais amplo do que "teologia" e "igreja" na medida em que inclui não apenas a cultura religiosa, mas também o aspecto social (LÖWY, 2000, p. 57). Portanto, a dimensão teórica e a dimensão social estão conjugadas no cristianismo da libertação.

Convém não ignorar os ganhos que essa postura metodológica proporcionou ao fazer teológico e aos estudos da religião no Brasil. A reivindicação da TdL era precisamente de aproximação à realidade concreta, com a postura de não ser insensível à dura realidade vista a partir dos grupos socialmente mais pobres e oprimidos. Isso evidentemente não deve impedir a percepção de que a opção por essa via epistemológica, que privilegia dimensões objetivas em detrimento das dimensões subjetivas, e por essa orientação metodológica representa certo prejuízo para o conhecimento do objeto (a religião). Nesse sentido, o risco é a perda de certas especificidades da religião e, mais ainda, o risco é não se alcançar o próprio objeto.

Mas, seguindo na pista da "aliança" entre teologia e sociologia, devo dizer que em termos teóricos ela aponta, entre outras possibilidades, para algo interessante e muito fecundo para o fazer teológico atual e para os estudos de religião em geral, isto é, aponta para as relações que a teologia estabelece com outros campos do saber. Esse aspecto está diretamente relacionado ao que desenvolvi em minha pesquisa de doutorado, quando estudei a relação entre teologia e ecologia.

Mesmo sofrendo forte influência da TdL e percebendo os ganhos que ela proporcionou aos estudos de religião em geral e à teologia em particular, procurei, em minhas pesquisas, avançar na abordagem metodológica e também temática. O viés temático abordado em minha dissertação de mestrado (a pneumatologia) historicamente foi deixado à margem dos estudos teológicos. A TdL seguiu essa tendência e suas abordagens ficaram centradas na cristologia (cristocentrismo), como fez a abordagem teológica clássica. José Comblin, teólogo latino-americano nascido na Bélgica, adotou postura crítica no interior da TdL ao mostrar que esta, enquanto crítica da teologia ocidental, assumiu também os seus limites. Com isso, a TdL, mesmo como teologia da *práxis*, não reservou ao Espírito o lugar central, pois, para Comblin, abordar o cristianismo pelo ângulo da *práxis* deve necessariamente conduzir ao Espírito porque este, segundo ele, realiza sua obra no mundo através da ação (COMBLIN, 1982, p. 22-23).

Meu trabalho nesse período de pesquisa (mestrado) se alinhava à supracitada perspectiva de superação de uma chave hermenêutica (cristocêntrico e eclesiástico) e apontava para uma alternativa de reflexão sobre a religião e de fazer teologia a partir das experiências do Espírito. Nesse sentido, minha pesquisa propôs a reconstrução e reelaboração do edifício teórico e da teologia, assim como o seu discurso, em chave pneumatológica a partir da teologia de Jürgen Moltmann. Ao privilegiar esse aspecto, a pesquisa estava alinhada também à centralidade que o Espírito ocupa nas comunidades religiosas. Nesse caso, os movimentos carismáticos e os pentecostais, sem dúvida, representam fontes de constantes reelaborações e produções de novas experiências e de novas abordagens. Contudo, mesmo em consonância com a superação da chave hermenêutica clássica (cristologia e eclesiologia), conforme criticou Comblin e como afirmei no início deste parágrafo, minhas pesquisas não privilegiavam a teologia como ato posterior da análise social (como é o caso da TdL), antes, ao dialogar com os movimentos carismáticos e pentecostais, a pesquisa estava preocupada com as produções simbólicas que dali surgiam e surgem. Ou seja, o interesse recaía muito mais sobre o que essas experiências produzem e o sentido que elas conferem através dessas linguagens, do que com os movimentos e com a análise de viés econômico que poderia levar a perda de aspectos específicos da religião.

Ainda no rastro das alianças que a teologia fez com outros campos do saber, quero apontar um que também sempre esteve no raio de meus interesses de investigação. Na verdade, devo enfatizar que uma das grandes estratégias que renovou e ampliou a pesquisa teológica foi estender alianças ou diálogos, como alguns podem preferir, com outros campos do saber. Esses diálogos conferiram e ainda conferem renovação de interesse à pesquisa teológica, que vão além da já conhecida justificação racional da fé. Nesse sentido, a teologia, assumida como um dos campos dos estudos da religião, das Ciências da Religião, não se limita a provas racionais ou apenas para dar plausibilidade à revelação religiosa. Tampouco ela se limita a um esforço teórico para mostrar a superioridade do cristianismo em relação às demais expressões religiosas. Segundo Higuet, a teologia, como uma das disciplinas das Ciências da Religião, "apresenta-se como uma hermenêutica da dimensão radical de sentido ou da dimensão religiosa das culturas."

A teologia, a partir dessa linha de raciocínio, tem como ponto de partida para sua articulação a "experiência humana concreta" (HIGUET, 2006, p. 41). A teologia está situada numa determinada tradição cultural e religiosa, mas isso necessariamente não significa que ela "canoniza" as especificidades dessa tradição, pois a sua relação deve ser de diálogo com a diversidade simbólica da tradição, que é dinâmica e sincrética, como é o caso do Brasil. Os juízos normativos emitidos pela teologia advêm dessa relação (HIGUET, 2006, p. 42-43).

Conforme já anunciei, o trabalho teológico atual é também marcado fortemente pelo diálogo com a literatura. Minha trajetória de pesquisa também é marcada por esse interesse de diálogo entre esses dois campos. Evidentemente, esse interesse não foi somente meu, pois nos últimos anos observa-se o crescente interesse pela aproximação entre a teologia e a literatura ou, de modo mais preciso, entre a teologia e os estudos literários. A primeira relação que se pode estabelecer entre teologia e literatura é através do método chamado de *leitura teológica extraída de uma obra literária* (BARCELLOS, 2001, p. 67).

Nesse método a teologia não apenas reflete criticamente sobre os seus conteúdos e sua linguagem, mas também faz de uma realidade humana qualquer objeto de reflexão teológica. Ora, se a literatura é testemunha de uma realidade humana, é perfeitamente possível afirmar a viabilidade de uma leitura teológica de qualquer texto literário. O teológico propriamente dito, nesse caso, é o método de leitura que se aplica à obra. Ou seja, o texto literário é o objeto (*objeto material*) a partir do qual é elaborado o teológico propriamente dito (*objeto formal*).

O trabalho desenvolvido por Antonio Manzatto (1994), a partir da obra de Jorge Amado, é bom exemplo do método supramencionado. Manzatto destaca a importância da literatura na compreensão da realidade humana, conforme ele afirma: "Se a sociologia pode dar uma ideia de certas estruturas, é a literatura quem nos põe em contato com uma face da realidade humana vivida e sentida" (MANZATTO, 1994, p. 37). Manzatto vale-se da visão antropológica de Jorge Amado, conferindo-lhe uma interpretação teológica. Para ele, "o caráter antropológico da literatura que é importante para a teologia" (MANZATTO, 1994, p. 69).

O que se tem com esse método é a literatura no lugar da filosofia e das ciências humanas aplicadas oferecendo a quem faz teologia a visão da realidade sobre a qual se quer refletir teologicamente. Assim, Manzatto entende que os romances, como são essencialmente antropológicos, são terrenos ideais para discussões de questões teológicas. Como se pode perceber nesse método, a leitura teológica é posterior à exposição da realidade humana vivida oferecida pela literatura.

Outro modo de conceber a relação entre teologia e literatura, na perspectiva do diálogo, com o qual me deparei foi proposto por Karl-Joseph Kuschel através do *método da analogia estrutural*. Este método busca estabelecer uma via de mão dupla entre literatura e teologia, de tal maneira que possa haver mútua contribuição e correção. Analogia significa que as correspondências são assumidas, assim como as diferenças são definidas. Com isso, fica garantida a independência de cada uma das aproximações à realidade. Ou seja, a alteridade da literatura não é ferida e nem o mundo fica sujeito a um processo de cristianização defendido por uma teologia. São destacadas, portanto, as diferenças entre teologia e literatura (KUSCHEL, 1999, p. 222).

Nas palavras do próprio Kuschel: "objetiva-se aqui uma teologia que procure o diálogo com a literatura em favor do próprio discurso teológico acerca de Deus, sem incorrer, de sua parte, em mera adaptação cultural ou na nivelação anuladora de uma ausência de contornos claros para si mesma... Em suma... uma estilística do discurso adequado para falar de Deus nos dias de hoje" (KUSCHEL, 1999, p. 223).

Em minhas investidas nessa linha de pesquisa percebi que com Kuschel a questão do diálogo é algo muito valorizado no teólogo alemão e, por isso, seu esforço de conduzi-lo com seriedade fica evidente. Com isso, revela-se a dificuldade de enfrentar uma pesquisa nessa perspectiva e de manter o diálogo entre dois campos distintos e, inicialmente, irreconciliáveis de pesquisa. Há sempre o risco de um campo ser subsumido pelo outro campo, conforme ele denuncia que há em outros métodos que são analisados por ele. Portanto, em um diálogo deve sempre ser resguardada a dignidade dos dois campos, caso contrário não haverá diálogo.

Abordo agora, nesta rápida investida, outro modo de conceber a relação entre teologia e literatura, que se faz quando o próprio texto literário já propõe uma reflexão teológica. Isso acontece quando a obra – mesmo que seja de autoria ateia ou agnóstica – constrói eu-poético, personagens ou narradores que se inserem em uma tradição cultural religiosa (BARCELLOS, 2001, p. 70). A partir desse interior cultural religioso, o texto pode levantar questões e proposições que permitem repensar elementos mordentes referentes à fé cristã. Esse procedimento se dá não apenas no reconhecimento de que a produção literária, por estar num contexto histórico-cultural marcado pela religião, terá que lidar com os temas religiosos.

É importante sublinhar que neste caso não está em questão a fé ou a falta de fé do autor da obra. Sua fé não faz diferença, pois o que se torna objeto da análise é um conjunto literário e linguístico que envolve a reflexão teológica. Esse método pode ser chamado de *teologia no interior da obra literária*. Utilizei e utilizo esse método ao mergulhar no universo da ficção para pesquisar algumas obras da literatura brasileira que trazem temas, personagens ou narradores que abordam, de algum modo, a religião em geral.

Existem alguns bons exemplos na literatura brasileira dessa reflexão religiosa e ou teológica que acontece no interior da obra. Adélia Prado, poeta mineira, é certamente bom exemplo para exprimir a presença de reflexão teológica no interior da obra literária, como pode ser visto no poema *A catecúmena* (PRADO, 1991, p. 145):

> Se o que está prometido é a carne incorruptível, é isso mesmo que eu quero, disse e acrescentou: mais o sol numa tarde com tanajuras, o vestido amarelo com desenhos semelhando urubus, um par de asas em maio é imprescindível, multiplicado ao infinito, o momento em que palavra alguma serviu à perturbação do amor. Assim quero "venha a nós o vosso reino". Os doutores da Lei, es-

tranhados de fé tão ávida, disseram delicadamente: vamos olhar a possibilidade de uma nova exegese deste texto. Assim fizeram. Ela foi admitida; com reservas.

Há no texto adeliano, acima citado, uma total autonomia como literatura e, ao mesmo tempo, interessantes desafios teológicos, pois apresenta uma reflexão sobre aspectos importantes da teologia. A condição de finitude (carnal) e sua relação com o símbolo da encarnação, com uma compreensão do Reino de Deus extremamente humana são tratados criticamente no texto; é central a incorruptibilidade do corpo que manifesta o desejo de viver e crer.

A problematização é crítica a um discurso religioso e teológico e mostra a dificuldade que representantes oficiais da instituição têm para lidar com outras experiências da verdade que defendem. Ou seja, mesmo resguardando sua autonomia de texto literário, o poema configura-se como uma fecunda reflexão sobre importantes categorias teológicas e para a existência humana. Nesse sentido, a reflexão teológica está no interior da obra, no eu-poético, no universo ficcional tecido por Adélia Prado.

Não obstante a variedade de métodos, o diálogo entre os estudos teológicos e estudos literários trouxe muitos ganhos à pesquisa teológica. Entre outros, sem querer estabelecer qualquer hierarquia ou julgar o que pode ser mais importante ou mais relevante, eu destaco a possibilidade de ampliação de suportes teóricos. A Teologia da Libertação avançou para além da clássica mediação filosófica, a fim de escapar da pura especulação, em benefício da mediação socioanalítica, fazendo da teologia ato segundo da análise social.

Com os estudos literários/literatura, os estudos teológicos têm na literatura uma fonte de contato com a realidade humana que vai além dos suportes teóricos das Ciências Sociais, da Filosofia e das Ciências Humanas em geral. Contudo, é imperioso registrar que, sem o compromisso de desenvolver o raciocínio neste momento, quem investir energia intelectual em pesquisas que se colocam na perspectiva interdisciplinar deve ter a certeza que enfrentará grandes desafios teóricos que, em geral, não são de fácil solução. Esse foi o desafio que enfrentei durante minhas pesquisas no âmbito do doutorado, ao estabelecer a relação entre teologia e ecologia a partir do pensamento teológico de Jürgen Moltmann.

Relação entre teologia e ecologia: dificuldades, desafios e possibilidades de um estudo interdisciplinar

Minhas pesquisas acadêmicas que marcaram de modo conclusivo uma importante etapa de minha trajetória, materializada na tese de doutorado, inserem-se no amplo quadro das pesquisas teórico-bibliográficas e nos esquadros, não menos amplos, dos estudos acadêmicos de Ciências da Religião e Teologia. Trata-se de uma pesquisa que relaciona dois campos aparentemente irreconciliáveis: ecologia e teologia. Contudo, não se trata apenas de um trabalho temático, como já afirmei anteriormente, pois a pesquisa explorou o tema a partir de um autor, notadamente o teólogo alemão de tradição reformada, Jürgen Moltmann. É importante que haja clareza aqui, pois, de fato, cheguei ao tema por meio do autor, que foi também objeto de pesquisa em meu mestrado. Ou seja, a pesquisa foi concebida tendo como horizonte um autor, cuja produção bibliográfica é muito extensa (a primeira grande obra de Moltmann foi lançada em 1964 e ele ainda se mantém em plena atividade) e que demonstra interesses temáticos diversificados. Nesse sentido, a escolha do tema foi determinada pela relevância e centralidade que ocupava no autor pesquisado.

Portanto, em Moltmann a ecologia e a pneumatologia[7] ocupavam o centro de suas preocupações teológicas. É bom que se diga também que seria perfeitamente possível seguir pelo caminho inverso, isto é, partir do tema e chegar a um determinado autor, mas não vou me estender em exemplos dessa natureza.

Essas discussões sobre as relações entre religião e ecologia em meu trabalho aconteceram desde o ponto de vista teológico. Tive como ponto de partida a questão sobre *quem interpreta o mundo* a fim de entendê-lo melhor, ou seja, o ponto de partida foi o da análise interpretativa. Com isso, meu propósito foi de distanciamento da pergunta sobre *quem explica o mundo*, pois esta pergunta remete às ciências exatas, com suas respectivas teorias que explicam o mundo nas suas ligações internas. Por outro lado, a compreensão e suas relações necessariamente acentuam outros aspectos que ultrapassam o reino das abordagens que visam sua explicação, isto é, significa ultrapassar a física e dar voz à teologia e à filosofia,

---

7 Trata-se de uma área da teologia sistemática (dogmática) que se ocupa do estudo do Espírito Santo.

que se fizeram presentes em meu trabalho oferecendo as ferramentas teóricas nas investigações (MOLTMANN, 2012).

Convém esclarecer ainda que ao falar de teologia penso na perspectiva da sua originalidade hermenêutica, ou seja, como aquela que tem a ousadia de emitir opinião, falar sobre qualquer realidade humana significativa, utilizando a mediação das tradições, das narrativas sagradas. Com isso, a teologia pode tratar das coisas religiosas (textos sagrados, espiritualidade) e também de temas e aspectos outros da humanidade como afetividade, trabalho, política, vida, morte... e também de questões relacionadas ao ambiente em que vivemos, do nosso planeta, de ecologia. Portanto, essa foi uma das possibilidades abertas para a realização da pesquisa.

Quanto ao ecológico, percebi que ele se apresenta à teologia muito mais como um desafio do que simplesmente um objeto a ser investigado. Vale dizer que sobre a ecologia recai entendimentos diversos, mas que basicamente pode ser entendida como crise ambiental e como ciência. É relativamente comum entre as diversas mídias e as pessoas em geral tratarem *ecológico* e *ambiental* como sinônimos.

No entanto, na ciência o ambiental é relativo ao ambiente; e o ecológico, por sua vez, é um pensamento científico dentro da biologia, que é uma outra ciência (KERBER, 2006, p. 25-27). Era assim que entendia o criador da expressão, Ernst Häckel, no século XIX. Ou seja, para Häckel, a ecologia era percebida como o relacionamento entre todos os sistemas vivos e não vivos entre si e com o seu meio (BOFF, 2004, p. 147). Aí está, portanto, a novidade da ecologia, pois consiste na superação do estudo isolado dos seres biótico e abióticos, considerando as relações entre eles. Com isso, há duas posições que formam dois polos de entendimento acerca da mesma questão. Uma é de uso vulgar e a outra de uso científico (Biologia). Entretanto, o campo semântico foi ampliado com as famosas ecologias de Félix Guattari (1990): ambiental, social e mental.

Sobre a relação entre teologia e ecologia, cumpre mencionar duas dificuldades que precisei enfrentar durante a pesquisa. A primeira dificuldade é de cunho teórico. Ecologia e ética (FERRY, 1992), ecologia e Bíblia (REIMER, 2006), ecologia e sociologia (LÖWI, 2005), ecologia e política (LATOUR, 2004), apenas para citar algumas expressões, revelam áreas de pesquisas diferentes, além de sugerirem fundamentações teóricas também diferenciadas e que oferecerão compreensões e resultados de pesquisas também diferentes. Meu olhar e minhas atenções durante a pesquisa doutoral, estiveram direcionados somente para a *teologia e ecologia*, que já indica a opção por uma linha de pesquisa.

A outra dificuldade enfrentada estava na perspectiva conceitual, pois não é suficiente conceber uma teologia ecológica apenas conjugando os dois termos: *teologia e ecologia*. Conceber uma relação entre teologia e ecologia somente conjugando os dois termos de modo enunciativo não é suficiente para que se possa caracterizar como um estudo interdisciplinar e afirmar que há diálogo entre dois campos distintos do conhecimento.

Para pensar em um estudo interdisciplinar e pensar em uma teologia ecológica é necessário repensar os termos *teologia e ecologia* a partir de uma perspectiva crítica. Apenas empregar e/ou (re)empregar conceitos antigos de *natureza* e de *teologia* para o estabelecimento das formas de uma teologia ecológica é ficar no meio do caminho de um estudo interdisciplinar e é, em última análise, o mesmo que não fazer teologia ecológica. Minha compreensão durante a pesquisa, e que aqui reitero, é que uma teologia ecológica deve apresentar os termos *teologia* e *ecologia* de tal modo juntos a fim de que forneçam uma perspectiva crítica desde uma avaliação da herança da cultura ocidental e da tradição cristã.

As dificuldades acima mencionadas, tanto teórica quanto conceitual, não são evidentemente exclusivas dos estudos que envolvem a relação entre teologia e ecologia, teologia e literatura ou o estudo da interface da teologia com outro campo disciplinar. Todas essas e outras dificuldades não elencadas aqui se aplicam a todo estudo que quer enfrentar o desafio do diálogo entre campos disciplinares distintos e originalmente irreconciliáveis. Em um estudo que envolve o diálogo é preciso que ambos os campos envolvidos nesse processo tenham a oportunidade de serem ouvidos, pois pressupõe a igualdade de importância dos que estão envolvidos.

Nesse sentido, o importante é que nenhum campo seja subsumido pelo outro, sob pena de não haver diálogo. Além disso, é interessante perguntar pela contribuição que um campo pode oferecer ao outro. Ou seja, qual é a contribuição que os estudos de religião ou os estudos teológicos podem oferecer aos estudos de literatura? Qual é a contribuição que a teologia e as Ciências da Religião podem oferecer ao atual debate ecológico?

Contudo, mesmo com as dificuldades mencionadas e outras que podem ser encontradas, lembro que a teologia reivindica a sua palavra acerca de tudo que envolve o ser humano, não como última palavra ou como a mais importante, como palavra de autoridade. Com isso, a ecologia em seus múltiplos entendimentos também se tornara alvo de interesse na reflexão teológica. Na vasta literatura que se pode encontrar em perspectiva ecológica para uma leitura dos vários aspectos da vida, existe a constante busca para interpretar o modo mais correto de tratar o meio ambiente, ou como fazer um "bom uso da natureza" (LARRÈRE, 1997, p. 16-17)[8]. Isso significa que a ecologia pensada no interior das ciências humanas em geral e em particular no âmbito dos estudos das Ciências da Religião e Teologia tem servido para interpelar criticamente a postura do homem moderno. Uma crítica que implica questionamento dos pressupostos antropológicos (o antropocentrismo) e éticos desse homem moderno, fazendo emergir, assim, a reivindicação de um novo paradigma (KUHN, 1994, p. 218)[9].

Falar da relação dialogal entre teologia e ecologia também impulsiona a colocar em relevo a singular importância que a teologia cristã teve na contribuição da construção do paradigma do homem moderno. Ao fazer tal afirmação, digo ainda que a teologia cristã contribuiu de modo positivo e negativo na formação desse homem moderno à medida que se observa o grande desenvolvimento tecnológico às custas de uma impiedosa destruição da natureza. Isso fez com que a teologia cristã também se tornasse um inevitável alvo das críticas feitas ao relacionamento do homem moderno com seu ambiente, natureza. Nesse sentido a relação entre teologia e ecologia é também uma relação tensa e de interpelação, já que sobre a primeira recai a acusação de pertencer a uma tradição causadora da destruição do meio ambiente.

Outro aspecto que deve ser colocado em pauta na relação entre teologia e ecologia é que ela deve também provocar uma ampliação do interesse à questão ambiental. A ecologia já não é apenas tarefa da ciência, dos ecologistas, dos engenheiros do meio ambiente. Essa abertura significa um importante alargamento do tratamento da questão ambiental a partir de uma visão que quer ultrapassar a compreensão reducionista do mundo, quando deste foi mutilada arbitrariamente

---

8 A tese de Larrère vai ressaltar a ideia de que não se pode utilizar a natureza sem antes estabelecer os critérios do seu uso, mediante o cuidado ético.

9 Paradigma aqui é entendido como um modelo básico interpretativo da realidade. Significa "toda a constelação de crenças, valores, técnicas etc. partilhados pelos membros de uma comunidade determinada".

qualquer dimensão de abertura ao mistério, à afetividade, à transcendência. Essa pode ser uma contribuição das Ciências da Religião, em particular da teologia, à emergente questão ecológica.

Para os estudos da teologia, por outro lado, é interessante refletir na ecologia como impulsionadora da crítica aos pressupostos antropológicos e éticos do homem moderno, uma vez que os problemas ambientais – também chamados de crise ecológica – interpelam os fundamentos da civilização moderna, a saber, a ciência, o individualismo, a autonomia, a industrialização, o consumismo, a técnica, a urbanização. A crítica recai sobre a compreensão do ser humano como medida de todas as coisas, pois isso estabeleceu um distanciamento – também podemos chamar de oposição – entre o ser humano e a natureza (CAPRA, 2006, p. 19-69; CHOMSKY, 2006, p. 59-62; DESCARTES, 2000, p. 114).

Julgo que essas e outras dificuldades e também desafios que se interligam, se interagem, se completam, no campo teórico e prático, são encontradas por quem investe energia intelectual em pesquisas teóricas e que buscam estabelecer diálogos entre campos distintos. Esses foram alguns desafios e dificuldades que enfrentei em minha trajetória de pesquisa doutoral ao relacionar teologia e ecologia.

Considerações finais

A caminhada de pesquisa no campo de estudos de religião, que envolve a área *Ciências da Religião e Teologia*, caracteriza-se muito pela diversidade de procedimentos metodológicos, que significa dizer que há muitas possibilidades de aproximação ao objeto a ser estudado. Isso provoca alargamento da percepção e variedade de discurso sobre ele, pois quem dedica-se ao estudo do fenômeno religioso logo percebe o quanto ele é um objeto de estudo dotado de grande complexidade e, por isso, exige recursos metodológicos diversificados. Nesse sentido, a pluralidade metodológica é um caminho para não cair na armadilha das reduções e simplificações, que não combinam com as Ciências da Religião.

Um dos grandes desafios que se enfrenta no âmbito das pesquisas teórico-bibliográficas está ligado ao fato de que ela se ocupa com a construção de quadros teóricos. Isso exige boa interpretação da realidade da qual se parte e bom domínio de obras variadas e, muitas vezes, em línguas diversas. Assim, esse tipo de pesquisa dedica-se prioritariamente à análise de uma determinada teoria. Com isso, eu diria que essa pode ser uma de suas dificuldades e parte de seus limites, pois ela não está voltada para uma intervenção imediata com a realidade concreta, não obstante o fato de oferecer os recursos teóricos para isso. Isso faz com que os resultados obtidos nesse tipo de pesquisa não sejam no âmbito da possibilidade de intervenção imediata na realidade concreta, mas no campo teórico.

Referências

APPOLINÁRIO, F. *Dicionário de Metodologia Científica*: um guia para a produção do conhecimento científico. São Paulo: Atlas, 2004.

ARAUJO, L.B.L. Racionalização e desencantamento: sobre a releitura habermasiana da obra weberiana. In: COSTA JÚNIOR, J. & MORAES JUNIOR, M.R. (orgs.). *Religião em diálogo*: considerações interdisciplinares sobre religião, cultura e sociedade. Rio de Janeiro: Horizonal, 2008, p. 11-24.

BARCELLOS, J.C. *Literatura e teologia*. Rio de Janeiro: Mauad X/Instituto Mysterium, 2007 [Org. de E.E. Almeida e L. Longuini].

_____. *Teologia e espiritualidade*: uma leitura de *Jeunes Années*, de Julien Green. Bauru: Edusc, 2001.

BOFF, C. *Teoria do Método Teológico*. Petrópolis: Vozes, 1998.

_____. *Teologia e prática* – Teologia do político e suas mediações. Petrópolis: Vozes, 1978.

BOFF, L. *Ecologia*: grito da terra, grito dos pobres. Rio de Janeiro: Sextante, 2004.

_____. *Ecologia, mundialização, espiritualidade* – A emergência de um novo paradigma. São Paulo: Ática, 1993.

CAPRA, F. *O ponto de mutação*: a ciência, a sociedade e a cultura emergente. São Paulo: Cultrix, 2006.

_____. *O Tao da física* – Um paralelo entre a física moderna e misticismo oriental. São Paulo: Cultrix, 1983.

CHIZZOTTI, A. *Pesquisa em Ciências Humanas e Sociais*. 7. ed. São Paulo: Cortez, 2005.

COBB JR., J.B. *Process Theology as Political Theology*. Westminster Press, 1982.

COBB JR., J.B. & BIRCH, C. *The liberation of life*: from the cell to the community. Cambridge: Cambridge University Press, 1981.

DEMO, P. *Metodologia do conhecimento científico*. São Paulo: Atlas, 2000.

DEANE-DRUMMOND, C.E. *Ecology in Jürgen Moltmann's theology.* Lampeter/Ceredigion/Wales: The Edwin Mellen Press, 1997.

DILTHEY, W. *Introdução às ciências humanas*: tentativa de uma fundamentação para o estudo da sociedade e da história. Rio de Janeiro, 2010.

FERRY, L. *Le nouvel ordre écologique* – L'arbre, l'animal et l'homme. Paris, 1992.

GRESCHAT, H.-J. *O que é ciência da religião?* São Paulo: Paulinas, 2005.

GUATTARI, F. *As três ecologias.* Campinas: Papirus, 1990.

HIGUET, E.A. "A teologia em programas de Ciências da Religião". *Correlatio*, n. 9, 2006, p. 37-51. São Bernardo do Campo [Disponível em https://www.metodista.br/revistas/revistas-metodista/index.php/COR/article/view/1726/1717].

_____. "Teologia da Esperança": primeiro balanço crítico. In: *Renasce a esperança.* São Bernardo do Campo: IEPG, 1995 [Estudos de Religião, 11].

JONAS, H. *O princípio responsabilidade* – Ensaio de uma ética para a civilização tecnológica. Rio de Janeiro: Contraponto/PUC-Rio, 2006.

JORANSON, P.N. & BUTIGAN, K. (eds.). *Cry of the environment* – Rebuilding the Christian Tradition. Santa Fé, New Mexico: Bear & Company, 1984.

KERBER, G. *O ecológico na teologia latino-americana*: articulação e desafios. Porto Alegre: Sulina, 2006.

KUHN, T. *A estrutura das revoluções científicas.* São Paulo: Perspectiva, 1994, p. 218.

KÜNG, H. *Projeto de ética mundial*: uma moral ecumênica em vista da sobrevivência humana. São Paulo: Paulinas, 1993.

LANDIM, M.L.P.F. *Ética e natureza no pensamento de Bergson.* Rio de Janeiro: Uapê, 2001.

LARRÈRE, C. *Du bom usage de la nature* – Pour une philosophie de l'environnement. Paris, Aubier, 1997.

LA TORRE, M.A. *Ecologia y moral* – La irrupción de la instancia ecológica en la ética de Occidente, Bilbao: Desclée de Brouwer, 1993.

LATOUR, B. *Políticas da natureza* – Como fazer ciência na democracia. Bauru: Edusc, 2004.

LÖWI, M. *O que é cristianismo da libertação* – Religião e política na América Latina. São Paulo: Fundação Perseu Abramo/Expressão Popular, 2016.

_____. *Ecologia e socialismo.* São Paulo: Cortês, 2005 [Col. Questões da Nossa Época].

MANZATTO, A. *Teologia e literatura*: reflexão teológica a partir da antropologia contida nos romances de Jorge Amado. São Paulo: Loyola, 1994.

McAGUE, S. *Modelos de Deus* – Teologia para uma era ecológica e nuclear. São Paulo: Paulus, 1996.

McDANIEL, J. *With root and wings* – Christianity in an age of ecology and dialogue. Nova York: Orbis, 1995.

MOLTMANN, J. *Ética da esperança*. Petrópolis: Vozes, 2012.

_____. *Ciência e sabedoria*: um diálogo entre ciência natural e teologia. São Paulo: Loyola, 2007.

MUELLER, Ê.R. *Teologia da Libertação e marxismo*: uma relação em busca de explicação. São Leopoldo: Sinodal, 1996.

REIMER, H. *Toda a criação* – Ensaios de Bíblia e ecologia. São Leopoldo: Oikos, 2006.

SANTOS, B.S. *Um discurso sobre as ciências*. 7. ed. São Paulo: Cortez, 2010.

SCHWEITZER, A. *Cultura e ética*. São Paulo: Melhoramentos, 1953.

SOARES, A.M.L. A teologia em diálogo com a Ciência da Religião. In: USARKI, F. (org.). *O espectro disciplinar da Ciência da Religião*. São Paulo: Paulinas, 2007.

STOEGER, W.R. *As leis da natureza*: conhecimento humano e ação divina. São Paulo: Paulinas, 2002.

TILGHMAN, B.R. *Introdução à filosofia da religião*. Petrópolis: Vozes, 1995.

WACHHOLZ, W. Por uma Teologia como ciência e pela *ecumene* das ciências. In: CRUZ, E.R. & MORI, G. *Teologia e Ciências da religião*: a caminho da maioridade acadêmica no Brasil. São Paulo/Belo Horizonte: Paulinas/PUC-Minas, 2011, p. 199-237.

WHITE JR., L. "The historical roots of our ecological crisis". In: *Science*, n. 155, 1967, p. 1.203-1.207.

Dicas de livros e artigos

Livros

1) MOLTMANN, J. *God in creation*: a new theology of creation and the Spirit of God. Mineápolis: Fortress Press, 1990.

Essa obra é uma das mais importantes referências para os estudos que relacionam teologia e ecologia. A partir do ponto de vista teológico, o texto se abre para o diálogo com antigas e novas filosofias naturais e integrais e não mecanicistas. É o que o autor qualificou como método ecumênico. Com isso, demonstra que optar pelo ecológico traz implicações epistemológicas na medida em que a teoria ecológica quer romper com o exclusivismo do pensamento analítico da dicotomia sujeito/objeto para trilhar caminhos novos na aquisição do conhecimento.

2) GUATARI, F. *Três ecologias*. Campinas: Papirus, 1990.

Esse pequeno texto é também clássico, é paradigmático, pois amplia o campo semântico do termo ecologia através das suas famosas ecologias: ambiental, social e mental. Do ponto de vista metodológico, o texto lança pistas sobre o enfrentamento de questões que devem ser, de modo articulado, aquilo que se chama de *ecosofia*.

3) TEIXEIRA, F. (org.). *A(s) Ciência(s) da Religião no Brasil*: afirmação de uma área acadêmica. São Paulo: Paulinas. 2001.

Este é importante porque reflete a visão geral (nascente) de alguns pesquisadores sobre as Ciências da Religião no Brasil. Entre as questões abordadas estão o nome e o lugar da Teologia no âmbito das disciplinas que devem compor os estudos de Ciências da Religião.

Artigos

1) HIGUET, E.A. "A teologia em programas de Ciências da Religião". *Correlatio*, n. 9, 2006, p. 37-51. São Bernardo do Campo [Disponível em https://www.metodista.br/revistas/revistas-metodista/index.php/COR/article/view/1726/1717].

O autor problematiza a presença da teologia no quadro disciplinar dos estudos de religião em geral e em particular dos cursos de Ciências da Religião. Discute os limites e as possibilidades que envolvem a noção de ciência e aponta como a teologia deve ser articulada no quadro disciplinar dos cursos de Ciências da Religião.

2) CALVANI, C.E. "Religião e MPB: um dueto em busca de afinação". *Correlatio*, vol. 14, n. 28, 2015, p. 29-54. São Bernardo do Campo [Disponível em https://www.metodista.br/revistas/revistas-ims/index.php/COR/article/view/6353].

O autor é um especialista em articular religião e música, notadamente Música Popular Brasileira (MPB). O texto busca uma prática de análise do fenômeno religioso pouco utilizada no espaço acadêmico, isto é, através da MPB. Entre os objetivos propostos, está a discussão metodológica a partir de Paul Tillich.

3) BINGEMER, M.C.L. "Mística e secularidade: impossível afinidade?" *Horizonte*, n. 35, jul.-set./2014. Belo Horizonte [Disponível em http://periodicos.pucminas.br/index.php/horizonte/article/view/P.2175-5841.2014v12n35p851].

Maria Clara Luchetti Bingemer é uma das mais conhecidas pesquisadoras brasileiras no campo da pesquisa teológica. Nos últimos anos tem dedicado grande parte de suas pesquisas ao estudo da mística como possibilidade de inovação metodológica dos estudos de religião, particularmente do discurso teológico. Esse texto propõe uma reflexão da religião no contexto de uma sociedade secularizada a partir da vivência do místico. Vivência essa que pode ser desde o interior de uma instituição religiosa ou não.

8

Oralidade, *performance* e representações sociais

A História Oral em pesquisa no catolicismo popular e neopaganismo

Maria Roseli S. Santos
(Universidade do Estado do Pará)

É propício iniciar este texto evidenciando o construto aqui disposto como teorias e métodos que venho aplicando nos estudos em Ciências da Religião, erguidos a partir do acúmulo de experiências da trajetória de trabalho docente no Ensino Superior e Pós-graduação. E ainda, a considerar a tendência interdisciplinar das Ciências da Religião[1], que permitem acolhimento de uma docente pesquisadora com formação inicial nas Artes Visuais e com pós-graduação em Educação: uma na linha de saberes culturais e outra na formação docente. A natureza interdisciplinar própria desta área torna-se relevante para a proposta ora apresentada.

O debate epistemológico acerca da tendência interdisciplinar das Ciências da Religião no Brasil, em consonância com a constituição da área no país, tem se tornado constante e característica marcante na segunda metade do "pós-moderno" século XX como nos evidenciam Ferreira e Senra (2012). Esses pesquisadores indicam o rompimento com os modelos racionalistas e positivistas da tradição

---

1 Ferreira e Senra evidenciam que esse debate tem amadurecido pelos mais de 30 anos de programas de pós-graduação em Ciências da Religião, sendo que há quase 20 anos, desde a antiga Associação Nacional de Pós-graduação em Teologia e Ciências da Religião (Anpter), a discussão tem se concentrado em torno da epistemologia das Ciências da Religião.

acadêmica, a considerar a complexidade do fenômeno religioso, como se posiciona hoje, exige cada vez mais estudos de natureza interdisciplinar. Sobre isso, esses pesquisadores anunciam que "a realidade atual está fadada a assumir a constituição plural da realidade e terá de enfrentá-la na pluralidade das compreensões disponíveis e na perspectiva relacional orientada pela soma de diferentes perspectivas disciplinares" (p. 253).

É diante deste espaço aberto ao diálogo colaborativo entre as diversas áreas que emerge a discussão sobre os usos e métodos acerca da apreensão da História Oral de vida, suas técnicas e estratégias como possibilidade de estudo em religião/religiões. A prática de pesquisa em Ciências da Religião aplicada neste capítulo não pretende se contrapor às áreas de saber específico sobre a religião e nem incidir sobre prováveis isolamentos metodológico. Ao contrário, uma proposta que se abre a diversos enfoques de natureza descritiva e interpretativa.

A experiência como docente no Ensino Superior nesses vinte e dois anos permitiu o acúmulo significativo em relação às vivências teórico-metodológicas, destacando-se o foco para as investigações acerca das práticas culturais, objeto de estudo da maioria de minhas pesquisas. Essas experiências consubstanciam opções de investigação e são acolhidas no campo das Ciências da Religião, assegurando o rigor do trabalho acadêmico próprio desse campo metodológico, de seu olhar interessado, sua análise criteriosa e sistemática.

O enfoque interdisciplinar é claro no diálogo denso que a Sociologia estabeleceu com a Ciência da Religião desde Durkheim (1912), Mauss (1903) e tantos outros clássicos que no campo da Sociologia tratam das representações sociais. É da Sociologia que dispomos do conhecimento acerca da Teoria da Representação Social (RS) e a articulamos aos estudos em pesquisa narrativa.

Em 2008, ao retomar os caminhos da pós-graduação para o doutorado, realizei inscrição simultaneamente para o Curso de Educação e Antropologia na Universidade Federal do Pará (Ufpa) e, mesmo sendo aluna especial em Antropologia Social, a opção deu-se pela Educação, o que me permitiu aprofundar em aportes teóricos que vinham dessas áreas. Portanto, minha contribuição traz uma base interdisciplinar, pela formação em Arte e, posteriormente, as pós-graduações em Educação que estão no acontecimento da pesquisa que hoje teço no Grupo de Pesquisa Arte,

Religião e Memória – Artemi, credenciado ao CNPq e vinculado ao programa de Pós-Graduação em Ciências da Religião na Universidade do Estado do Pará.

A trajetória aqui descrita apresenta-se como parte da prática de pesquisadora e, parto da compreensão que não se faz docência sem pesquisa. Das experiências vividas, a opção metodológica pela pesquisa qualitativa para condução dos estudos delineou-se pela eficiência em captar o *significado e a intencionalidade* inerentes aos atos, valores e crenças, às relações e às estruturas sociais (MINAYO, 2001), atributos referentes ao objeto e sujeitos da pesquisa. Nesse âmbito, os estudos dispõem-se enquanto *corpus* descritivo e explicativo.

A natureza plural da teoria e método apresentado expressa-se com a aplicação da Teoria da Representação Social (RS) aliada às técnicas da História Oral, recursos nas pesquisas narrativas que se apresentam como alternativas às teorias e métodos tradicionais na academia. O emprego do termo *narrativa*, distante do que se refere às narrativas literárias, centra-se em experiências como histórias vividas e narradas e que se estruturam na intencionalidade de compreender e interpretar as dimensões pessoais e humanas para além de esquemas fechados, recortados e quantificáveis (CLANDININ & CONNELLY, 2000). As técnicas partem da experiência de vida do sujeito para desvelar as relações sociais e culturais em que estão imersos em consonância com o estudo de representações sociais sobre o campo religioso e cultural.

Os estudos acerca das representações sociais se inserem em minhas práticas de pesquisa durante o doutorado, estendendo-se às pesquisas narrativas que já faziam parte de meu universo de pesquisadora; e seguem um modelo de análise culturalista ou antropológica[2] que estuda a articulação entre as dimensões sociais e culturais que regem as construções do conhecimento coletivo. Consistem em aprender o discurso dos indivíduos e dos grupos que mantêm as representações sociais ligando-os com o comportamento e práticas sociais pelas quais estas se manifestam. As estratégias mais comuns consistem no exame de documentos e registros pelos quais esses comportamentos e práticas são institucionalizados.

As representações sociais dão conta das imagens e sentidos que os indivíduos possuem sobre o objeto investigado estabelecendo relações consigo e com os outros. O conteúdo das RS pode variar de um grupo a outro; cultura a outra e épo-

---

2 Seus principais representantes são: Serge Moscovici e Denise Jodelet.

ca a outra. A lógica ou a maneira como se pensa também depende do contexto sociocultural.

Moscovici (2009)[3] nos diz que a teoria apresentada se ergue considerando que as interações cotidianas desencadeiam a produção de conhecimento permeada por crenças, ideologias e informações que de certa forma, orientam as atitudes e condutas. Essas construções modificam-se historicamente, e se delineiam pela capacidade criativa e interativa dos sujeitos em dinâmicas coletivas. As representações sociais dispõem-se nas narrativas orais no modo como o sujeito explica as vivências do cotidiano, imagens e sua significação.

As apropriações destes campos se engendram em minha experiência a partir do trabalho de campo em comunidades do Marajó, Tartarugueiro e de Carateua, Belém do Pará, assim como, na atual pesquisa com cinco famílias da comunidade pagã distribuídas em cinco capitais brasileiras.

Oralidade, História Oral e *performance*

Importante ressaltar e relevar que, oralidade, História Oral e história de vida são temas distintos no universo da pesquisa narrativa e, cabe esclarecer que as dimensões teóricas e metodológicas se apresentam plurais neste campo e muitas vezes divergem entre si. Não é pretensão colocar em discussão as diferenças e similitudes desse tipo de pesquisa no momento. Nossa escrita se afirma à compreensão de que a pesquisa narrativa "é o estudo da experiência como história, assim, é principalmente uma forma de pensar sobre a experiência" (CLANDININ & CONNELLY, 2000, p. 2). Para esses autores a narrativa é o método de pesquisa e ao mesmo tempo o fenômeno pesquisado; um campo investigativo em que pode ou não ter como base as linguagens das artes (poemas, ficção, música etc.), porém não se prende a esse aspecto mesmo diante do grau substancial de subjetividade que a envolve.

A oralidade no contexto das pesquisas narrativas pode ser aludida como condição de uso da voz ou língua; de discurso e linguagem, como nos apresenta Zum-

---

3 Moscovici (1961), psicólogo de origem romena que em 1948 migrou para França, desenvolveu seu estudo dispondo-o em seu livro *La Psychanalyse: son image et son public*.

thor (1993, p. 113), pesquisador da oralidade na literatura medieval, ao apresentar a voz nas instâncias da cultura e posicioná-la como estruturante da mesma. Esse autor se contrapõe à ideia de articular oralidade às culturas populares ou primitivas, não letradas, como condição menor – aspecto referente à civilização europeia do século XVII, que se prolonga até os nossos dias. Para ele, na Idade Média, a relação de valor era a mesma. Indica que o que é narrado oralmente nunca se dispõe em escrita na mesma dimensão e anuncia as tensões, oposições conflituosas, e de certa forma, contraditórias nessa passagem do vocal para o escrito, em que a transcrição abre sempre espaço para novas criações.

A relação entre oralidade e escrita é pertinente em pesquisa narrativa, pois, a aplicação da História Oral implica que o pesquisador adquira competência para lidar com essas duas esferas de forma que não haja detrimento de uma em relação a outra compreendendo que:

> Quando estamos no nível da oralidade considera-se que esta se desfaz e se recria constantemente anunciando outros sentidos, mas a escrita tem uma movência bem diferente, mais alocada no tempo-espaço presentificado pelo lido-escrito. O escrito torna a obra menos violável e não mantém sua imutabilidade. A passagem do texto oral para o escrito é tida como uma possibilidade de conservação, com mais efeito, em função do que foi dito, sobrepondo-se às interferências externas, mesmo que se perca a *performance* desencadeada pelo narrador ou, ainda, que desencadeie novas *performance*s, e esse movimento viabiliza a emersão dos saberes (SOUSA, 2010, p. 40-41).

O domínio das técnicas é indispensável diante das dinâmicas apresentadas pelo narrador: as relações que se travam entre o oral e o escrito recompõem um passado-presente. O narrador evoca sua própria história ou de outrem, ou ainda outros narradores, diante do mesmo tema, mobilizam um ir e vir, e a recepção acerca dos tempos-espaço deve ser acompanhada com atenção, pois permite num recontar a instituição de novas versões sobre o mesmo acontecimento. Freitas (2002, p. 82) nos diz que nesse ir e vir dos acontecimentos, traduzidos pelo imaginário social, "a História Oral possibilita novas versões da História ao dar voz a múltiplos e diferentes narradores".

É na movimentação do narrador em processo de oralidade que trataremos a questão da *performance*, sobre a qual os estudos se estendem por diversas áreas e formas de linguagem – e até mesmo aos fenômenos da natureza.

A religiosidade é visualizada como *performance* cultural e estabelece relações com uma série de características oriundas das expressões artísticas, da vida cotidiana e do meio religioso (MELO & SANTOS, 2015) e, neste âmbito vários autores contribuem com suas teorias. Destacamos a contribuição de Schechner (2003) e Ligiéro (2011) que muito tem auxiliado nossos estudos acerca das práticas culturais das comunidades investigadas. Evidenciam que o conceito de *performance* para além da compreensão "é toda e qualquer ação, um ato feito de forma consciente, ou não, experimentado, repetido e exposto ao público, uma ação natural, cotidiana" (SCHECHNER, 2003, p. 39). Porém, os campos de estudo apresentado neste capítulo para a pesquisa narrativa centram-se nos estudos de Zumthor (2007) que nos atende em relação à natureza de seus estudos em oralidade e *performance*.

Paul Zumthor (2007, p. 59), pesquisador medievalista trata de *performance* do ponto de vista antropológico, e nos indica que a palavra vem da língua inglesa: "nos anos de 1930 e 1940, emprestada ao vocabulário da dramaturgia, se espalhou nos Estados Unidos, na expressão de pesquisadores como Abrams, Bem Amoi, Dundee, Lomax e outros". Ao exemplificar *performances* diante dos costumes de diferentes gerações, Zumthor descreve rituais africanos, russos e indígenas delineando a compreensão de que a *performance* aciona o passado, une culturas diversas pela tradição oral e também a atualiza. Para este pesquisador, "*Performance* designa um ato de comunicação como tal; refere-se a um momento tomado como presente" (ZUMTHOR, 2007, p. 59).

A relação entre oralidade e *performance* é claramente compreendida quando a oralidade para Zumthor, genericamente tratada, como poesia oral, a partir da função do intérprete/narrador e do ouvinte, é fonte primeira de toda forma de comunicação. Alia-se a significação de que "o corpo confere um referente global que indica que somos tempo e lugar: a voz o proclama emanação do nosso ser" (ZUMTHOR, 1997, p. 157). Portanto, há na linguagem, no texto dito ou cantado, um saber-ser no tempo e no espaço – expressa a *performance*.

A *performance* se traduz por "A voz emana do corpo, mas sem corpo a voz não é nada" (ZUMTHOR, 1997, p. 158), ou seja, oralidade e *performance* estão alinhadas por um condicionante: a linguagem do sujeito histórico onde voz e corpo estão imbricados. O corpo é motriz e voraz onde se inscrevem todos os movimentos, gestos, cores e sensações da narrativa e estão imersas em momentos traduzidos em quatro situações performanciais assentadas no tempo sócio-histórico.

1) Convencional (tempo cíclico, no ritmo fixado pelo costume; tempo dos ritos, tempo dos acontecimentos humanos ritualizados, tempo social normalizado – pode se ligar a uma celebração de uma festa particular e periódica. Tempo social normalizado ao conjunto das etapas da cronologia coletiva, ocasionando a convocação pública).

2) Natural (das estações, dos dias, das horas, provoca abundância de poesia, torna-se folclórico, com ponto e ancoragem na duração vivida: devido a uma linguagem direta com os ciclos cômicos, com as festas medievais que deram origem às nossas de São João).

3) Histórico (que marca e dimensiona um acontecimento imprevisível e não ciclicamente recorrente relacionado a um indivíduo e a um grupo).

4) Livre (rompe com a relação histórica, com o tempo; lugar da alegria, da tristeza, do humor, do gosto, há maravilhamento).

A voz se corporifica em ritmos temporais, que perpassam por modalidades das *performances* distintamente e com privilégios de lugares em particular [...], "o tempo conota *toda performance*" (ZUMTHOR, 1997, p. 161). As construções acerca do real; a manifestação do olhar do narrador sobre seu tempo-espaço permite dispor a visão interessada do intérprete sobre os objetos, coisas e pessoas.

Há na manifestação da oralidade instâncias efetivas de aprendizagem. Nela transitam os saberes que se estruturam e se instituem como valor cultural. A língua constitui a realidade mais do que a reflete, e a linguagem é o meio simbólico que refrata, figura e transforma o mundo. A linguagem, então, constrói identidades sociais e, se ela gera a realidade, pode provocar interpretações e leituras diferenciadas (SOUSA, 2010).

Ao debruçar-me sobre a questão da oralidade como uma constituinte da linguagem no âmbito da educação e arte aliei-me ao pensamento de MacLaren e Giroux (2000, p. 34) e Freire (1987) que imprimem a esta, assim como Zumthor em relação à oralidade/cultura, a afirmativa que o mundo é construído simbolicamente por meio da interação social, e é uma dimensão da cultura, do contexto, dos costumes e da especificidade histórica.

> Eles remetem à relação existente entre linguagem e subjetividade, quando manifestam que a identidade reside, em grande parte, nas dimensões retóricas da linguagem, isto é, dentro dos processos políticos e linguísticos pelos quais ela é convocada a existir. Como sujeitos, somos produzidos pela linguagem, então a subjetividade permite reconhecer e abordar as formas pelas quais os indivíduos

pensam sobre suas experiências – compreensão consciente e inconsciente e as formas culturais disponíveis. Linguagem e subjetividade formam nossa consciência prática, na qual o "eu" é sempre dependente do "nós", é sempre uma contingência de localizações históricas e sociais e do arranjo de relações sociais constitutivas da totalidade social mais ampla (SOUSA, 2010, p. 48).

As construções sociais e as instâncias de sociabilidades que estas criam permitem compreender que os relatos de uma vida, ou mesmo depoimentos sobre um acontecimento não significam tão somente a perspectiva do indivíduo, pois esta é informada pelo grupo desde os primórdios do processo de socialização. São construções que aparecem com inúmeros significados, entre eles, o sentido histórico de comunhão, reciprocidade; de apropriação da realidade com ampliação da visão de mundo.

Neste cenário, "a História Oral possibilita novas versões da História ao dar voz a múltiplos e diferentes narradores" (FREITAS, 2002, p. 82); ela remete à compreensão e à análise da realidade a partir dos que viveram e participaram em determinado período, por intermédio de suas referências e também do seu imaginário. Sobre a dimensão valorativa das versões, Lang (1996, p. 45) discorre que, quando este conta a "sua versão sobre a realidade, tem um conteúdo marcado pelo coletivo ao lado certamente de aspectos decorrentes de peculiaridades individuais. Se há uma memória coletiva, é certamente porque a forma da vivência teve também um determinante coletivo" (SOUSA, 2010, p. 48). No interior desses discursos podemos identificar o que é conflito; o que gera permanência, continuidade e reinvenção das tradições. O pesquisador põe-se diante do lugar dos processos formativos e de aprendizagens que, segundo Freire (1983, p. 67), propõem à coletividade "a reflexão sobre si mesmo, sobre seu tempo, sobre sua responsabilidade, sobre seu papel no clima da sociedade em transição".

Para Freitas (2002, p. 6) a História Oral pode ser dividida em três gêneros distintos: a tradição oral, história de vida, história temática. Evidenciando, assim, que a História Oral não é sinônimo de história de vida e que o que a elucida como história de vida pode ser considerada um relato autobiográfico, mas do qual a escrita – que define a autobiografia – está ausente.

Assim, como na História Oral temática, a natureza dos instrumentos delineia-se por questões centradas em temas e é realizada com um grupo de pessoas, sobre um assunto específico, com característica de depoimento e não abrange a totalidade da existência do informante. São elementos estruturantes para a compreensão dos processos e métodos.

A elaboração do projeto, a pesquisa e o tema

Quando iniciei as pesquisas com uso de fontes orais, no caso as histórias de vida narradas, em 2007 para elaboração de minha pesquisa junto aos produtores culturais da Ilha de Caratateua, Belém do Pará, já tinha claras as inquietações sobre o tema já que atuava como professora e assessorava escolas na localidade. Existiam zonas desconhecidas acerca do conhecimento, produção e repasse de saberes sobre as principais festas populares da tradição do lugar que me instigaram a analisar as dinâmicas empreendidas pelos produtores em suas práticas educativas e a condução dos saberes produzidos na ilha. A postura investigativa assumida foi entender como se dava o resguardo das tradições e os novos saberes que eram incorporados a elas. Foi necessária a leitura densa e em profundidade sobre o tema e método aplicado dos muitos teóricos que discorrem sobre a pesquisa voltada para o uso da História Oral, autores desse campo que habitam meu universo de pesquisadora de forma recorrente: Bosi (1994), Le Goff (1992), Pollack (1992), Lang e Meihy (1996) e Freitas (2002) entre outros.

Compreendo que a condução da problemática se especifica quando o pesquisador se põe diante das escolhas do tema, seus propósitos, na definição dos sujeitos intérpretes, nas fontes teóricas. Escolhas que evidenciam que há tomada de decisões e levantamento de prováveis respostas (hipóteses) às questões que sustentam a relevância científica e social da temática.

A atitude e sentimento que foi se consolidando em minha trajetória a partir daquele momento foi a de ter cautela para organizar cuidadosamente cada passo a ser dado, até porque eles poderiam ser revistos no percurso, a considerar a natureza dos dados produzidos no campo das pesquisas que envolveriam subjetividades e questões novas poderiam alterar percursos, até mesmo os já revistos. A elaboração do projeto cujo tema seria investigado a partir de narrativas orais foi uma opção de estudo investigativo que nos exigiu muita leitura, clareza na definição dos procedimentos e critérios bem-definidos diante da natureza densa dos dados a serem analisados: o conteúdo do discurso, da voz dos intérpretes de uma determinada realidade.

Para a eleição do tema (uma e outra pesquisa resguardadas suas especificidades) considerou-se a relevância para as questões históricas mais amplas, mas tendo clara percepção de que estávamos usando um método, por excelência, voltado para a informação viva, em que a História Oral abarca o período contemporâneo da História. A tomada de definição temática auxiliou no delineamento das prováveis escolhas acerca das pessoas as quais foram os depoentes, mesmo que "nem sempre são definitivas, um depoente leva-nos a descoberta de outros; algumas vezes, a pessoa eleita pode declinar do nosso convite" (FREITAS, 2002, p. 56).

Lidar com histórias orais é lidar com memórias e muitas vezes essas memórias estão envoltas por narrativas cujas estruturas de pensamentos mostram-se confusas e até mesmo, debilitadas, quando estamos com pessoas em idade bem avançada e aspectos como estes precisam e foram considerados na seleção e análise dos conteúdos.

Os narradores, intérpretes da realidade em estudo

Os intérpretes são, como nos afirma Zumthor (1997, p. 225), aqueles que se comprometem com a *performance*; "o indivíduo de que se percebe, na *performance*, a voz e o gesto, pelo ouvido ou pela vista". O autor considera também, que o intérprete pode ser o que compõe tudo ou parte daquilo que ele diz, e se ele não é o que compõe, cumpre, então um questionamento sobre o vínculo que possui com os que compuseram antes dele. Aqui o intérprete narra sua história e por extensão a história da coletividade. Não há regra que rege sua inserção na sociedade pertencente, mas possui de alguma forma o legado tradicional de seu grupo.

A inserção sociocultural do intérprete implica que não há *performance* sem memorial. Zumthor (1997, p. 237), ao investigar a poesia medieval, indica a compreensão de que a memória, no tempo e espaço, nas culturas de pura oralidade, constitui-se o único fator de coerência. "À medida que se expande o uso do escrito, sua importância social decresce, assim como seu poder sobre os indivíduos – lentamente e nem sem arrependimento." Uma parte dessas reflexões impõe-se nesta pesquisa através da necessidade de ter na voz o lugar primordial; portanto, o intérprete que apresento tem na voz-*performance* o sentido transitivo e privilegiado da memória.

O momento das escolhas, do cuidadoso delineamento dos critérios que são como caros na pesquisa narrativa precisa ser considerado diante de questionamentos, tais quais: Quem é o interlocutor desse campo? Qual seu tempo-espaço de envolvimento com a coletividade e o que ele representa para a coletividade investigada diante do tema estudado e seus propósitos?

A indicação dos intérpretes esteve centrada em como estes estão imersos nas tramas da realidade, no tempo-espaço e que de alguma forma tornam-se "as vozes" de seu grupo – legitimação percebida numa abordagem inicial na coletividade. É um procedimento que "implica que a leitura sobre a realidade necessariamente se manifesta como uma tomada de consciência sobre a condição de ser humano-mundo (SOUSA, 2010, p. 15-16).

Em nossas pesquisas o contato inicial com os intérpretes ocorreu em vários momentos, até que finalmente estava ouvindo suas histórias. A experiência com os produtores da Ilha de Caratateua indicou que suas histórias versavam sobre a localidade de onde vieram, o que os levou a morar na ilha e retomar os estudos. Já com as famílias pagãs, as falas iniciais versaram sobre as vivências religiosas próprias do núcleo familiar e os contrapontos de viver uma sociedade que ignora a existência do neopaganismo, termo a ser esclarecido adiante.

Os relatos orais das histórias de vida dão a percepção de como o imaginário sociocultural enraíza-se na dinâmica existencial, com forte interferência nas produções dos saberes e no pensar sobre a criação simbólica da realidade. Começamos a localizar as referências de maior imersão destes, como um rito de recomposição da paisagem em diferentes temporalidades.

O método e a recolha dos relatos orais

O método centrado em narrações constitui-se como fundamental para a caracterização dos campos em estudo. Imagens emergidas do olhar sobre si e sobre os outros – sobre a coletividade. É, a partir dessa tomada de referência, que a preocupação ética na condução da escuta das narrativas se tornou ainda mais necessária, por considerar que a transcrição deve permitir esse desnudamento com a máxima precisão.

As abordagens iniciais a campo, realizadas para a coleta das narrativas, implicaram a solicitação do consentimento da divulgação da autoria das falas, o que foi muito bem aceito pelos narradores, já que a dinâmica imprimiu o retorno do material transcrito no momento da revisitação para reatar significações entre o presente vivido e o passado rememorado.

Disposto do tema, definidos os propósitos e objetivos, a pesquisa exigiu investigação exaustiva em fontes primárias e secundárias que nos permitem aprofundar nossos conhecimentos e gerar competência teórica. Esta etapa incidiu em inúmeros fichamentos que geraram, inclusive fichas de natureza biográfica com uma cronologia da trajetória, marcos significativos da pessoa e/ou assunto em questão.

A condição histórica a que estão submetidas as memórias dos intérpretes possibilita apropriação sobre toda subjetividade presente em seus discursos, até porque "o discurso do depoente transmite um ponto de vista do presente nos conteúdos rememorados. É no interior das histórias de vida que é possível analisar pelo discurso e pelo conteúdo o que elas nos apresentam" (FREITAS, 2002, p. 119). O estudo do discurso permite a identificação das representações sociais que nele estão contidas. É o momento de localizar suas objetivações e ancoragem; conjunto de explicações, ideias e crenças, geradas a partir de modelos culturais e sociais que dão quadros de compreensão e interpretação do real.

Optamos por uma coleta dos relatos orais estruturada por um roteiro temático que sobremaneira contribuiu para a transcrição e alinhamento das falas e análises dos consensos e dissensos. Cada intérprete apresentou um volume bastante denso de narrativas transcritas e agrupadas por temas. O mapeamento das narrativas temáticas favoreceu a análise do conteúdo dos relatos e as análises geraram textos-síntese por temas e entre temas, posicionados no âmbito geral da problemática. A construção do texto foi estabelecida ao longo da pesquisa.

O campo religioso estudado e o lugar das representações sociais

O universo de pesquisa que disponho para mencionar o campo religioso, já mencionado em tópicos deste capítulo, refere-se a dois estudos específicos: um acerca de minha dissertação intitulada: *Entre o rio e a rua – Cartografia de saberes artístico-culturais da Ilha de Caratateua, Belém do Pará*, que foi constituída no Mestrado em Educação na linha de Saberes Culturais em 2010, sob orientação da Professora Josebel Akel Fares. E outro, que venho realizando desde 2014 como pesquisadora no Mestrado em Ciências da Religião vinculada ao grupo de pesquisa Arte, Religião e Memória – Artemi.

Sobre a primeira experiência, destacamos o estudo acerca das festas diante dos saberes da tradição na Ilha de Caratateua, em Belém do Pará. Especificamente as festas de Nossa Senhora da Conceição, que ocorrem em consonância com a Festa de Iemanjá, assim como o Carnaval da Ilha. Eventos que emergem nos relatos orais de moradores, apresentados na pesquisa como intérpretes. A segunda inserção no âmbito da pesquisa narrativa, está direcionada ao estudo com oito famílias pagãs na perspectiva de conhecer saberes da tradição, linguagens e sistema religioso da Wicca[4], que está em sua primeira etapa – a de delineamento do perfil dessas famílias. A pesquisa trata dos aspectos relacionados à criação familiar e tradição; a compreensão familiar sobre a Wicca e suas vertentes; os saberes e processos formativos de natureza religiosa e principais ritos. São dois campos distintos de estudo acerca da experiência religiosa, um estudado no âmbito da Educação e direcionado ao catolicismo não oficial, comumente compreendido nas literaturas científicas como *catolicismo popular* e outro, no âmbito do campo de estudo da religiosidade da Wicca, religião pagã moderna ou neopagã, termos que nos utilizaremos ao longo do capítulo.

O catolicismo popular, caracterizado por diversas práticas de natureza religiosa, se contrapõe às atividades oriundas do catolicismo clássico, dirigido pela Igreja. O catolicismo popular acolhe uma religiosidade que rompe com os dogmas das instituições e dimensiona valores afetivos e emotivos sobre a simples lógica do raciocínio, predominância do sentimento sobre a pura racionalidade (MESLIN, 1992, p. 227). Nossos estudos neste campo têm exigido que conheçamos as práticas culturais dos narradores, uma vez que são elas que nos dão pistas para conhecer a história religiosa dos mesmos. A abordagem primeira realizada informalmente junto

---

4 Religião que se disseminou na transição do final XX para o XXI, iniciática e sacerdotal que retoma os ritos pré-cristãos centrados no culto à natureza, à deusa e seu consorte.

à coletividade em seus encontros, festividades e reuniões; orientaram e instituíram diretrizes e referências para estabelecer o roteiro de coleta das narrativas.

O outro campo de estudos, junto às famílias neopagãs, mais especificamente da religião Wicca, ainda é pouco conhecido nos espaços acadêmicos, seja no âmbito da Educação ou mesmo da Ciência da Religião e, esta última já demonstrando maior inserção neste campo religioso. Quando se trata do estudo de religiões pagãs e neopagãs é necessário ter clareza do que estamos tratando, a considerar sua amplitude em relação à diversidade de religiões e vertentes. O paganismo moderno, contemporâneo ou neopaganismo se expressam como manifestações religiosas que vêm ganhando força em todo o mundo e se constituem como movimento que tem ligação com a natureza e, no momento não é nosso propósito realizar discussão acerca dos usos dos termos mencionados. O termo neopagão será aplicado neste capítulo referindo-se aos adeptos de um movimento religioso moderno que a literatura acadêmica identifica como distinto dos pagãos históricos, de culturas antigas e tradicionais. São religiões de culto a diversos deuses e deusas, e entre os segmentos destacam-se práticas xamãs, odinistas como a *asatrú* ou *seiðr* (essa última palavra algumas vezes encontra-se anglicizada para *seidhr* e aportuguesada para *seior*), druidas, wiccas.

Autores como Soares (2007, p. 10), apresentam esse movimento religioso como um "ressurgimento" das antigas religiões praticadas no período pré-cristão". Há uma linha de investigação científica que relaciona o ressurgimento dessas religiões em relação ao movimento da Nova Era, mas não sendo consenso – como indica Harvey ao elucidar que a Nova Era se distinguiu do paganismo por sua obsessão por "Luz"; via-se o cosmo como "generoso lugar de amor e sacrifício pessoal", que "o centro do paganismo é a natureza, enquanto o centro das atenções da Nova Era é a Humanidade, ou o próprio Homem" (1997, p. 75); as faltas e a negatividade seriam advindas de uma espiritualidade errada e deveriam ser contrapostas pela positividade contrária aos pressupostos do paganismo, que não colocava em oposição luz e escuridão. Enfatiza esse autor, que os seguidores da Nova Era refletem um modelo tipicamente patriarcal e reafirmam o velho dualismo do masculino como ativo, racional e superior e o feminino como passivo, receptivo e inferior enquanto parte do paganismo moderno tem forte influência do movimento feminista.

O recorte de estudo no neopaganismo enfoca a Wicca, uma religião que vem tornando-se cada vez mais objeto de investigação nos últimos dez anos no âmbito das Ciências da Religião. A Wicca, como os praticantes e pesquisadores afirmam em sua maioria, é a bruxaria moderna; uma religião centrada nos ciclos sazonais, iniciática, sacerdotal e com grande ênfase para a figura da Grande Mãe, a deusa, personificada na Lua (LASCARIZ, 2010).

Seja no campo do catolicismo popular ou no campo das experiências religiosas wiccanianas, "o lugar" privilegiado de nossas investigações são as narrativas. E, para elucidar nossos objetivos, a teoria da representação social tornou-se grande aliada.

A prática dos estudos com História Oral foi aplicada nos dois campos de pesquisa e a Teoria da Representação Social incorporada ao método, com maior ênfase no segundo caso, como um pressuposto para nos permitir localizar os sentidos e imagens que os intérpretes das narrativas possuem sobre as problemáticas investigadas em cada campo.

A Teoria das Representações Sociais começa a ser visibilizada nas pesquisas em Ciências da Religião e, segundo Antônio Máspoli Gomes[5] (2004), "nos últimos trinta anos, o termo representações sociais ganhou novo sentido". Este pesquisador indica que hoje essa expressão se traduz como um conjunto de fenômenos sociais, e ainda, como a teoria sociológica construída para explicá-los. Anuncia as representações sociais como um campo de estudo sociológico e psicossocial que mobiliza conhecimentos no âmbito da comunicação informal e da vida cotidiana, indo às disciplinas acadêmicas que se ocupam da Política, da Biologia, da Medicina, da Informática, da Psicologia, da Educação e da Religião (GOMES, 2004, p. 38).

As experiências vivenciadas nos campos da Arte, Educação e Ciências da Religião me permitem aliar a Teoria das Representações Sociais à pesquisa narrativa, conferindo ordenamento de análise, pois, indicam o alcance da compreensão das ações e comportamentos dos que partilham das construções de conhecimento num determinado tempo-espaço. Portanto, as representações sociais dão conta das imagens e sentidos que estes possuem sobre o objeto de determinado campo da realidade estabelecendo relações consigo e com os outros.

---

5 Pesquisador com formação em Teologia e Psicologia; doutor em Ciências da Religião e com pós-doutorado em História das Ideias pelo Instituto de Estudos Avançados da USP.

Os estudos praticados em relação às festas na Ilha de Caratateua e com famílias praticantes da religião Wicca, têm na representação social elemento significativo, pois atentamos para as interações cotidianas como desencadeadoras da produção de conhecimento permeada por crenças, ideologias e informações que, de certa forma, orientam as atitudes e condutas. Mesmo que a ênfase dessa teoria tenha sido dada ao segundo campo investigativo.

Saliento que o conceito de Moscovici advém de sua releitura crítica acerca das noções de representação coletiva da teoria funcional de Durkheim: para ele, as representações coletivas são abrangentes demais para dar conta da produção do pensamento na sociedade na atualidade. Diferente da compreensão durkheimiana que postula, por exemplo, que a religião e o mito são compartilhados porque são homogêneos para todos os membros da sociedade; transmitidos de uma geração à outra; porque existem fora e independentemente dos indivíduos forçando-os a uniformizar sua conduta e pensamento e diante de processos estáticos, resistentes a mudança; Moscovici constrói sua teoria afirmando que religião e mito se adaptam mais à complexidade e às dinâmicas das sociedades; que variam dependendo do contexto social e dos grupos sociais; ao passo que suas mudanças se dão em paralelo àquelas que sofrem a sociedade. A construção das representações sociais, para Serge Moscovici (2009), se modifica historicamente e se delineia pela capacidade criativa e interativa dos sujeitos em dinâmicas coletivas.

As condições procedimentais do método conferem às histórias de vida ou relatos orais dispor-se como discurso e *performance* onde a representação social é emanada em sua dimensão mais elucidativa das tramas do cotidiano em sua multiplicidade e humanidade. Portanto, avançamos sobre a compreensão de que são três as dimensões essenciais inerentes às representações sociais segundo Moscovici (2009): 1) elas contêm a informação, o que determina o conjunto dos conhecimentos inerentes ao objeto; 2) o campo de representação – imagem, a qual corresponde à organização que está subjacente aos referidos conhecimentos; e, finalmente; 3) expressa a atitude, que diz respeito à orientação global dos indivíduos (favorável ou não) em relação ao objeto.

Os relatos orais de uma das famílias wiccanianas analisados diante de suas referências religiosas nos permitem identificar tais dimensões. O discurso revela que em sua maioria são famílias formadas em seio cristão, e as gerações antes da sua (pais e avós) advêm de judeus, católicos, candomblecistas e ateus. E nos últimos dez anos começam a viver um ciclo de ritos relacionados às crenças neopagãs que estão dimensionadas às fases de crescimento dos filhos.

> Minha avó paterna era pagã (candomblecista) e meus avós maternos eram judia e católico. Apesar dessa diversidade, meus pais não praticavam nenhuma religião apesar de se dizerem católicos. Em função desse fato, me sentia muito atraída pelas práticas pagãs da minha avó paterna (Campo Grande, RJ, 2015).

Há no discurso implicações informativas que se relacionam com a organização dos conhecimentos que um grupo possui a respeito de um objeto social. Já nos aspectos da representação, remetem à ideia de imagem, ao conteúdo concreto e limitado de proposições referentes a um aspecto preciso do objeto e pressupõem uma unidade hierarquizada de elementos. Essas três dimensões da representação social fornecem a visão global de seu conteúdo e sentido. A terceira dimensão, a da atitude, compreende um sistema de disposições cognitivas de um indivíduo em face a um objeto ou situação cujo conteúdo ele avalia com vistas a uma tomada de decisão ou posição e a uma ação (SANTOS, 2012).

Ao lado de Moscovici, Jodelet, sua principal colaboradora, sistematiza e aprofunda o campo teórico das representações sociais esclarecendo com mais abrangência seu conceito e seus processos e a abordagem aplicada nos estudos que realizamos tem esses dois principais referenciais que elucidam as representações sociais em sua historicidade e no contexto de sua produção.

As representações sociais comportam formas de saberes que Jodelet (2002, p. 22) anuncia como formas específicas de conhecimento, do saber do senso comum, cujos conteúdos manifestam a operação de processos generativos e funcionais socialmente marcados. Para ela, as representações sociais são modalidades de pensamento prático que vão atuar diretamente na compreensão e no domínio do ambiente social, material e ideal, e evidenciam o equilíbrio necessário à vida comunitária vivendo diante dos problemas vividos por este, seja pelo indivíduo em si ou em relação a sua coletividade.

Além das três dimensões mencionadas anteriormente, as representações sociais na sua construção são desencadeadas por outros dois processos: a) Objetivação, conceito materializado do objeto ou situação, tornando-o familiar; e b) Ancoragem, a integração de um novo conceito aos esquemas previamente construídos a partir de elementos que lhes são familiares, pelos quais as representações se materializam. As representações sociais se debruçam no universo consensual, e são criadas pelos processos de ancoragem e objetivação a partir das interações do indivíduo com seu grupo de pertença.

Para maior compreensão Jodelet (2002) define a objetivação como uma operação imaginante e estruturante que vai dar contornos aos esquemas conceituais, reabsorvendo o excesso de significações, procedimento necessário ao fluxo das comunicações. Apresenta distintamente três fases nesse processo: a construção seletiva, a esquematização estruturante e a naturalização. Para essa autora, na apropriação do objeto, alguns elementos são retidos, enquanto outros são ignorados ou rapidamente esquecidos. As informações sobre o objeto passam por uma espécie de triagem em função de condicionantes culturais.

As apropriações teóricas da representação social elucidaram sobremaneira os estudos que realizamos, seja diante das investigações acerca das festas populares da Ilha de Caratateua as quais retomo depois da dissertação ou mesmo diante das instâncias exploratórias às famílias wiccanianas como novo campo de estudo de ritualidades[6].

Das festas na Ilha, destaco parte da história religiosa desnudada no momento em que começo a participar da agenda de celebrações da comunidade e nas reuniões de organização das seguintes festas: Festa de Nossa Senhora da Conceição, a Festa de Iemanjá e o Carnaval da Ilha. O cenário de campo onde as festas são vividas evidencia Caratateua como uma das 39 ilhas de Belém do Pará, também conhecida como Outeiro. O caminho que sigo no percurso investigativo é o que se materializa pelo rio-rua, paisagem do trajeto que faço. Meu primeiro contato foi com os moradores-alunos da Escola Bosque[7] e, a partir deles, me alinho com os produtores culturais. As histórias de vida permitem ouvir sobre a dinâmica cultural, que mais tarde defino para o estudo: as festas e as produções culturais do lugar. As narrativas orais começam a se complementar pelos registros visuais, que faço no percurso.

---

6 Expressão da sociologia cultural, aplicada ao estudo na dimensão do cotidiano em sua regularidade, normatividade e repetitividade e, o ritual consiste em um meio prático de garantir a preservação da tradição, prenhe de reflexividade (GIDDENS; BECK & LASH, 1995, p. 207).

7 Centro de referência em educação ambiental, a Escola Bosque Professor Eidorfe Moreira é um espaço educativo edificado num bosque com 120 mil metros quadrados de área verde, principal escola da Ilha.

Os relatos orais se apresentam como saberes emergidos da tradição do lugar pautados pela memória da experiência religiosa, diante das trocas simbólicas e dos repasses dos saberes culturais vividos como sagrado advindos de uma tradição de catolicismo popular. Dessa imersão evidencio o relato de Laurene Atayde, cujo conteúdo anuncia sua chegada como moradora nova na ilha em busca de compreender a dinâmica da organização da festa para inserção:

> Eu reclamei tanto com ela na rua que ela disse: a senhora quer eu lhe levo na casa da senhora que é presidente do Círio, da festa. Não tinha padre. Era curato ainda aqui, 13 anos atrás. Estamos comemorando este ano [2006] o 12º Círio. E aí nós fomos na casa da Dona Adalgiza Pimentel, que é um ícone aqui em Outeiro. Ela era a presidente da festa. Cheguei na casa dela, ela não tava. É a primeira barraqueira aqui da praia; é marco desta ilha. Então respeito muito Dona "Dal"; nossa, é uma segunda mãe pra mim. Então eu fui à casa da Dona Dalgiza com ela, Dona...Dona...a Dona Fátima Guedes. Aí Dona Fátima me levou lá, chegou lá me apresentou: – Olha Dona Adalgiza, essa senhora é minha vizinha chegou semana passada e veio saber da igreja e eu disse pra ela que é a senhora que comanda a igreja aí. [...] Eu disse: queria saber como funciona a igreja aqui.

A festa apresenta-se então como lugar privilegiado de trabalho e celebração. Como representação de coletividade ela aparece como elemento unificador dos saberes articulando o fluxo de um calendário vivo que não se restringe ao evento propriamente. Há um movimento de alternâncias que se faz por meio do ciclo anual de festas.

Os relatos nos fazem perceber como a estrutura imaginante reproduz, de forma visível, a estrutura conceitual de modo a proporcionar uma imagem coerente e facilmente exprimível dos elementos que constituem o objeto da representação, permitindo ao sujeito apreendê-los individualmente e em suas relações. O resultado dessa organização é chamado de núcleo ou esquema figurativo que permite concretizar, coordenando-os, cada um dos elementos. Na objetivação, portanto, a intervenção do social se dá no agenciamento e na forma dos conhecimentos relativos ao objeto da representação (JODELET, 2002). São resultantes de um esquema figurativo imerso em seu cenário social e histórico e podem ser vistas como uma rede de imagens e cónceitos que interagem e cujos conteúdos se modificam continuamente.

Considerações finais

A proposição inicial indica ao leitor um panorama teórico e metodológico cujo uso da História Oral apresenta-se como possibilidade de estudar as religiões. Um fazer pesquisa direcionado à construção de conhecimento acerca da experiência religiosa em diálogo com teorias de outras áreas como Sociologia, Antropologia, Linguagem e Estudos Culturais.

O uso das histórias orais em pesquisa apresenta-se como um desafio pelo cuidadoso labor procedimental diante da compreensão que a produção de conhecimento nas Ciências da Religião tende a compreender o seu objeto em totalidade, resguardando a sua autonomia diante da pluralidade de partilha de convicções e consensos entre as áreas envolvidas. Teorias e métodos apresentados consideram as experiências religiosas manifestas em seu cotidiano, e em seu dinamismo expressa um discurso oral – a voz e sua *performance* carregada de subjetividade em sua natureza simbólica e ideológica. Dá relevância aos sujeitos como intérpretes de sua realidade. A narrativa é o método e ao mesmo tempo o fenômeno pesquisado onde se encontra os sentidos e as imagens acerca dos problemas estudados.

O uso da Teoria das Representações Sociais não se constitui como único instrumento para se chegar ao referencial sociocognitivo dos sujeitos da pesquisa e nem nos restringimos a ela; indicamo-la como opção na constituição do método (pela história de vida ou de relatos orais temáticos) que permite o acesso às formas de interpretação pessoal e coletiva que superam esquemas meramente quantitativos.

As imbricações teóricas tratam da experiência religiosa; voz/oralidade; corpo/ *performance* próprias da linguagem das religiões em questão e a relação entre saberes da tradição e contemporâneo, atualizações e reinvenções. Portanto, o caminho traçado orienta algumas respostas às indagações:

1) As influências e as inserções desses intérpretes em seu espaço social são traduzidas por: "Quem sabe e de onde sabe?"Correspondendo às condições de produção e circulação das representações sociais, ou seja, "quem é o sujeito?"

2) A mobilização de situações concretas da vida cotidiana em relação a seu grupo de pertencimento desvela: "O que e como se sabe?" E está relacionada à identificação dos processos e estados das representações sociais, ou seja, do que é pensado sobre o objeto. Ao articularmos estas indagações com o nosso estudo podemos dizer que se trata da compreensão da dinâmica que estas representações

estabelecem, no caso em estudo, o campo das Ciências da Religião (desencadeiam processos de partilhas relevantes à natureza do fenômeno/experiência em estudo).

3) Aqui o construto da problematização inicial: "Sobre o que se sabe e com que efeito?" Neste campo, sinalizam o estatuto epistemológico das representações sociais, ou seja, das relações entre a representação e o real, entre o pensamento natural e o científico. Estas indagações se vinculam ao nosso estudo na perspectiva das implicações que geram as representações sociais dos interpretes acerca do tema/problema investigado.

Todas as reflexões articulam uma tríade: o construto oral, a identificação da representação dos intérpretes sobre o objeto em estudo e a análise em profundidade do conteúdo dos discursos em seus sentidos (ancoragem) e imagens (objetivação). A disponibilização deste modo de fazer pesquisa deve ser considerada diante das flexibilidades que vão ser exigidas por cada campo, objeto e sujeito em estudo. De forma alguma os caminhos propostos devem ser praticados como um modelo de percurso único.

Referências

BOSI, E. *Memória e sociedade* – Lembrança de velhos. 3. ed. São Paulo: Cia. das Letras, 1994.

CLANDININ, D.J. & CONNELLY, F.M. *Narrative Inquiry:* Experience and Story in Qualitative Research. São Francisco: Jossey-Bass, 2000.

DURKHEIM, É. *As formas elementares da vida religiosa:* o sistema totêmico na Austrália. São Paulo: Paulinas,1989.

FERREIRA, A.C. & SENRA, F. "Tendência interdisciplinar das Ciências da Religião no Brasil – O debate epistemológico em torno da interdisciplinaridade e o paralelo com a constituição da área no país". *Numen*, 15 (2), 2012, p. 249-269.

FREIRE, P. *Pedagogia do oprimido*. Rio de Janeiro: Paz e Terra, 1987.

_____. *Educação como prática da liberdade*. Rio de Janeiro: Paz e Terra, 1983.

FREITAS, S.M. *História Oral:* possibilidades e procedimentos. São Paulo: USP/Humanitas/Imprensa Oficial, 2002.

GOMES, A.M.A. "As representações sociais e o estudo do fenômeno do campo religioso". *Ciências da Religião:* história e sociedade, ano 2, n. 2, 2004, p. 35-60.

HARVEY, G. *Contemporary paganism, listening people, speaking Earth.* Nova York: New York University Press, 1997.

LANG, A.B.S.G. História Oral: muitas dúvidas, poucas certezas e uma proposta. In: MEIHY, J.C.S.B. (org.). *(Re) introduzindo História Oral no Brasil.* São Paulo: Xamã, 1996.

LASCARIZ, G. *Ritos e mistérios secretos do Wicca* – Um estudo esotérico do Wicca tradicional. São Paulo: Madras, 2010.

LE GOFF, J. *História e memória.* Campinas: Unicamp, 1992.

LIGIÉRO, Z. *Corpo a corpo:* estudos das *performances* brasileiras. Rio de Janeiro: Garamond, 2011.

MAUÉS, R.H. "A origem do culto dos santos: a promessa e o milagre". In: *Padres, pajés, santos e festas* – Catolicismo popular e controle eclesiástico. Belém: Cejup, 1995.

McLAREN, P. & GIROUX, H. Escrevendo das margens: geografias de identidade, pedagogia e poder. In: McLAREN, P. *Multiculturalismo revolucionário.* Porto Alegre: Artmed, 2000.

MELLO, A.B. & SANTOS, R.S. "Catolicismo popular e suas *performances* coletivas". *Métis:* história & cultura, vol. 14, n. 28, jul.-dez./2015, p. 157-171.

MESLIN, M. *Fundamentos de Antropologia Religiosa:* a experiência humana do divino. Petrópolis: Vozes, 1992 [Trad. Orlando dos Reis].

MINAYO, C.S. *Pesquisa social:* teoria método e criatividade. Petrópolis: Vozes, 2001.

MOSCOVICI, S. *Representações Sociais:* investigações em Psicologia Social. 6. ed. Petrópolis: Vozes, 2009 [Trad. Pedrinho A. Guareschi].

POLLAK, M. "Memória e identidade social". *Estudos Históricos,* vol. 5, n. 10, 1992, p. 200-212. Rio de Janeiro.

SCHECHNER, R. "O que é *performance*?" *O Percevejo,* ano 11, 2003, p. 25-50. Rio de Janeiro: Unirio.

SOARES, D.S. *Rituais contemporâneos e neopaganismo brasileiro:* o caso da Wicca. Recife: Ufpe, 2007 [Dissertação de mestrado].

SOUSA, R. *Que design é este?* – Representações sociais que docentes possuem sobre o seu trabalho no Curso de Design/Uepa. Belém: Ufpa, 2012 [Tese de doutorado].

_____. *Entre o rio e a rua* – Cartografia de saberes artístico-culturais da Ilha de Caratateua, Belém do Pará. Belém: Eduepa, 2010.

USARSKI, F. "Os enganos sobre o sagrado – Uma síntese da crítica ao ramo 'clássico' da Fenomenologia da Religião e seus conceitos-chave". *Rever,* ano 4, n. 4, 2004, p. 73-95. São Paulo: PUC.

ZUMTHOR, P. *Performance, recepção e leitura.* 2. ed. São Paulo: CosacNaify, 2007.

_____. *Tradição e esquecimento*. São Paulo: Hucitec, 1997 [Trad. Jerusa Pires e Suely Fenerich].

_____. *A letra e a voz* – A "literatura" medieval. São Paulo: Cia. das Letras, 1993 [Trad. Amálio Pinheiro e Jerusa Pires Ferreira].

Dicas de livros e artigos

Livros

1) CLANDININ, D.J. & CONNELLY, F.M. *Narrative Inquiry:* Experience and Story in Qualitative Research. São Francisco: Jossey-Bass, 2000.

Excelente obra de pesquisas narrativas como forma de compreender a experiência humana. Do primeiro ao capítulo dez faz reflexões sobre o fazer pesquisa narrativa; o pensar narrativamente. Discutem tensões presentes na fronteira entre a pesquisa narrativa e a pesquisa formalista: o lugar da teoria, o equilíbrio da teoria, pessoas e o lugar do pesquisador.

2) MAUÉS, R.H. *Padres, pajés, santos e festas* – Catolicismo popular e controle eclesiástico. Belém: Cejup, 1995.

É um marco nos estudos antropológicos da cultura amazônica. Resultado da tese de doutorado de um dos mais importantes autores amazônicos, descreve e analisa o fenômeno religioso na Amazônia refere-se a personagens e acontecimentos centrais no catolicismo, especificamente as relações e as contraposições existentes entre o catolicismo popular e o oficial.

3) MESLIN, M. *Fundamentos de Antropologia Religiosa:* a experiência humana do divino. Petrópolis: Vozes, 1992 [Trad. Orlando dos Reis].

É um clássico da antropologia da religião. Trata a dimensão do sagrado como condição humana em suas limitações. A dimensão cultural do homem e sua crença, se expressa na afirmação que toda a vida, até a mais cotidiana, é uma sequência de atos sagrados e é por uma religião que o homem se define no mundo e para com seus semelhantes.

Artigos

1) GOMES, A.M.A. "As representações sociais e o estudo do fenômeno do campo religioso". *Ciências da Religião:* história e sociedade, ano 2, n. 2, 2004, p. 35-60 [Disponível em http://editorarevistas.mackenzie.br/index.php/cr/article/view/2315].

O artigo aponta as representações sociais no contexto da Psicologia Social, como nova visão da Psicologia. Introduz as representações sociais desde as contribuições de Émile

Durkheim a Serge Moscovici e Jodelet e sua aplicação na compreensão do fenômeno do campo religioso.

2) FERREIRA, A.C. & SENRA, F. "Tendência interdisciplinar das Ciências da Religião no Brasil – O debate epistemológico em torno da interdisciplinaridade e o paralelo com a constituição da área no país". *Numen*, 15 (2), 2012, p. 249-269.

Discutem a tendência interdisciplinar nos estudos pós-graduados em Ciências da Religião no Brasil. Destacam a situação inaugural da disciplina no país, do surgimento dos primeiros programas e o debate em torno do método interdisciplinar e a tendência observada na constituição das Ciências da Religião [Disponível em https://numen.ufjf.emnuvens.com. br/numen/article/view/1729].

3) USARSKI, F. "Os enganos sobre o sagrado – Uma síntese da crítica ao ramo 'clássico' da Fenomenologia da Religião e seus conceitos-chave". *Rever*, ano 4, n. 4, 2004, p. 73-95. São Paulo: PUC.

Excelente artigo discorre sobre a Fenomenologia da Religião, em sua primeira parte o texto traz um resumo sucinto dos traços básicos da Fenomenologia da Religião. Resume as críticas a essa abordagem e confronta os elementos rejeitados com alternativas defendidas por cientistas da religião contemporâneos [Disponível em http://www.pucsp.br/rever/ rv4_2004/p_usarski.pdf].

9

Mapas lexicais e semânticos

O uso da lexicalidade como metodologia de pesquisa sobre a experiência religiosa

Volney J. Berkenbrock
(Universidade Federal de Juiz de Fora)

A pesquisa qualitativa e seu propósito

A pesquisa qualitativa tem sido um dos métodos largamente utilizados em pesquisas de Ciência da Religião, especialmente quando se trata de pesquisas sobre grupos ou comunidades religiosas, suas histórias, organizações, dinâmicas, eventos, objetivos, funcionamento, estruturações ou experiências. O método específico de pesquisa que será exposto e proposto neste texto está dentro deste grande guarda-chuva metodológico chamado de pesquisa qualitativa. Não é intenção aqui, entretanto, expor ou defender, nem fazer grandes apresentações teóricas ou explicações sobre o que é pesquisa qualitativa, nem demonstrar as vantagens ou assertividades do uso deste método na pesquisa em Ciência da Religião. Isto por motivos diversos: primeiramente pelo fato de este método – mesmo com compreensões e usos distintos – contar já com uma vasta literatura que o expõe não só com muita propriedade, mas sob pontos de vista bastante amplos[1].

---

1 Dado que este texto não irá aprofundar a temática da pesquisa qualitativa, aos interessados no assunto, recomendo: BAUER, M.W. & GASKELL, G. (orgs.). *Pesquisa qualitativa com texto, imagem e som*. Petrópolis: Vozes, 2015. • CHIZZOTTI, A. *Pesquisa qualitativa em ciências humanas e sociais*. Petrópolis: Vozes, 2006. • POUPART, J. et al. *A pesquisa qualitativa*: enfoques epistemológicos e metodológicos. Petrópolis: Vozes, 2012.

Entendo também que a metodologia qualitativa é já largamente consolidada e tem esta consolidação aqui como algo dado e por isso como partida e não mais como método experimental para a pesquisa em Ciência da Religião. E, finalmente, pelo fato de que o que se quer propor aqui é a sugestão de um método específico dentro da pesquisa qualitativa. A pesquisa qualitativa é, aqui, pressuposto.

É preciso também recordar que esta metodologia de pesquisa é apenas uma ao lado de outras tantas possíveis. A adequação de um método está muito mais ligada aos objetivos que se pretende atingir na pesquisa do que ao método propriamente dito. O uso de método é, entretanto, imprescindível na pesquisa. Talvez seja possível imaginar uma pesquisa a cujos resultados se vá chegando espontaneamente, ou um certo espontaneísmo metodológico. Mesmo assim, isto é um método, embora não definido rigorosamente como tal. O normal da pesquisa, porém, é lançar mão de algum método (ou de diversos ao mesmo tempo), mas como meio ou instrumento para se chegar aos objetivos e não como fórmula única. É óbvio que o método influi no caminho que se trilha aos objetivos da pesquisa – e isto não será discutido aqui –, mas se pode vê-lo como meio de transporte e não como fim atingido. E assim será aqui visto: como meio. Quer dizer, o método visto como uma espécie de veículo que o pesquisador toma para poder adentrar, ver, perceber o seu objeto de pesquisa e posteriormente analisar e concluir do que foi percebido. Por mais propício que seja um método, ele não é o credo do pesquisador. O credo do pesquisador é seu objeto e os objetivos pretendidos na pesquisa. Mas justamente por isso, é importante a escolha de um método que possa ser o mais adequado possível à pesquisa pretendida. Ao mesmo tempo, não se professa aqui nenhum purismo de método. O mais provável é que dentro da pesquisa qualitativa, se possa usar métodos concretamente diferentes, e inclusive a combinação deles.

Em se entendendo as metodologias chamadas de qualitativas como adequadas para as pesquisas em torno de objetos entendidos como religiosos, como é o caso da Ciência da Religião, também não se faz necessário distinguir ou distanciar esta metodologia de outra conhecida como quantitativa. Cada qual tem suas especificidades e seus pressupostos. Uma não se define por se distinguir da outra, mas por ser adequada o suficiente para a pesquisa. É nisto que se deve concentrar a escolha do método: sua adequabilidade a cada caso específico. E, em muitos casos, a combinação de metodologias poderá ser inclusive a solução mais adequada. Ou seja, a pesquisa não pode se fixar credulamente nalgum método, mas estar sempre aberta do ponto de vista metodológico. O método é um instrumento imprescindível para a pesquisa, mas não deve substituí-la nem torná-la univisional. Daí a importância para o pesquisador de poder lançar mão, se necessário for, de metodologias diversas.

Necessário se faz aqui, neste início de texto, recordar, porém, alguns pressupostos básicos da metodologia chamada de pesquisa qualitativa, que servirão tanto para mostrar a ligação entre o método sugerido com a metodologia qualitativa, bem como demonstrar que o método a ser apresentado nasceu justamente na procura por estratégias de pesquisa que pudessem vir ao encontro de algumas dificuldades encontradas na aplicação da metodologia qualitativa, seja na fase da observação e coleta de conteúdos a serem analisados, bem como no próprio momento da construção da análise. Pela pesquisa qualitativa, o pesquisador não estará criando conteúdos. Ele está analisando os conteúdos recolhidos. E justamente ali está uma questão a ser enfrentada: Como acessar estes conteúdos supostamente existentes no objeto que está sendo pesquisado de tal forma que possam estar disponíveis para a posterior análise?

Esta questão toca no ponto central da metodologia qualitativa de pesquisa, dado que seu objetivo maior é acessar o sentido que as pessoas dão ao que fazem, ao que falam, às suas relações, inter-relações, preocupações e imaginações, enfim, o sentido que as pessoas dão e vivem em seu mundo ou em seus mundos específicos. Acessar e analisar este mundo de sentidos vividos mais que expressos, é o específico desta metodologia. "Tais pesquisas serão designadas como qualitativas, termo genérico para designar pesquisas que, usando, ou não, quantificações, pretendem interpretar o sentido do evento a partir do significado que as pessoas atribuem ao que falam e fazem" (CHIZZOTTI, 2006, p. 28).

No agir e no falar humanos subjaz uma lógica operante. Isto não apenas nos momentos importantes, decisivos e especiais. Nestes geralmente a lógica pela qual as pessoas agem é até mais fácil de ser percebida – quando não explicitada e pensada conscientemente pelos seus atores. Nos momentos da vivência cotidiana, nas rotinas que preenchem boa parte do tempo e ação humanos, ali a lógica que se segue é muito mais uma lógica implícita, vivida e não tanto refletida ou expressa. "O cotidiano da sala de aula, o da cultura organizacional de uma empresa, o do trabalho das mulheres ou dos homens, por exemplo, são os objetos privilegiados de uma abordagem qualitativa. [...] A pesquisa qualitativa permite mais particularmente estudar esses momentos privilegiados, dos quais emerge o sentido de um fenômeno social" (DESLAURIERS & KÉRISIT, 2008, p. 131). Pesquisar este cotidiano exige um esforço concentrado por compreender os seus norteadores. A tomada de contato com uma realidade a ser pesquisada se dá – pelo menos inicialmente – em momentos de cotidiano. O que permite, entretanto, que estes momentos de cotidiano aconteçam, funcionem e se desenvolvam de determinada maneira, é o fato de eles serem guiados por uma lógica que não se resume a estes momentos. Estes momentos são apenas fenômenos (no sentido de amostras, de ser daquilo que aparece, aquilo que vem à luz) de uma lógica maior que lhes dá sentido. A lógica maior é que se está chamando aqui de lógica operante. A não percepção de uma lógica operante que norteia as ações humanas no seu cotidiano faz com que a realidade observada e pesquisada seja percebida de maneira minimalizada. A forma minimalizada de percepção do objeto de pesquisa é algo comum nos momentos iniciais da mesma. Para o observador, num primeiro momento, a parte (observada) é o todo.

O esforço por superar esta percepção da parte como se fosse o todo e buscar compreender que esta parte percebida está ancorada em um sistema lógico maior, dentro do qual ela faz sentido, é justamente o esforço por perceber a lógica operante. Como ela não se mostra a olho nu, ou seja, não é ofertada explicitamente ao pesquisador, cabe a ele o esforço do método: do caminho através do qual se pode chegar lá. Ou seja, o esforço por encontrar instrumentos os mais adequados possíveis, que possam trazer à tona materiais de análise para a compreensão desta lógica operante.

O êxito da pesquisa com esta metodologia dependerá não só da acribia do pesquisador em formular sua teoria, mas inicialmente de ter mecanismos à mão que possibilitem a apreensão de materiais de análise que possam carregar em si os sentidos que se pretende demonstrar e analisar. Estes mecanismos são utilizados para "encontrar fundamentos para uma análise e para a interpretação do fato que revele o significado atribuído a esses fatos pelas pessoas que partilham dele" (CHIZZOTTI, 2006, p. 28).

O ser humano não vive sem significar suas ações. Esta significação não está, entretanto, tão claramente à mão de quem pesquisa determinados grupos e os significados por eles ali vividos. Isto especialmente pelo fato de estes significados serem muito mais vividos do que expressos, serem muito mais assumidos como pressupostos que formulados positivamente pelos membros que compõem o determinado grupo ou fenômeno humano pesquisado.

Um esforço especial deverá ser investido em meios de visão ou meios de percepção, quer dizer, em formas que aparelhem o pesquisador a ver o que se quer ver, a perceber o que se quer perceber, pois para a pesquisa qualitativa "os instrumentos necessários para se atingir o conhecimento devem estar nos meios de se coletar informações vividas pelos atores humanos dos fatos" (CHIZZOTTI, 2006, p. 28). Se na pesquisa qualitativa há dois movimentos importantes, como afirma Chizzotti, "tanto encontrar o sentido desse fenômeno [pesquisado] quanto interpretar os significados que as pessoas dão a ele" (2006, p. 28), há um elemento que aos dois precede que é conseguir acesso ao fenômeno, grupo ou objeto pesquisado de tal modo que se consiga recolher materiais que sejam o reflexo do sentido ali existente, para depois se poder fazer a análise e interpretação destes significados.

Sem uma base relativamente ampla e confiável de materiais a partir dos quais o pesquisador possa trabalhar, os próprios significados que se pretende analisar podem aparecer de maneira tênue e fragmentada, comprometendo destarte o resultado da própria pesquisa. Se é uma arte própria encontrar os sentidos dados pelas pessoas aos seus fazeres e falares e poder interpretá-los, esta irá depender do trabalho – muitas vezes árduo – de conseguir materiais que permitam esta arte aparecer.

Em todo este trabalho na pesquisa de acessar os materiais que sejam expressão dos sentidos dados pelas pessoas ao que fazem e falam e de poder interpretar estes significados, há – na pesquisa qualitativa de campo – um pressuposto irremovível: a convicção de que há no respectivo objeto que está sendo pesquisado um saber, um conhecimento que lhe é inerente. Isto não está em questão. É um pressuposto dado ao pesquisador. A questão é como acessar este saber. Esta é a função dos métodos de pesquisa. Estes nada mais são que muletas para o pesquisador chegar a este saber: poder percebê-lo, descrevê-lo e, por fim, analisá-lo com o sentido da pesquisa visto por parte do pesquisador e a partir do pesquisado. Tendo o método cumprido esta função, seu propósito foi esgotado com êxito.

A consciência sobre o saber pressuposto presente no fenômeno a ser pesquisado é de extrema importância, pois na pesquisa qualitativa não está em questão provar ou não a existência deste saber. A questão está em perceber e analisar este saber ou os sentidos presentes na realidade pesquisada. Para o caso de pesquisas em Ciência da Religião é sobremaneira importante reafirmar isto. Assim, a pesquisa qualitativa em Ciência da Religião que se faz sobre algum evento ou fenômeno não tem como objetivo provar que ali há religião.

Nenhum método ou forma de pesquisa vai provar se há ou não religião. Religião não é um objeto provável. E igualmente não é um objeto mensurável. A pesquisa qualitativa sobre objetos religiosos não pressupõe nenhum religiômetro, muito menos algum densitômetro de religião. Ou seja, a pesquisa não irá medir se há religião, nem a densidade ou intensidade religiosa presente no ambiente pesquisado. A existência de religião é um pressuposto dado. Sempre como tal descrito, atribuído, percebido. Sobre o qual se diz, se sente, se reconhece, se atribui haver religião. Não é a pesquisa que irá dizer se há religião e em qual densidade ou intensidade. Na pesquisa qualitativa em Ciência da Religião, a existência de religião é um pressuposto implícito, mesmo que possa ser descrito com outros termos como religiosidade, espiritualidade, mística, piedade etc.

A pesquisa qualitativa com temáticas que envolvem o sentimento religioso

A pesquisa qualitativa tem como escopo desenvolver análises e inferir teorias explicativas sobre o sentido que as pessoas dão ao seu falar, fazer e viver. Pensa-se isto especialmente em contextos cotidianos, tendo como objeto ou foco de pesquisa situações vividas pelas pessoas ou grupos em sua ordinariedade. Quando focamos esta metodologia em objetos de pesquisa que envolvem o sentimento religioso, este fazer e viver engloba também um âmbito de experiência vivida sobre os quais o cultivo e a vivência acontecem muito mais na esfera do sentir e experienciar do que no do falar ou expressar.

Os instrumentos mais comuns usados pelos pesquisadores destas realidades para conseguir acesso a materiais que possam servir de base para a sua pesquisa têm sido a observação e a entrevista. Estes dois métodos, quase que obrigatoriamente combinados em grande parte dos casos, têm se mostrado eficientes na maioria das pesquisas qualitativas com grupos de pessoas e seus fenômenos específicos. Por vezes se acrescentam a estes métodos adjetivos que os precisam e direcionam, como observação participativa e entrevista aprofundada. Não se apresentará, nem se discutirá aqui os alcances e limitações destes métodos, mas apenas alguns comentários tendo em vista a pesquisa que envolva objetos religiosos[2].

Quanto à observação, chamada de participativa ou não, ela exige, no caso de objetos de pesquisa de fenômenos ou grupos que envolvam a religião, uma atenção especial ao que se chamou de lógica operante no início deste texto. Beaud e Weber afirmam que se podem distinguir três categorias de fatos ou de objetos observáveis na pesquisa de campo: as cerimônias, as interações e os lugares ou objetos (2007, p. 100). Na pesquisa com fenômenos ou grupos religiosos, a observação de cerimônias e lugares ou objetos é no mais das vezes imprescindível. As cerimônias (celebrações, rituais, festas) costumam ser momentos de expressão densa da vivência ou experiência religiosa.

Conseguir observar e – o que é imprescindível para a pesquisa – descrever e analisar tais momentos, representa um ganho importante de conteúdo para o avanço da pesquisa. Há dezenas de aspectos a serem observados em celebrações, rituais e festas religiosas, desde sua estrutura, seu desenvolvimento, as pessoas envolvidas, os diversos momentos e densidades, os motivos pelos quais ocorrem, o calendário pelo qual são organizados, a atuação diferenciada das pessoas nos mesmos, as expressões corporais, as falas e quem as faz, os silêncios expressivos, o uso dos espaços etc.

Os espaços e objetos religiosos são igualmente oferta de conteúdo a ser observado pelo pesquisador. E sob muitos aspectos. Os espaços religiosos têm uma ordem de constituição e não são – do ponto de vista religioso – preenchidos com a mesma importância para o grupo que o constituiu ou frequenta. Há espaços entendidos como religiosamente centrais, densos, importantes e mais sagrados, e outros marginais, auxiliares e necessários até, mas de pouco significado religioso. O mesmo se diz de objetos religiosos e sua disposição no espaço: eles não são igualmente densos religiosamente, nem são distribuídos a esmo no ambiente religioso. Cada qual está no lugar que lhe é destinado e religiosamente apropriado.

Mas nada disso é corretamente percebido pelo pesquisador se ele não estiver munido de uma compreensão da lógica ali operante. Aquelas cerimônias, rituais,

---

2 Não serão feitas aqui maiores explicitações sobre como realizar observações e entrevistas na pesquisa de campo. Aos interessados na temática, remeto a BEAUD, S. & WEBER, F. *Guia para a pesquisa de campo*. Petrópolis: Vozes, 2007.

festas, espaços e objetos envolvidos na pesquisa, se não postos corretamente pelo pesquisador dentro da cadeia de significados que os fazem estar onde estão – e serem exatamente ali significativos – estará ocorrendo o perigo de se fazer – quando muito – uma minimalização na pesquisa. Tudo pode estar até descrito, mas como coisas mortas na paisagem da pesquisa.

A passagem de uma descrição morta na paisagem para uma descrição densa de significado só pode ocorrer com a percepção da lógica operante pela qual esta realidade está assim posta, disposta e funcionante. E a percepção correta desta dependerá da acribia do pesquisador em perceber o sentido que as pessoas dão (ou vivem, ou sentem) a todo este composto de cerimônias, festas, rituais, espaços e objetos religiosos. E estamos novamente no cerne da pesquisa qualitativa: a percepção do significado atribuído pelas pessoas às suas ações, vivências e interações nestes acontecimentos religiosos.

O sentimento é o fio condutor desta lógica operante do ambiente religioso. Quando se fala aqui de sentimento no âmbito religioso, este pode ser descrito por outros termos correlatos como fé, devoção, piedade, espiritualidade, religiosidade, crença, convicção de fé, mística, emoção religiosa, sentimento sagrado. São estas emoções ou sentimentos ou convicções religiosas que fazem com que as coisas estejam e aconteçam na ordem sentida como correta ou significativa para os que dela participam.

Esta observação feita por parte do pesquisador em contextos nos quais precisa entender o sentimento e a emoção religiosa que perpassam os espaços, objetos e cerimônias para as pessoas que deles participam é por vezes chamada de observação participante. Embora o termo seja controverso, pois o pesquisador a rigor não participa daquele sentimento ou emoção dos seus pesquisados, ele aponta para um elemento importante a se chamar a atenção: a necessidade de o pesquisador conseguir uma proximidade suficiente com o fenômeno pesquisado para poder estar minimamente capacitado à compreensão do sentido que as pessoas dão ao que fazem e falam.

Claro que há também as situações onde o pesquisador é membro do grupo pesquisado e para o qual a lógica operante da realidade que quer analisar lhe é pré-dada. Nestes casos, o pesquisador é de fato um observador participante. O esforço aqui será o de conseguir um distanciamento analítico, para não confundir seus sentimentos e emoções com as análises da pesquisa.

O instrumento comumente utilizado na pesquisa qualitativa para poder ter acesso a conteúdos para a análise em situações que envolvem o sentimento religioso das pessoas tem sido a entrevista, chamada geralmente de entrevista aprofundada (BEAUD & WEBER, 2007, p. 118-150). Aprofundada aqui especialmente pelo fato de que o acesso a elementos de conteúdo que falem da emoção e sentimento religioso exige algo mais que uma conversa tipo pergunta e resposta. Exige um grande esforço por parte do pesquisador em conduzir a entrevista de tal maneira que seu interlocutor possa esquecer que está sendo entrevistado e passe a deixar fluir de seus sentimentos e emoções na fala. Aqui reside também outra dificuldade muito comum que é conseguir com que o pesquisado fale a partir de seus sentimentos e emoções e não a partir de teorias de como a sua tradição religiosa entende dever ser este sentimento ou emoção religiosa.

As entrevistas com lideranças religiosas correm especialmente este risco: de o entrevistado falar da teoria da emoção, do sentimento ou do significado em sua tradição e não propriamente de seu sentimento e do que para ele isto pessoalmente significa.

As dificuldades da observação e das entrevistas nesta forma de pesquisa qualitativa não estão tanto em saber se há ou não há este sentimento religioso e qual a sua densidade ou intensidade para os envolvidos. Tudo isto é de certa forma pressuposto: que haja sentimento entendido como religiosamente significativo para o pesquisado. A dificuldade está em conseguir instrumentos de coleta de dados – materiais para análise – que expressem com propriedade algo desta esfera do sentimento ou experiência de fé. Como conseguir que se diga em palavras realidades que acontecem no âmbito da experiência religiosa?

Embora não falasse para o contexto da pesquisa qualitativa, R. Otto é um marco importante na discussão sobre a possibilidade de se expressar em discurso o que ocorre no âmbito da experiência do sagrado. Segundo ele, a categoria do sagrado "apresenta um elemento ou 'momento' bem específico, que foge ao acesso racional [...], sendo algo *árreton* ['impronunciável'], um *ineffabile* ['indizível'] na medida em que foge totalmente à apreensão *conceitual*" (OTTO, 2011, p. 37). Ele irá chamar este aspecto de irracional; não, entretanto, no sentido de ser contrário à razão ou não ser razoável, mas, como esclarece:

> Por "racional" na ideia do divino entendemos aquilo que nela pode ser formulado com clareza, compreendido com conceitos familiares e definíveis. Afirmamos então que ao redor desse âmbito de clareza conceitual existe uma esfera misteriosa e obscura que foge não ao nosso sentir, mas ao nosso pensar conceitual, que por isso chamamos de "o irracional" (OTTO, 2011, p. 97-98).

Embora fale desta impronunciabilidade ou indizibilidade do numinoso como origem da experiência do sagrado, Otto vai também se perguntar sobre a perceptibilidade do numinoso: "Mas o que é, e como é, esse numinoso em si, objetivo, sentido fora de mim?" (2011, p. 44). E a isto responde:

> Como ele é irracional, ou seja, não pode ser explicitado em conceitos, somente poderá ser indicado pela reação especial de sentimento desencadeado. [...] Esse sentimento específico precisamos tentar sugerir pela descrição de sentimentos afins correspondentes ou contrastantes, bem como mediante expressões simbólicas (2011, p. 44).

E mais adiante em sua obra, volta à temática afirmando que

> ao mesmo tempo, porém, o irracional nesse sentido coloca-nos diante de determinada tarefa, qual seja, de não sossegarmos com sua mera constatação, abrindo as portas ao capricho e ao palavrório entusiasta, mas de, mediante ideogramas, descrever seus aspectos da forma mais aproximada possível para assim firmar com "sinais" duradouros aquilo que flutuava em oscilante aparição do mero sentimento (OTTO, 2011, p. 98-99).

A dificuldade de tratar com a impronunciabilidade e a indizibilidade quando se trata de pesquisas que envolvem o sentimento religioso faz assumir a tarefa, indicada por Otto, de "descrever seus aspectos da forma mais aproximada possível" (2011, p. 98) ou "tentar sugerir pela descrição de sentimentos afins correspondentes ou contrastantes, bem como mediante expressões simbólicas" (2011, p. 44). Como conseguir concretamente, entretanto estas descrições sugeridas por Otto é um desafio metodológico.

Com este desafio trato desde minhas pesquisas de doutorado nos idos de 1990. A questão central que guiava a pesquisa era conseguir elementos que pudessem responder à pergunta: O que significa para o iniciado do Candomblé a experiência que ele tem com seu Orixá? Com uma grande inexperiência metodológica do pesquisador, os materiais conseguidos com os iniciados sobre a questão-foco foram relativamente poucos, e a pesquisa expressou muito mais a literatura a respeito que propriamente o significado que as pessoas sentem, dão e falam do que acontece na experiência dos Orixás, como pode ser visto na publicação que resultou da pesquisa (BERKENBROCK, 1997).

A busca por uma metodologia que ajudasse na coleta de materiais que pudessem expressar elementos a serem analisados sobre o sentimento religioso envolvido no contexto da pesquisa, além dos métodos da observação e das entrevistas, continua até hoje, quando a mesma dificuldade é percebida ao acompanhar pesquisas de mestrandos e doutorandos neste mesmo tipo de temática. Ou seja, a dificuldade metodológica permanecia a mesma: Como acessar materiais que sejam reflexo suficiente do sentimento religioso ou da experiência religiosa para a pesquisa? Não se trata de captar a experiência. Trata-se de captar reflexos dela, ou descrições e expressões que sejam "reflexo da numinosa sensação", para usar uma expressão de Otto (2011, p. 40).

O desafio era justamente como conseguir transformar estes reflexos em palavras ou expressões ou falas analisáveis no contexto da pesquisa qualitativa.

A lexicalidade e a pesquisa qualitativa

Como poder perceber em palavras (linguagem da pesquisa qualitativa) formas de sentimentos, de experiências religiosas? Esta dificuldade, por conta de uma certa impronunciabilidade ou indizibilidade, havia sido já percebida e experimentada em diversos contextos da pesquisa que envolvessem o sentimento ou emoção em torno do sagrado. Tendo presente esta dificuldade concreta na busca por métodos que pudessem ajudar no acesso a materiais que dissessem da sabedoria presente neste lugar da vivência e do sentimento religioso, participava eu de um Simpósio da Associação Brasileira de História das Religiões, em São Luís, MA, quando num GT sobre religiões afro-brasileiras foi apresentada uma pesquisa que estava em desenvolvimento e uma questão de método abordada na apresentação chamou-me sobremaneira a atenção. Tratava-se da pesquisa desenvolvida por Mário Pires de Moraes-Junior. Nela o pesquisador lidava com a questão da múltipla lexicalidade utilizada para falar – aparentemente – da mesma experiência religiosa no Candomblé.

O pesquisador observava como uma determinada experiência ou vivência que ocorre muitas vezes no Candomblé, e é bastante central para a religião, é dita com palavras ou expressões bastante diversas. Constatava que se usavam palavras ou expressões como transe, incorporação, possessão, manifestação, êxtase, pegar santo, receber santo, virar no santo, baixar, descer etc., para se referir ao mesmo fenômeno. Ou seja, ao se referir ao mesmo fenômeno, as palavras ou expressões seriam – num primeiro momento – entendidas como termos relativamente sinônimos. Não era, entretanto, o que ocorria.

Palavras ou expressões diversas se referiam à mesma experiência, mas não necessariamente estavam transmitindo o mesmo sentido ou conteúdo. E como "muitas vezes, na pesquisa, é a ocasião que faz o ladrão", conforme afirmam Beaud e Weber (2007, p. 31), a constatação da diversidade lexical e da diversidade semântica aplicada à questão da experiência religiosa inspirou-me a pensar um método que pudesse vir em auxílio à dificuldade para se conseguir na pesquisa material de análise que reflita sentimentos ou vivências religiosas a ser usado pelo pesquisador. Devo assim a Mário Pires de Moraes-Junior a inspiração para o desenvolvimento deste método de pesquisa que será exposto com mais riqueza à frente. Mas antes é preciso expor melhor a problemática da pesquisa.

O trabalho de Mário Pires de Moraes-Junior foi convertido em livro e por isso posso aqui expor melhor o assunto (MORAES-JUNIOR, 2016). A questão está envolvida com a lexicalidade, e no caso, com o fato de que há um número múltiplo de palavras que podem exprimir um mesmo conteúdo, como também um número múltiplo de palavras usadas para expressar sentimentos de um mesmo fenômeno religioso. Mas ao mesmo tempo, a lexicalidade diversa pode trazer também variações semânticas, ou seja, mesmo sendo palavras que se refiram ao mesmo fenômeno, elas não necessariamente expressam o mesmo conteúdo.

Quando se trata de pensar isto no contexto de pesquisas com temáticas que envolvam sentimentos, vivências ou experiências religiosas há a possibilidade de se pensar que a variedade lexical, conjugada com a variedade semântica da lexicalidade, possa trazer à luz elementos de análise variados, surgidos a partir de um ponto – a vivência ou experiência –, trazendo assim à tona conteúdos de sentimentos diversos presentes num mesmo evento. Pensar que o acesso a palavras ou expressões múltiplas sobre aquilo que é experienciado – mesmo sendo a experiência algo que ocorra na intimidade do experienciante e carregue consigo uma parcela de impronunciabilidade ou indizibilidade – poderia fazer perceber o que Otto chamou de "reflexo da numinosa sensação" (2011, p. 40), foi o que me ocorreu ao ouvir a proposta de pesquisa de Moraes-Junior.

O centro da questão está envolvido com lexicalidade (expressão em palavras) e semântica (sentidos expressos) de uma mesma experiência religiosa. Ou, com a diferenciação e relação entre expressão e conteúdo. Embora, como afirma Hjelmslev "a expressão só é expressão porque é expressão de um conteúdo e o conteúdo só é conteúdo porque é conteúdo de uma expressão" (apud MORAES-JUNIOR, 2016, p. 55), entre os dois não há, entretanto, uma relação de 1 para 1, ou seja, uma expressão pode estar para conteúdos diversos, e conteúdos diversos podem estar numa expressão. E ambos, expressão (palavra) e conteúdo (significado) podem apontar para uma compreensão que vai além de uma palavra com um significado, podem apontar para um conjunto de significados ou de ideias (ideologias) dentro da qual as palavras podem ganhar conotações (conteúdos) diversificadas. "A palavra ganha então outra dimensão" (MORAES-JUNIOR, 2016, p. 58). Como traçar este mapa de dimensões ou significados a partir de palavras pareceu-me o mesmo desafio que enfrentava em pesquisas envolvendo sentimento ou experiências religiosas.

Ao iniciar a pesquisa de um determinado fenômeno no Candomblé, Moraes-Junior tomou como pressuposto justamente a não coextensividade de sentido entre palavras, nem entre significados deste fenômeno: "Quando me propus a estudar os diversos discursos sobre o transe, parti do pressuposto que as regras de existência dos enunciados que compõem esses discursos passam pela ideologia própria de cada um desses lócus de enunciação" (MORAES-JUNIOR, 2016, p. 58). Esta multiplicidade de sentidos dos enunciados pode variar tanto na relação do enunciante (quem diz), como do enunciado (o que se diz):

> Dessa forma, se for possível pensar que uma mesma palavra tem diversos sentidos, tomando a variação a partir do significado, com mesmo referente, é igualmente possível pensar que um mesmo referente tem, também, uma variação do significante e algumas vezes do significante e do significado (MORAES-JUNIOR, 2016, p. 59).

Estas variações a partir do significado ou a partir do significante podem ser pensadas não só como paralelas, mas também de subsignificados, podendo variantes incluírem outros elementos nos termos (palavras ou expressões), de modo que um mesmo termo pode estar para diversos significados nele incluídos. A pesquisa em torno do uso do termo transe (variante lexical usada mais pela academia) trouxe à luz esta gama sutil:

> Uma das dificuldades iniciais com o estudo discursivo do fenômeno do transe foi sua ampla lexicalização. Há uma diversidade considerável de formas para a designação dessa prática mediúnica. Verifiquei que essa fluidez de sentido, que conhecemos também como "polissemia", constituía não só uma gama bastante grande de representações sociais para o transe, mas uma espécie de conflito entre esferas discursivas que passaram a adotar um termo e excluir o outro (MORAES-JUNIOR, 2016, p. 60).

Outro elemento percebido na ampla lexicalização que exprimia esta experiência no Candomblé dizia respeito à sua origem, isto é, ao enunciante:

> Na literatura médica e antropológica, as denominações mais recorrentes são transe, possessão, incorporação, manifestação, êxtase, crise mediúnica. Os informantes, nas transcrições de etnografias desde o início do século XX, e ainda agora, como mostram os dados, usam termos do cotidiano dos terreiros, como "espiritar", pegar santo, virar no santo, descer, baixar, estar com (nome da divindade) no corpo, entre outros; em menor grau, usam os termos incorporação, possessão e transe (MORAES-JUNIOR, 2016, p. 61).

E a origem do termo utilizado pode indicar também variações de sentido que indiquem sentimentos subjacentes ao sentimento descrito por um determinado termo, podendo assim a variedade lexical trazer consigo também variações dentro do mesmo termo:

> Observo nas entrevistas duas questões importantes: a primeira delas é o uso do termo "transe" quase exclusivamente pelo meio acadêmico. A segunda é a estabilidade do uso dos termos nas entrevistas por determinadas posições de sujeito: nos dados da pesquisa, o termo "transe" é recorrente nas conversas com pesquisadores, professores, na literatura e na fala de estudiosos de maneira geral; já na comunidade do terreiro, os iniciados utilizam os termos mais populares citados. Contudo, há uma rejeição do termo "possessão" e um baixo uso do termo "incorporação" (MORAES-JUNIOR, 2016 p. 61-62).

E mesmo em meio aos que falam a partir de sua experiência, a lexicalidade diversa pode ter variações de significados de tal forma a expressar subsentimentos dentro do mesmo evento. No estudo da ampla lexicalidade do fenômeno em questão, Moraes-Junior diz que seus interlocutores na pesquisa, para falar da mesma experiência ou evento, usavam por vezes a expressão "receber o seu orixá", quando queriam dar uma conotação positiva ao sentimento, e "o santo te toma" ou "o santo te pega", para expressar um sentimento mais negativo em relação a esta experiência (2016, p. 64-65). Ou seja, a experiência – em princípio a mesma – é expressa por lexicalidade diversa para deixar claro também uma diversidade de significado experienciado dentro da mesma.

Esta situação exposta a partir da pesquisa de Moraes-Junior levou-me a pensar numa metodologia que pudesse utilizar justamente a possibilidade de uma ampla lexicalidade como ponto de partida e ponto forte para a análise na pesquisa qualitativa no contexto de investigações que envolvem sentimentos ou experiências religiosas.

A questão seria então como conseguir uma grande variedade lexical sobre a experiência religiosa, para a partir desta variedade inferir significados diversos ali presentes. Tendo, pois por um lado presente a dificuldade de mestrandos e doutorandos que pesquisavam temas que envolviam sentimentos ou experiências religiosas em conseguir materiais de análise que descrevessem ou refletissem significativamente os sentimentos envolvidos e por outro lado percebendo a partir da pesquisa de Moraes-Junior que a mesma experiência religiosa pode ser – e é – descrita por uma lexicalidade múltipla, que por sua vez expõe também uma variedade semântica, surgiu o pensamento de conseguir levantar na pesquisa de campo um número relativamente grande de palavras ou expressões sobre o mesmo fenômeno, para a partir desta variação lexical perceber os significados e conteúdos ali presentes. Seria esta uma maneira de, mesmo tendo presente a dificuldade com a expressividade em conceitos da experiência religiosa, conseguir reflexos dela nas palavras que vêm à mente de quem a descreve.

Surgiu assim o método que usaria da ampla lexicalidade e variedade semântica como instrumento de análise do fenômeno religioso em investigações nas quais o pesquisador quer entender e analisar o sentimento ou emoção religiosa presente no fenômeno pesquisado. Trata-se, entretanto, apenas de um instrumento auxiliar na pesquisa e não de uma receita geral para todas as pesquisas nestas situações. E nem se afirma aqui que este é o primeiro lugar a se aplicar uma metodologia que tenha a ampla lexicalidade como base de dados para a análise. No contexto de pesquisas em Ciência da Religião não conheço, entretanto, o uso desta metodologia noutros lugares.

Com esta proposta metodológica em mente se visualizou a possibilidade de avançar instrumentalmente em pesquisas, tendo uma resposta à dificuldade concreta de se conseguir captar algo do elemento experiencial no contexto com pesquisas que envolvam o sentimento ou a emoção religiosa. Se Otto sugere que se busque "descrição de sentimentos afins correspondentes" (2007, p. 44), a suposição que se faz aqui é a de que a lexicalidade, as palavras pelas quais as pessoas apontam para esta experiência possam cumprir com esta função de descrição ou reflexo do sentimento.

Com esta suposição, o método instrumental foi aplicado em diversas pesquisas de mestrado e doutorado, mostrando-se como eficaz ao seu propósito. É o que se fará em seguida: explicar a proposta metodológica através de uma aplicação concreta realizada.

O uso da metodologia da lexicalidade e suas possibilidades

O método consiste primeiramente em conseguir levantar a lexicalidade pela qual as pessoas envolvidas expressam o seu sentimento, impressão ou emoção em relação ao fenômeno pesquisado. Trata-se de perguntar concretamente a pessoas envolvidas com o fenômeno religioso pesquisado quais palavras que lhe vêm à mente quando pensam no fenômeno, ou quando ouvem a expressão tal (que indica o grupo ou o fenômeno pesquisado).

Para se conseguir um resultado mais eficiente, a experiência com a aplicação do método mostrou que é mais conveniente padronizar o número de palavras por pessoa pesquisada, no seguinte sentido: diga cinco palavras (ou expressões) que lhe vêm à mente quando pensa em xyz ou diga cinco palavras (ou expressões) que lhe vêm à mente quando ouve xyz.

Esta padronização do número de palavras facilita a análise do fenômeno por estarem todas relativamente dentro de um mesmo campo de importância para os pesquisados. Se fosse deixar em aberto o número de palavras, um pesquisado poderia dizer uma única palavra e outro poderia relatar vinte palavras. Isto criaria um desequilíbrio muito grande no momento da consolidação e principalmente na análise dos dados como veremos à frente.

Quanto ao número de palavras, a experiência com a aplicação do método mostrou que o ideal é perguntar por quatro ou cinco palavras. Um número menor (até três) resulta num quadro relativamente estreito para análises diversificadas. Perguntar por um número muito amplo de palavras, mais que seis, há o risco de se ter por um lado um quadro muito grande de palavras a serem analisadas, mas principalmente o risco de aos poucos as palavras ditas não mais representarem muito bem o sentimento do pesquisado.

Quanto ao número de pessoas pesquisadas, mesmo não se tratando de pesquisa quantitativa, uma amostra de poucas pessoas também não traz dados suficientes para a eficácia desejada. Mas também não se pode exagerar no número de pesquisados, dado o acúmulo de informações que isto geraria. Mesmo não havendo um número ideal de pesquisados, a recomendação para uma amostra significativa de palavras é que este seja acima de 20, mas que não ultrapasse o número de 100 pessoas.

Será apresentado em seguida um passo a passo, a partir de uma pesquisa concreta realizada e aqui apresentada e comentada. Trata-se de uma pesquisa com os leitores brasileiros do monge beneditino alemão Anselm Grün. Este monge é autor de mais de duzentos livros, dos quais mais de cem já foram traduzidos e publicados no Brasil, com uma aceitação bastante grande. Em 2015 o autor festejou 70 anos de idade e convidou para um simpósio representantes de editoras de diversos países onde seus livros são traduzidos e publicados. Para esta ocasião foi realizada uma pesquisa entre os leitores brasileiros do monge, para compreender quais sentimentos ligam seus leitores a estas obras e que faz com que ele tenha grande aceitação.

A coleta de dados lexicais

Para a coleta de dados foi elaborada uma carta a leitores de obras do monge. Nela constava a motivação para a pesquisa: o simpósio dos 70 anos do monge e a vontade de conhecer melhor os seus leitores no Brasil para apresentar no simpósio. A carta era acompanhada de um simples questionário e chegou às mãos dos leitores via uma rede de livrarias com filiais de norte a sul do país e que vendia as obras do autor em questão. Os pesquisados poderiam responder na própria livraria, que se encarregou de recolher e devolver os questionários ao pesquisador. De 70 questionários enviados, 56 foram respondidos. Este foi o questionário:

Dados pessoais:

Idade: _____ anos   Sexo: F ( ) M ( )

Profissão: _____

Religião: _____

Escreva cinco palavras que lhe vêm à mente quando pensa nos livros de Anselm Grün:

a)   d)

b)   e)

c)

O questionário do levantamento de dados foi elaborado para se obter outras informações que poderiam ser úteis à análise (idade, sexo, profissão e religião). Estas informações poderiam ser indicadores interessantes na análise. Assim, a elaboração de um coletor de dados para este tipo de pesquisa, por ser simples, poderá incluir ou não dados outros que ajudem na análise. Questionários assim são também de fácil aplicação: podem ser apresentados aos pesquisados para que os preencham – como foi o caso – ou podem ser preenchidos pelo próprio pesquisador às respostas dos pesquisados. Como o questionário não exige que o pesquisador conheça os pesquisados ou tenha com eles maior interação (a não ser a certeza de que fazem parte do grupo pesquisado), a aplicação do mesmo pode ser realizada inclusive por outra pessoa que o pesquisador.

A consolidação dos dados da lexicalidade

Da coleta das respostas, resultou a seguinte tabela, aqui transcrita simplesmente na ordem pela qual os pesquisados escreveram:

Terapia	Tranquilidade	Conhecimento	Inteligência	Aprendizado
Mística	Fé	Espiritualidade	Equilíbrio	Jesus
Espiritualidade	Discernimento	Mística	Crescimento	Libertação
Inspiração	Amor	Virtude	Transcendência	Graça
Mistério	Autorrealização	Encontro	Deus	Caminho
Sabedoria	Vivência	Clareza	Simplicidade	Compaixão
Equilíbrio	Conhecimento	Amor	Autoconhecimento	Paz interior
Humanidade	Interioridade	Espiritualidade	Conhecimento	Monaquismo
Meditação	Interiorização	Silêncio	Revisão	Recolhimento
Simplicidade	Profundidade	Psicologia	Interioridade	Positividade
Espiritualidade	Aprendizado	Liberdade	Amor	Crescimento
Espiritualidade	Autoconhecimento	Oração e trabalho	Silêncio	Liberdade
Monaquismo	Espiritualidade	Regra de São Bento	Simplicidade	Escuta
Profundo	Simples	Acessível	Integrativo	Provocativo
Sério	Direção	Agradável	Conhecimento	Santos Padres
Ser humano	Deus	Crescimento	Integração	Harmonia
Autoestima	Relacionamento	Paz	Oração	Encontro
Paz	Bondade	Amor	Silêncio	Oração
Oração	Bênção	Família	Paz	Bondade
Amor	Caridade	Tolerância	Espiritualidade	Liberdade
Autoajuda	Autoconhecimento	Sabedoria	Arte de viver	Concentração
Paz	Amor	Perdão	Decisão	Confiança
Amor	Esperança	Alegria	Coragem	Fé
Espiritualidade	Vida	Simplicidade	Encontro	Identidade
Vida	Busca	Conhecimento	Espiritualidade	Paciência
Filosofia	Conhecimento	Profundidade	Teologia	Experiência
Espiritualidade	Filosofia	Encontro	Meditação	Respostas
Resposta	Encontro	Religiosidade	Meditação	Espiritualidade

Esperança	Conforto	Paz	Motivação	Alegria
Paz	Direcionamento	Limites	Esforço	Perseverança
Sabedoria	Fé	Esperança	Conselho	Autoconhecimento
Paz	Amor	Fé	Serenidade	Esperança
Amor	Reconciliação	Liberdade	Integridade	Coragem
Interioridade	Paz	Equilíbrio	Espiritualidade	Oração
Conforto	Orientação	Espiritualidade	Crescimento	Escolha
Meditação	Espiritualidade	Simplicidade	Profundidade	Fé
Espiritualidade	Doutrina católica	Encontro	Sabedoria	Conhecimento
Alegria	Perdão	Harmonia	Silêncio	Paz
Magnífico	Excelência	Harmonia	Dedicação	Paz
Firmeza	Objetividade	Espiritualidade	Respostas	Linguagem atual
Paz	Espiritualidade	Oração	Sabedoria	Esperança
Evangelho	Conhecimento	Inovação	Terapia	Encontro
Espiritualidade	Autoestima	Paz	Fé	Deus
Espiritualidade	Crescimento	Liderança	Amor	Harmonia
Espiritualidade	Equilíbrio	Psicologia	Anamnese	Serenidade
Clareza	Consistência	Fé	Fortalecimento	Reflexão
Esperança	Gratidão	Amadurecimento	Alegria	Enriquecimento
Alegria	Compreensão	Esperança	Harmonia	Fé
Paz	Tranquilidade	Esperança	Busca de Deus	Interiorização
Reconciliação	Encontro	Equilíbrio	Espiritualidade	Interioridade
Esperança	Reflexão	Confiança	Satisfação	Alegria
Formação	Cultura	Abertura	Dimensão da vida	Comunhão
Essência	Vida	Força	Plenitude	Beleza
Dedicação	Cuidado	Conhecimento	Amor	Presteza
Cruz	Luz	Sabedoria	Eucaristia	Sinal da cruz
Alegria	Amor	Partilha	Equilíbrio	Esperança

As 56 respostas recebidas formam um conjunto de 280 termos. Um número considerável de palavras (ou expressões) a partir do qual se pode fazer diversas análises. Não iremos aqui fazer muitas análises, pois o objetivo do texto é apontar uma metodologia de pesquisa e não os resultados de uma pesquisa específica com esta metodologia.

Num primeiro momento, o conjunto de palavras conseguidas na coleta de dados talvez não fale muita coisa. É preciso recordar inicialmente o que gerou estas palavras na pesquisa: ser reflexo da emoção ou sentimento ou experiência religiosa do determinado grupo ou evento pesquisado. Olhar estas palavras como reflexo de sentimentos ou experiências, já as coloca noutra perspectiva. Muitas vezes é necessário olhar este conjunto de termos diversas vezes até eles começarem a falar por si mesmos, isto é, começarem a mostrar conteúdos e significados ali presentes.

No momento em que estes termos começarem a falar no contexto da pesquisa, entendidos como elementos que refletem algo da experiência do fenômeno pesquisado, surge o que Kaufmann chama de "a fabricação da teoria" na análise dos dados da pesquisa qualitativa (2013, p. 117). Muitos pesquisadores "têm a impressão de que acumulando material eles fazem o essencial do trabalho e que quanto mais eles têm acumulado, mas o trabalho avança" (KAUFMANN, 2013, p. 118), quando "a verdadeira etapa inicial da investigação se situa no instante em que o pesquisador, após ter contemplado todo o seu material, decide tratar de seu conteúdo" (KAUFMANN, 2013, p. 119).

Ler os dados e fazê-los falar em uma pesquisa não é simplesmente expor dados. A pesquisa consiste num diálogo do próprio pesquisador com suas hipóteses e objetivos, com os dados colhidos; e para entender o que sentem os pesquisados se exige um tanto de esforço, mas também de inspiração e imaginação a partir dos dados recolhidos. Nesta metodologia específica proposta, o esforço está justamente na percepção por parte do pesquisador de quais reflexos da experiência ou sentimento religioso a variada lexicalidade está transmitindo. O exame atento deste quadro de termos irá fazer o pesquisador perceber de que há ali muitas falas de sentimentos ou emoções e talvez nem se consiga esgotar todas.

Sugiro aqui dois tipos de técnicas que podem ser usados para auxiliar a análise deste quadro de dados recolhidos de termos que expressam sentimentos ou emoções ou experiências: a formação de mapas lexicais e a formação de mapas semânticos.

A formação de mapas lexicais

Uma forma prática e interessante de se perceber de quais experiências ou sentimentos os termos estão falando, é formar mapas por agrupamento de termos que mais ocorreram e com o que estes termos foram correlatos. No exercício demonstrado como exemplo do método, à pergunta por cinco palavras que vêm à mente quando pensam nos livros de Anselm Grün, o termo mais repetido foi Espiritualidade, com 21 menções. Na sequência, os termos que mais ocorreram foram Paz (13 vezes), Amor (12), Esperança (10), Conhecimento (9), Encontro (8), Fé (8), Alegria (7), Equilíbrio (6), Sabedoria (6), Harmonia (5), Simplicidade (5). Este é, pois um tipo de mapa lexical a ser percebido e interpretado: o significado das palavras mais recorrentes. A que sentimento elas apontam, qual a relação entre elas? E a partir dos termos que mais ocorrem, o pesquisador poderá tirar uma série de conclusões e reflexões sobre o sentimento ou experiências dos envolvidos para a sua pesquisa.

Outra possibilidade, ainda dentro do número de ocorrência dos termos, é fazer uma leitura de palavras que possam ser tidas como próximas ou sinônimos. Assim a palavra Conhecimento ocorreu 9 vezes e a Autoconhecimento foi citada 4 vezes, formando 13 citações que podem ser consideradas conjuntas; o termo Equilíbrio teve 6 menções e Harmonia 5, perfazendo 11 falas com sentido próximo.

Outra possibilidade interessante de mapa lexical se forma quando se foca na(s) palavra(s) mais citada(s). No caso do exemplo, foi a palavra Espiritualidade, com 21 menções (37,5% dos pesquisados). O que estas pessoas que citaram Espiritualidade declararam como outros termos que vieram à mente? A resposta a esta pergunta, forma o seguinte mapa:

Termo recorrente	Termos correlatos			
Espiritualidade	Fé	Mística	Equilíbrio	Jesus
Espiritualidade	Discernimento	Mística	Crescimento	Libertação
Espiritualidade	Interioridade	Humanidade	Conhecimento	Monaquismo
Espiritualidade	Aprendizado	Liberdade	Amor	Crescimento
Espiritualidade	Autoconhecimento	Oração e trabalho	Silêncio	Liberdade
Espiritualidade	Monaquismo	Regra de São Bento	Simplicidade	Escuta

Termo recorrente	Termos correlatos			
Espiritualidade	Caridade	Tolerância	Amor	Liberdade
Espiritualidade	Vida	Simplicidade	Encontro	Identidade
Espiritualidade	Busca	Conhecimento	Vida	Paciência
Espiritualidade	Filosofia	Encontro	Meditação	Respostas
Espiritualidade	Encontro	Religiosidade	Meditação	Resposta
Espiritualidade	Paz	Equilíbrio	Interioridade	Oração
Espiritualidade	Orientação	Conforto	Crescimento	Escolha
Espiritualidade	Meditação	Simplicidade	Profundidade	Fé
Espiritualidade	Doutrina católica	Encontro	Sabedoria	Conhecimento
Espiritualidade	Objetividade	Firmeza	Respostas	Linguagem atual
Espiritualidade	Paz	Oração	Sabedoria	Esperança
Espiritualidade	Autoestima	Paz	Fé	Deus
Espiritualidade	Crescimento	Liderança	Amor	Harmonia
Espiritualidade	Equilíbrio	Psicologia	Anamnese	Serenidade
Espiritualidade	Encontro	Equilíbrio	Reconciliação	Interioridade

A observação atenta e repetida do mapa lexical geral irá levar o pesquisador a ver possibilidades múltiplas de falas que refletem de alguma maneira o indizível ou impronunciável da experiência religiosa. Os pesquisados poderiam também ter concedido entrevistas sobre seus sentimentos em relação à questão pesquisada. Nelas iria aparecer um discurso provavelmente mais racionalizado sobre estes sentimentos. As entrevistas são um elemento importante, onde o pesquisado pode refletir sobre sua prática, sobre seu sentimento, sobre sua experiência ou vivência. Acredito, entretanto, que este método de levantar a relação do pesquisado com a questão-foco através de palavras que lhe vêm à mente, demonstra uma outra forma de expressão de sentimentos, uma forma mais reflexa da experiência e não tão racionalmente refletida. Está mais próximo do procurado: material de análise que possa ser reflexo do momento experiencial.

A percepção destes elementos reflexos da experiência ou sentimento religioso a partir da observação do mapa geral de termos utilizados não é um processo que irá ocorrer da seguinte maneira: primeiro observar, depois fazer a análise e com isto se conclui o ciclo. Cada análise feita poderá e deverá remeter a uma nova observação. "À medida que o pesquisador progride na definição de modelos, ele acumula novas chaves de leitura daquilo que escuta: a cada dia seu ouvido fica mais atento e sua investigação avança" (KAUFMANN, 2013, p. 119). No caso da observação repetida do mapa lexical, a cada observação e análise o olho fica mais apurado a perceber outros elementos, outros mapas de palavras que podem revelar ao pesquisador um elemento novo, um aspecto antes não percebido, uma intuição nova ou única.

Os mapas semânticos da lexicalidade

Fabricar uma teoria na pesquisa qualitativa exige ir além de descrever os fenômenos observados, apresentar as entrevistas ou outros dados, juntando a isto uma série de citações bibliográficas para mostrar que a descrição dos fenômenos ou falas do campo pesquisado tem alguma relação com o que autores já escreveram. Tão pouco a fabricação da teoria se resume aos últimos parágrafos do relatório de pesquisa onde se junta então algumas ideias que se imagina poder concluir do todo. "A fabricação da teoria não é, portanto, apenas um objetivo final, ela representa um instrumento muito concreto de trabalho, que permite ir além do conteúdo aparente e dar volume ao objeto" (KAUFMANN, 2013, p. 119-120).

Este instrumento de trabalho que é a produção de uma teoria em pesquisa, exige o envolvimento do pesquisador com todas as suas ferramentas analíticas. Além de elementos externos advindos, sobretudo de leituras, faz-se necessário também o engajamento do sentimento. No contexto que está sendo aqui exposto, de análises que envolvam o sentimento ou experiência em torno de eventos ou fenômenos religiosos, é imprescindível a sensibilidade do pesquisador para perceber os significados de sentimentos expressos.

O esforço por conseguir o máximo possível uma sintonia de sentimento para com os sentimentos ou emoções dos termos expressos pelos pesquisados representa um salto qualitativo na análise. A sensibilidade para a percepção do conjunto de sentimentos nos termos irá levar a outra formação de configurações de conhecimento: os mapas semânticos.

Se a composição de mapas lexicais a partir dos termos utilizados pelos pesquisados exige um esforço de observação e percepção de relações e correlações de termos que falem, e forneçam materiais interessantes para afirmar e confirmar hipóteses, e isto acompanhado por uma capacidade criativa ou imaginativa a partir dos termos, um outro nível de análise e imaginação criativa será requerido para formar mapas semânticos a partir dos termos recolhidos.

O ponto de partida desta análise é novamente observar o mapa geral dos termos utilizados, colocando agora em ação a busca por mapas de sentido ali presentes. Uma série de termos pode ser agrupada em alguma tipologia comum, outros noutra, outros em mais de uma tipologia. A observação da lexicalidade, com esta perspicácia, conduz assim para a semântica dos sentimentos e experiências expressos em palavras.

A análise desta poderá ser demonstrada na apresentação de conjuntos de sentimentos que apontam para determinadas experiências que se pode ler em mapas. Assim, a título de exemplo e usando o mesmo mapa geral da pesquisa acima apresentado, se pode perceber que há uma série de termos que apontam para a experiência de tomada de atitudes pessoais que são relacionadas com os livros do autor (termos em itálico):

Sabedoria	Vivência	Clareza	*Simplicidade*	*Compaixão*
Humanidade	*Interioridade*	Espiritualidade	Conhecimento	Monaquismo
Meditação	*Interiorização*	*Silêncio*	*Revisão*	*Recolhimento*
Simplicidade	Profundidade	Psicologia	*Interioridade*	*Positividade*
Espiritualidade	Autoconhecimento	Oração e trabalho	*Silêncio*	Liberdade
Monaquismo	Espiritualidade	Regra de São Bento	*Simplicidade*	*Escuta*
Paz	*Bondade*	Amor	*Silêncio*	Oração
Amor	*Caridade*	*Tolerância*	Espiritualidade	Liberdade
Autoajuda	Autoconhecimento	Sabedoria	Arte de viver	*Concentração*
Paz	Amor	Perdão	*Decisão*	*Confiança*
Amor	Esperança	*Alegria*	*Coragem*	Fé
Espiritualidade	Vida	*Simplicidade*	Encontro	Identidade
Vida	*Busca*	Conhecimento	Espiritualidade	*Paciência*
Esperança	Conforto	Paz	Motivação	Alegria
Paz	Direcionamento	Limites	*Esforço*	*Perseverança*
Paz	Amor	Fé	*Serenidade*	*Esperança*
Amor	*Reconciliação*	Liberdade	Integridade	*Coragem*
Interioridade	Paz	Equilíbrio	Espiritualidade	Oração

Conforto	Orientação	Espiritualidade	Crescimento	*Escolha*
Meditação	Espiritualidade	*Simplicidade*	Profundidade	Fé
Alegria	*Perdão*	Harmonia	*Silêncio*	Paz
Magnífico	Excelência	Harmonia	*Dedicação*	Paz
Firmeza	Objetividade	Espiritualidade	Respostas	Linguagem atual
Evangelho	Conhecimento	*Inovação*	Terapia	Encontro
Espiritualidade	Equilíbrio	Psicologia	Anamnese	*Serenidade*
Clareza	Consistência	Fé	Fortalecimento	*Reflexão*
Esperança	*Gratidão*	Amadurecimento	*Alegria*	Enriquecimento
Alegria	*Compreensão*	*Esperança*	Harmonia	Fé
Paz	Tranquilidade	*Esperança*	Busca de Deus	*Interiorização*
Reconciliação	Encontro	Equilíbrio	Espiritualidade	*Interioridade*
Esperança	Reflexão	*Confiança*	Satisfação	*Alegria*
Essência	Vida	*Força*	Plenitude	Beleza
Dedicação	Cuidado	Conhecimento	Amor	*Presteza*
Alegria	Amor	Partilha	Equilíbrio	*Esperança*

Outro mapa seria formado, por exemplo, pelos termos (em itálico) que expressam o sentimento de que os livros de Anselm Grün os ligam com a tradição religiosa cristã (católica):

Mistério	Autorrealização	Encontro	*Deus*	Caminho
Humanidade	Interioridade	Espiritualidade	Conhecimento	*Monaquismo*
Monaquismo	Espiritualidade	*Regra de São Bento*	Simplicidade	Escuta
Sério	Direção	Agradável	Conhecimento	*Santos Padres*
Ser humano	*Deus*	Crescimento	Integração	Harmonia
Filosofia	Conhecimento	Profundidade	*Teologia*	Experiência
Espiritualidade	*Doutrina católica*	Encontro	Sabedoria	Conhecimento
Evangelho	Conhecimento	Inovação	Terapia	Encontro
Espiritualidade	Autoestima	Paz	Fé	*Deus*
Paz	Tranquilidade	Esperança	*Busca de Deus*	Interiorização
Cruz	Luz	Sabedoria	*Eucaristia*	*Sinal da cruz*

A exemplo dos mapas anteriores poder-se-iam formar outros de termos que expressam algo que a experiência da leitura provocou pessoalmente no pesquisado; mapas de expressão do sentimento de ganho pessoal em termos que podem ser descritos como psíquicos ou espirituais; mapas de expressões que apontam para exercícios espirituais relacionados com a experiência dos livros etc. A cada mapa cabe sempre uma análise própria e sua contribuição para a pesquisa em questão.

Não há uma conformação de mapa semântico, que seja a única ou definitiva forma de expressão de sentidos ali expressos. O pesquisador pode formar uma sequência enorme de mapas e submapas semânticos. O importante é perceber com quais deles já se conseguiu demonstrar e confirmar as hipóteses da pesquisa.

Os mapas semânticos são abertos a múltiplas possibilidades. Cabe ao pesquisador recortá-los e demonstrá-los de maneira a embasar sua pesquisa. A configuração, apresentação e análise destes mapas semânticos presentes no mapa geral de termos pelos quais os pesquisados expressaram em cinco termos o seu sentimento em relação ao objeto pesquisado abre ao pesquisador uma gama bastante ampla de possibilidades, seja na apresentação, no relacionamento entre os termos, ou no enfoque a ser escolhido.

Considerações finais

A apresentação feita aqui do método proposto como instrumento na pesquisa qualitativa em Ciência da Religião em contextos de pesquisas que envolvam sentimentos ou experiências religiosas quer ser tão somente uma oferta de possibilidade. A sua apresentação prescindiu de análises e ateve-se apenas a indicações de possibilidades, dado que não é aqui lugar de apresentar os resultados de uma pesquisa, mas sim o método.

Para a apresentação mais didática do método é que se utilizou concretamente de uma pesquisa realizada. Esta metodologia foi, entretanto, já aplicada em diversas pesquisas de mestrado e doutorado e mostrou ser um instrumento eficaz. Assim, por exemplo, Nogueira utilizou-se desta metodologia na pesquisa sobre a experiência religiosa dos fiéis católicos que participam do ritual da Eucaristia (NOGUEIRA, 2012).

O levantamento e análise de dados possibilitaram perceber por exemplo muitos elementos da experiência eucarística dos fiéis que apontam para realidades não presentes na compreensão teológica da tradição católica sobre este sacramento. Magalhães utilizou este método na pesquisa sobre os imaginários yogins presentes nas tessituras eletrônicas do religioso. Como se tratava de uma pesquisa a partir de páginas eletrônicas, o levantamento e análise da lexicalidade pôde se expandir para diversas possibilidades, além das lexicais e semânticas. Foram exploradas, por exemplo, diversas possibilidades de análise da lexicalidade sintática (através de tempos verbais, p. ex., para perceber como eram expressas mudanças no campo da experiência religiosa) (MAGALHÃES, 2014). Júnior utilizou-se deste método em pesquisa de doutorado analisando de forma comparativa a experiência religiosa de fiéis de três tradições diante do que chamou de "Mãe Sagrada".

Na pesquisa em questão, a semântica da lexicalidade foi explorada em diversos níveis, acrescida de análises de mapas de lexicalidade sintática aplicada à expressão de gênero (JÚNIOR, 2014). Paula utilizou-se da metodologia da lexicalidade como auxílio na pesquisa de doutorado sobre a relação entre corpo e religião nas academias de ginástica. Se a tradição religiosa cristã tem uma relação relativamente negativa na percepção do corpo, vendo-o como lugar do pecado e que deve ser submisso ao espírito, que ressignificação religiosa do corpo em termos de experiência fazem aqueles que frequentam as academias de ginástica, onde o corpo ocupa um lugar não de pecado, mas de proeminência?

Como auxílio de pesquisa utilizou-se a metodologia de levantamento de lexicalidade em quadros diversos que foram analisados isoladamente e em diálogo, o que abre outra possibilidade interessante de análise: do diálogo de diversos mapas lexicais (PAULA, 2015).

Estas investigações acadêmicas já realizadas podem remeter o leitor a muitas outras possibilidades de pesquisa.

Referências

BAUER, M.W. & GASKELL, G. (orgs.). *Pesquisa qualitativa com texto, imagem e som.* Petrópolis: Vozes, 2015.

BEAUD, S. & WEBER, F. *Guia para a pesquisa de campo.* Petrópolis: Vozes, 2007.

BERKENBROCK, V.J. *A experiência dos orixás.* Petrópolis: Vozes, 1997.

CHIZZOTTI, A. *Pesquisa qualitativa em ciências humanas e sociais.* Petrópolis: Vozes, 2006.

DESLAURIERS, J.-P. & KÉRISIT, M. O delineamento de pesquisa qualitativa. In: POU-PART, J. et al. *A pesquisa qualitativa* – Enfoques epistemológicos e metodológicos. Petrópolis: Vozes, 2012, p. 127-153.

JÚNIOR, R.S. *A Mãe Sagrada unindo tradições* – Uma análise fenomenológica do sincretismo religioso brasileiro. Juiz de Fora: UFJF, 2014 [Tese de doutorado].

KAUFMANN, J.-C. *A entrevista compreensiva* – Um guia para pesquisa de campo. Petrópolis: Vozes, 2013.

MAGALHÃES, M.C. *Pelos blogs-tapetinhos:* imaginários yogins em tessituras eletrônicas do religioso. Juiz de Fora: UFJF, 2014 [Dissertação de mestrado].

MORAES-JUNIOR, M.P. *Candomblé:* discurso em transe. Goiânia: Ed. UFG, 2016.

NOGUEIRA, C.A.V. *A Eucaristia:* uma leitura a partir da experiência religiosa. Juiz de Fora: UFJF, 2012 [Dissertação de mestrado].

OTTO, R. *O sagrado.* Petrópolis: Vozes, 2011.

PAULA, A.R.V. *A fé sarada:* a relação corpo e religião nas academias de ginástica em Juiz de Fora. Juiz de Fora: UFJF, 2015 [Tese de doutorado].

POUPART, J. et al. *A pesquisa qualitativa:* Enfoques epistemológicos e metodológicos. Petrópolis: Vozes, 2012.

Dicas de livros

Livros

1) BAUER, M.W. & GASKELL, G. (orgs.). *Pesquisa qualitativa com texto, imagem e som.* Petrópolis: Vozes, 2015.

2) POUPART, J. et al. *A pesquisa qualitativa:* enfoques epistemológicos e metodológicos. Petrópolis: Vozes, 2012.

3) SOMEKH, B. & LEWIN, C. (orgs.). *Teoria e métodos de pesquisa social.* Petrópolis: Vozes, 2015.

As três obras recomendadas são coletâneas de textos de especialistas mundiais em pesquisa qualitativa. Nelas são abordadas tanto reflexões teóricas sobre esta metodologia de pesquisa como, sobretudo, apresentadas proposições para metodologias de pesquisa em situações muito concretas e diversificadas. São textos atuais e apresentam aos pesquisadores de Ciência da Religião muitas possibilidades de métodos de pesquisas, voltados a grupos distintos, a contextos diversificados, apresentando a possibilidade do uso de ferramentas muito diversificadas. São obras quase que imprescindíveis para quem realiza pesquisa qualitativa com fenômenos, eventos ou grupos em Ciência da Religião.

Dicas de pesquisas que usaram o método da lexicalidade

1) SILVA JÚNIOR, R. *A Mãe Sagrada unindo tradições* – Uma análise fenomenológica do sincretismo religioso brasileiro. Juiz de Fora: UFJF, 2014 [Tese de doutorado] [Disponível em https://repositorio.ufjf.br/jspui/bitstream/ufjf/663/1/reinaldodasilvajunior.pdf – Acesso em 13/08/2017].

2) MAGALHÃES, M.C. *Pelos blogs-tapetinhos:* imaginários yogins em tessituras eletrônicas do religioso. Dissertação (Mestrado em Ciência da Religião). Juiz de Fora: UFJF, 2014 [Dissertação de mestrado] [Disponível em https://repositorio.ufjf.br/jspui/bitstream/ufjf/511/1/monicaciscottomagalhaes.pdf – Acesso em 13/08/2017].

3) NOGUEIRA, C.A.V. *A Eucaristia:* uma leitura a partir da experiência religiosa. Dissertação (Mestrado em Ciência da Religião). Juiz de Fora: UFJF, 2012. [Dissertação de mestrado] [Disponível em https://repositorio.ufjf.br/jspui/bitstream/ufjf/1898/1/celeide agapitovaladaresnogueira.pdf – Acesso em 13/08/2017].

4) PAULA, A.R.V. *A fé sarada:* a relação corpo e religião nas academias de ginástica em Juiz de Fora. Juiz de Fora: UFJF, 2015 [Tese de doutorado] [Disponível em https://repositorio.ufjf. br/jspui/bitstream/ufjf/120/1/arleterodriguesvieiradepaula.pdf – Acesso em 13/08/2017].

Os quatro textos acima recomendados são pesquisas que se utilizaram do método da lexicalidade para chegar aos seus objetivos. A consulta aos mesmos irá abrir ao leitor a possibilidade de perceber como funciona este instrumento na prática, bem como observar em exemplos concretos como ele foi utilizado em combinação com diversas possibilidades de análise e em combinação com outras metodologias.

10

Pesquisas teóricas

Os diferentes olhares sobre o fenômeno religioso

Douglas Ferreira Barros
(PUC-Campinas)

Glauco Barsalini
(PUC-Campinas)

Algumas lupas, diferentes olhares

Quando se fala em ciência pensa-se, logo, em método. Alguns cientistas defendem a necessidade de construção de um só método que abarque todas as possibilidades de ver-se os objetos escolhidos para a sua análise. Outros chegam mesmo a conceber a existência de um só e grande objeto a ser analisado, ainda que reconheçam ter ele diversos aspectos. Por fim, há os que entendem ser impossível construir-se um só método para analisar-se o mundo plural que se apresenta à sua frente e que, portanto, torna-se justificável a existência de uma disciplina interdisciplinar para estudarem-se os objetos do mundo, os quais, por sua vez, são variados, dotados de diferentes colorações por terem naturezas distintas entre si.

A primeira postura pode ser classificada como positivista e, a segunda, como estruturalista. Poderíamos dizer que, de certo modo, o cientista positivista assume haver uma só lupa para enxergar-se tudo o que se apresenta à sua frente, e que seu objetivo principal passa a ser compreender o motivo da existência e, também, como se comportam as diversas "coisas" que analisa. Se avançar um pouco mais na busca por tal compreensão, ele pode ser chamado de funcionalista. Nesse caso, concebe que, a partir de uma lupa exclusiva, deve perceber a articulação entre os diferentes objetos sobre os quais se debruça, entendendo que, na relação que estabelecem entre si, impera certa dinâmica que as transforma e, ao mesmo tempo, as organiza. Em regra, tanto o positivista quanto o funcionalista utilizam-se de uma lente de um só foco, que lhes permite, pois, enxergar distintos objetos a partir de um mesmo e globalizante prisma.

O estruturalista, por sua vez, é aquele que concebe que por uma certa lente se pode ver um só objeto, este, dotado de múltiplos aspectos. Tal objeto possuiria algo de fundamental, algo de "essencial", elemento que, de fato, interessaria ao pesquisador e a partir do que ele poderia compreender todo o complexo de relações humanas. Mas há vários tipos de estruturalismo.

Há aquele que se combina fortemente com o positivismo e com o funcionalismo; enquanto há, também, o que se combina, de modo menos próximo, com essas tradições, incorporando outras influências metodológicas. Para os primeiros, a lente possui um só foco, e o cientista analisa um só objeto, observando, nele, as diferentes formas que assume. Para os últimos, a lente é multifocal, embora o objeto seja único, apesar de, também, multiforme.

Já os que defendem a pluralidade do método e de seu objeto tendem a compreender a ciência muito mais como um "campo" do que como um instituto. Por isso, não recriminam a adoção de várias lentes, que podem, cada qual, ser dotadas de diversos focos, para analisar-se os objetos do mundo, cuja natureza desafia, em toda a sua dimensão, a ideia de unidade.

Para tornar mais claro tudo isso que afirmamos podemos dizer que, no terreno científico do estudo da(s) religião(ões), um positivista, como, ainda, um funcionalista "genuínos" não aceitariam a expressão Ciências das Religiões, mas prefeririam definir a ciência que estuda as religiões como Ciência das Religiões: um só método – uma só lupa – para compreender os diferentes elementos religiosos existentes; já o positivista e o funcionalista que trazem para dentro do método o estruturalismo, lapidariam o termo Ciência da Religião, concebendo haver uma só lupa, de um foco, para estudar um só objeto, nas diversas formas que ele assume; o estruturalista não positivista e não funcionalista, influenciado pela dialética, grafaria, por sua vez, a terminologia Ciências da Religião – aquela que, usando de uma lente multifocal, compreende o radical estruturante da religião; e, por fim, um pluralista (dentre os quais estão os pós-estruturalistas) cunharia o título Ciências das Religiões, porque as lentes são múltiplas, tal como os focos de cada uma delas podem também ser, além dos objetos que analisa e busca decifrar[1].

Não assumiremos, aqui, propriamente, nenhum desses conceitos. Não é nosso propósito, neste lugar, afirmarmo-nos tributários de qualquer uma dessas metodologias. Cabe-nos apenas expressar a existência desse fórum, a fim de que o leitor entenda, ao menos em parte, o território em que está "pisando". Se não nos posicionamos, neste capítulo, como positivistas, funcionalistas, estruturalistas ou dialéticos, ou, então, defensores de qualquer uma das terminologias acima referenciadas, é importante anotarmos, todavia, que concebemos a(s) ciência(s) da(s) religião(ões) no prisma da interdisciplinariedade.

Face ao já longínquo conflito entre razão e fé, questão que se recoloca, atualmente, com enorme força no seio dos debates entre as ciências, a filosofia e a teologia, optamos por dividir este texto em duas etapas: na primeira, procuraremos demonstrar, a partir de alguns clássicos do estudo sobre as religiões, diferentes olhares acerca do fenômeno religioso; na segunda, nosso propósito é situar o leitor no solo das discussões de natureza filosófica bastante atuais acerca dos debates sobre a existência ou não existência de Deus.

Fé e razão: recortes das perspectivas teológica, mitológica, sociológica e antropológica

O propósito, nesta seção, é realizar-se alguns recortes das perspectivas teológica, mitológica, sociológica e antropológica, distintas áreas que convergem suas

---

1 Acerca desse debate, vale a leitura de Filoramo e Prandi (2005); Greschat (2014); Passos e Usarski (2013); Usarski (2006); Barsalini e Amaral (2016). A discussão se estende: predomina, na América do Norte, o termo Estudos da Religião, o que, também, designa uma tomada de posição metodológica. Recentemente, no Brasil, constata-se a publicação de trabalhos que trazem essa terminologia, a exemplo do livro *A dimensão teórica dos Estudos da Religião*: horizontes histórico, epistemológico e metodológico nas Ciências da Religião, de Emerson Sena da Silveira e Manoel Ribeiro de Moraes Junior (2017).

preocupações para o entendimento da religião ou das religiões, tomando por referência as teorias do teólogo protestante Rudolf Otto, do mitólogo Mircea Eliade, do sociólogo Émile Durkheim e do antropólogo Claude Lévi-Strauss. Mais do que explicitar o arcabouço teórico de cada um desses intelectuais, nosso propósito é promover, nesse item, um exercício epistemológico, demonstrando, ainda que de modo parcial, possíveis formas de leitura do fenômeno religioso[2].

Importa destacar-se que, na confluência de tais produções, fixam-se as pesquisas referentes às religiões. Conforme sugerimos acima, não nos ocuparemos, aqui, portanto, de discutir terminologicamente a ciência que estuda a religião, até porque, nos clássicos em tela, não se identifica preocupação dessa natureza. Se é possível identificar-se Rudolf Otto com a Ciência da Religião e Mircea Eliade com a Ciência das Religiões, o mesmo não se dá com autores como Émile Durkheim ou Claude Lévi-Strauss que pensam a religião enquanto problema, respectivamente, da Sociologia e da Antropologia.

Rudolf Otto (1869-1937) foi um importante teólogo protestante alemão e, dentre outras obras, escreveu o livro *O sagrado*, em que se dedica ao estudo do fenômeno religioso partindo da premissa de que ele se estabelece no campo da irracionalidade.

Na defesa da fé, e na busca pela definição dos contornos do sagrado, Otto inicia seu livro questionando a supremacia do aspecto racional na busca pela compreensão daquilo que intitula por "numinoso", a saber, o sagrado. Aponta que tanto os racionalistas quanto os não racionalistas ortodoxos promovem a racionalização de algo que é, por si mesmo, irracional, e que, por isso, não pode ser racionalizado. Associa o entendimento do fenômeno religioso com a experiência: é por meio dela que se pode conhecer parte da dimensão do sagrado (e, nunca, toda ela), não sendo possível, pois, compreender-se os aspectos do numinoso pela simples razão. Para tanto, é preciso, segundo Otto, que o sujeito tenha, consigo, a abertura para o não material. É emblemático o alerta que faz logo no terceiro capítulo de seu livro:

---

2 Utilizamos, aqui, a expressão fenômeno religioso de forma ampla, de modo a acomodar, também, a fenomenologia (método filosófico pelo qual se podem estabelecer importantes ligações com a teologia), mas não a reduzindo aos seus limites. A conotação que damos a fenômeno religioso, neste capítulo, portanto, corresponde à ideia de fonte de estudos, objeto de estudos, aquilo que se quer estudar.

Convidamos o leitor a evocar um momento de forte excitação religiosa, caracterizada o menos possível por elementos não religiosos. Solicita-se que quem não possa fazê-lo ou não experimente tais momentos não continue lendo. Pois quem conseguir lembrar-se das suas sensações que experimentou na puberdade, de prisão de ventre ou de sentimentos sociais, mas não de sentimentos especificamente religiosos, com tal pessoa é difícil fazer ciência da religião. Nós até a desculparemos, se aplicar o quanto puder os princípios explicativos que conhece, interpretando, por exemplo, "estética" como prazer dos sentidos e "religião" como função de impulsos gregários, de padrões sociais ou como algo ainda mais primitivo. Só que o conhecedor da experiência muito especial da estética dispensará de bom grado as teorias de tal pessoa, e o indivíduo religioso, mais ainda (OTTO, 2014, p. 40).

Embora o sagrado independa do sujeito que o experencia, pois, para Otto (2014), o numinoso é *a priori*, aquele que o vivencia só pode fazê-lo porque está apto para tanto, ou seja, porque dispõe de certa "qualidade de estado psíquico" em que se abre a possibilidade de percepção do fenômeno religioso, o que se dá pelo arrebatamento, pelo maravilhamento da criatura em relação ao Criador, pelo "sequestro" daquele por Este. Tal experiência implica o êxtase da pessoa que se apercebe do "sentimento de criatura", de dependência ou, mais profundo do que isso, de nulidade mesmo da criatura em relação ao Criador. No empenho pela caracterização do numinoso, o teólogo segue denominando e descrevendo outros tantos aspectos que o compõem.

Assim, escreve sobre o *tremendum* ou arrepiante; a *majestas* ou aspecto avassalador; o enérgico; o fascinante; o assombroso; e o *augustum*. Legitima as religiões orientais, fazendo remissão ao budismo, e toma as manifestações religiosas originárias – como o culto aos ancestrais e a crença nos mortos, o feitiço, os contos e os mitos, o fetichismo e o totemismo, a adoração de animais ou plantas, o demonismo e o polidemonismo – por "antessala da religião", por já estarem "palpavelmente assombradas por um elemento comum que é o numinoso".

A abrangência que Otto confere ao sagrado e à sua percepção não o colocam, todavia, na ceara dos pluralistas. Atrelado à filosofia de Immanuel Kant, o cientista da religião justifica o sagrado enquanto *a priori*, associando-o ao sentimento que eclode do "fundo d'alma", "da mais profunda base da psique, sem dúvida alguma nem antes nem sem estímulo e provocação por condições e experiências sensoriais do mundo, e sim nas mesmas e entre elas". Seu raciocínio o conduz, pois, ao cristianismo, segundo ele, religião superior por exprimir, de forma "consumada, profunda e intensa o mistério da necessidade de expiação". Otto desenvolve, no plano metodológico, portanto, uma só lupa, e a inclina sobre um só objeto, para ele, essência de tudo aquilo que diz respeito ao religioso: o numinoso.

Nesse prisma, podemos classificá-lo no vértice do positivismo, embora sua posição seja reversa à de tipo cientificista. Ele atribui positividade ao fenômeno religioso e o percebe nas bases da transcendência, escapando do materialismo característico da Sociologia e da Antropologia. Coloca, portanto, a religião, na esfera do místico, ofertando, ao que busca compreendê-la, este olhar especial – na sua metafísica, não menos abrangente e interessante que qualquer outra formulação tão sofisticada e bem "costurada" quanto esta, oriunda de matriz metodológica científica ou filosófica.

Filiando-se à tradição mística de que Otto é tributário e, inclusive, citando vivamente o teólogo, o estudioso da história das religiões e mitólogo Mircea Eliade (1907-1986) traz marcante contribuição para a compreensão das religiões.

Diferentemente do cientista da religião alemão, todavia, o pensador romeno privilegiou a morfologia do sagrado ao apriorismo, e, com isso, preferiu investigar o que denominou hierofanias – elementos associados ao sagrado[3]. Em declarado combate ao evolucionismo, Eliade (2016) opõe, conceitualmente, o sagrado ao profano, identificando a ética do homem religioso com o primeiro e a forma de ver o mundo do homem secularizado com o segundo. No conflito entre o sagrado e o profano, procura recuperar o sentido do sagrado no mundo contemporâneo.

Talvez, dentre os seus livros, o mais lido no Brasil seja *O sagrado e o profano*, obra de leitura agradável que trata, na chave mítica, de questões de primordial importância para o estudo das religiões, como a temática do espaço e do tempo

---

3 Em suas palavras: "A fim de indicarmos o ato da manifestação do sagrado, propusemos o termo *hierofania*. Este termo é cômodo, pois não implica nenhuma precisão suplementar: exprime apenas o que está implicado no seu conteúdo etimológico, a saber, que *algo de sagrado se nos revela*. Poder-se-ia dizer que a história das religiões – desde as mais primitivas às mais elaboradas – é constituída por um número considerável de hierofanias, pelas manifestações das realidades sagradas. A partir da mais elementar hierofania – p. ex., a manifestação do sagrado num objeto qualquer, uma pedra ou uma árvore – e até a hierofania suprema, que é, para um cristão, a encarnação de Deus em Jesus Cristo, não existe solução de continuidade. Encontramo-nos diante do mesmo ato misterioso: a manifestação de algo 'de ordem diferente' – de uma realidade que não pertence ao nosso mundo – em objetos que fazem parte integrante do nosso mundo 'natural', profano'" (ELIADE, 2013, p. 17).

sagrados, a relação entre a natureza e o sagrado e a ligação entre a existência humana e a vida santificada.

Mas é em *Tratado de história das religiões*, livro anterior, que o pensador expõe mais sistematicamente o seu método, revelando o entendimento de que as religiões se erguem sobre certas estruturas, a saber, os arquétipos. Por comparação é que Eliade (2016) vislumbra decifrar como os grupos de hierofanias – ou modalidades do sagrado, a exemplo das águas, do céu e da vegetação – se integram em um sistema coerente, chave para a compreensão das religiões e das culturas.

Na trilha de Otto, concebe que o ser humano carrega consigo a predisposição ao transcendente e, também, que o sagrado – essencialmente dialético – não é exclusivo de certa religião. Assim, qualquer manifestação religiosa, seja qual for a sua natureza, é relevante para o pesquisador das religiões. E é pela hierofania, expressão do sagrado, que o estudioso das religiões pode compreender o fenômeno religioso, identificando, inclusive, o caráter particular de cada uma das fórmulas ligadas ao sagrado[4]. A esse respeito, escreverá:

> O ato dialético permanece o mesmo: a manifestação do sagrado através de alguma coisa diferente de si mesma; aparece nos objetos, nos mitos ou nos símbolos, mas nunca integralmente, e de maneira imediata, na sua totalidade. Por consequência, considerados de um ponto de vista absoluto, uma pedra sagrada, um avatar de Vishnu, uma estátua de Júpiter ou uma epifania javeísta são igualmente válidos (ou ilusórios) pela simples razão de que, em todos os casos, ao manifestar-se, o sagrado limitou-se, incorporou-se. O ato paradoxal da incorporação, que torna possíveis todas as espécies de hierofanias, desde as mais elementares até a suprema encarnação do Logos em Jesus Cristo, encontra-se por toda a parte na história das religiões (ELIADE, 2014, p. 31).

O sagrado se expressa por hierofanias, distintas entre si, porque é, portanto, dialético. Essa tese não invalida, todavia, em Eliade, a valorização do cristianismo

---

4 A esse respeito, Eliade escreverá: "Se bem que alguns estudiosos tenham acrescentado alguns outros termos a esta lista (*ngai* dos mastaos, *andriamanitha* dos malgaxes, *petara* dos dayks etc.) e se haja tentado interpretar no mesmo sentido o indiano *brahman*, o iraniano *xvarenah*, o romano *imperium*, o nórdico *hamingja*, a noção de *mana* não é universal. O *mana* não aparece em todas as religiões, e mesmo naquelas em que aparece não é nem a única, nem a mais antiga forma religiosa". Em remissão ao antropólogo britânico Hogbin, Eliade transcreve: "O *mana*... não é de maneira nenhuma universal, e, por consequência, servir-se dele como base para construir uma teoria geral da religião primitiva é não só errôneo como falacioso" (HOGBIN, apud ELIADE, 2014, p. 27). E, continua: "Mais ainda: entre as diferentes fórmulas (*mana*, *wakan*, *orenda* etc.) existem, se não diferenças acentuadas, pelo menos matizes frequentemente desprezados nos primeiros estudos [...]" (ELIADE, 2014, p. 27).

como o ponto máximo a que a cultura pode chegar. Em importante nota de rodapé, ele chega mesmo a afirmar:

> Poderíamos tentar salvar, na perspectiva do cristianismo, as hierofanias que precederam o milagre da encarnação valorizando-as como uma série de prefigurações desta encarnação. Por consequência – em vez de considerarmos as modalidades "pagãs" do sagrado (os feitiços, os ídolos etc.) como fases aberrantes e degeneradas do sentimento religioso da humanidade decaída pelo pecado, poderíamos interpretá-las como tentativas desesperadas de prefigurar o mistério da encarnação. Deste ponto de vista, toda a vida religiosa da humanidade – vida religiosa expressa pela dialética das hierofanias – seria somente uma expectativa de Cristo (ELIADE, 2014, p. 442).

As luzes do estudioso da história das religiões sobre o fenômeno religioso revelam uma fórmula metodológica antievolucionista, mas de contorno positivista. Por meio de uma lupa, dotada de capacidade unifocal, identificada, nesse sentido, com o mito – que pressupõe a religiosidade enquanto condição humana e que deseja a recuperação do sentido de religião na contemporaneidade –, Eliade enxerga diversas formas do sagrado, o que se justifica por seu caráter dialético. Concebe, todavia, por ele, como pelas formas que assume, a possibilidade de compreender-se as religiões e as culturas demonstrando, com isso, certo viés estruturalista em sua teoria. Trata-se, pois, de um método sofisticado que realiza, na positividade, uma teoria da religião sobre objeto que reconhece ser, em si, polinômio, dialético.

Expoente do positivismo, o sociólogo francês Émile Durkheim (1859-1917) escreveu, em fase madura de sua produção, o livro *As formas elementares de vida religiosa*. Anos mais tarde, Claude Lévi-Strauss (1976) escreveria um pequeno texto, intitulado, "O que a etnologia deve a Durkheim", em que observaria a grande diferença entre essa obra de maturidade e a anterior, *As regras do método sociológico*.

O antropólogo aponta que em "*As regras*"[5] Durkheim desconfiava da etnologia porque, de fato, o que conhecia na época de sua produção era uma etnologia de compiladores (como Wundt, Tylor, Manhardt e Hartland) e não de etnógrafos "de campo"[6] (Boas, Preuss, Wilken, Gillen, dentre outros), produção a que teve acesso

---

5 Para simplificar, a partir daqui, ao nos referirmos ao *As regras do método sociológico* utilizaremos apenas a expressão "*As regras*". O mesmo faremos com relação ao *As formas elementares da vida religiosa*, citando-o como "*As formas*".

6 De modo didático, poderíamos definir a etnografia como o estudo de campo, que pressupõe o método descritivo, pelo qual narra os fatos que observa. Aqui o pesquisador procura distinguir a sua subjetividade em relação à "objetividade" do observado. Já a etnologia compreende a análise teórica que o estudioso faz a partir dos dados coletados – por ele mesmo ou por outros cientistas – no campo.

apenas posteriormente. Lévi-Strauss identifica no Durkheim de *"As formas"* chave importante para a diferenciação que o próprio antropólogo faz entre sincronia e diacronia[7]. Remetendo ao contato do sociólogo com a etnografia "de campo", escreve:

> Ora, ao aceder às fontes, Durkheim faz uma descoberta: a oposição primeiramente por ele imaginada entre história e etnografia é muito ilusória, ou antes, havia sido malcolocada. O que ele censurava nos teóricos da etnologia não era o fato de ignorarem a história, mas elaborarem, eles próprios, um método histórico que não podia suportar a comparação com o dos verdadeiros historiadores (LÉVI-STRAUSS, 1976, p. 54).

Em esclarecimento à percepção de Durkheim, seus discípulos Hubert e Mauss anotariam:

> O erro de R. Smith foi sobretudo um erro de método. Ao invés de analisar em sua complexidade originária o sistema do ritual semítico, ele optou antes por grupar genealogicamente os fatos segundo as relações de analogia que acreditava perceber entre eles. Este é, aliás, um traço comum aos antropólogos ingleses... Nesta ordem de fatos, toda pesquisa essencialmente histórica é vã. A antiguidade dos textos ou dos fatos relatados, a barbárie relativa dos povos, a simplicidade aparente dos ritos são índices cronológicos enganadores (HUBERT & MAUSS, apud LÉVI-STRAUSS, 1976, p. 54).

Tal opção metodológica teria levado, conforme Lévi-Strauss, à formulação de uma história ideológica e não a um conhecimento diacrônico confiável. Ao combinar o positivismo com certo estruturalismo, em *As formas* Durkheim volta-se para o estudo daquelas que considera serem as formas mais elementares da vida religiosa, fundamentais, de qualquer religião. Estuda, para tanto, o animismo, o

---

7 De forma simples, pode-se afirmar que em Lévi-Strauss, como em Durkheim de *"As formas"*, os métodos sincrônico e diacrônico combinam-se mutuamente, consolidando o entendimento de que não é possível definir-se escala de acontecimentos em ordem evolutiva na história da humanidade, e nem mesmo na história de cada comunidade, de modo que não se pode afirmar a superioridade ou inferioridade de uma prática em relação à outra, comparativamente, tanto no âmbito interno quanto no âmbito externo a qualquer sociedade humana. Sincronia remete à ideia de que, em paralelo, ou seja, no mesmo momento, ocorrem experiências distintas entre si, nos mais diferentes graus, tanto dentro de uma mesma sociedade quanto num plano de comparação, entre uma sociedade e outra. Diacronia remete à ideia de que experiências e fatos se sucedem na história, o que, na chave de Lévi-Strauss e de Durkheim, de *"As formas"* não demonstra, propriamente, hierarquia em grau de importância, mas, apenas, em muitos casos, maior ou menor grau de sofisticação e de complexidade. Assim, ser mais complexo ou sofisticado não significa ser superior, de modo que se dispense a necessidade de compreensão daquilo que se apresenta como mais simples. Da mesma forma, o mais simples não é, pois, inferior: é, apenas, mais elementar e, por isso, muito importante enquanto revelador do que é central, porque, na chave do estruturalismo que compõe ambas as teorias, é umbilical, essencial.

naturismo e o totemismo, considerando que, anterior àqueles, é o último que se constitui como o verdadeiro extrato da religião.

Questiona, com isso, os teóricos do naturismo e do animismo, etnólogos que classificam tais fenômenos em uma escala evolutiva de modo a considerarem, os primeiros, que as crenças naturistas são as mais primitivas e, os segundos, que as crenças animistas são, por sua vez, as mais originárias. Durkheim desenvolve, então, exaustivo estudo sobre o totemismo, e chega a descobertas realmente importantes acerca de sua originalidade para a compreensão das religiões, na associação direta que guarda com a sacralidade e a coesão social. Cunha a seguinte definição sobre a religião:

> Uma religião é um sistema solidário de crenças seguintes e de práticas relativas a coisas sagradas, ou seja, separadas, proibidas; crenças e práticas que unem na mesma comunidade moral, chamada igreja, todos os que a ela aderem. O segundo elemento que aparece na nossa definição não é menos essencial que o primeiro; pois, mostrando que a ideia de religião é inseparável da ideia de igreja, faz pressentir que a religião deve ser coisa eminentemente coletiva (DURKHEIM, 2008, p. 79).

Concebe, pois, a religião, como um fato social – coercitiva, exterior e genérica, ou seja, impositiva, ensinada e introjetada no espírito de cada sujeito e, por fim, própria à consciência coletiva, de âmbito, sempre, coletivo. Mas em *As formas* a religião ganha estatura importantíssima, diríamos, basilar no rol dos fatos sociais elencados pelo intelectual. Isso porque o pensador a entende como constitutiva da própria moral, das formas padronizadas de conduta e pensamento das sociedades. Trata-se, para ele, do elemento originário dos primeiros sistemas de representação, do que nasceram a filosofia e as ciências.

A religião não teria apenas enriquecido o espírito humano, mas, para além disso, o teria constituído, formado: "os homens não lhe devem (à religião – nota nossa) apenas grande parte da matéria dos seus conhecimentos, mas também a forma pela qual esses conhecimentos são elaborados" (DURKHEIM, 2008, p. 38). Diferentemente da magia, que depende do indivíduo, do feiticeiro para acontecer, a religião é eminentemente coletiva, compondo-se como um conjunto de regras capazes de garantir a necessária coesão social, a fim de que os grupos humanos mantenham certos níveis de harmonia e possam, com isso, sustentar-se enquanto sociedades.

Abordemos, em caráter conclusivo a este item, aspectos da obra de Claude Lévi-Strauss (1908-2009) que se referem ao fenômeno religioso. O etnólogo é o ícone do estruturalismo antropológico. Fundamentando seus estudos na linguística (referenciado nas descobertas de Ferdinand de Saussure), Lévi-Strauss estabelece estreito diálogo epistemológico com a dialética marxista, a psicanálise (freudiana, com espaço de interlocução com a psicanálise junguiana) e o positivismo durkheimiano, e sua busca é por identificar os elementos mais basilares das culturas humanas, estruturantes das formas de vida e de caráter universal e, por isso, invisíveis aos olhos do senso comum e, na sua perspectiva, aos de muitos dos cientistas, em especial dos funcionalistas[8]. Em *Antropologia estrutural*, reúne, também, pesquisas que desenvolvera sobre a temática "magia e religião".

Situado, tal como Durkheim, no campo da racionalidade (diferentemente de Otto e, sob certo aspecto, de Eliade, que inscrevem-se, como observamos acima, na mística), Lévi-Strauss promove etnografia e etnologia investigativas dos mitos tribais e dos elementos subjetivos associados à magia. Perscruta o impacto dos símbolos religiosos na própria fisiologia humana e os motivos pelos quais tais símbolos são, de fato, eficazes no desencadeamento de mortes ou de curas.

Em artigo intitulado "O feiticeiro e sua magia" conclui que, para certos povos, o sistema mágico é o que garante coesão e ordem social. Diferentemente de civilizações ocidentais, o direito de tribos americanas estudadas pelo antropólogo pressupõe a magia, e visa enquadrar, por exemplo, ações indesejadas – como a afetação ou distúrbio de um sujeito[9] – em tal esquema, justificando o esporádico por argumentação de tipo religiosa.

---

8 O funcionalismo é uma escola etnográfica e etnológica que se liga ao positivismo e que, divorciado do evolucionismo, percebe que as culturas apresentam dinâmicas internas, o que as torna necessariamente complexas. Pelo organicismo que o constitui, o funcionalismo se preocupa em compreender como funcionam as sociedades por seus pesquisadores estudadas o que, para Lévi-Strauss, é insuficiente, na medida em que permite a compreensão apenas de um primeiro nível das relações sociais, da camada mais aparente de tais relações. Para além dos órgãos que compõem o grande organismo social, e para além dos atores que atuam em tais órgãos, de modo mais ou menos organizado, estão, conforme o antropólogo estruturalista, as estruturas, os elementos mais essenciais e estruturantes da vida social, pilares de toda a estrutura social, cujo caráter é universal, ou seja, tratam-se de elementos que se apresentam, fundamentalmente, da mesma maneira nas diferentes sociedades constituídas pela humanidade.

9 Lévi-Strauss relata o julgamento de um rapaz que teria agarrado uma moça, pelo que ela teria entrado em estado de choque. Enquanto o mancebo não demonstrasse que havia aplicado feitiçaria na jovem, ele correu risco de ser condenado. Sua absolvição dependia, todavia, da comprovação da existência da magia, estrutura social necessária para a garantia da paz coletiva entre os Zuni, povo do Novo México aqui referenciado.

A respeito da eficácia simbólica, contextualizada no sistema da magia, e em comparação com a medicina moderna, em particular com a psicanálise, Lévi--Strauss escreverá:

> As experiências do doente representam o aspecto menos importante do sistema, se se excetua o fato de que um doente curado com sucesso por um xamã está particularmente apto para se tornar, por sua vez, xamã, como se observa, ainda hoje em dia, na psicanálise. Como quer que seja, recorde-se que o xamã não é completamente desprovido de conhecimentos positivos e técnicas experimentais, que podem explicar em parte o seu sucesso; de resto, desordens do tipo que se denomina atualmente psicossomático, e que representam uma grande parte das doenças correntes nas sociedades de fraco coeficiente de segurança, devem muitas vezes ceder a uma terapêutica psicológica. Em resumo, é provável que os médicos primitivos, do mesmo modo que seus colegas civilizados, curem ao menos uma parte dos casos de que cuidam, e que, sem esta eficácia relativa, os usos mágicos não teriam podido conhecer a vasta difusão que os caracteriza, no tempo e no espaço. [...] (LÉVI-STRAUSS, 1973, p. 208).

Lévi-Strauss (1973) encontra nas práticas religiosas (de caráter subjetivo), realizadas por xamãs ou com xamãs, elementos realmente concretos de fundamental importância para a organização e para a reorganização interna dos indivíduos e das sociedades. A religião é, pois, segundo ele, um importante sistema, constitutivo das coletividades e, por isso, explicativo acerca das maneiras pelas quais as sociedades se conformam, se organizam e se sustentam.

A religião, por uma certa filosofia contemporânea: a era pós-metafísica

Que sentido há em se falar de Deus e de religião nos dias atuais? Diz-se por aí que nesse momento da história em que vivemos – a contemporaneidade –, muitas coisas do passado têm perdido sua importância; cada vez menos pessoas dão atenção ao que pouco tempo atrás era tido como verdadeiro, seguro, inquestionável. Há quem se dedique a explicar por que as pessoas estão deixando de ser religiosas, ou de acreditar que exista um único Deus. Outros se esforçam para defender que vivemos atualmente a revalorização da religião, mas de um modo bastante diferente daquele valor já visto na história, por exemplo, de países europeus desde a Idade Média até a Revolução Francesa. A respeito da existência, ou não, de Deus;

sobre a importância da religião, ou o seu fim, existem hoje vários diagnósticos, diferentemente de um passado não tão distante dos dias atuais, quando, duvidar ou negar que Ele existia, confrontar os princípios das religiões cristãs (católica e protestante) era motivo para condenação à morte.

A filosofia no século XX adotou um modo muito particular para abordar a religião, se perguntar sobre a existência ou não de Deus. Diferentemente daquele indivíduo que acredita piamente nele e professa uma religião, quem pensa filosoficamente, quando indagado sobre a sua existência ou da importância de acreditar que há um mundo além deste em que vivemos, deve apresentar razões que justifiquem a sua resposta, qualquer que seja ela. Algumas perspectivas filosóficas mais estudadas contemporaneamente afirmam e justificam que não há sentido em se tomar religião ou Deus como elementos próprios da filosofia ou que daí se possa extrair um conhecimento seguro, científico. Deus e a religião pertencem ao plano daquilo que está além do mundo que vivemos – também chamado de transcendente; são entes metafísicos, e as novas abordagens filosóficas prenunciam a aprofundam o fim da metafísica. Isso quer dizer, contudo, que os filósofos aliados do pensamento pós metafísico conseguiram matar Deus e a religião?

O alemão Jürgen Habermas defende que, em termos filosóficos, experimentamos contemporaneamente a era pós-metafísica. Entretanto,

> a religião, que foi destituída de suas funções formadoras de mundo, continua sendo vista, a partir de fora, como insubstituível para um relacionamento normalizador com aquilo que é extraordinário no dia a dia. É por isso que o pensamento pós-metafísico continua coexistindo com uma prática religiosa. E isto não no sentido de uma simultaneidade de algo que não é simultâneo. A continuação da coexistência esclarece inclusive uma intrigante dependência da filosofia que perdeu seu contato com o extraordinário. Enquanto a linguagem religiosa trouxer consigo conteúdos semânticos inspiradores, que não podem ser jogados fora, que escapam (por ora?) à força de expressão de uma linguagem filosófica e que continuam à espera de uma redução para discursos fundamentadores, a filosofia, mesmo em sua figura pós-metafísica, não poderia desalojar ou substituir a religião (2002, p. 61).

O filósofo sustenta que a religião é destituída do lugar tradicional por ela assumido nas civilizações ocidentais, herdeiras dos gregos, como fonte de princípios do conhecimento, da verdade e das explicações acerca da natureza e de tudo nela contido. Para a filosofia pós-metafísica, a religião possui apenas um lugar normalizador, uma fonte – entre outras – de regras e de visões de mundo que servem de base para que os crentes ordenem a sua vida em particular. O pensamento filosófico contemporâneo pós-metafísico não tem a religião como fonte de princípios, mas coexiste com ela. Tal relação de coexistência se justifica porque na religião são formulados "conteúdos semânticos inspiradores" dos quais a filosofia não pode ignorar.

Note-se que os conteúdos formulados pela religião não adquirem, para a filosofia pós-metafísica, qualquer conotação ou propriedade sagrada, pois que eles inspiram devido a suas especificidades linguísticas. Dado esse distanciamento entre filosofia e religião, se conclui que não é tarefa da primeira eliminar, ou substituir, a segunda por outra fonte de princípios que explicam a verdade. De fato, não há mais por que pensarmos numa fonte de onde brotam os fundamentos que explicam a verdade única sobre a natureza, a vida e o mundo em geral. Se a virada pós-metafísica propõe uma mudança tão radical, qual o interesse da religião pela filosofia na contemporaneidade? Haveria um tal interesse ainda hoje?

Viver e deixar viver: uma religião sem essencialismo

O filósofo norte-americano Richard Rorty (2006, p. 47) acrescenta que os movimentos "mais importantes da filosofia no século XX foram contrários ao essencialismo". O essencialismo para Rorty é reduzido aqui a toda concepção filosófica – ou teológica – para a qual o conhecimento das coisas que estão na natureza não se esgota naquilo que observamos delas. Como assim, admitir algo além das próprias coisas que se deseja conhecer?

Uma definição clássica diz que é necessário que "a essência signifique alguma coisa de comum a todas as naturezas pelas quais os diversos entes são classificados nos diversos gêneros e espécies, como por exemplo, a humanidade é a essência do homem, e igualmente em relação aos demais" (AQUINO, 2008, p. 5). A humanidade como essência do homem denota algo de comum e que ultrapassa as características finitas, mutáveis, perecíveis daquilo que constitui o homem como um ente. Essa "coisa comum" que subsiste além da mera condição material de um objeto concreto – um ente – é imutável, não tem nascimento ou morte, não é perecível, e possui graus de universalidade muito maiores do que aquilo que observamos pelos órgãos dos sentidos. Ora, é um fato que, quando dizemos que há a humanidade, afirmamos algo mais universal do que quando dizemos este é um homem. Segundo a acepção do filósofo Tomás de Aquino, Deus é substância simples, cuja essência é mais nobre e verdadeira – porque mais universal – do que as compostas, como o homem.

O modo reducionista de Rorty se referir ao essencialismo[10] – porque a discussão sobre a essência na filosofia é antiga, imensa, e envolve o estudo de obras desde Aristóteles (384-322 a.C.) até filósofos contemporâneos pós-metafísicos ou não – pressupõe que Deus pertence a esse mundo não material, além da natureza, metafísico, imutável, enfim, essencial. Os teísmos – as concepções filosóficas ou teológicas que defendem a existência de um Deus criador, do qual se sabe que existe ou por revelação ou pela tradição – consideram que Ele tem uma essência unviversal, imaterial etc. Desse modo, se assumimos uma posição contrária ao essencialismo ou se partimos do pressuposto de que não há essências – tal como pensam Rorty e o filósofo pós-metafísico, Habermas –, não há como comprovar cientificamente que Deus ou deuses existam. Também, para Rorty, é um despropósito que filósofos defendam que Deus não existe – simplesmente porque não está provado que Ele existe. Isso quer dizer que a tradicional disputa travada entre os filósofos crentes na existência de Deus e aqueles descrentes dessa possiblidade, e destes contra os teólogos, perde o sentido e a importância na contemporaneidade.

Sobre a religião, diz Rorty, a discussão importante em nossos dias refere-se ao lugar que ela ocupa na sociedade. Ele sustenta que muitos filósofos autodenominados ateístas são, na verdade, críticos do clericalismo. Este é um posicionamento de cunho mais político do que uma perspectiva que diz respeito aos princípios ou fundamentos do conhecimento da verdade e das essências. Os filósofos anticlericais consideram que instituições eclesiásticas "são perigosas para as sociedades democráticas" (2006, p. 52).

É inegável, diz Rorty, que as instituições religiosas possam contribuir para a melhoria das sociedades. O anticlericalismo não vê a religião como adversária ou deseja, em princípio, que a religião seja eliminada. Mas a religião "é irrepreensível na medida em que é privada" (2006, p. 52). Para Rorty, o que se deve repreender são as práticas de religiosos e instituições eclesiásticas que tentam animar a fé "por trás de propostas políticas", isto é, quando a fé religiosa é o que anima as pro-

---

10 Rorty (1981).

postas políticas. Esse procedimento é característico de religiosos que professam sua crença como verdade única. Por ser verdadeira, a sua crença observa as que lhe são diferentes como erro, ilusão, desvios. Assim, aos religiosos de outras confissões ou aos descrentes acerca das próprias religiões cabem duas opções: ou se converter à religião verdadeira, ou se colocar na posição daqueles que devem ser convertidos a qualquer custo. Rorty entende que os crentes e não crentes devem seguir uma política de viver e deixar viver, quaisquer que sejam os pontos de vista que os indivíduos venham assumir na convivência em sociedade.

Concordando com outros filósofos, Rorty defenderá que o pensamento pós-metafísico não se apresenta como rival da religião, mas visa uma "ontologia do enfraquecimento". O termo ontologia significa *grosso modo* o estudo sobre o ser, sobre o que simplesmente é e não pode deixar de ser. A ontologia do enfraquecimento a que se refere Rorty pressupõe a fragilização do que constituiria a essência mais íntima – o ser – de uma religião, principalmente aquelas que se valem dos dogmas em seu conjunto de preceitos e regras – princípios inquestionáveis muito característicos das religiões teístas – para a prática da violência. Nem todos os dogmatismos se prestam à violência, a finalidade para que foram criados não é a destruição de vidas. Entretanto, exemplos vários há na contemporaneidade de atos violentos praticados em nome de dogmatismos religiosos. Daí porque se explica a defesa feita pelo filósofo de uma religião privada.

Tal condição daria aos religiosos a prerrogativa de não ter que fornecer explicações públicas, prestar contas, sobre a sua crença, os ritos, seus deuses. A ausência de envolvimento público da religião e dos religiosos os tornaria livres para assumir seus pontos de vista e visões de mundo sem que ninguém poderia apresentar-lhe restrições, a não ser aqueles que os próprios religiosos reconhecessem como dignos de tal tarefa. Enfim, se a religião é a expressão humana mais interna aos indivíduos e menos pública, talvez fosse o índice de uma civilização como menos motivos para atritos e tensões.

Contudo, Rorty chega a reconhecer que essa não é a questão que lhe parece mais importante. Seu desejo é que em civilizações futuras o amor seja a única lei a guiar as ações humanas, e todas as hierarquias e autoridades criadas em nome da conservação do sagrado e das tradições sejam revistas e revertidas. Ele pretende que estas sejam substituídas por hierarquias de conveniência para determinadas circunstâncias da vida em sociedade – como um governante, como a paternidade, as relações familiares etc.

Rorty concede, ao final das contas, que a esperança em um futuro em que o amor seja a regra que orienta as relações humanas é quase um mistério, o qual poderia ser defendido por um indivíduo declaradamente religioso. O que para ele parece ter sentido como algo a se esperar, como um desejo, sobre o futuro da humanidade, para um religioso trata-se de algo que deve ser atribuído a uma ligação do homem com o sagrado, àquilo que transcende a mera condição humana do presente. Veja-se como em relação ao futuro da humanidade, por caminhos distintos, tanto um religioso quanto um filósofo como Rorty, pós-metafísico, podem se colocar em perfeita concordância.

Interpretação e experiência da verdade: o cristianismo por oposição à metafísica

A interpretação é uma das principais chaves filosóficas pela qual se abordam a religião e o sagrado na contemporaneidade. Gianni Vattimo destaca que a radicalidade desta abordagem pressupõe que "o conhecimento é sempre interpretação e nada mais que isso" (2006, p. 64). E continua: "As coisas aparecem para nós no mundo somente porque estamos no meio dele e sempre já orientados a buscar algum sentido específico, ou seja, temos uma pré-compreensão que faz de nós sujeitos interessados e não telas neutras de um panorama objetivo" (2006, p. 64). A interpretação, quanto mais se quer que ela seja autêntica, única e próxima da verdade enunciada por um sujeito em posse do conhecimento, tanto mais ela se revela histórica e circunscrita a condições, que não são exclusivas de quem interpreta, mas são condições daquilo que é interpretado, bem como de tudo o mais que se relaciona ao que é interpretado e a quem interpreta. Vattimo assevera que não "se fala impunemente da interpretação". Pois, "se assim 'os fatos' revelam que não são mais que interpretações, por outro lado a interpretação se apresenta, ela mesma, como o fato: a hermenêutica não é uma filosofia, mas a enunciação da própria existência histórica na época do fim da metafísica" (2006, p. 65).

A hermenêutica possui, para Vattimo, um sentido que está além do de ser um método por meio do qual se enuncia um objeto, se descreve um fenômeno dado;

ela é o próprio processo de construção e exposição da metanarrativa. Crítico da tese de que a hermenêutica tem um fim, na dupla acepção do termo: finalidade – meta a ser atingida – e encerramento – interrupção de um processo –, ele sustenta que

> o fim da metanarrativa não é o despertar de um estado de coisas "verdadeiro", no qual as metanarrativas não "existem mais"; é, pelo contrário, um processo no qual precisamos, na medida em que estamos mergulhados nele e não olhando do exterior, colher um fio condutor que servirá para projetar seus ulteriores desenvolvimentos: para estarmos dentro dele, ou seja, como intérpretes e não como registradores objetivos de fatos (2006, p. 66).

Ser intérprete é estar em atividade no processo sem fim de produção e enunciação de um sentido acerca de um estado de coisas dado na história. Estar na história não é suficiente para que um estado de coisas se revele ao mundo. Ele nada diz sobre si mesmo; é necessário que o intérprete produza um sentido sobre ele – não o seu sentido último – e desencadeie o processo de produção do sentido acerca de tal estado de coisas.

Ora, como pensar que a interpretação vá abordar a religião e Deus? Se não há fatos e sim interpretacões, é válido pensar que Deus seja um fato em que se deve acreditar? Vattimo vai além em suas indagações: "O que nos diz a ontologia hermenêutica acerca da interpretação dos textos bíblicos, acerca da presença e do sentido desses textos na existência das nossas sociedades?" (2006, p. 67). Ele está convencido de que a interpretação hermenêutica, em seu sentido mais radical, "é o desenvolvimento e a maturação da mensagem cristã". Como isso é possível?

Vattimo defende que a experiência do amor é a regra prática fundamental do cristianismo de todos os tempos; a verdade que as escrituras revelam é o amor, da *caritas*. Desse modo, não há como pensar uma experiência tal que não seja histórica, dada no tempo, "experiência de participação em uma comunidade: não necessariamente a comunidade fechada, de paróquia, de província, de família, dos comunitaristas" (2006, p. 71-72). A experiência da verdade nessa acepção – a verdade do cristianismo, segundo interpreta Vattimo – coloca em xeque a própria concepção de verdade metafísica, além da história, a qual os teísmos tradicionais identificam a Deus. O sentido da verdade nessa outra acepção se produz na experiência histórica do comum, de uma concepção do amor muito próximo daquilo que afirmava o neopragmático, Richard Rorty, sobre a conduta das religiões: viver e deixar viver; viver/experimentar o amor em comunidade.

A experiência da verdade é pensada aqui como consequência de uma interpretação antimetafísica do próprio cristianismo. A radicalidade da perspectiva de Vattimo se expressa também na ideia de que o cristianismo é um tipo de niilismo – "[...] dado que ainda não somos suficientemente niilistas, isto é, cristãos [...]" (2006, p. 74). Entenda-se aqui por niilismo a concepção que nega a existência de um além mundo, de um mundo metafísico e da própria metafísica. Ser suficientemente cristão é tomar a experiência comum do amor como insubstituível. A experiência cristã tem sentido quando em processo na história.

A concepção do cristianismo como experiência histórica do amor não se estranha em face da afirmação de filósofos, como Nietzsche, de que Deus está morto. Vattimo entende que um Deus metafísico, refém de um teísmo monolítico e hierárquico, efetivamente, permaneceria vivo a não ser pela experiência da autoridade e da submissão. Que sinais do amor se poderiam extrair da prática da autoridade e da experiência da submissão irrestrita? Por mais que fosse possível captá-los daí, é difícil que a certeza sobre a existência de Deus se mantivesse sobre esses dois pilares. Diz Vattimo: "[...] dizer que Deus está morto não é afirmar que Ele não existe", simplesmente porque "isso implicaria novamente um tipo de tese metafísica sobre a estrutura da realidade" (2006, p. 86). Não é o caso, para Vattimo, de se restaurar em pleno período filosófico pós-metafísico a discussão sobre a existência de Deus segundo fundamentos estabelecidos por teístas e ateístas.

A mais importante contribuição da filosofia hermenêutica para o cristianismo residiria em que as bases do ateísmo e do teísmo, como nos adiantara Rorty, são rebaixadas a simples interpretações, entre outras tantas, acerca da presença ou não de Deus entre os homens. Não por outro motivo, Vattimo afirma "graças a Deus sou um ateísta". Estaria ele afirmando uma contradição? Não se se considera que o Deus a que ele se refere é aquele compreendido segundo a interpretação hermenêutica, que adquire sentido na experiência histórica do amor em comunidade. O mesmo ele estaria dizendo se afirmasse: graças ao modo hermenêutico, antimetafísico, de compreender Deus sou um ateísta.

Vattimo admite que essa posição filosófica acerca da compreensão de Deus o coloca em dificuldades. Ao aceitar a historicidade radical, a defesa de que não há fatos, mas interpretações é já a afirmação de um ponto de partida. Admissão de um ponto inicial para a compreensão de Deus e não a certeza acerca de um fundamento seguro, "um tipo de estrutura da realidade estável, autêntica, básica e realista que eu descubro em certo ponto" (2006, p. 86). O apuro do pensador reside, então, em mostrar que o modo hermenêutico, antimetafísico, de compreensão sobre Deus é um exercício em movimento e não a imposição de um princípio. Ele afirma:

> a dificuldade que eu encontro em ser radicalmente historicista e de não ter qualquer fundamento é que isso só pode ser aceito razoavelmente se atribuo essa história a um tipo de diálogo transcendental que está entre mim e a história dos fundamentos e Deus, de outro modo tudo seria um guia, o tempo todo, na história (2006, p. 87).

A posição do intérprete que se assume em diálogo prenuncia inclusive uma nova abordagem da própria relação a ser estabelecida entre a religião e a sociedade, a religião e a democracia. Cabe perguntar, então, que perspectiva é essa para a religião?

Ciência, filosofia e religião numa época pós-metafísica, mas dessecularizada

A formulação mais simplista acerca da religião após sabermos um pouco mais das implicações de uma abordagem tanto de ciências sociais, em diversas variantes, quanto da filosofia pós-metafísica – seja ela neopragmática, seja hermenêutica – seria considerar esse fato ou como digno de pouca importância ou de valor secundário, dada a perda da primazia de sua influência sobre a vida social, as instituições e os indivíduos na contemporaneidade. Diferentemente disso, tanto Rorty quanto Vattimo, surpreendem ao ponderar a respeito da importância de uma nova formulação sobre o tema.

Rorty concorda que a atitude hermenêutica diante do mundo pressupõe a instituição de um mundo intelectual sem hierarquias fixas e eternas. O diálogo, como a atitude hermenêutica por excelência – uma vez que instaura a interpretação e não concede a ninguém o privilégio da última e decisiva palavra –, se apresenta como alijado insubstituível da democracia: "[...] a atitude hermenêutica e gadameriana é no mundo intelectual o que a democracia é no mundo político. As duas podem ser vistas como apropriações alternativas da mensagem cristã que o amor é a única lei" (2006, p. 100).

Ora, em que sentido a democracia poderia ser entendida como um modo de apropriação da mensagem cristã? Talvez no sentido em que, como disse Rorty, o indivíduo religioso deve viver e deixar viver, a democracia é a forma política que melhor exprime a vida em plenitude. Apenas na democracia a interpretação sobre os eventos produz sentidos diversos, por vezes dissonantes, mas sempre em diálogo, num processo sem fim. A democracia plena é o único tipo de organização social e político que abriga em sua plenitude a atitude hermenêutica acerca do mundo.

Vattimo sustenta ainda que a religião sempre implica um "sentimento de dependência". Isso se coloca em acordo com a compreensão do cristianismo como experiência histórica do amor em comum. Particularmente, o pensador reconhece que a sua dependência de Deus é aquela mesma da tradição bíblica: "do fato de que no passado não se poderia pensar sem condições e significados bíblicos" (2006, p. 105). Pensar em Deus é uma forma de anunciar a própria dependência em relação a Ele. A religião, tomada como experiência histórica do amor comum, é um modo de exprimir tal ligação de dependência. O amor, enfim, reproduziria esse mesmo sentimento de dependência. Diz dependência não na acepção que torna frágil e impotente aquele que ama, mas, sim, na que reconhece a força na experiência da ligação, do vínculo comum.

Não é demais lembrar que a discussão sobre a perda da influência da religião sobre as instituições sociais e políticas, assim como sobre os indivíduos é um dos aspectos que chama a atenção de cientistas sociais entre os vários fenômenos coletivos em sociedades contemporâneas. Teorias sociológicas recentes defendem que são vários os equívocos das teses sobre a secularização na contemporaneidade (BERGER, 2001) e que, de fato, a dessecularização tem sido muito mais evidente em diferentes sociedades, ocidentais ou não. Interessa muito mais à sociologia, à antropologia e a outras ciências sociais observar como se dão as alterações do fenômeno religioso e como são múltiplas as manifestações do sagrado nos tempos atuais.

Não por outro motivo, o filósofo Habermas – e não só ele – tem dedicado longas páginas em seus escritos recentes, e nem tanto assim (2006, 2010, 2012 e 2014), para defender que as tradições religiosas e metafísicas não mais importam para que se estabeleçam as bases de estabelecimento de ordenamentos políticos e jurídicos democráticos. Mesmo assim, é necessário enfatizar que o papel das instituições políticas seculares é o de preservar a integridade dos direitos de cidadãos religiosos que atuam na esfera pública. Isto é, desde que tais cidadãos não atuem de modo a excluírem aqueles que lhe são diferentes (em credo ou posições sobre política, moral e valores quaisquer).

Dadas as diferentes abordagens acima, seja pelas ciências sociais seja pela filosofia, o aspecto relevante a se considerar é que essas áreas do saber humano têm se apresentado abertas à compreensão da religião como um fato. Esteja ele em ruptura com a tradição, ou em desuso, ou desvalorizado nas sociedades capitalistas desenvolvidas, ou seja instrumento de resistência por populações de imigrantes pobres nessas mesmas sociedades do capitalismo mais desenvolvido, o fato da religião é fenômeno que se oferece ao conhecimento em diferentes dimensões. Por estar conectado a outras tantas dimensões do social, o conhecimento sobre a religião pode dar acesso à compreensão de um todo muito mais amplo do que a própria religião. Enfim, o conhecimento da religião talvez tenha a revelar mais sobre o homem e sua presença na história do que o conteúdo que a própria religião tem a ensinar sobre deuses, ou Deus, que habitam outros mundos.

Referências

BARSALINI, G. & AMARAL, D.R. "A(s) Ciência(s) da(s) Religião(ões) e seus paradigmas". *Revista de Teologia e Ciências da Religião*, vol. 6, n. 1, jan.-jun./2016, p. 125-144. Recife.

BERGER, P. "A dessecularizacão do mundo: uma visão global". In: *Religião e Sociedade*, vol. 21, n. 1, 2001, p. 9-23.

DURKHEIM, É. *As formas elementares de vida religiosa*. 3. ed. São Paulo: Paulus, 2008.

ELIADE, M. *Tratado de história das religiões*. 5. ed. São Paulo: Martins Fontes, 2016.

_____. *O sagrado e o profano* – A essência das religiões. 3. ed. São Paulo: Martins Fontes, 2016.

FILORAMO, G. & PRANDI, C. *As Ciências das Religiões*. São Paulo: Paulus, 2005.

GRESCHAT, H.-J. *O que é Ciência da Religião?* São Paulo: Paulinas, 2014.

HABERMAS, J. *Mudança estrutural da esfera pública*. São Paulo: Ed. Unesp, 2014.

_____. *Fé e saber*. São Paulo: Ed. Unesp, 2012.

_____. *Entre naturalismo e religión*. Barcelona: Paidós, 2006.

_____. *Pensamento pós-metafísico*. Rio de Janeiro: Tempo Universitário, 2002.

HABERMAS, J. & RATZINGER, J. *O futuro da natureza humana:* a caminho de uma eugenia liberal? São Paulo: Martins Fontes, 2010.

_____ *Dialética da secularização*: sobre razão e religião. Aparecida: Ideias & Letras, 2007.

LÉVI-STRAUSS, C. *Antropologia estrutural dois*. Rio de Janeiro: Tempo Brasileiro, 1976.

_____. *Antropologia estrutural*. Rio de Janeiro: Tempo Brasileiro, 1973.

MORAES JUNIOR, M.R. & SILVEIRA, E.S. *A dimensão teórica dos Estudos da Religião*: horizontes histórico, epistemológico e metodológico nas Ciências da Religião. São Paulo: Fonte, 2017.

OLIVEIRA, M.A, "Contextualismo, pragmática universal e metafísica". In: *Veredas do Direito*, vol. 1, n. 2, 2004, p. 25-50.

OTTO, R. *O sagrado*. São Leopoldo/Petrópolis: Sinodal/Vozes, 2007.

PASSOS, J.D. & USARSKI, F. *Compêndio de Ciência da Religião*. São Paulo: Paulinas/Paulus, 2013.

ROCHER, G. *Sociologia geral 3*. Lisboa: Presença, 1971.

RORTY, R. *The philosophy and the mirror of nature*. Princeton: Princeton University Press, 1981.

USARSKI, F. *Constituintes da Ciência da Religião*: cinco ensaios em prol de uma disciplina autônoma. São Paulo: Paulinas, 2006.

VATTIMO, G. *Depois da Cristandade* – Por um cristianismo não religioso. São Paulo: Record, 2004.

_____. *Acreditar em acreditar*. Lisboa: Relógio D'Água, 1998.

ZABALA, S. (org.). *O futuro da religião*: solidariedade, caridade e ironia. Rio de Janeiro: Relume Dumará, 2006.

Dicas de livros e artigos

Livros

1) HARRISON, P. (org.). *Ciência e religião*. São Paulo: Ideias e Letras, 2014.

Nos últimos anos as relações entre a ciência e a religião têm tornado-se objeto de atenção renovada. O desenvolvimento da física, da biologia e das neurociências reanimou discussões sobre a natureza da vida e da realidade última. *[transcrição da apresentação do livro]*.

2) PASSOS, J.D.P. & USARSKI, F. (orgs.). *Compêndio de Ciência da Religião*. São Paulo: Paulinas/Paulus, 2013.

No decorrer de sua história, a Ciência da Religião acumulou uma grande herança intelectual. Mas, em razão do amplo espectro teórico e metodológico, da complexidade do campo de pesquisa, as perguntas pela identidade epistemológica da disciplina e por seu *status* no mundo acadêmico continuam a ser polêmicas.

3) QUEIROZ, J.J.; GUEDES, M.L. & QUINTILIANO, Â.M.L. *Religião, Modernidade e Pós--modernidade*: interfaces, novos discursos e linguagens. São Paulo: Ideias e Letras, 2012.

Os textos aqui reunidos pensam questões fundamentais para pensar cientificamente a religião nas suas interfaces com a Modernidade e Pós-modernidade. tendo como pano de fundo questões epistemológicas e hermenêuticas no campo religioso, que se expressam em discursos e linguagens.

Artigos

1) PRADO, A.P. & SILVA, A.M. "História das religiões, história religiosa e ciência da religião em perspectiva: trajetórias, métodos e distinções". *Religare* – Revista de Pós--Graduação do Programa de Ciências das Religiões da UFPB, vol. 11, n. 1, mar./2014, p. 4-31. João Pessoa [Disponível em http://periodicos.ufpb.br/index.php/religare/article/view/22191/12285 – Acesso em 07/07/2017].

O presente artigo traz uma discussão a respeito das principais características teórico-metodológicas das correntes chamadas História das Religiões, História Religiosa e Ciência da Religião. Destaca-se a trajetória de cada uma das vertentes teóricas, pontuando suas principais ações, objetivos e métodos, distinguindo-as entre si.

2) OLIVEIRA, M.A. "Contextualismo, pragmática universal e metafísica". *Veredas do Direito*, vol. 1, n. 2, 2004, p. 25-50 [Disponível em http://www.domhelder.edu.br/revista/index.php/veredas/article/view/143 – Acesso em: 26/07/2017].

Aqui, considera-se a filosofia como aquela que tem a tarefa de explicitar seus próprios fundamentos e as categorias básicas com que trabalha. A categoria "verdade" é uma das mais antigas e centrais do pensamento ocidental. Buscando um maior esclarecimento sobre o "conceito de verdade", situa-se a compreensão metafísica de verdade em confronto com duas das correntes mais significativas da teoria da verdade na filosofia contemporânea.

3) OLIVEIRA, M.A. "Neopragmatismo de Richard Rorty x Teoria da Ação Comunicativa de Jürgen Habermas". *Veritas*, vol. 58, n. 01, 2013 [Disponível em http://revistaseletronicas.pucrs.br/ojs/index.php/veritas/article/view/13567 – Acesso em 26/07/2017].

Apresentam-se as duas das formas mais relevantes de pragmatismo que surgiram no século: a saber, o neopragmatismo de Richard Rorty, que evita a fundamentação última do conhecimento e considera a filosofia um saber crítico e construtivo e a teoria da ação comunicativa, de Jürgen Habermas, que apresenta uma filosofia com pretensões de universalidade.

4) VATTIMO, G. "Morte de Deus e fim da metafísica: a luta contra os absolutos". *IHU on line*, n. 354. 20/12/2010 [Disponível em http://www.ihuonline.unisinos.br/index.php?option=com_content&view=article&id=3701&secao=354 – Acesso em 26/07/2017].

Uma excelente entrevista na qual o filósofo italiano fala sobre a ultrapassada pretensão metafísica de absolutos como verdade e razão. O pluralismo de valores e o próprio relativismo não representam um mal em si mesmos, segundo Vattimo que destaca as potencialidades da era de incertezas que vivemos. Para o pensador italiano, lutar contra os absolutos deve ser a base de entendimento com a alteridade. "Isso significa que o que devemos ter em comum é o exercício da caridade". Para o filósofo, a "luta contra os absolutos pode ser a base sobre a qual nos entendemos com os outros".

11

Os caminhos sincréticos da pesquisa em religião

Gustavo Soldati Reis
(Universidade do Estado do Pará)

Introdução – As andanças de uma pesquisa

Foi-me pedido situar o texto deste capítulo, para os propósitos metodológicos do livro, em pesquisas classificadas como *Estudos de Caso* (*Case Studies*), ou melhor, situar a pesquisa que realizei, cujo resultado culminou em minha tese de doutoramento, em 2010, em uma *pesquisa estudo de caso*. Na realidade, é importante reconhecer, de início, que a mim interessava mais as discussões hermenêuticas e epistemológicas sobre a categoria do *sincretismo,* em particular associada a experiências religiosas[1]. Portanto, uma pesquisa puramente teórica na fronteira entre os saberes antropológicos e teológicos. Três textos, em particular, me despertaram o interesse para os estudos sobre o sincretismo religioso: *Repensando o sincretismo* (1995), do antropólogo Sérgio Ferretti, *O sincretismo como tema de uma teologia ecumênica* (1998), do teólogo e cientista da religião Antonio Magalhães e *Interfaces da revelação* (2003) do cientista da religião Afonso Ligório Soares.

Mas eis que a pesquisa, embora com o interesse explícito na *ancoragem* bibliográfica e exploratória, não começou por aí. Foi um encontro das teorias que me

---

1 Para o antropólogo italiano Massimo Canevacci (1996) o que nomeamos por sincretismo não está presente somente em experiências religiosas, mas em toda e qualquer experiência cultural.

313

cativavam, desde o final do mestrado, com minhas andanças pela cidade de Dourados, no Estado do Mato Grosso do Sul, em particular quando, nessas minhas andanças, cruzava com os caminhos de indígenas pela cidade. Sim: estava na cidade que apresentava a segunda maior reserva indígena do país em termos populacionais: aproximadamente 13.000 indígenas, em considerável medida, *subvivendo* em pouco mais de 3.300 hectares de terra nas aldeias Jaguapirú e Bororó[2]. Como fui para Dourados para trabalhar em uma Faculdade de Teologia era compreensível meu contato permanente com agentes religiosos, especialmente pastores e seminaristas que lideravam várias Igrejas Batistas na região sul de Mato Grosso do Sul, uma vez que essas Igrejas perfaziam a Mantenedora da Instituição de ensino privada em que fui trabalhar.

À época estava terminando o meu mestrado em Ciências da Religião. Corria o primeiro semestre de 2003. Chamava-me a atenção, justamente, certo silenciamento material e simbólico em relação à presença indígena, na cidade, por parte das Igrejas. Parecia que esses mesmos indígenas, se não fossem reduzidos a objetos-alvo das ações evangelísticas e de assistencialismo social, não eram enxergados pela maioria dessas Igrejas. Muitos desses e dessas indígenas que, cotidianamente, transitavam pela cidade vendendo ou trocando o produto de seu *esbulho*[3]. Além disso, os aldeamentos estavam bem ali: aproximadamente a 5km do centro da cidade, num trânsito entre indígenas e não indígenas frequente pelas rodovias e estradas vicinais. Mas, como disse, iniciava minha carreira como docente no Ensino Superior. Eis que faziam parte de algumas turmas na Faculdade Teológica Batista Ana Wollerman (FTBAW) alguns estudantes indígenas. Poucos, é verdade. Mesmo assim, muito interessados e com uma rica trajetória de vida a me ensinar.

As primeiras andanças dentro das aldeias em Dourados me fizeram perceber a presença de algumas igrejas das mais diferentes denominações: um templo

---

2 Dados de 2014, portanto, quatro anos após o término de minhas pesquisas apontam cerca de 15.023 indígenas, aproximadamente, vivendo na Reserva Indígena de Dourados. Conforme dados do Instituto Socioambiental disponíveis em: https://terrasindigenas.org.br/pt-br/terras-indigenas/3656#demografia. Os dados do Instituto estão, por sua vez, baseados nos dados da Secretaria Especial da Saúde Indígena (Sesai).

3 Aqui *esbulho* significa produtos da cultura material dos indígenas (peças artesanais, p. ex., além de alimentos como a mandioca) construídos e cultivados com muito custo em seus reduzidos lotes de terra a serem vendidos na cidade para um mínimo de renda. Assim, o termo é propício, pois indica que muitos indígenas *subvivem* com o mínimo, reflexo da omissão e violência do Estado e de outros agentes políticos e sociais que se apropriam de suas territorialidades tradicionais. De forma mais ampla, esbulho significa, portanto, a exploração e expropriação de todo capital (material e simbólico) tradicional dos indígenas.

católico e diferentes comunidades evangélicas, algumas de tradição protestante (Presbiteriana e Metodista) e outras tantas de segmentos ditos pentecostais. Os estudantes indígenas, meus alunos e alunas, faziam parte de algumas dessas comunidades. Além disso, as relações com eles abriram-me redes de sociabilidades que me oportunizaram maiores encontros com pessoas dentro e fora das aldeias, participantes ou não de suas famílias extensas.

Em 2005 pude participar de um trabalho de campo na aldeia *Lagoa Rica*, próxima ao município de Douradina, também no Mato Grosso do Sul. Tratava-se de um censo sobre populações indígenas. O convite chegou-me, gentilmente, pela Profa. Dra. Marina Wenceslau, através da Universidade do Estado de Mato Grosso do Sul (Uems). Ali pude perceber, nas narrativas de alguns e algumas indígenas, a complexidade e riqueza de mitos e ritos, além de diferentes aspectos das culturas especificamente Guarani e Kaiowá e, também, o impacto da presença de missões religiosas, notadamente evangélicas, em suas terras. Também percebi os dilemas e uma pequena parcela da dor e esperança histórica em conversas com indígenas bem tradicionais sobre suas territorialidades, suas *Tekoha*[4].

Assim, comecei a perceber os trânsitos, as andanças materiais e simbólicas de diversos indígenas entre múltiplas fronteiras religiosas. Como pesquisava sobre a categoria do sincretismo religioso, pareceu-me um bom desafio aproximar esse caso empírico (o trânsito religioso indígena) dos interesses teóricos sobre o sincretismo. Incomodava-me certo uso excessivo na literatura, tanto antropológica quanto teológica, do uso meramente adjetivado do termo: ao final e ao cabo, todas as religiões são sincréticas pois são formadas pela união e junção de, pelo menos, dois sistemas religiosos, numa imbricação sem fim. Isso me parecia por demais reducionista e mais confundia do que explicava.

Embora transitasse em diferentes aldeamentos, foquei meu objeto de pesquisa, na parte que concerne ao campo, na reserva indígena de Dourados "Francisco Horta Barbosa", em suas duas aldeias contíguas: Jaguapirú e Bororó. A proximidade e certa facilidade de acesso ao campo e, principalmente, as redes sociais construídas, levaram a fixar-me nesses aldeamentos, além de, ali, como disse, per-

---

4 O termo, na língua Guarani, pode ser traduzido pelo lugar, a territorialidade espaçotemporal onde os indígenas vivenciam seu modo de ser próprio. Daí ser um termo para a terra tradicional. Para um estudo específico veja-se a tese doutoral de Adilson Crepalde intitulada *A Construção do significado de Tekoha pelos Kaiowá do Mato Grosso do Sul* (2014).

ceber um número significativo de comunidades religiosas cristãs onde a circulação complexa de indígenas era frequente. Missionamentos em ato. Vale dizer que na fronteira com a aldeia Jaguapirú encontra-se um dos mais antigos missionamentos a povos indígenas no Brasil: a Missão Evangélica Caiuá, criada em 1928.

Não pesquisei especificamente essa Missão, mas a mesma possuía uma característica: do ponto de vista social a expansão da Missão dava-se, principalmente, através de um projeto denominado *Igreja Indígena Presbiteriana*: tentava fazer jus à memória do processo "civilizatório" e religioso de tradições presbiterianas que estiveram na gênese da Missão (e continua) com uma perspectiva mais autóctone, afinal, depois de décadas evangelizando os indígenas era o momento dos próprios indígenas cristianizados assumirem esse processo. Daí que, após várias décadas foi formada, oficialmente, em 2008, a chamada IIP (Igreja Indígena Presbiteriana).

A maioria dos interlocutores e interlocutoras de minha pesquisa era, na realidade, lideranças envolvidas diretamente nas ambiguidades históricas de construção desse projeto. Como levar adiante o Projeto de Igrejas Indígenas autóctones, a partir do quadro referencial religioso/teológico de certo protestantismo da Missão Caiuá, quando a construção de alianças e trânsitos de indígenas nessas comunidades carregava as marcas do que julgava serem, por hipótese, *sincréticas*, em torno de uma miríade de tendências capilarizadas em perspectivas mais evangélicas, pentecostais e neopentecostais? Foi o problema que comecei a delimitar, uma vez que percebi que se tornava um problema do cotidiano prático dos próprios indígenas religiosos.

Portanto, a configuração de uma rede de interlocutores indígenas, alguns alunos e alunas da Faculdade de Teologia que se transformaram no meu caminho/percurso "iniciático" às aldeias, somados aos meus percursos teóricos que fiz em torno das teorias do sincretismo religioso, tanto em chave antropológica como em chave teológica, começaram a pavimentar as trilhas de uma pesquisa metodologicamente assentada em uma fronteira tanto bibliográfica e exploratória quanto de campo, em um estudo de caso concreto que se tornou a referenciada IIP. Além disso, essas trilhas teóricas me levaram ao campo escrito de várias etnografias sobre os Guarani e Kaiowá, em particular na região sul de Mato Grosso do Sul.

Além da já mencionada Profa. Wenceslau tive a felicidade de conhecer, a partir de 2006, o Professor Levi Marques Pereira e a Profa. Cândida Graciela Chamorro. Esta, historiadora, teóloga e antropóloga. Aquele, antropólogo. Ambos da

Universidade Federal da Grande Dourados (UFGD). Além de ter sido, por um breve período, aluno deles, os textos e as conversas sobre teorias antropológicas e teológicas acerca do sincretismo, bem como a partilha da ampla e profunda experiência deles com as territorialidades Guarani e Kaiowá, foi o ingrediente que me estimulou, decisivamente, a continuidade da pesquisa.

Ainda ressoa em mim os sabores da tese do Professor Pereira sobre *Imagens Kaiowá do sistema social e seu entorno* (2004) e da hermenêutica teológica, feita a partir de uma sólida etno-história, do texto *Terra Madura* (2008), da Professora Chamorro. Ainda que me postasse criticamente frente a algumas conclusões que chegavam e, também, o fato de ambos não trabalharem a partir da categoria do sincretismo religioso, foi aí que encontrei fontes riquíssimas para a construção de minhas próprias hipóteses.

Com essa breve apresentação o capítulo está, basicamente, estruturado em três itens. No primeiro procuro mostrar ao leitor e a leitora justamente isso: a importância de se construir uma metodologia de pesquisa para os estudos de religião em chave mista, ou seja, na fronteira de métodos e metodologias. No meu caso a fronteira entre estudo de caso específico e sua dimensão mais ampla, na concretude da pesquisa de campo. Todavia, essa fronteira é atravessada, permanentemente, pelo campo teórico construído antes e durante a pesquisa. Com Kaufmann é possível afirmar não a teoria pela teoria, mas a compressão das relações sociais que perfazem o caso estudado, em campo, através das teorias (2011, p. 46).

Por falar em teoria, teorias, o segundo item do capítulo foca exatamente isso: mostrar o meu percurso de construção do objeto de pesquisa, ainda na fronteira entre os saberes antropológicos e teológicos. Aqui procuro, dentre outros aspectos, mostrar como construo minhas eleições teóricas na pesquisa que fiz e algumas percepções da centralidade da noção de sincretismo para os estudos de religião, principalmente para os estudantes e as estudantes que focam em casos empíricos de intensa ressignificação e trânsito religioso. Por fim, no último item do texto, retomo a importância da reconstrução do estudo de caso, especificamente em relação ao campo de estudos de grupos étnicos indígenas. Trata-se de um encontro teórico, um exercício epistemológico em relação aos dois itens anteriores. Oxalá que, também, esse item provoque a novos pesquisadores e pesquisadoras a enfrentarem o rico campo da etnologia indígena, em suas múltiplas expressões, no diálogo com os estudos de religião no Brasil. A área de Ciências da Religião e Teologia carece da ampliação desse diálogo.

De caso com interesses etnográficos

O título desse primeiro item *joga* com a palavra *caso*. Ao mesmo tempo aponta para a dimensão mais metodológica de certo caminho e técnicas de produção do conhecimento, mas também como um *envolvimento* com outros métodos de análise e compreensão da realidade, no caso, as etnografias. Tudo isso porque, enquanto pesquisador, postei-me na fronteira de saberes e métodos. Não poderia ser diferente por conta das eleições teóricas que fiz (impossível abordar o sincretismo em via de mão única) e por transversalizar essas eleições com interesses de campo. Ao pesquisar sobre indígenas, especificamente os indígenas Guarani e Kaiowá cristianizados da reserva de Dourados, lancei-me em um longo processo de leituras etnográficas sobre esses grupos étnicos. Em boa medida o campo teórico, ou seja, a escrita científica sobre os processos culturais de grupos étnicos – *etno-grafia*, tornou-se o meu *campo* de pesquisa, o meu *caso*.

De acordo com o antropólogo Vagner Silva, no cânone acadêmico das pesquisas etnográficas, o trabalho de campo é o estágio intermediário entre a construção do projeto de pesquisa e a análise dos dados da qual o texto etnográfico é o resultado final. Porém, ao criticar esse cânone, Silva afirma que não há uma linearidade nesse processo: o campo do pesquisador começa antes. Onde? Nos livros, nos relatos de outras experiências etnográficas e, claro, nos próprios dados "de primeira mão" obtidos pelo pesquisador ou pesquisadora: "Na prática essas etapas são processos que se comunicam e se constituem de forma circular ou espiral" (SILVA, 2006, p. 27).

Importa, agora, esclarecer a dimensão do estudo de caso. Enquanto uma estratégia metodológica de pesquisa os estudos de caso têm se consagrado, principalmente, nas áreas de ciências sociais aplicadas. Diferentes críticas pairam sobre os estudos de caso. Não é objetivo detalhar essas críticas aqui, apenas informar que, segundo Bressan (amparando-se em Bonoma), essas críticas situam-se, em geral, na dificuldade em enxergar os estudos de caso (seja por suposta falta de generalização dos resultados alcançados ou, ao contrário, seja por certa projeção totalizadora dos conceitos e ideologias do pesquisador sobre os casos específicos), como método de pesquisa propriamente dito e "mais como um recurso pedagógico ou como uma maneira para se gerar *insights* exploratórios [...]" (BONOMA, apud BRESSAN, 2000, p. 1)[5]. Porém, a própria geração desses *insights* não é a finalidade, mas constituinte de um processo metódico mais amplo.

Para Robert Yin (apud LIMA et al., 2012, p. 132) a pesquisa estudo de caso, diria, é mais *sincrônica*, pois preocupa-se em aprofundar, empiricamente, as múltiplas variáveis de um dado fenômeno atual, contemporâneo, em condições contextuais próprias: "Nesse sentido, o estudo de caso não é nem uma tática para a coleta de dados nem meramente uma característica do planejamento em si, mas uma estratégia de pesquisa abrangente (YIN, apud LIMA et al., 2012, p. 133)[6]. Continua Yin: "O estudo de caso é uma inquirição empírica que investiga um fenômeno contemporâneo dentro de um contexto da vida real, quando a fronteira entre o fenômeno e o contexto não é claramente evidente e onde múltiplas fontes de evidência são utilizadas" (apud BRESSAN, 2000, p. 2).

A partir da definição anteriormente apresentada, é certo que o método estudo de caso guarda semelhanças com outros métodos de pesquisa como, por exemplo, o método histórico. Porém, se afirmei anteriormente que os *case studies* evocam perspectivas mais sincrônicas, a perspectiva historiográfica não pode abandonar seu forte aspecto *diacrônico* quando o fenômeno estudado, por sua vez, só pode ser transformado em objeto de pesquisa mediado pelos documentos e demais fontes/materialidades culturais que dão acesso ao pesquisador o evento historicamente já passado. Isso permite, de acordo com a natureza da pesquisa e as demandas do objeto, combinar diferentes métodos.

Em perspectiva semelhante, não restringindo-se à pesquisa em ciências sociais, Pereira et al.[7] afirmam sobre o estudo de caso: "A totalidade do objeto pode ser preservada através da amplitude e verticalidade dos dados, através dos diferentes níveis de análise, da formação de índices e tipos de dados, bem como da interação entre os dados observados e a dimensão temporal em que se dá o fenômeno" (2009, p. 424). Essas autoras, em diálogo com Augusto Triviños, afirmam:

---

5 O texto de Thomas Bonoma utilizado por Bressan é *Case Research in Marketing: Opportunities, Problems, and Process*, 1985.

6 O texto de Yin mencionado por Lima et al., nesse ponto, é *Estudo de Caso: planejamento e métodos*.

7 As autoras pertencem ao campo das ciências fonoaudiológicas.

> [...] o Estudo de Caso orienta a reflexão sobre uma cena, evento ou situação, produzindo uma análise crítica que leva o pesquisador à tomada de decisões e/ou à proposição de ações transformadoras. Conforme o autor [Triviños], o Estudo de Caso caracteriza-se por sua natureza, uma vez que pode ter por objeto determinada comunidade, ou a história de vida de uma pessoa ou um processo terapêutico. Caracteriza-se também por sua abrangência, dado que a complexidade do estudo está determinada pelo referencial teórico que orienta o pesquisador. Ressalta, ainda, que a situação a ser estudada não pode ser isolada do seu contexto, pois o Estudo de Caso deve ser realizado com vistas a promover uma análise do contexto e dos processos envolvidos no fenômeno em estudo, considerando-se que o interesse do pesquisador deve ser com respeito à relação fenômeno-contexto (2009, p. 424)[8].

Voltemos a Yin. Outro aspecto enfatizado por esse autor seria a abertura para uma dimensão mais *compreensiva* do objeto de pesquisa por parte dos estudos de caso, muito embora ele utilize a palavra "explicação" ao enfatizar as questões do *como* e do *porque* que devem ser alvo de todos aqueles que se debruçam sobre os casos específicos a serem investigados.

Se, para Yin, as pesquisas estudo de caso têm por objetivo, dentre outros, *descrever* o contexto em que as relações sociais criam suas *intervenções* no real a partir do *como* e do *porque* e, a partir disso, *avaliar*, mesmo que de uma maneira mais descritiva, essas intervenções feitas pelo indivíduo ou grupo/instituição/movimento (ou qualquer outra unidade de análise) que se torna o caso, é possível que a ênfase recaia, por parte do investigador e da investigadora na compreensão e análise de como os sujeitos e atores sociais, em ato, produzem e interpretam suas próprias formas de compreensão do fenômeno (YIN, apud BRESSAN, 2000, p. 3).

Se, por um lado, isso torna o fenômeno *sincrônico* à vida do pesquisador e da pesquisadora mais difícil de ser *controlado* pelas categorias teóricas utilizadas, por outro abre espaço para as inovações interpretativas e o respeito para com os sujeitos (e não somente os pesquisadores), que vivenciam o fenômeno, exporem seus exercícios interpretativos de produção de sentidos dessas vivências.

O que afirmei no parágrafo anterior abre perspectivas para o diálogo de métodos dito anteriormente, ou seja, da etnografia como estudo de caso. Penso que o

---

8 O texto de Triviños mencionado é *Introdução à pesquisa em ciências sociais: a pesquisa qualitativa em Educação.*

caminho metodológico construído aponta mais nessa direção. Não comecei minhas pesquisas, que culminaram na escrita da tese de doutoramento, com uma rigorosa descrição e assentamento, para mim mesmo, do que é uma pesquisa estudo de caso (sua definição, objetivos, passos metodológicos e outros aspectos). Como disse na Introdução deste capítulo tratava-se, antes e sempre, de uma pesquisa bibliográfica e exploratória, mas que transformou o campo num espaço de inovação das próprias teorias cotejadas.

A maneira como os autores e autoras até aqui mencionados sobre suas definições da pesquisa estudo de caso, nos dão pistas para aproximar esses estudos de importantes princípios etnográficos. Destaco um desses princípios que muito me influenciou: a constituição da alteridade no perspectivismo epistemológico do antropólogo brasileiro Eduardo Viveiros de Castro. Particularmente em um texto muito importante intitulado *O nativo relativo*[9] onde problematiza-se as complexas relações entre o antropólogo e o nativo. Em outros termos, a própria constituição, não somente da pesquisa de campo, mas do campo de pesquisa, a etnografia.

O que constitui, afinal de contas, o caso pesquisado em campo? O esforço, por parte do pesquisador ou pesquisadora, de se postar (esforço contínuo e difícil) no mesmo horizonte epistemológico que os indivíduos ou grupos sociais que vivenciam o caso a ser estudado. É verdade que Viveiros de Castro não discute a partir da noção de estudo de caso.

> De outro (e este é o jogo aqui proposto), está uma ideia do conhecimento antropológico como envolvendo a pressuposição fundamental de que os procedimentos que caracterizam a investigação são conceitualmente da mesma ordem que os procedimentos investigados [...]. O que a antropologia, nesse caso, põe em relação são problemas diferentes, não um problema único ("natural") e suas diferentes soluções ("culturais"). A "arte da antropologia" (GELL, 1999), penso eu, é a arte de determinar os problemas postos por cada cultura, não a de achar soluções para os problemas postos pela nossa[10].

---

9 Cf. VIVEIROS DE CASTRO, E. "O nativo relativo". In: *Mana*, vol. 8, n. 1, abr./2002, p. 113-148. Rio de Janeiro.

10 Cf. ibid., p. 116-117. A obra de Alfred Gell mencionada na citação é *The Art of Anthropology: Essays and Diagrams*.

É importante levar em consideração, nos estudos de religião, essa perspectiva epistemológica a fim de, realmente, perceber quando um caso a ser investigado se constrói a partir da problematização que os próprios grupos sociais elaboram sobre sua realidade. Se, com Pereira et al. (2009), na esteira de Triviños, o interesse do pesquisador e da pesquisadora deve estar focado na relação do fenômeno com seu contexto, há que se ter o cuidado de manter o foco na relação, enquanto encontro de horizontes de problemas postos pelo pesquisador e pesquisadora (a partir de seus interesses e focos de pesquisa, bem como de suas eleições teóricas) e posto pelos sujeitos do campo que constituem o caso a ser investigado.

Caso contrário, o fenômeno/caso pode ser convertido em refém do contexto ao gerar, por exemplo, pesquisas em religião excessivamente descritivistas e informativas ou o contexto pode ser reduzido ao fenômeno/caso. Aquele, um rebatimento/reflexo das teorias que informam este. Ou pior, a pesquisa se converteria numa "autobiografia" do pesquisador ou pesquisadora, nos termos de Silva (2006, p. 72). Por isso a atenção que se deve dar a uma relação mais dialógica entre pesquisas estudos de caso e etnografias.

Outro aspecto a considerar, dentro das pesquisas estudo de caso que se faz em campo, é o próprio lugar *nativo* a partir do qual o pesquisador ou pesquisadora produz suas reflexões. Minha experiência específica foi forjada, também, no fato de que eu cheguei ao campo, aos grupos indígenas, não somente por força de alguns deles terem sido, inicialmente, meus alunos e alunas, conforme afirmei na Introdução. Eu também era um agente religioso, pastoral. Alguns dos indígenas que foram meus interlocutores também possuíam suas experiências como agentes pastorais dentro do projeto da Igreja Indígena Presbiteriana.

Mesmo que em campo eu sempre procurei manter muito claro a distinção entre a minha atuação como pesquisador e como professor e pastor, o olhar que os nativos indígenas me lançavam, de certa forma, me tornava um "nativo" também. Claro, eu não era indígena. Mas no sentido de que havia o estabelecimento de homologias, uma vez que eu partilhava certo universo de sentido e códigos culturais do *mundo* pastoral evangélico, da linguagem "igrejeira" assumida por esses indígenas. Voltando a Viveiros de Castro, o mesmo afirma que o conhecimento antropológico e, por que não, o das Ciências da Religião, é a produção de uma relação social "pois é o efeito das relações que constituem reciprocamente o sujeito que conhece e o sujeito que ele conhece, e a causa de uma transformação (toda relação é uma transformação) na constituição relacional de ambos" (2002, p. 114).

Embora estivéssemos estabelecidos em nossos processos culturais específicos, os papéis sociais que assumíamos ora colocava a mim e os indígenas em posições mais *homólogas*, como disse, ora em posições mais *heterólogas*. Como indígenas que são, mesmo cristianizados, pertenciam a toda uma tradição de conhecimento étnico que não era a minha. Mas, justamente por ressignificarem os discursos e práticas cristãs que assumiam, isso os colocavam em um horizonte de interesses e significações mais próximas a mim. Ainda que essa proximidade, não raro, me levava a novas descobertas e problematizações uma vez colocadas por esses indígenas.

Os pesquisadores de religião, principalmente os que atuam nessa fronteira de um estudo de caso etnograficamente orientado, devem perceber que os sentidos que produzimos, claro, dependem dos sentidos produzidos pelos nativos. Todo conhecimento etnográfico é culturalmente mediado. Se os estudos de caso pretendem uma profunda análise do contexto onde se dá o fenômeno a ser estudado em suas múltiplas variáveis isso significa assumir, a meu ver, esse princípio antropológico da mediação cultural para a produção do conhecimento.

Porém, Viveiros de Castro nos faz uma boa lembrança e que, espero, os pesquisadores e pesquisadoras, especificamente nas áreas de estudos de religião, estejam atentos e atentas: nós cientistas não estamos, na grande maioria das vezes, no mesmo plano epistemológico dos nativos. Se de fato, mas não de direito. Sim, o sentido de nossas produções depende, em boa medida, do sentido expresso pelos nativos. Isso foi dito. Mas o cientista detém o sentido do sentido: "Ele quem explica e interpreta, traduz e introduz, textualiza e contextualiza, justifica e significa esse sentido" (VIVEIROS DE CASTRO, 2002, p. 115).

Muitas vezes o cientista pressupõe que a relação dos nativos com sua cultura é natural, espontânea, intrínseca. Com nós, cientistas, é diferente: se ambos exprimimos nossas culturas em discursos e práticas, nós cientistas exprimimos nossa cultura culturalmente, ou seja, reflexiva, crítica. É como se o cientista utilizasse sua cultura e os nativos (no caso os indígenas) fossem utilizados por ela (2002, p. 114). O que acontece, pergunta Viveiros de Castro, se for negada essa vantagem de direito, ou seja, se o discurso do nativo funciona, em boa medida, a produzir reciprocidade de conhecimento sobre o discurso científico? (2002, p. 115).

É preciso superar o fato de que o conhecimento por parte do sujeito implica, forçosamente, o desconhecimento por parte do objeto (2002, p. 116). Esse é um problema muito difícil, mas de extrema importância pelo princípio de diálogo e respeito às alteridades envolvidas: "Outrem, porém, não é *ninguém*, nem sujeito nem objeto, mas uma estrutura ou relação. [...] Outrem não é um elemento do campo perceptivo; é o princípio que o constitui, a ele e a seus conteúdos" (2002, p. 118).

Essa questão da construção das alteridades nos trabalhos de campo em estudos de caso preocupava-me em minhas incursões junto aos indígenas. Até que ponto eles não eram o *meu* objeto convertido em uma categoria de análise, no caso, o sincretismo? Até que ponto a noção de sincretismo era um problema para a produção de conhecimento para eles? Quando surgia, será que a categoria era tomada não como uma categoria de reflexão, mas como um dado, o próprio fenômeno, ainda que aplicado aos outros, ou seja, por conta do influxo cristão, sincréticos são os outros? Eu confesso que não respondi a todas essas questões. A mim importava, como afirma Melvina Araújo (2011, p. 137), tentar compreender como a apropriação de categorias de análise feitas pelos indígenas cristianizados ocorria, ao descrever e interpretar possíveis sentidos e ressignificações feitas, ainda que essas categorias fossem nomeadas de outras maneiras. Penso que estas questões são princípios/problemas fundamentais na relação estudo de caso e etnografias que os investigadores e investigadoras do fenômeno religioso não podem abrir mão.

Entre Antropologia, Teologia e sincretismos: a construção do objeto de uma pesquisa

A confluência de perspectivas metodológicas que compôs meu itinerário, enquanto pesquisador do fenômeno religioso mostra que o percurso está calcado em uma dimensão mais *qualitativa* de abordagem. Sem a necessidade de aprofundar essa questão, satisfaço-me com a perspectiva de Minayo que situa esse tipo de pesquisa, em Ciências Sociais, com um nível de realidade que não pode ser exclusivamente quantificado. Esse tipo de pesquisa "[...] trabalha com o universo dos significados, dos motivos, das aspirações, das crenças, dos valores e das atitudes. Esse conjunto de fenômenos humanos é entendido aqui como parte da realidade social, pois o ser humano se distingue não só por agir, mas por pensar sobre o que faz e por interpretar suas ações dentro e a partir da realidade vivida e partilhada com seus semelhantes" (2002, p. 21). Essa citação abre perspectiva para o entendimento da construção do objeto de pesquisa. Embora, como afirmo na Introdução, meu objeto de pesquisa foi a busca pelo entendimento da categoria do sincretismo religioso, esse entendimento foi motivado pela caminhada empírica junto a grupos étnicos indígenas.

Mesmo que não seja uma tarefa fácil, é muito importante que as reconstruções teóricas não transformem o trabalho de campo em, como diz Kaufmann, "instâncias de verificação de uma problemática preestabelecida" (2013, p. 44). O objetivo "[...] deveria sempre ser, não a produção da teoria pela teoria, mas a descoberta, a capacidade de tornar inteligível o social graças à teoria" (2013, p. 47). Não a busca pela descrição sistemática e a medição, mas a perspectiva compreensiva deve ser o que persegue uma pesquisa mais qualitativa, arremata Kaufmann (2013).

Uma das dificuldades que encontrei foi justamente essa: ao envolver-me com os embates teóricos sobre a noção de sincretismo religioso percebi que isso poderia subjugar o campo empírico estudado que eu considerei em minhas pesquisas – tratando-se de religião, como o *mundo de produções de sentido* e valores produzidos pelos indígenas – aos embates mencionados. A tentativa de não ser cooptado por isso (pelo menos parcialmente) veio-me da teoria que construí, vale dizer, ao utilizar a categoria de *diacretismo*[11] e aplicá-la ao religioso, em relação dialética com o sincretismo, a partir de uma inteligibilidade da *observação compreensiva* do campo social estudado: à medida que delimitava o meu percurso de campo em torno dos trânsitos religiosos que vários indígenas cristianizados executavam nas e para além

---

11 O termo, na realidade, encontra outras referências na literatura. P. ex., relegado a uma nota de rodapé, como oposição ao sincretismo (este, por sua vez, qualifica as disposições individuais e criativas de junções de diferentes tendências que compõem nossos imaginários), em um artigo intitulado *L`immaginale al di là della vita*, do antropólogo Alfredo Sacchetti, de 1984. Há, também, um termo muito semelhante chamado *discretismo* que, também, é utilizado em oposição ao sincretismo (mas em uma tensão dialética), principalmente em estudos semióticos das diferentes linguagens: literárias, visuais, dentre outras. Um exemplo desse uso está no texto *Sincretismo e comunicação visual*, de Ignacio Assis Silva, de 1994.

das Igrejas do projeto da *Igreja Indígena Presbiteriana*, percebia certa insuficiência do campo teórico que, em boa medida, tentavam compreender, com o sincretismo, como experiências religiosas tão díspares poderiam conviver em um mesmo indivíduo e grupo social, ainda que houvesse homologias entre essas experiências.

Assim, havia um esforço *hercúleo* em compreender *como* ocorrem, justamente, essas homologias traduzidas, por sua vez, nas várias categorias ou tipos de sincretismo: adições, justaposições, transversalidades, traduções, paralelismos, hibridações, bricolagens, ou seja, todo um arsenal categorial para a compreensão de uma realidade religiosa *labiríntica*, complexa.

Na realidade, o campo foi me mostrando outros lados: os das dissenções, separações, desvios, rupturas, enfim, uma miríade de ambiguidades que a realidade social dos indígenas me mostrava e que tentei traduzir com a categoria de *diacretismo* mencionada. Como afirmo em minha tese (REIS, 2010, p. 114-115):

> O termo *sincretismo* não pode esconder o que, na realidade, deve propor: a radicalização (de *radix*, "ir fundo", "na raiz"), na experiência de reconfiguração do sentido religioso da vida e das formas de significação desse sentido, da interface das trajetórias de *encontros, junções, aproximações, misturas, adaptações* ou outros termos correlatos, com os *desencontros, distorções, rupturas, desvios* e termos correlatos que, paradoxalmente, também estruturam a experiência do sentido religioso. Torna-se um processo contínuo em meio a muitas faces de descontinuidade, elas próprias configuradoras da alteridade religiosa.

Com isso em perspectiva, entrou em cena a necessidade de fazer uma reconstrução do objeto de pesquisa com um novo arcabouço teórico que pudesse propiciar essa compreensão mais dialética da noção de sincretismo, uma vez que os focos passaram a ser a dimensão de ambiguidade no estudo de caso apontado. Centrei-me nessa questão de um caso pois, de fato, percebo que não fiz, a rigor, uma etnografia.

Por mais que almejasse eu não posso, honestamente, afirmar que construí minhas categorias teóricas a partir, por exemplo, de categorias êmicas[12] dos grupos indígenas estudados. Por exemplo: Encontraria um correlato em língua Guarani do termo grego sincretismo? Não. Mas quando os indígenas utilizavam a expressão *teko retã* para problematizar o "modo/jeito de vida plural, variável", muito

---

12 Ou seja, o próprio, os elementos culturais específicos/"nativos" que traduzem as identidades de um dado grupo étnico. Sua autodeterminação enquanto povos.

em função de suas tradições de conhecimento vividas em contextos plurais de profundas transformações sociais, políticas e religiosas, enxerguei aí uma possibilidade de diálogo, de aproximação de horizontes de problemas culturais a serem partilhados com eles. Passo, então, a detalhar mais a reconstrução do objeto em diálogo com minhas eleições temáticas e teóricas.

Não foi objeto de minhas investigações a dimensão mais histórica e social das instituições religiosas, no caso, as igrejas indígenas ou agências missionárias específicas. Embora vinculadas, em sua sociogênese, às ações e história da MEC (Missão Evangélica Caiuá)[13], a pesquisa não perseguiu, por exemplo, a reconstrução histórica da Missão para a compreensão do Projeto da *Igreja Indígena Presbiteriana*. Aliás, essa sociogênese ainda aguarda aprofundamentos investigativos[14].

A mim importava considerar as redes de discursividades construídas por sujeitos indígenas na medida em como eles próprios compreendem as interfaces e trânsitos religiosos nas comunidades, fruto de um projeto específico, a mencionada *Igreja Indígena Presbiteriana*. Assim, a construção de uma teoria do sincretismo religioso que pudesse dar conta desse entrelaçamento de discursos que representam uma vida religiosa no plural, vivida nas fronteiras de diferentes comunidades, mesmo que essas comunidades advoguem uma origem comum no referido projeto.

Embora a dimensão social estivesse presente em meu foco confesso que me chamava atenção, em um primeiro momento, aquilo que Leopold e Jensen chamam de nível *semiótico* de compreensão do sincretismo. No caso desses autores isso significa que as vivências religiosas também são construídas a partir de um "[...] sistema combinatório de pensamento sublinhando uma formação sincretística organizadora da diferença semântica e cultural dentro de um sistema coeren-

---

13 De acordo com Vietta e Brand a Missão Evangélica Caiuá, fundada pelo Reverendo norte-americano Albert Maxwel, em 1928, na então Vila de Dourados, no então Estado do Mato Grosso, tinha (e tem) em seu projeto a catequese e assistência social e de saúde aos indígenas ao congregar algumas denominações evangélicas: Metodistas, Presbiterianos do Brasil e Presbiterianos Independentes, além da Missão Presbiteriana Americana, da qual Maxwel fazia parte. Cf. VIETTA, K. & BRAND, A. "Missões evangélicas e igrejas neopentecostais entre os Kaiowá e os Guarani em Mato Grosso do Sul". In: WRIGHT, R. *Transformando os deuses*, 2004, p. 227.

14 Nesse sentido um estudo pioneiro é o do Dr. Carlos Barros Gonçalves em sua obra *Até aos confins da Terra – O movimento ecumênico protestante no Brasil e a evangelização dos povos indígenas*. Sobre a Missão Caiuá recomendo o último capítulo da obra: *O protestantismo missionário no antigo sul de Mato Grosso*: "Por Cristo e pela pátria", p. 189-267 (2011). O texto é fruto de sua dissertação de mestrado.

te de sentido" (2004, p. 381). Ou seja, trata-se de uma perspectiva hermenêutica, uma vez que os autores assumem um elemento estrutural de toda a condição humana que é a capacidade de produção simbólica configuradora de sentido da vida.

A religião emergiria daí. E mais: o sincretismo surgiria da capacidade que os coletivos humanos têm de selecionar e entrecruzar diversas fontes simbólicas, ainda que contraditórias, a fim de aumentar seu capital de sentido religioso para significar a realidade.

O meu interesse inicial pelo tema do sincretismo veio através de um viés teológico desde o fim do mestrado, passando pela minha própria experiência profissional, conforme aponto na Introdução deste capítulo. Com isso, provocava-me entender em que medida as agências religiosas cristãs (Igrejas e missionamentos) e a construção de discursos teológicos criavam suas representações do divino, da noção de revelação e outros temas diante de comunidades, em sua vida prática, que viviam seus trânsitos, suas interfaces e múltiplas pertenças religiosas.

Para Magalhães (1998, p. 55), no caso específico do protestantismo, que é o que mais me interessava, as dificuldades com o termo sincretismo e, principalmente, a realidade religiosa que a categoria propunha compreender, advinha da oposição que as discursividades protestantes e evangélicas faziam e fazem entre *religião* e *revelação*. Esta é a máxima expressão da manifestação divina, da qual o cristianismo seria o porta-voz por excelência. Aquela é criação humana, cheia de ambiguidades. O sincretismo traduziria, no máximo, uma experiência cultural e não revelada, espiritual.

Para Ligório Soares, por sua vez, ao amparar-se na análise de Vasconcelos[15], ainda que foque mais nas tradições católicas, duas perspectivas ajudam a entender a dificuldade de discursos e práticas teológicas cristãs com o sincretismo:

> O primeiro é a autocompreensão do cristianismo como religião possuidora da única e verdadeira revelação de Deus. Na base de tal pretensão estaria um conceito de revelação estático (a-histórico) que, partindo, desde o início, dos dados da fé, imunizaria essa tradição dos vários níveis de sincretismo que constituem todo e qualquer grupo religioso no seu desenvolvimento histórico. [...] O segundo elemento vem a ser a rejeição do sincretismo pela teologia centro-europeia. Tal se deve à sua autocompreensão como síntese *par excellence*, a partir da

---

15 O texto de Vasconcelos citado por Ligório Soares é *Em busca do próprio poço – O sincretismo afro-católico como desafio à inculturação*, fruto de sua tese doutoral.

qual todas as tentativas de novas contextualizações do cristianismo devem ser analisadas e julgadas (LIGÓRIO SOARES, 2006, p. 5).

Essa citação amplifica o já afirmado por Magalhães. Não é difícil imaginar, e Ligório Soares continuará nessa linha, o impacto desse tipo de compreensão do sincretismo no encontro com as múltiplas experiências religiosas nos contextos latino-americanos, durante décadas, via processos de colonização. Com isso, meu interesse em refletir se e como é possível a construção de novos discursos teológicos por parte dos cristianismos que pudesse, legitimamente, reconhecer na prática e incorporar, enquanto construto teórico, o sincretismo como essa novidade, ou seja, tirar as consequências do reconhecimento, como apontou Ligório Soares, de que o sincretismo é expressão da revelação, uma dada forma legítima de se representar e compreender as crenças, valores e sentidos de uma manifestação divina enquanto criação cultural.

Em suas próprias palavras: "As variáveis sincréticas são justamente o rastro que vai ficando ao longo do caminho da autocomunicação de Deus na história" (LIGÓRIO SOARES, 2010, p. 34). Muito embora Ligório Soares passasse a utilizar o termo *interfaith theology* (teologia "entre as fés") para caracterizar sua teologia do sincretismo religioso ao justificar:

> Porque a teologia do sincretismo trata exatamente disto: é possível que uma pessoa ou grupo social vivenciem simultaneamente mais de uma fé? Ou ainda: A mesma fé suporta concretizações distintas (*fé sincrética*)? [...] Quando digo fé sincrética tenciono salientar a autocomunicação divina já atuante nas várias tradições culturais antes, contra ou mesmo apesar do contato com as comunidades cristãs (LIGÓRIO SOARES, 2010, p. 43, 46-47).

Quando comecei a transitar entre as comunidades indígenas Guarani e Kaiowá (convivi com alguns Terena também), especificamente em relação aos que assumiam uma experiência cristã, esse era o problema inicial que me motivava: Como esses indígenas expressavam sua fé em concretizações distintas devido ao trânsito religioso nas aldeias? Mas incomodava-me, no fundo, o que me parecia ser certa *presilha* teológica.

Afinal, a pesquisa foi revelando uma dimensão antropológica fundamental: para os indígenas cristianizados não se tratava de viver uma fé em diferentes concretizações, uma vez que essas múltiplas concretizações vão transformando a percepção e a significação dessas experiências de crença e fés. O sincretismo era um *vai e vem* de sentidos e práticas *capilarizadas* em diferentes direções. Assim, o problema passava a ser, justamente, esse: Como fazer de algo tão múltiplo um constituidor de sentido? A questão é como encontrar sentido quando se assumem diferentes "fés" ou, no fundo, como conviver com múltiplos sentidos, uma vez que as expressões culturais constituidoras das alteridades são variadas: os indígenas e as indígenas vivenciam, dentro de muitas ambiguidades, seus cristianismos e *indianismos* múltiplos, plurais.

O *teko retã* não era apenas o efeito da unicidade da revelação divina. É a isso que me refiro em relação a certas presilhas teológicas. Pelo contrário: o *teko retã*, que eu chamo, em termos religiosos, de vivências sincréticas, é que causa problemas e respostas culturais como a revelação, dentre outras possíveis respostas, posto que os problemas são variados.

Com isso procurei desenvolver uma teoria para dar conta, ainda que parcialmente, dessas problemáticas. Como a dimensão de ambiguidade ganhava corpo na trajetória de pesquisa e procurava uma relação mais dialética entre a tensão de perspectivas antropológicas e teológicas, elegi um possível diálogo entre dois autores muito díspares: o francês Michel de Certeau e o alemão Paul Tillich[16]. Este último acentuava, justamente, a dimensão de ambiguidade nas relações entre religião e cultura a partir de preocupações teológicas e ancoradas em uma filosofia do sentido, afinal, conforme sua tese fundamental, a religião é a substância, a expressão de incondicionalidade de todas as formas culturais (TILLICH, 1973, p. 162).

Em particular, interessei-me pela noção de *demônico*, uma vez que me parecia suficientemente satisfatória para realizar uma hermenêutica das relações entre religião e cultura ao mostrar o que Tillich chama de formas culturais, em suas ambiguidades e variedades, depende não menos de um núcleo religioso profundamente ambíguo, onde a constituição de sentidos fundamentais ocorre na tensão entre expansões criativas e distorcedoras, desviantes, âmago de todos os processos vitais[17].

---

16 Não compete aqui retomar toda a complexidade do diálogo teórico que empreendi. Remeto o leitor e a leitora, especificamente, para o segundo capítulo da minha mencionada tese de doutoramento: *Do "inventivo" e do "demônico": o sincretismo como afirmação da ambiguidade última da experiência religiosa*, p. 60-124 (2010).

17 Para as relações entre religião e cultura no pensamento de Tillich remeto ao texto de meu ex-orientador, Dr. Etienne Higuet, intitulado *As relações entre religião e cultura no pensamento de Paul Tillich*, 2008, p. 123-143. Sobre a noção de *demônico* sugiro o capítulo 2 da obra *A dupla face: Paul Tillich e a ciência moderna*, capítulo intitulado "A compreensão teológica da ambivalência em Paul Tillich: subsídios", p. 83-143 (2008), de autoria do Dr. Eduardo Cruz, fruto de sua tese de doutoramento.

Afirmei, anteriormente, que os autores Anita Leopold e Jeppe Jensen discutem a dimensão mais semiótica da noção de sincretismo religioso. Mas esses autores vão além: apresentam, também, o que chamam de nível de análise social e cognitivo do sincretismo. Particularmente essa dimensão social me interessa, pois os autores situam que o problema do sincretismo, historicamente, está permeado por relações de poder na constituição das alteridades religiosas, principalmente em relação a sistemas religiosos hegemônicos no Ocidente como o cristianismo, justamente por se tratar de sistemas religiosos altamente doutrinários e dogmáticos. Nesse sentido muito particular de análise os autores afirmam que o sincretismo consiste em formas de recodificação ou reformulação de dogmas/doutrinas (por isso os conflitos se estabelecem) em diferentes culturas.

As inovações sincréticas, em diferentes escalas, são uma das formas que os coletivos sociais têm de subverter e inventar novas perspectivas em meio às ideologias das *monoculturas* (LEOPOLD & JENSEN, 2004, p. 379-381). Isso me levou a encontrar a categoria de *invenção* proposta por Michel de Certeau, principalmente em seu clássico *A invenção do cotidiano* (2003). Se, para Certeau, a cultura é "[...] o campo de uma luta multiforme entre o rígido e o flexível" (2005, p. 235), isso ocorre porque, outra maneira de qualificar a cultura, é que ela se constitui a partir das relações de poder entre as *estratégias* estabelecidas e as *práticas* fugidias, errantes.

Pareceu-me ser necessário que a religião (mesmo que interpretada a partir da substancialidade tillichiana, ainda que perspectivada pela ambiguidade do *demônico*), devesse ser compreendida, também, enquanto construto cultural (aqui Certeau certamente diverge de Tillich) que respeita mais o protagonismo daqueles que, mesmo vivendo em configurações culturais e sociais muitas vezes e *estrategicamente* estabelecidas, reinventam cotidianamente suas vidas religiosas através de suas astúcias táticas. Assim, a construção de meu objeto de pesquisa e de uma teoria de análise levou-me a não somente trabalhar com a categoria de sincretismo, mas, também, com a noção de *diacretismo*.

Basicamente procurei, não sem limitações (e hesitações), em pensar uma dialética entre *sincretismo* e *diacretismo* para acentuar a radicalização da ambiguidade nos processos religiosos vividos em situação de fronteiras, de transversalidades religiosas múltiplas. Se o sincretismo une, aproxima, transversaliza, o faz, também, com rupturas, com desvios, com separações: diacretiza-se. Assim afirmava que, na perspectiva da produção de sentido do sujeito religioso o sincretismo/diacretismo é a radicalização da experiência *demônica* da vida. E na perspectiva da análise cultural o sincretismo atualiza e reinventa as relações táticas e estratégias que fundam o social.

Como afirmo em minha tese:

> O sincretismo é um espaço de mediação para o exercício tensivo de aspectos criativos/inventivos em termos de sentido religioso. A inventividade necessita do elemento criativo para não sofrer reificações e meras reproduções. Todavia, à experiência da inventividade sincrética correspondem, "incondicionalmente", aspectos de criação afirmativas e destrutivas/distorcidas. Se não fosse assim, as experiências sincréticas no campo religioso dificilmente surgiriam em contextos concretos de violentações e crises, muito embora elas possam surgir justamente para dar conta, com múltiplos sentidos, ao sem sentido que esses contextos, muitas vezes, impõem (REIS, 2010, p. 118-119).

E, assim, eu chegava ao ponto central de minha pesquisa. Interessava-me, como anunciei na Introdução, construir essa discussão teórica, mas profundamente embebida pelas incursões a campo que se tornaram meu estudo de caso. Afinal, me parece muito importante perceber que a reserva indígena de Dourados, por conta do histórico de sua formação, é um caso fundamental de criação de lugares estratégicos (principalmente por parte dos governos brasileiros e suas políticas indigenistas), com seus conflitos, habitado pelas lutas de grupos étnicos indígenas por sua autodeterminação cultural e vida social, taticamente vibrantes. Os indígenas cristianizados, em seus processos sincréticos, inserem-se nessa perspectiva. Eu, enquanto pesquisador, tentei me colocar em um horizonte compreensivo junto com esses interlocutores e interlocutoras indígenas. Foi difícil. Mas a gratificação foi maior.

Sincretismos e povos indígenas: da teoria ao campo e vice-versa

As pesquisas sobre sincretismos religiosos no Brasil, via de regra, ainda estão atreladas majoritariamente às interfaces entre expressões do catolicismo e religiões de matrizes africanas. No que diz respeito à análise das reconfigurações religiosas entre tradições cristãs e indígenas, pelo viés das teorias do sincretismo religioso, há muito a se produzir ainda no Brasil. É importante acrescentar que em relação específica à área de Ciências da Religião e Teologia não são muitos os estudos sobre grupos étnicos indígenas à luz dos problemas analíticos suscitados pelo sincretismo.

Basta fazer um trabalho de pesquisa sobre seminários temáticos, grupos de trabalho, mesas redondas e, consequentemente, publicações de referência na área a partir, por exemplo, da Anptecre (Associação Nacional de Pós-graduação e Pesquisa em Teologia e Ciências da Religião)[18], para constatar essa afirmação.

Assim, há todo um campo em aberto esperando contribuições inovadoras. Penso que, pelo menos, dois fatores contribuem para isso: primeiro, certo uso instrumental de métodos e resultados das ciências sociais, em particular da antropologia, por parte das Ciências da Religião. Com isso, a dificuldade em criar métodos inovadores que devem continuar dialogando com as etnologias indígenas, mas que, sabidamente, torna-se um processo bem mais difícil pelas complexidades envolvidas. Segundo, certo monopólio da Teologia em relação à análise de povos indígenas justamente pela presença secular de missionamentos cristãos entre esses povos que reforçou certa leitura estigmatizadora do sincretismo ao tomá-lo como o próprio dado da realidade brasileira a ser depurada por processos de catequese/evangelização e, posteriormente, pela inculturação do Evangelho. Pelo menos parcialmente, tanto do ponto de vista metodológico quanto temático, reverberei esses fatores em minhas próprias pesquisas.

Por outro lado, ao perceber algumas das lacunas mencionadas no parágrafo anterior e por questões práticas que envolviam ora a invisibilização, ora a visibilização objetificante e instrumental de grupos indígenas na realidade em que vivi no Estado de Mato Grosso do Sul, conforme afirmei na Introdução deste capítulo, pareceu-me relevante não transformar a pesquisa que desenvolvi em uma análise pura das teorias sobre sincretismo religioso.

Importava *dialogar* com essas teorias (ou a teoria que procurei desenvolver e apresentada, abreviadamente, no item anterior) na análise e interpretação de um campo empírico: daí surgiu a delimitação em torno dos discursos de indígenas cristianizados que possuíam algo em comum: atuavam no projeto da *Igreja Indígena Presbiteriana* dentro dos aldeamentos em Dourados, no Estado de Mato Grosso do Sul, na região Centro-Oeste. Importava compreender como esses indígenas representavam a si e os outros ou, nos termos de Michel de Certeau, como

---

18 O site da Associação, para maiores verificações, é www.anptecre.org.br

esses próprios indígenas construíam suas *heterologias*: mais do que um discurso sobre o outro, trata-se de me colocar como *mediação de diferenças* ou, nos termos propostos por Paula Montero, uma análise do entendimento das culturas (o que ela qualifica por "espaço da significação da prática") "[...] onde os agentes lutam pelo poder das representações [...] a ênfase analítica deve voltar-se para a lógica das relações (políticas e simbólicas) de significação e o modo como produzem e reformulam a alteridade" (MONTERO, 2006, p. 42-43).

Detive-me mais na análise e hermenêutica dos símbolos representativos do que pode ser considerado como experiências de sincretismo religioso entre os indígenas (não me ative às dimensões políticas mais específicas dessas construções), o que revelou como esses mesmos indígenas constroem, em última instância, suas representações da alteridade, no caso, religiosa. Essa aproximação permitiu-me, à época, retomar um clássico problema antropológico e, a meu ver, teológico: que toda cultura formula sua própria maneira de pensar o outro (MONTERO, 2006, p. 31).

Nesse sentido cheguei à conclusão de que o sincretismo religioso bem poderia ser a categoria que problematiza, a fundo, a maneira como grupos sociais, em seus processos culturais, pensam e agem em relação à religião própria e a do outro.

Esse reconhecimento do outro, das produções de diferenças é fundamental, a meu ver, a toda pesquisa, principalmente quando se trata de pesquisas com grupos étnicos indígenas em contexto brasileiro onde, sabidamente, séculos de dominação colonial construíram as representações desses mesmos grupos. Para reforçar meu argumento faço, aqui, um rápido paralelo com a retomada[19] hermenêutica que Michel de Certeau faz do caso das freiras acusadas de possessão demoníaca no convento da Ordem das Ursulinas, na cidade francesa de Loudun, no início do século XVII, retomada feita no capítulo VI, *A linguagem alterada*, do livro *A escrita da História* (CERTEAU, 2011, p. 261ss.).

Existe um discurso do outro, principalmente quando esse outro é *dito* por outro que não ele mesmo? Seria o discurso das freiras "possessas" a afirmação radical de uma alteridade enclausurada por outros discursos hegemônicos? Em um primeiro momento, segundo Certeau, sim. Afinal, os médicos e exorcistas

---

19 Retomada, uma vez que Certeau, dois anos antes da publicação da primeira edição de *A escrita da História*, havia publicado, em 1973, o seu estudo clássico sobre o episódio referido com o título original *La possession de Loudun*.

(agentes religiosos, padres) tinham por tarefa principal a *nomeação* "que visa a classificar as falantes [as freiras consideradas possuídas] num lugar circunscrito pelo saber [...] da mesma forma a 'possuída' não pode se enunciar a não ser graças ao interrogatório ou ao saber demonológico, ainda que seu lugar não seja o do discurso do saber que é enunciado sobre ela" (CERTEAU, 2011, p. 264-266).

Um dos desafios em pesquisa de campo, ao tratar com um caso tão complexo como as relações entre sincretismo religioso e grupos étnicos indígenas (teorias e campo), é a *inflação* metonímica e metafórica da categoria *sincretismo* a ponto de substituir o protagonismo da representação que os próprios indígenas fazem da religião do outro (mesmo que a assumam como sua própria). Ou seja, eles e elas (os indígenas) são "possuídos" por nossas entidades conceituais, por discursividades outras.

Mais do que a linguagem que qualifica como *perda cultural, impureza* e outras adjetivações menos nobres, além de outras linguagens mais nobres como a que exalta a *união*, a *junção*, a vida animada de supostas diferenças que convivem harmoniosamente, a pesquisa construiu uma teoria sobre o sincretismo confrontada pelo campo multifacetado[20] das experiências religiosas onde, em boa medida, percebeu-se movimentos religiosos *transgressores, desviantes*. Voltando ao caso estudado por Certeau (2011, p. 266):

> Transgredir significa atravessar. O problema que se coloca aqui é o de uma distorção entre a *estabilidade* do discurso demonológico (ou do discurso médico) como discurso do saber, e por outro lado, a função de *limite* exercida pelos dizeres da possessão. [...] Existe, pois, uma relação dissimétrica: a palavra da possuída não é colocada nem como análoga ao discurso do saber nem oculta por ele, como se fosse um outro discurso subjacente à superfície do legível e do visível.

As experiências em campo com os grupos indígenas em contato, via de regra pessoas pertencentes a Congregações e/ou Igrejas do Projeto da Igreja Indígena Presbiteriana, me confrontaram, em boa medida, com essa noção de *transgressão* afirmada na citação anterior. Não somente o campo teórico que construía. Porém e, principalmente, o campo era construído no diálogo entre eu e os interlocutores e interlocutoras. Percebia que diversas apropriações da categoria do sincretismo

---

20 Até 2010, ano em que encerrei minha pesquisa de doutoramento, contabilizei, em diálogo com outras fontes de pesquisa, aproximadamente 65 Igrejas, das mais diferentes denominações, dentro das duas aldeias indígenas em Dourados, MS: Jaguapirú e Bororó. Dessas, aproximadamente 15 Igrejas pertenciam ao Projeto da IIP (Igreja Indígena Presbiteriana), foco de meu estudo de caso.

na literatura especializada, profundamente *estabilizadas* nessa literatura, eram confrontadas pelos discursos das alteridades envolvidas.

Nem, sequer, encontrava um análogo na semântica nativa da língua Guarani e Kaiowá para o que se traduzia por sincretismo, como já afirmei. Mas na *transgressão* dos diálogos percebi que a categoria do *teko retã atravessava* essas estabilidades e certezas categoriais. A expressão guarani, ao ser razoavelmente traduzida pelo *jeito/modo de ser múltiplo, variado*, não significa uma perda de especificidade identitária, mas carrega um potencial, diria, de profundo reconhecimento das alteridades envolvidas, uma vez que essa *modalidade de existência*, para os indígenas em questão, só faz sentido no exercício das sociabilidades coletivas, na interação complexa entre diferentes famílias e/ou parentelas extensas[21].

Para quem exerce a pesquisa de campo com grupos étnicos indígenas no Brasil, há que ter consciência de adentrar em espaços sociais marcados por diferentes conflitividades e relações de poder.

No caso específico de minha pesquisa havia, infelizmente, os seculares problemas envolvendo os estigmas e preconceitos de classe e étnicos, dos quais muitos indígenas eram vítimas por conta da segregação a que eram submetidos por amplos setores da sociedade não indígena no município de Dourados, segregação essa reforçada por agentes do governo nas esferas municipal, estadual e federal. Lembro-me, certa vez, ao conversar com um indígena Kaiowá na aldeia Bororó, em Dourados, por conta da minha pesquisa, que ficamos praticamente a tarde toda em diálogo.

Aproximadamente 3 (três) horas de conversa. Em dado momento, depois de muito Tereré[22], ele me disse algo assim: *"Veja bem. Eu não conheço o senhor direito e, mesmo assim, abri a porta da minha casa, recebi o senhor aqui no meu pátio. Eu estou dando ao senhor uma das coisas mais preciosas para mim: meu tempo! O que estamos fazendo aqui é perda de tempo? É nada? Como é que as pessoas chamam os índios de vagabundos?"*

---

21 Para maiores detalhes sobre a organização social dos *Guarani* e *Kaiowá* no contexto sul-mato-grossense, recomendo a tese de doutorado do antropólogo Levi Marques Pereira intitulada *Imagens Kaiowá do sistema social e seu entorno* (2004).

22 Bebida típica, de origem indígena (Guarani), feita com erva-mate (*Ilex paraguariensis*) macerada e que se toma, geralmente, com água gelada ou natural.

Havia, também, os conflitos e estigmas entre as próprias comunidades religiosas, as Igrejas no caso estudado. Percebi que, mesmo iniciado no âmbito da Missão Evangélica Caiuá, o Projeto da Igreja Indígena Presbiteriana era *atravessado* por vários movimentos neopentecostais em suas crenças e ritualidades. Isso era um problema, pois tornava-se, dramaticamente, um lugar social de discursos estigmatizadores. Explico melhor: se já não fosse duro sofrer estigmas por serem "indígenas cristianizados", estigmas esses reforçados por certos discursos (sejam antropológicos, teológicos e políticos), o estigma aumentava quando, a esses discursos somavam-se os que os estigmatizavam por serem indígenas cristianizados e pentecostais.

É nesse emaranhado de conflitividades e de discursos outros, que insistiam em *pacificar* e *controlar* os indígenas, que esses mesmos indígenas faziam desses discursos outra realidade que não essa da *estabilização*. Inquietava-me mas, ao mesmo tempo, provocava-me ver o quanto os indígenas também se inquietavam diante de discursos que não eram enunciados por eles mesmos, mas chegava como discursos outros que tinham a pretensão da "possessão", para lembrar Certeau.

O campo era muito dinâmico ao me mostrar isso. Mas do campo e sempre a voltar para a teoria, compreendia análises etnográficas que também percebiam essas inquietações e ambiguidades. Sobre a situação específica da presença de missionamentos pentecostais em aldeamentos Guarani e Kaiowá na região sul de Mato Grosso do Sul, Pereira afirma: "O pentecostalismo é apresentado como uma alternativa de recomposição das solidariedades danificadas [...], ao mesmo tempo em que coloca uma série de problemas e impasses para a reprodução do sistema social dito tradicional" (PEREIRA, 2004, p. 268). Por exemplo: a estrutura e os discursos acerca do sentido das igrejas pentecostais ao reverberar a centralidade de lideranças religiosas (pastores indígenas, homens e *profetas* de Deus) recompunha, em alguma medida, a centralidade das comunidades tradicionais em torno da figura do cabeça de parentela, central nos sistemas de parentesco tradicionais dos Kaiowá.

Por outro lado, os discursos e as práticas de determinadas comunidades pentecostais, ao introduzirem outras variáveis como o dízimo, sistemas de regras e crenças que cobram doutrinas e usos e costumes mais rígidos, dentre outros aspectos, coloca os indígenas em uma tensão social com suas bases tradicionais (PEREIRA, 2004, p. 289, 293).

Na perspectiva de meus interesses e orientações teóricas tentava entender essas apropriações e desapropriações de sentido em torno da dialética do sincretismo e diacretismo que mencionei no item anterior do capítulo. Vejamos, ainda que de forma sucinta, o exemplo das relações entre o xamanismo indígena Guarani[23] e a compreensão sobre Jesus, personagem central dos cristianismos protestantes e evangélicos. O que o campo de pesquisa mostrou-me, no estudo de caso investigado, foi que não havia, em boa medida, necessariamente uma rejeição de princípio da figura tradicional do xamã/rezador nas falas de indígenas cristianizados que pertenciam a IIP.

Se, por um lado, havia afirmações *homológicas/sincréticas* entre os pastores indígenas e a figura do rezador tradicional, no sentido de serem negociadores e agenciadores das mensagens e atos divinos através de ritos de cura, de aconselhamento, dentre outros aspectos (PEREIRA, 2004, p. 288), por outro lado há também *heterologias/diacretismos* envolvidos pois o pastor indígena, na concepção de ser "possuído" pelo grande *Jara* ("senhor", "dono") – o Espírito Santo, não somente faz a mediação, mas se faz presença do divino (Deus/Jesus) constituído de tal autoridade sagrada que pode, inclusive, reconfigurar relações mais assimétricas e hierárquicas no sistema tradicional de parentela Guarani e Kaiowá.

Assim, encontrava nas falas de vários indígenas que os rezadores tradicionais, embora em menor número, assumiam o "jeito de ser do não-indígena, do branco (o *Caraí reco*)", o que os afasta de Deus, o que os faz "perderem" seu dom de comunicação com o divino. A ambiguidade dos discursos e práticas aumentava e percebi que a teoria das relações *sincréticas e diacréticas* ou as *invenções demônicas* (tal como apresentei no item anterior do capítulo) me ajudava, nessa "volta" à teoria, a melhor compreender o caso.

A literatura etnográfica sobre os Guarani e Kaiowá amplamente já mostrou que os *nãnderu* (os rezadores/xamãs tradicionais), na comunicação com os seres divinos (*Ñande Ryke'y* – "nossos irmãos mais velhos"), atualizam o *teko porã*, o "jeito de ser bom, proveitoso" contribuindo, assim, "[...] para a construção e

---

23 Para uma compreensão geral do xamanismo Guarani remeto ao texto do antropólogo Fábio Mura intitulado *A trajetória dos Chiru na construção da tradição de conhecimento Kaiowá* (2010). Para possíveis relações entre pentecostalismos e o xamanismo guarani veja meu artigo intitulado "Ñanderú é meu pastor e nada me faltará: pentecostalismos, invenções culturais e povos indígenas guarani" (2017).

transformação constantes da moral indígena e do *corpus* de conhecimentos considerados importantes para o bem-estar social e familiar" (MURA, 2010, p. 134).

Surpreendeu-me, assim, as provocativas ressignificações que os indígenas faziam da própria figura de Jesus: se, por um lado, assumiam sua característica divina, dentre alguns motivos, por conta das relações sincréticas com as leituras doutrinárias de Jesus como Deus, colocavam, assim, esse mesmo Jesus como *Ñanderuvussú* ("o nosso senhor, Deus maior"). Por outro lado, não faltaram leituras que sincretizavam e diacretizavam Jesus com a figura de nosso *Pa'í Kuara* ("o irmão sol", que nos ilumina, no sentido de guia), distorcendo, desviando de concepções tradicionais ao não associar Jesus diretamente com Deus. Jesus e seus duplos na terra, os pastores indígenas, assumem o que eu nomeei por *mediação demônica*, inventores ambíguos do cotidiano religioso: Jesus não é o caminho, mas aponta o caminho.

Tanto Jesus quanto os pastores são simbólicos na criação e distorção de agenciamentos em relação com os diferentes seres que compõem o mundo espiritual, que é profundamente social/exemplar para esses indígenas: "É um processo significativamente inventivo, uma vez que instaura novas possibilidades de sentido, ou seja, demônico. O indígena vive as tensões sincréticas e diacréticas na fronteira dos espaços de negociação estabelecidos" (REIS, 2010, p. 196)[24]. Foram esses exercícios de problematizações prático-discursivas que construíram meu caminho de investigação teórica e de diálogo interpretativo com os protagonistas indígenas no campo/estudo de caso proposto.

Considerações finais

O texto propôs um itinerário, a partir de minhas próprias experiências de pesquisa que culminaram, especificamente, na escrita da tese de doutoramento, de construção para uma metodologia nos estudos de religião que faça o diálogo de princípios entre estudos de caso e trabalho de campo. Assim, o uso do termo *sincretismo* no título deste capítulo pode ser compreendido como uma metáfora para a união de perspectivas e métodos que, não obstante suas semelhanças, guardam, também, suas diferenças e limitações.

---

24 Para a relação entre o conceito tillichiano de demônico e a figura do xamã indígena, cf. o meu artigo *O xamanismo indígena Guarani como expressão demônica da cultura* (2016).

Claro, o uso do termo foi, também, para apontar a categoria central de minhas pesquisas, categoria essa que pode, muito bem, ser retomada em vários estudos de caso em Ciências da Religião. O que gostaria de ressaltar é que, em todo o itinerário de minha pesquisa, desde e sempre amparada em uma sólida dimensão bibliográfica, coloquei-me na fronteira de saberes e metodologias que pudessem dar conta, pelo menos em parte e satisfatoriamente, da complexidade do objeto de pesquisa cotejado. Perceber-se e assumir as fronteiras é uma boa perspectiva para compreender fenômenos que nomeamos por sincretismos, principalmente quando se trata de observá-los e significá-los a partir da prática, de casos concretos em campo.

Quando comecei a interessar-me pelos estudos sobre sincretismo religioso e o campo das práticas indígenas ressoava o dizer de Minayo: "[...] nada pode ser intelectualmente um problema se não tiver sido, em primeiro lugar, um problema da vida prática. As questões da investigação estão, portanto, relacionadas a interesses e circunstâncias socialmente condicionados" (2002, p. 17-18).

O capítulo não se constitui em um manual tradicional de metodologia da pesquisa em estudos de religião. Para tanto, aponto para textos especificamente mais metodológicos nas leituras sugeridas e referências bibliográficas. Trata-se mais de um itinerário testemunhal de uma experiência de pesquisa onde, com cuidado, procurei apontar princípios e problemas a serem enfrentados no ato de investigação em Ciências da Religião.

No primeiro item situei a possibilidade de pensar e construir uma trajetória metodológica que contemple pesquisas estudos de caso levando, em consideração, princípios pertinentes ao trabalho de campo. Na realidade, a relação dialética entre o caso e o campo.

Nesse aspecto, de forma sucinta, sugiro aos pesquisadores e pesquisadoras de religião que atentem para alguns passos: 1) A eleição do caso e do campo, com suas múltiplas variáveis, devem ser acompanhadas por um permanente levantamento e familiarização do quadro teórico sobre o qual a pesquisa estará ancorada. 2) Essa "familiarização" aplica-se, também, ao conhecimento das próprias teorias que fundamentam a compreensão das pesquisas estudos de caso e de trabalhos de campo. Nesse sentido ler etnografias e estudos de caso já realizados é de muita ajuda. Isso é particularmente importante para quem pesquisa grupos étnicos indígenas. E mais ainda para quem o faz a partir das teorias sobre sincretismo religioso. 3) Não perder de vista que, na relação entre o caso estudado e o campo, se tratar da experiência religiosa de grupos étnicos (indígenas ou não), a busca pela compreensão das problematizações colocadas pelos próprios *nativos* é uma variável tão importante, dentro da complexidade do caso, quanto os problemas postos pelo próprio pesquisador e pesquisadora.

No segundo item mostrei, de forma concisa, o próprio exemplo da construção do objeto de pesquisa a partir das escolhas teóricas. Com Kaufmann, as eleições sobre o tema a partir do caso e do campo a ser investigado são muito importantes. Porém, fundamental é a construção de hipóteses enquanto enlace teórico que dá continuidade e crescimento à pesquisa: "formular uma hipótese desde o início permite avançar minimamente na competição contínua entre o pesquisador que quer dominar o material (construindo uma arquitetura conceitual), e o material que, em seu processo de acumulação, tende a devorá-lo incessantemente" (2013, p. 61).

Assim fui, aos poucos, tecendo minha "arquitetura conceitual" a partir das ideias de Michel de Certeau e Paul Tillich, a fim de compor minhas hipóteses de trabalho sobre o que compreendia por sincretismo religioso. Com isso, é importante deixar claro: 1) Enquanto pesquisadores e pesquisadoras a construção do objeto deve-nos "devorar incessantemente". Isso significa, primeiramente, navegar pelas trilhas e pistas teóricas do patrimônio intelectual que nos antecede no que diz respeito aos nossos temas e objetos de pesquisa. 2) Porém, no meu caso específico, a construção de hipóteses foi fundamental para não me perder em um emaranhado de conceitos que, aqueles e aquelas que pesquisam sobre sincretismo religioso veem diante de si. 3) Por fim, mas não menos importante: digo aos estudantes da área de Ciências da Religião e Teologia que é importante assumirem o risco da crítica e da inovação.

A (re)construção da categoria do sincretismo em torno da hipótese da relação dialética com a noção de diacretismo foi motivada por uma inquietude teórica que devemos ter diante de nossos casos e campos de estudo, uma vez que os atores sociais/nativos, também produtores de conhecimento, expõem suas inquietudes correspondentes. O risco deve ser racionalmente calculado a partir do momento em que se leva a sério uma rigorosa base teórica/conceitual. Na realidade, quando se pensa o sincretismo, concordo com Leopold sobre o porquê de se preservar tal categoria nos estudos de religião: "continuar a discussão sobre muitas questões relevantes no que diz respeito a invenção humana e reinvenção da religião, cultura e identidade" (2004, p. XI).

No último item do capítulo fiz o exercício de aproximar a teoria construída com o caso proposto, ou seja, mostrar como a categoria do sincretismo e diacretismo abriram possibilidades de análise e produção de significação (perspectiva hermenêutica) sobre o projeto da Igreja Indígena Presbiteriana. Estar no campo e na teoria ao mesmo tempo. Aqui inspiro-me, como categorias de produção do conhecimento e de posturas metodológicas, na relação entre o olhar, o ouvir e o escrever, conforme estabelecidos por Cardoso de Oliveira (1996).

Fazer estudo de caso no campo religioso implica assumir outras dimensões da corporalidade como produtoras de conhecimento: *ver* (os ritos, as cerimônias, os simples movimentos/gestos do corpo quando o interlocutor fala em uma entrevista/diálogo) é mais do que um entretenimento visual. É a possibilidade de captar, nas imagens, os contrapontos e expansão das possibilidades interpretativas em relação às teorias prévias com as quais chegamos ao campo. De forma semelhante o *ouvir* (falas, sons dos ritos e das narrativas míticas) coloca o pesquisador e a pesquisadora, mais atentamente, no horizonte de sentido produzido pelos interlocutores.

O ouvir "Faz que os horizontes semânticos de confronto – o do pesquisador e do nativo – abram-se um ao outro, de maneira que transforme um tal *confronto* em um verdadeiro "encontro etnográfico" (CARDOSO DE OLIVEIRA, 1996, p. 24). É o reconhecimento da alteridade. Lembro-me de uma professora que nos dizia apropriadamente: não tomar o interlocutor por idiota ou inocente e nem, por outro lado, "comer na mão" dele. Ressalvadas as diferenças, algo semelhante vale para as teorias utilizadas.

O *escrever*, por sua vez, pode começar ainda no campo (anotações do que se vê e do que se ouve). Porém, é no itinerário mais específico de confronto das textualidades trazidas do campo com o campo teórico e com o exercício crítico-reflexivo que se desenvolve essa escrita. Trata-se, também, do momento de comunhão e de heterodoxias com as hipóteses construídas nas aulas, nos Congressos e outras dimensões que ressaltam o escrito (1996, p. 25ss.) e, assim, garantem o fluxo da intersubjetividade epistêmica e publicização dos resultados das pesquisas, bem como as possibilidades de reescritura.

Na realidade, o olhar, ouvir e escrever são uma forma de sintetizar os principais passos metodológicos do processo de pesquisa para quem faz estudo de caso a partir do campo orientado etnograficamente. São princípios que, juntamente com a importância de levar adiante os estudos sobre sincretismo e suas relações com grupos étnicos indígenas, perfazem a contribuição deste capítulo para os estudos de religião.

Referências

BONOMA, T.V. "Case Research in Marketing: Opportunities, Problems, and Process". In: *Journal of Marketing Research*, vol. XXII, mai./1985.

BRESSAN, F. "O Método do Estudo de Caso". In: *Administração Online*, vol. 1, n. 1. jan.-mar./2000, p. 1-16. São Paulo: Fecap [Disponível em http://www.fecap.br/adm_online/art11/flavio.htm].

CANEVACCI, M. "Sincretismos: uma exploração das hibridações culturais". São Paulo: Instituto Italiano di Cultura/Instituto Cultural Ítalo Brasileiro/Studio Nobel, 1996.

CARDOSO DE OLIVEIRA, R. *O trabalho do antropólogo*. 2. ed. Brasília/São Paulo: Paralelo 15/EdUnesp, 2000.

CERTEAU, M. *A escrita da História*. 3. ed. Rio de Janeiro: Forense Universitária, 2011.

_____. *A cultura no plural*. 4. ed. Campinas: Papirus, 2005.

_____. *La possession de Loudun*. Paris: Gallimard, 2005.

_____. *A invenção do cotidiano – 1*: Artes do fazer. 9. ed. Petrópolis: Vozes, 2003.

CHAMORRO, C.G. *Terra Madura* – Yvy Araguyje: fundamento da palavra Guarani. Dourados: UFGD, 2008.

CREPALDE, A. *A construção do significado de Tekoha pelos Kaiowá do Mato Grosso do Sul*. Porto Alegre: Universidade Federal do Rio Grande do Sul, 2014 [Tese de doutorado].

GELL, A. *The Art of Anthropology*: Essays and Diagrams. Londres: Athlone, 1999.

GONÇALVES, C.B. *Até aos confins da Terra* – O movimento ecumênico protestante no Brasil e a evangelização dos povos indígenas. Dourados: UFGD, 2011.

GONÇALVES DA SILVA, V. *O antropólogo e sua magia*. São Paulo: EdUSP, 2006.

HIGUET, E.A. "As relações entre religião e cultura no pensamento de Paul Tillich". In: *Correlatio*, vol. 7, n. 14, 2008, p. 123-143. São Bernardo do Campo [Disponível em http://www.metodista.br/revistas/revistas-metodistas/index.php/COR/article/view/1155/1165].

KAUFMANN, J.-C. *A entrevista compreensiva* – Um guia para Pesquisa de Campo. Petrópolis/Maceió: Vozes/EdUFAL, 2013.

LEOPOLD, A.M. & JENSEN, J.S. (eds.). *Syncretism in Religion* – A Reader. Nova York: Routledge, 2005.

LIGÓRIO SOARES, A.M. "Sincretismo e teologia interconfessional". In: *Ciberteologia* – Revista de Teologia e Cultura, ano VI, n. 27, jan.-fev./2010, p. 32-52. São Paulo: Paulinas.

_____. "Impasses da teologia católica diante do sincretismo religioso afro-brasileiro". In: *Ciberteologia* – Revista de Teologia e Cultura, n. 5, ano II, mai.-jun./2006, p. 1-25. São Paulo: Paulinas.

LIMA, J.P.C. et al. "Estudo de caso e sua aplicação: proposta de um esquema teórico para pesquisas no campo da contabilidade". In: *Revista de Contabilidade e Organizações*, vol. 6, n. 14, 2012, p. 127-144. São Paulo: USP.

MAGALHÃES, A.C.M. "Sincretismo como tema de uma teologia ecumênica". In: *Estudos de Religião*, ano XII, n. 14, p. 49-70. São Bernardo do Campo: Umesp.

MONTERO, P. (org.). *Deus na aldeia*: missionários, índios e mediação cultural. São Paulo: Globo, 2006.

MURA, F. "A trajetória dos *chiru* na construção da tradição de conhecimento Kaiowá". In: *Mana*, vol. 16, n. 1, 2010, p. 123-150. Rio de Janeiro: UFRJ/Museu Nacional.

PEREIRA, L.M. *Imagens Kaiowá do Sistema Social e seu Entorno*. São Paulo: USP, 2004 [Tese de doutorado].

_____. "O Pentecostalismo Kaiowá: uma aproximação dos aspectos sociocosmológicos e históricos". In: WRIGHT, R. (org.). *Transformando os deuses* – Igrejas evangélicas, pentecostais e neopentecostais entre os povos indígenas no Brasil. Vol. II. Campinas: EdUnicamp, 2004, p. 267-301.

PEREIRA, L.T.K. et al. "Estudo de caso como procedimento de pesquisa científica: reflexão a partir da clínica fonoaudiológica". In: *Revista Psicologia:* reflexão e crítica, n. 22 (3), 2009, p. 422-429.

REIS, G.S. "Ñanderú é o meu pastor e nada me faltará: pentecostalismos, invenções culturais e povos indígenas Guarani". In: *Fronteiras* – Revista de História, vol. 19. n. 34, 2017, p. 302-318. Dourados: UFGD.

_____. "O xamanismo indígena Guarani como expressão demônica da cultura". In: *Correlatio*, vol. 15, n. 2, 2016, p. 189-208. São Bernardo do Campo/Umesp.

_____. *Ambiguidade como inventividade* – Um estudo sobre o sincretismo religioso na fronteira entre a Antropologia e a Teologia. São Bernardo do Campo: Universidade Metodista de São Paulo, 2010 [Tese de doutorado].

RODRIGUES DA CRUZ, E. *A dupla face*: Paul Tillich e a ciência moderna: ambivalência e salvação. São Paulo: Loyola, 2008.

SACCHETTI, A. "L'immaginale al di là della vita". In: L'immaginale, ano II, n. 2, 1984, p. 14-17. Apud: *Babele*, abr./2007. Roma.

SANCHIS, P. (org.). *Fiéis e cidadãos* – Percursos de sincretismo no Brasil. Rio de Janeiro: EdUerj, 2001.

SILVA, I.A. "Sincretismo e comunicação visual". In: *Significação* – Revista Brasileira de Semiótica, n. 10, dez./1994, p. 73-80. São Paulo.

TILLICH, P. *Filosofia de la Religión*. Buenos Aires: Megápolis, 1973.

TRIVIÑOS, A.N.S. *Introdução à pesquisa em ciências sociais* – A pesquisa qualitativa em educação. São Paulo: Atlas, 1987.

VASCONCELOS, S.S.D. *Em busca do próprio poço* – O sincretismo afro-católico como desafio à inculturação. Münster/Westfallen: Westfalischen Wilhelms-Universität, 1999 [Tese de doutorado].

VIETTA, K. & BRAND, A. "Missões evangélicas e igrejas neopentecostais entre os Kaiowá e os Guarani em Mato Grosso do Sul". In: WRIGHT, R. (org.). *Transformando os deuses* – Igrejas evangélicas, pentecostais e neopentecostais entre os povos indígenas no Brasil. Vol. II. Campinas: EdUnicamp, 2004, p. 219-265.

VIVEIROS DE CASTRO, E. "O nativo relativo". In: *Mana*, vol. 8, n. 1, abr./2002, p. 113-148. Rio de Janeiro.

YIN, R.K. *Estudo de caso*: planejamento e métodos. 3. ed. Porto Alegre: Bookman, 2005.

Site

https://terrasindigenas.org.br/pt-br/terras-indigenas/3656#demografia – Acesso em 17/08/2017.

Dicas de livros e artigos

Livros

1) FERRETTI, S.F. *Repensando o sincretismo*. São Paulo/São Luís: EdUSP/Fapema, 1995.

Estudo seminal onde o autor combina, dentro de uma equilibrada relação entre descrição e interpretação, pesquisa etnográfica e estudo de caso. A partir de uma sólida discussão teórica sobre os problemas suscitados em torno da categoria do sincretismo, apresenta uma não menos sólida análise e compreensão da *Casa das Minas*, tradicional terreiro de Candomblé na cidade de São Luís, no Maranhão. Para os interesses teóricos que me motivaram a ler o texto recomendo toda a primeira parte da obra, em particular o capítulo 4 intitulado "Usos e sentidos do conceito de sincretismo religioso", p. 87-97. Serve como boa introdução ao tema.

2) LEOPOLD, A.M. & JENSEN, J.S. (eds.). *Syncretism in Religion* – A Reader. Nova York: Routledge, 2005.

Para quem deseja aprofundar as múltiplas possibilidades teóricas de compreensão do sincretismo, essa obra é muito importante. Em uma perspectiva interdisciplinar, aborda os problemas suscitados em torno da noção de sincretismo em três grandes eixos de análise: social, semiótico e cognitivo. Os vários capítulos mostram a contribuição de autores de diferentes partes do mundo, o que contribui para a expressão de diversos olhares e perspectivas empíricas. Assim, é um texto muito válido para a compreensão do assunto para os estudantes e as estudantes de religião, uma vez que esse campo de estudos no Brasil tem se pautado pela interdisciplinaridade.

3) LIGÓRIO SOARES, A.M. *Interfaces da revelação* – Pressupostos para uma teologia do sincretismo religioso no Brasil. São Paulo: Paulinas, 2003.

Texto que me provocou o interesse sobre os estudos das relações antropológicas e teológicas acerca do sincretismo religioso. Um dos melhores textos em português sobre o assunto, fruto de sua tese de doutoramento. Explora, com grande rigor analítico, a contribuição do discurso teológico do uruguaio Juan Luis Segundo e do espanhol Andrés Torres Queiruga em torno de um tema capital para a teologia: a ideia de revelação. Aproxima suas reflexões dos problemas e desafios em torno de uma pastoral e teologia afro-católica, em diálogo com o campo da pastoral latino-americana e de discussões atuais (pelo menos até o ano em que o livro foi publicado) no campo sociológico e antropológico sobre as teorias do sincretismo religioso.

4) MINAYO, M.C.S. et al. (orgs.). *Pesquisa Social*: teoria, método e criatividade. 21. ed. Petrópolis: Vozes, 2002.

Trata-se de um texto muito útil de introdução à metodologia da pesquisa. Embora não trabalhe especificamente com religião aborda, de maneira clara e objetiva, os principais passos das pesquisas qualitativas em ciências humanas. Em particular destaco o capítulo 2 sobre a construção do Projeto de Pesquisa e o capítulo 3 sobre as etapas do trabalho de campo. De maneira concisa, pode muito auxiliar o pesquisador e a pesquisadora, seja em fase inicial ou em fase mais avançada da investigação científica, a construir um percurso metodológico para a compreensão do fenômeno religioso a ser cotejado.

Textos da internet

1) www.socioambiental.org

Um dos mais importantes e completos sites sobre defesa de patrimônio cultural e direitos sociais (direitos humanos, meio ambiente e dos povos). O ISA (Instituto Socioambiental), foi fundado em 1994 e, desde 2001, é uma Oscip (Organização da Sociedade Civil de Interesse Público). Em particular sugiro, para quem deseja pesquisar sobre povos indígenas, o link sobre *Povos indígenas no Brasil*, com um acervo textual (escritos informativos, artigos, imagens) excelente e que cobre boa parte da diversidade étnica indígena no país.

2) ARAÚJO, M. "O vai e vem dos conceitos: de categoria analítica a categoria nativa ou vice-versa: o caso do sincretismo". In: *Debates do NER*, ano 12, n. 19. 2011. Porto Alegre: UFRGS [Disponível em http://www.seer.ufrgs.br/index.php/debatesdoner/article/view/19025/15045].

Texto publicado após as minhas pesquisas de doutorado. A autora, doutora em Antropologia, de forma bem clara e concisa, formula um bom estado atual das discussões sobre o sincretismo religioso ao mostrar que as tensões entre o uso mais analítico da categoria e o uso do termo para qualificar o fenômeno em si, chegam às ciências sociais por força das discussões no campo da Teologia e Ciências da Religião. Vale destacar a discussão do sincretismo em torno do que a autora nomeia por uma "Teologia Índia", a partir do próprio trabalho de campo realizado junto à Missão Católica Catrimani dos indígenas Yanomami em Roraima.

3) BRESSAN, F. "O Método do Estudo de Caso"In: *Administração On Line*: prática – pesquisa – ensino, vol. 1, n. 1, 2000. São Paulo: Fecap [Disponível em http://www.fecap.br/adm_online/art11/flavio.htm].

Para quem deseja uma boa introdução e discussão metodológica em relação aos estudos de caso, eis um bom artigo. O autor, em linguagem bem clara e objetiva, apresenta um estado atual da questão, principais usos e conceitos, além de mostrar como se contrói um Projeto de Pesquisa em torno das investigações de estudo de caso. Caberá ao pesquisador ou pesquisadora de religião fazer as devidas adequações aos seus interesses de pesquisa específicos.

4) CARDOSO DE OLIVEIRA, R. "O trabalho do antropólogo: olhar, ouvir, escrever". *Revista de Antropologia*, vol. 39, n. 1, 1996. São Paulo: USP [Disponível em https://www.revistas.usp.br/ra/article/viewFile/111579/109656].

Texto de leitura clara, objetiva, mas não menos profunda. Serve como boa introdução às posturas metodológicas e analíticas de quem pretende realizar pesquisa de campo, seja em sentido etnográfico ou, até mesmo, como estudos de casos. O autor, referência na antropologia brasileira, mostra como o campo depende, profundamente, da competência hermenêutico-compreensiva do pesquisador ou pesquisadora.

12

A Teoria Crítica e seu alcance nos estudos da religião

Manoel Ribeiro de Moraes Júnior
(Universidade do Estado do Pará)

Introdução

Em artigo sobre o legado da Teoria Crítica esboçado a partir de um circuito intelectual que vai de Max Horkheimer até Jürgen Habermas, Axel Honneth reconstrói alguns elementos categoriais da Teoria Crítica que ajudam a melhor entender esse eixo de reflexão e de crítica. Para Honneth, a Teoria Crítica se apega à tentativa de ancorar a compreensão e a ação, na afinidade eletiva herdada de Marx entre teoria e práxis, a partir de uma reconstrução da formação social, e da história e do papel do conhecimento na constituição do social. Porém, essa tarefa enveredou numa profunda autocrítica à própria tradição intelectual histórico-materialista por vê-la associada à organização partidária que, de uma forma, tornava ortodoxa uma compreensão de história, da sociedade e até mesmo de um projeto de "planificação econômico-revolucionário", que era conflitante com o aprofundamento dos debates sobre o papel das ciências humanas pelos filósofos alemães que enveredavam em direção a uma semiótica das culturas[1].

---

1 Para saber mais sobre a semiótica das culturas, cf. Machado (2003).

1 Aspectos germinais da Teoria Crítica no pensamento de Max Horkheimer

Um intelectual marxista que teve uma formação acadêmica em contatos e em colaboração com autores neokantianos e neo-hegelianos, Horkheimer lutou por endossar uma unidade cognitivo-antropológica que cada vez mais pudesse reconhecer as diversidades das convicções e das experiências singulares de vida[2]. Dessa feita, o nascimento da Teoria Crítica teve um duplo desafio:

I – Analisar criticamente tanto as dimensões contextuais da sociedade, da prática (do agir humano) e da consciência humana.

II – Refletir no contexto da vivencialidade, as práticas e os papéis sociais no fazer "teoria".

É a partir daí que Horkheimer entendeu que uma nova teoria crítico-materialista deveria se diferenciar das demais, ou seja, das teorias tradicionais; contudo, ela não poderia recair num niilismo sem considerar certo aprimoramento das ciências e de muitos resultados revolucionários. À luz disso, uma análise crítica da teoria tradicional deveria pôr em evidência a urgência de se elaborar algo mais amplo e que se encontrasse progressivamente para com a totalidade da vida social. Se assim for, essa nova teoria deixaria de lado os ensimesmados procedimentos e metas próprios das delimitações do saber acadêmico ocidental, desdobrando a si mesmo, de um lado, numa autocompreensão real de si e, do outro, de uma compreensão própria da plenitude da realidade humana e das sociedades, sempre visando algo que foi intrínseco às ciências: a emancipação.

Se assim for, para Horkheimer seria a partir disso que se poderia alcançar uma visualização alargada e crítica para além daquelas atividades parciais exercidas pela ciência na sociedade burguesa. Tal saber moderno desenvolveu-se ancorado na promessa de progresso, pois ele seria a única área do conhecimento capaz de universalidades e de atuar imparcialmente em meio às variações culturais, às con-

---

2 Stirk, que escreveu um importante comentário sobre a Teoria Crítica de Max Horkheimer, afirma que a influência neokantiana propiciou primariamente Horkheimer a aprimorar o conceito de consciência ativa à luz das críticas de Marx a Feuerbach, evitando as metafísicas de Nicolau Hartamnn e Max Scheler. Contudo, essa pesquisa trabalha endossando a questão de que Horkheimer não combateu diretamente essas ontologias ou fenomenologias que enalteciam as dimensões e as formações e as constituições significativas da vida, mas enriqueceu o materialismo histórico também a partir desses horizontes filosóficos, que proporcionava no meio marxista uma visão econômico-mecanicista da cultura e da sociedade. Para observar essa discussão, cf. Stirk (1992).

vicções religiosas, aos limites físicos e outras características menos adequadas ao espírito impessoal e economicamente progressista da vida burguesa[3]. Após uma análise crítica a este saber enraizado modernamente na vida burguesa, a Teoria Crítica deveria ter consciência também de que a sua tarefa deveria ter um teor deontológico que a levaria a uma luta pela superação da unilateralidade e da falsa autonomia que a teoria científica e a filosófica tradicional empunham. Pois a tese central da Teoria Crítica horkheimeriana é que a perspectiva da teoria tradicional é necessariamente inspirada e sustentada segundo os interesses de uma determinada classe social, orientando-se na manutenção e no aprimoramento da forma de organização que favoreça o ordenamento que lhe é imanente agindo, assim, com a finalidade de estabelecer e generalizar um determinado modelo de racionalidade.

A consequência evidente disso é que o progresso das teorias tradicionais, por seu caráter sociorrestritivamente interessado, será progressivamente prejudicial à sociedade em seu conjunto e também à vida do indivíduo nela inserido. Daí a necessidade da construção de uma teoria que possa criticar os fundamentos normativos e intelectuais da sociedade capitalista e socialista de Estado, lutando por promover uma democratização do saber e uma sociabilidade emancipativa[4].

Num ensaio escrito em 1932, "Observações sobre ciência e crise"[5], já sob a direção do Instituto de Pesquisa Social e, por isso, sob a incumbência de coor-

---

3 A crítica de Horkheimer revela que as ciências modernas encapsularam os ideais de saber teórico aos interesses da burguesia. Sobre a formação desse saber e das afinidades eletivas de seus ideais aos ideais da burguesia, afirmou Siqueira que "inspirados no racionalismo burguês do século XVII, notadamente cartesiano, os iluministas viam no conhecimento da natureza e em seu domínio efetivo a tarefa fundamental a ser desempenhada pelos cientistas. A ciência devia servir para a utilidade e a felicidade individual dos homens (individualismo). Devia estar fundada nas certezas experimentais e em argumentos racionais. O progresso das luzes era o progresso da arte, da técnica e da ciência, o único progresso capaz de assegurar a felicidade dos homens e de fornecer-lhes a verdadeira sabedoria. Todos os erros da história eram explicados pelo poder insuficiente da razão. Esse otimismo se fundava unicamente no advento da consciência que a humanidade pode ter de si mesma. Os objetivos a serem alcançados eram: no domínio científico filosófico, o conhecimento da natureza como meio para dominá-la efetivamente; no domínio sociopolítico, o despotismo esclarecido; no domínio moral e religioso, a "iluminação" das origens dos dogmas e das leis, único meio de se chegar a uma "religião natural" igual para todos os homens" (cf. ARANTES, 2006).

4 Para Borges (2004, p. 197-198): "Horkheimer foi um dos tantos revolucionários arrependidos a lamentar as previsões realizadas por Engels, pela dupla decepção da permanência objetiva de um Estado que deveria ter 'definhado' e pelo déficit de racionalidade, uma teoria social que depende da indicação de rumos para a história. Agora é Horkheimer quem se engana com o Estado; ao acreditar tão forte, preferiu ver nessa sobrevida o fim do capitalismo, anunciado, aliás, desde cedo, pelos mesmos gestores que reforçavam o Estado-empresarial e nacional-socialista".

5 Cf. Horkheimer (1990).

denar administrativamente e metodologicamente as pesquisas interdisciplinares deste centro de estudos, Max Horkheimer tratou da questão da Ciência e de sua posição na sociedade, em meio à crise social que chacoalhou o continente europeu nos momentos que antecederam à Segunda Guerra Mundial – escrito que compartilhou uma problemática que também foi grandiosamente tratada por Edmund Husserl no livro *A crise da humanidade europeia e a filosofia*[6]. Esse texto de Horkheimer é subdivido em nove partes, esboçando o roteiro e as preocupações centrais dessa primeira Teoria Crítica.

Nos dois primeiros parágrafos, Max Horkheimer situou o saber científico no contexto da organização histórico-social. Partindo do referencial teórico-marxista, Horkheimer revelou como as ciências participam no contexto do poder e do desenvolvimento da produção humana, proporcionando as formas de conhecimento humano sobre si e sobre a natureza; e, de modo mais intenso na Modernidade, ela propiciou objetivamente o nascimento da ação tecnológica e o aprimoramento do sistema industrial capitalista. Assim, categoricamente, as ciências comportaram-se como força e como meio de produção de uma determinada organização socioideológica.

Na modernidade ocidental, a conexão da ciência para com o progresso capitalista fez com que essa área do saber não se remetesse às considerações extrínsecas aos seus objetivos ou ao seu habitat ideológico. Ou seja, ao apegar-se aos ideais burgueses de sociedade, ela abandonou a ideia de um progresso que considerasse amplamente a realidade humana – o que seria algo essencial aos saberes que pretendem a emancipação humana numa perspectiva inclusiva. Por isso, Horkheimer afirmou que

> o exame da veracidade de um juízo é algo diferente do exame de sua importância vital. Em nenhum caso os interesses sociais têm de decidir sobre uma verdade, mas valem os critérios desenvolvidos em conexão com o progresso teórico. Sem dúvida, a própria ciência se modifica no progresso histórico, mas a referência a isso nunca pode valer como argumento para a aplicação de outros critérios de verdade que não aqueles que correspondam ao grau de conhecimento no grau de desenvolvimento alcançado[7].

---

6 Husserl (2008).
7 Horkheimer (1990, p. 7).

Engajado nessa crítica ao cognitivismo ideológico, Horkheimer apontou que a Modernidade favoreceu um descompasso entre a dimensão teórica e a prática societária, ou seja, entre a vanguarda teórico-tecnológica das ciências e o desnível social onde as carências humanas não são supridas igualitariamente – segundo as próprias possibilidades teóricas e tecnológicas existentes. Por isso, então, no horizonte da reflexão propagada maciçamente pelas sociedades industrialmente desenvolvidas, o pensamento crítico que ousa perguntar pela situação e pelos desafios sociais do pensamento científico como também por uma melhor estruturação das condições humanas, é posto em descrédito, uma vez que o saber esclarecido das ciências tradicionais deve se envolver delimitadamente para com seus pressupostos científicos, metodológicos e objetivos de investigação.

Para Horkheimer, há um consenso generalizado nas sociedades burguesas de que a razão e as ciências devem se restringir à eficácia dos procedimentos tecnológicos atrativos à indústria e ao comércio – esses que se atribuem como legisladores axiológicos deste tempo, pelo motivo de muitas e fortíssimas vezes se imporem pela força do investimento financeiro do próprio fazer científico[8]. Com isso, o agravamento discrepante entre o progresso científico aplicado ao restrito desenvolvimento das forças produtivo-exclusivistas do capitalismo e as reais necessidades humanas (em dimensões globais), favorecerá negativamente uma ampliação das condições de arrefecimento do desenvolvimento qualitativo e quantitativo tanto da ciência como propriamente das condições humanas; as ciências progressivamente perderam a sua vocação que associaria sua prática a um ideal humanista e universal de emancipação.

Sobre a formação e as dimensões do pensamento teórico moderno, Horkheimer apresenta duas ideias: uma sobre o nascimento das chamadas ciências modernas e, a outra, o momento de sua consolidação na cultura intelectual após o advento da sociedade industrial. Em ambas, Horkheimer diagnosticou um estrangulamento da racionalidade. No seu advento, a ciência consolidou-se sob a

---

8 Dupas expõe esse confronto entre a proporção inversa entre o progresso técnico-científico e capitalista e as expressões tradicionais de valores, afirmando que "o capitalismo global apossou-se por completo dos destinos da tecnologia, orientando-a exclusivamente para a criação de valor econômico. A liderança passou basicamente a determinar os padrões gerais de acumulação. As consequências dessa autonomização da técnica em relação aos valores e normas morais definidos pela sociedade é um dos mais graves problemas com que tem que se confrontar este novo século". Cf. Dupas (2005, p. 33).

meta burguesa de emancipação. Para se chegar a esse resultado, Max Horkheimer deteve-se muitíssimo às análises extrateóricas dos acontecimentos e das autodelimitações das ciências. Essa investigação possibilitou a compreensão de que o fazer científico na sociedade burguesa não estava suspenso da dinâmica e dos conflitos sociais de suas respectivas sociedades. Essa conclusão revelava uma cisão entre o que a Teoria Crítica revelava e o que prometiam e acreditavam os cientistas. Com Horkheimer, percebeu-se que as ciências eram expressões de uma época, de uma ideologia, diferentemente do que se imaginava e do que era apresentado pelos próprios intelectuais – todos sob a influência ainda de concepções transcendentais ou transcendentes de razão, na orientação e na justificação dos seus respectivos procedimentos investigativos. É por isso, então, que se poderia conferir que o estrangulamento da racionalidade e do ideal emancipativo das ciências se ampliou mais ainda a partir da segunda metade do século XIX, na consolidação da economia de mercado produtivo de bens de uso (consumo) e de capital.

No advento da sociedade industrial, Horkheimer entendeu que as ciências perderam seu sentido socioprogressista por outro conceito restrito de progresso científico. O que justificaria essa interpretação seria a revelação de sua característica mais marcante no seu formato mais hodierno: a sua transformação num saber delimitado ao "registro, classificação e generalização dos fenômenos, despreocupado com a distinção entre o desimportante e o essencial"[9]. O antigo interesse iluminista para com o desenvolvimento das ciências, que teria como um dos objetivos centrais o de aprimorar substancialmente a sociedade, foi paulatinamente substituído por algo que Horkheimer entendeu ser um restrito objetivo: o de consolidar eternamente o presente, ou seja, o de somente aprimorar as formas de produção da vida capitalista e não a de superação, de sua superação. As ciências modernas recuaram do processo contínuo que, por sua vez, requer delas mesmo uma dinâmica de modo que as imagens teóricas tenham uma decorrência ativa numa transformação revolucionária com consequências em todas as situações e condições socioculturais que lhes sejam concernidas. Assim, afirmou Horkheimer que

> O fato de ter a ciência se fechado contra um tratamento adequado dos problemas relacionados como processo social causou uma trivialização de método e conteúdo, que não se exprime tão somente no afrouxamento das relações dinâmicas entre os diversos campos de matérias, mas se faz sentir, sob as formas

---

9 Horkheimer (1990, p. 9).

mais diversas, no âmbito das disciplinas. Em consequência deste isolamento, podem continuar a ter importância uma série de conceitos não esclarecidos, fixos e fetichistas, ao passo que estes poderiam ser esclarecidos mediante sua inclusão na dinâmica dos fatos. São exemplos disso: o conceito de consciência em si como pretenso pai da ciência; além disso, o indivíduo e sua razão, geradora ela própria do mundo; a eterna lei natural que domina todo o evento; a imutável relação entre sujeito e objeto; a rígida diferença entre espírito e natureza, alma e corpo e outras tantas formulações categoriais. A raiz dessas falhas, porém, não reside absolutamente na ciência em si, mas nas condições sociais que impedem o seu desenvolvimento e que acabaram conflitando com os elementos racionais imanentes às ciências[10].

2 As restrições da racionalidade tradicional na Modernidade

As restrições de racionalidade pelas quais as ciências ficaram submetidas na sociedade burguesa foram recorrentes aos procedimentos mecanicistas de investigação e interpretação do mundo, frutos de aprimoramentos teóricos restritivos segundo revisões teóricas, de acordo com as suas próprias especializações, e também segundo interesses internos. Essas inovações, contudo, não implicaram, necessariamente, a uma desenvoltura das ciências para além daqueles paradigmas já definidos desde sempre pelas suas próprias autorreferencialidades de campo, de procedimento e de objeto. Em meio a isso, é mérito de saberes críticos e distintos dessa positividade científica, como a metafísica fenomenológica de Max Scheler[11]

---

10 Horkheimer (1990, p. 9).

11 Para Lima Vaz, "Max Scheler desenvolveu numa linha original o método fenomenológico de Edmund Husserl, dando ênfase à dimensão afetiva e pré-conceitual do conhecimento. No centro da visão scheleriana do homem está o conceito de *pessoa*, sendo o pensamento de Scheler considerado uma das fontes principais do personalismo contemporâneo, tanto no campo da antropologia propriamente dita como no campo da moral. Mas, na última fase de sua evolução, Scheler pôs em primeiro plano a relação do homem com a natureza e afastou-se progressivamente de um conceito de um Deus pessoal, que desempenhara papel fundamental nas fases anteriores. Na linha da relação homem-natureza, exerceu notável influência a obra de Arnold Gehlen. Retomando uma intuição de Herder, Gehlen põe em relevo a singularidade da posição do homem no mundo do ponto de vista biológico e que o distingue profundamente dos outros animais superiores. Essa singularidade é caracterizada por Gehlen pela carência instintual que obriga o homem a desenvolver sua capacidade de agir e a definir-se pela sua ação (o homem como *Handlungswesen*). Daqui resultam os dois fatores responsáveis pela estabilidade da posição do homem no mundo: a *linguagem* e a *instituição*, que assinala a passagem da biologia para a cultura" (LIMA VAZ, 2004, p. 128).

e da antropologia significativa de Ernst Cassirer[12], que lutaram por abrir espaços intelectuais para uma nova compreensão dos fenômenos psíquicos, a partir das quais se explicariam o próprio fazer das ciências e de diversas outras representações e expressões sociais. Esses saberes que provocaram o advento de uma antropologia filosófica significativa, romperam com a ideia de exclusivismo teórico no papel esclarecedor da compreensão e da explicação nas formas clássicas de ciência, a fim de afirmar a complexidade do pensamento e da cultura humanos. Contudo, ainda segundo a crítica de Horkheimer, mesmo indo pouco além do restritivismo cientificista, as ciências do espírito ao invés de revelarem a restrição da racionalidade em geral, essa forma interpretativa de saber acabou como que se restringindo às lutas das ciências da natureza, negando a importância do papel do entendimento teórico e crítico que, por seu turno, busca revelar uma compreensão ampla das ciências para além do observador, ou seja, de sua participação nos processos sociais a partir de uma compreensão ampla e complementarmente significativa e histórico-formativa. Assim, podemos concluir a partir dessas hipóteses horkheimerianas, que o pensamento metafísico da interpretação e o pensamento positivo-científico posicionam-se como ideologia, pois ambos acabam arrefecendo o papel crítico do esclarecimento no amplo processo de compreensão do papel da razão e do conhecimento na emancipação humana – mesmo que de forma não intencional.

Em vistas à contraposição às formas tradicionais de teoria, o papel da Teoria Crítica era o de esclarecer a si mesma, o mundo social no qual está concernida, a dinâmica do conhecimento (enquanto conjunto dos saberes) na vivência real e as relações abrangentes (sociais, produtivas, políticas etc.) nas quais ela está submergida. Mas que sociedade é esta da qual nascem as ciências ou a reflexão teórica? A Teoria Crítica de Horkheimer relevou que a realidade dinâmica de qualquer sociedade não pode ser construída partindo-se simplesmente do pressuposto de que as sociedades sejam um conglomerado de pessoas e que as diversas relações possíveis podem ser previstas pela razão investigativa. Ou seja, a investigação teórico-social não pode proceder de forma transcendente à realidade do grupo

---

12 Para Cassirer, "não nos interessa agora o aspecto metafísico do problema. Nosso objetivo é uma fenomenologia da cultura humana. Precisamos, portanto, tentar ilustrar e elucidar a questão com exemplos concretos, tirados da vida cultural do homem. Uma ilustração clássica se encontra na vida e na obra de Goethe. A memória simbólica é o processo pelo qual o homem não só repete sua experiência passada, mas a reconstrói" (CASSIRER, 1977, p. 90).

observado, considerando que todas as sociedades seriam um desdobramento em escala intersubjetiva das estruturas universais de uma razão no uso social (da ética, da cultura, da política, do direito, da religião etc.), das quais a ciência tem acesso privilegiadamente de forma conceitual. Porém, antes de tudo, a Teoria Crítica procura esclarecer os aspectos de significação arvorados e arrolados nas expressões próprias ao cotidiano e à dinâmica histórica do grupo social investigado, advertindo desde sempre que o observador teórico não está numa situação suspensamente privilegiada e neutra, pelo contrário, todo saber tem raízes na historicidade do grupo do qual ele emerge.

> A teoria da conexão entre a desordem cultural e as condições econômicas e os confrontos inerentes daí resultantes nada informa sobre o grau de realidade ou sobre a hierarquia dos bens materiais e espirituais. Ela se opõe, é claro, ao ponto de vista idealista de que o mundo deveria ser encarado como produto e expressão de um espírito absoluto, pois ela não considera o espírito como um ente separável e independente da existência histórica. Mas, se o idealismo for visualizado, não pelo ângulo desta metafísica duvidosa, porém muito mais pelo esforço de realmente fazer desabrochar as potencialidades espirituais do homem, então a teoria materialista de dependência do ideal corresponde melhor a este conceito de filosofia clássica alemã do que uma grande parcela da metafísica moderna; pois a tentativa de conhecer as causas sociais da atrofia e destruição da vida humana e de realmente subordinar a economia aos homens, é mais adequada àquela aspiração do que à afirmação dogmática de uma prioridade do espiritual independente do curso da história[13].

Assim, cabe apresentar o programa da Teoria Crítica e mostrar como ele procurou recuperar o projeto crítico da filosofia kantiana, sem desaguar nas aporias da teoria moderna, relevando os aspectos desafiantes abertos por Marx para uma maior conexão entre "teoria e prática" e a "reconstrução teórico-formativa das sociedades e de seus conflitos sociais", como também atento àqueles desafios epistemológicos abertos pelas contribuições da antropologia interpretativa que despertou para os desafios compreensivos e explicativos das significativas expressões humanas.

No desenvolvimento econômico e tecnológico da sociedade burguesa, Max Horkheimer entendeu que as ciências modernas passaram por um processo de planificação segundo um determinado aparato conceitual. Essa ordenação epistemológica se canonizaria a si mesma a partir de fundamentos axiomáticos, en-

---

13 Horkheimer (1990, p. 11-12).

quanto princípios teóricos hipotéticos, que *per se* procuram acordar-se controladoramente para com o mundo experimentável, observável, de forma livre de contradições – e, por isso, sempre sob a tutela das ciências matemáticas. Este ordenamento dedutivo que se organiza aliadamente de tudo fora de si e com experimentos manejados tecnologicamente foi aprimorado após contínuas desconstruções das ciências qualitativas clássicas, provocadas, sobretudo, pelos pensadores nominalistas, já no final da etapa majoritariamente escolástica de pensamento[14], e sob as exigências da nova sociedade economicamente pragmática. Assim, a fundamentação antropocêntrica e sua organização à mimeses dos procedimentos matemáticos aperfeiçoaram um sistema teórico de ordem sistemática livre de contradições próprias ao real que buscava a designação dos objetos estudados. Nos dizeres de Horkheimer, "uma exigência fundamental, que todo sistema teórico tem que satisfazer, consiste em estarem todas as partes conectadas ininterruptamente e livre de contradição"[15].

O modelo de ciência que Horkheimer tratou como "Teoria Tradicional" caracteriza-se por um desenvolvimento que se sucedeu sob os interesses dos grupos mais privilegiados da sociedade capitalista e, desta forma, sua solidificação fez com que ela se tornasse paradigma não só para as ciências da natureza, mas para aquelas que investigam a dimensão humana de existência e agregação. Por mais que as ciências sociais embatam numa tentativa de autodiferenciação das suas correlatas ciências da natureza, elas não conseguem se furtar aos modelos de estruturação hierárquicas que buscam um conceito mais geral, suspenso da realidade que gerará a investigação dos fatos, com a finalidade de se chegar a uma lei essencial que afirme a existência de uma regularidade dos eventos observáveis. Assim, tal como ocorreria nas ciências da natureza, as ocorrências humanas são investigadas segundo os cânones da razão previamente estabelecidos à realidade observada. Desse modo, as ciências do espírito persistem no pressuposto de que a própria teoria é independente e autônoma do real, conquanto que sua essência emirja internamente do próprio mundo noético (*erkenntnis*), hierarquicamente privilegiada e, por assim proceder, revela-se a-histórica e ideológica – por não medir-se criticamente como agente social no processo investigativo desencadea-

---

14 Para mais, cf. Ribeiro (2008).
15 Horkheimer (1990, p. 32).

do. Para Horkheimer, as ciências não podem mais se abstrair das conveniências socionaturais que, em conexão contínua, possibilitam às ciências a inteligibilidade de suas pesquisas. A significação teórica não é algo estabelecido isoladamente do modo de vida social, pois, como afirma Horkheimer[16],

> a aparente autonomia nos processos de trabalho, cujo decorrer se pensa provir de uma essência interior ao seu objeto, corresponde à ilusão de liberdade dos sujeitos econômicos na sociedade burguesa. Mesmo nos cálculos mais complicados, eles são expoentes do mecanismo social invisível, embora creiam agir segundo suas decisões individuais.

Uma teoria que pretenda o esclarecimento deve antes considerar o "humano teórico" e o "círculo científico" como experiências de significações arroladas numa determinada vida social e, por isso, dentro de uma totalidade prático-significativa. Essa crítica que Horkheimer propõe vai além daquelas manejadas em meio às lutas das ciências humanas ou do espírito – que buscam seus fazeres como científicas, mas autônomas às ciências da natureza[17]. Pois, se as ciências do homem tomam as dimensões do seu objeto como algo contrastante às ciências do mundo natural, elas ainda se prendem a questões imanentes aos ideais científico--burgueses, uma vez que ainda se estabelecem no eixo do fazer ciência a partir da relação entre teoria e objeto desprendida por um teórico autônomo. Uma teoria crítica deve superar essa restrição ideológica entendendo que o conceito de teoria não pode ponderar somente o mundo teórico[18] ou, funcionalmente, desprender--se a partir da abstratabilidade e do privilegiado pressuposto no cientista, mas da totalidade vivencial de todos os indivíduos cognoscentes:

> O pensamento organizador concernente a cada indivíduo pertence às reações sociais que tendem a se ajustar às necessidades de modo o mais adequado possível. Porém, entre indivíduos e sociedade, existe uma diferença essencial. O

---

16 Horkheimer (1990, p. 37).

17 Para Amaral, "o fundamento que a filosofia contemporânea deverá desenvolver não é mais denominada por Dilthey de teoria do conhecimento ou "psicologia em movimento", mas, sim, de autor-reflexão, pois esta se apresenta tanto como fundamento do pensamento como da ação. Afinal ela é capaz de registrar a vida psíquica em sua totalidade, sem mutilá-la e oferecer-lhe, assim, uma compreensão hermenêutica. Como sabemos, a hermenêutica visa a esfera da expressão e do significado, esfera esta que extrapola a mente psíquica" (AMARAL, 1994, p. 23).

18 O termo "mundo teórico" é posto aqui em alusão à tese de K.R. Popper, quando ele propõe epistemologicamente a existência de três mundos: o mundo da realidade, o mundo das estruturas mentais e o mundo dos conteúdos objetivos (ciência, filosofia etc.). Para Popper, este terceiro mundo é autônomo aos outros dois primeiros. Para conhecer mais a teoria dos três mundos, cf. Popper (1999).

mesmo mundo que, para o indivíduo, é algo em si existente e que tem que captar e tomar em consideração é, por outro lado, na figura que existe e se mantém, produto da *praxis* social geral. O que percebemos no nosso meio ambiente, as cidades, povoados, campos e bosques trazem em si a marca do trabalho. Os homens não são apenas um resultado da história em sua indumentária e apresentação, em sua figura e seu modo de sentir, mas também a maneira como veem e ouvem é inseparável do processo de vida social tal como este se desenvolveu através dos séculos. Os fatos que os sentidos nos fornecem são pré-formados de modo duplo: pelo caráter histórico do objeto percebido e pelo caráter histórico do órgão perceptivo[19].

O problema da verdade e do conhecimento, ou seja, os temas de uma teoria do conhecimento não são mais admitidos como estruturas suprapessoais nas quais se radicam os princípios constituintes de todas as expressões culturais. No projeto kantiano, a autonomização esclarecida somente é possível quando os sujeitos empírico-individuais e toda a vida sociocultural (direito, arte, moral, religião etc.) se subordinam aos imperativos de uma razão autoconsciente das formas possíveis do entendimento (à luz das ciências modernas e da lógica formal) e da unitária constituição do conhecimento segundo os cânones da razão transcendental[20]. A tensão entre o sujeito empírico-individual e a personalidade transcendental é reconciliada na subordinação do primeiro ao segundo. De outra forma mais alargada, com Hegel e Marx essas formas de fundamentação dos procedimentos do conhecimento teórico e da compreensão da realidade sociocultural, distinguiu a autoconstituição do humano a partir de uma razão e de um entendimento absolutos, da dinâmica histórico-social na qual todo ser humano se constitui, enquanto tal, numa "comunidade de práxis" onde a dinâmica da razão se reconhece num processo de socialização e historicização. Assim, José Manzana[21] concluiu adequadamente que a Teoria Crítica de Horkheimer impõe uma dupla característica em relação à tradição alemã de filosofia:

---

19 Horkheimer (1990, p. 39).

20 Segundo o próprio Kant, "a nossa época é a época da crítica, à qual tudo tem que se submeter. A religião, pela sua santidade e a legislação, pela sua majestade, querem igualmente subtrair-se a ela. Mas então suscitam contra elas justificadas suspeitas e não podem aspirar ao sincero respeito, que a razão só concede a quem pode sustentar o seu livre e público exame" (KANT, 1994, A, p. XI).

21 Manzana (1976).

I – A personalidade é antropologicamente situada numa totalidade fisiológi-co-psíquica, abandonando a tensão entre sujeito transcendental e indivíduo empírico na qual o primeiro prevalecia sobre o segundo.

II – O humano desprende-se de sua existência numa dialética histórico-so-cializante, pois as constituições do homem real e do seu mundo acontecem conjuntamente em dimensões socioantropológica e sócio-histórica.

Essas categorias que Horkheimer levanta na primeira versão da Teoria Crítica expõem ousadamente que a constituição histórico-social determina, em última instância, a história natural e cultural dos seres humanos, ou seja, uma ampla compreensão sob bases paradigmáticas do materialismo para uma biogenética, ontogenética e filogenética compreensão humana: "todavia, o espírito não está separado da vida da sociedade, não paira sobre ele"[22]. Além dessas teses expostas por José Mazana claramente apresentadas por Max Horkheimer, podemos ampliá--las para mais uma, formulada da seguinte maneira:

III – A nova compreensão da práxis científica expõe sua limitação e sua fa-libilidade em relação às suas clássicas pretensões de superioridade às outras esferas de experiência e significações culturais (as narrativas míticas, a ética tradicional, a religião etc.), abandonando a ênfase numa superioridade do ho-mem teórico e de seu fazer investigativo.

Tanto a ciência quanto o direito, as artes e a religião, entre outras figuras de ação e conhecimento de uma cultura, devem ser compreendidas e explicadas num con-texto de vivência e de constituição sócio-histórica, e a própria compreensão teórica também deve ter autoconsciência de sua limitação – mas não de fatalismo intelec-tual. Como lembra bem Peter Stirk[23], essa ampliação e sistematização de uma teoria prático-constitutiva do conhecimento – inclusive do próprio fazer teórico – acon-teceu sob uma forte influência de seu antigo orientador Hans Cornelius. Isso signi-fica que a crítica ao esquematismo teórico das ciências e de seus objetos de estudos deveriam não somente responder às pertinentes questões da teoria crítica marxiana, mas também sobre as teorias da constituição sociocultural postas em debate por intelectuais como Dilthey, Scheler, Heidegger, Cassirer e Lukács.

---

22 HORKHEIMER, M. *Teoria Tradicional e Teoria Crítica*, p. 55.
23 Stirk (1992).

Para Horkheimer, não se pode promover uma compreensão da teoria, da história e da humanidade implicadas a um ponto de vista de classe, como aquela empreitada por G. Lukács. Ora, para o filósofo húngaro, dever-se-ia lutar extensivamente por uma liberdade humana, entendendo que o seu germe estaria presente no ponto de vista do mais oprimido, do proletariado. Daí, a sua luta contra os valores sociais coisificantemente afirmados segundo os ideais da sociedade burguesa e capitalista. Isso implicava também a luta contra as ciências e as formas da reflexão teórica – pois os princípios que regiam o capitalismo eram os mesmos que originavam as formas multidisciplinares da filosofia e das ciências modernas[24]. Contudo, com Horkheimer, pode-se observar que as formas libertárias propostas por Lukács guiavam-se por meios não críticos de uma política reflexiva que analisava a totalidade social privilegiando o ponto de vista do sujeito oprimido – do proletariado. Esta redução recai num objetivo historicista e classista não refletido, pois os ideais de liberdade não se perguntam pelas singularidades psíquicas dos oprimidos e das possibilidades de reversão das forças de opressão na luta por uma autoafirmação classista. Diferentemente de Lukács, Horkheimer não recai em tal objetivismo e entende que a consciência crítica pode e deve recuperar os aspectos positivos da ciência, porém sem se reduzir ao seu determinismo dogmático e ideológico. Assim, a totalidade dogmática só pode ser evitada por meio de um materialismo histórico e interdisciplinar que ganhem ampliações por meio de uma tarefa crítica constante.

De outro lado dos círculos marxistas, para Horkheimer, Scheler (da escola fenomenológica) e Heidegger[25] (com sua originária hermenêutica do *Dasein*), enquanto intelectuais que herdaram as intuições teóricas de Husserl[26] e da hermenêutica romântica de Schleiermacher[27], propunham uma compreensão da dinâmica onto-

---

24 Para Lukács, a burguesia se impôs como imagem ideal de sociedade sem revelar, contudo, que para tanto tem que obstruir os interesses sociais que lhe são estranhos e, mais ainda, promover uma substanciação universal de seus valores sem revelar que isso é uma falsa consciência, ou seja, é ideológica. Desta feita, a burguesia promove uma dialética entre ela, impositora, e seus ideólogos subordinados, uma dialética "do senhor e do escravo", de forma tal que ela mesma não percebe que o próprio proletariado tem consciência da totalidade dos verdadeiros germes libertários porque visa o fim deste modo de dominação – o capitalismo –, que é a imagem de maior expressão desta dominação. Para mais, Lukács (2003).

25 Heidegger (1988).

26 Husserl (1976, 1992).

27 Para um estudo maior histórico-filosófico destas tradições, cf. Stegmüller (1977), Ricouer (1977) e Schleiermacher (1999).

lógica como aquela antitética à entificação das ciências inspiradas no modelo da física e da matemática. Para ambos os pensadores, a expressão histórica deve ser depurada de sua facticidade, a fim de que se obtenha a eidade (eidos) das significações correntes. Contudo, para Horkheimer, a reflexão crítica sobre o humano foi abandonada no instante em que se endereçou o conhecimento filosófico exclusivamente aos passos originários da expressão e da gênese do ser, fazendo com que a reflexão caminhasse em direção à sua localização mais originária no ser humano existente: o *Dasein*, ou a consciência observante. Para Horkheimer, a Teoria Crítica deve explorar as dimensões singulares das significações do mundo vivido, enquanto manifestação das forças, da vontade e do desejo, porém sem reduzi-lo a uma ontologia estática em que a reflexão "se transforme numa psicologia dos homens que vivem numa determinada época"[28]. Dessa forma, a distinção entre os saberes das ciências da natureza e das ciências humanas (como aquelas trabalhadas, sobretudo, por Dilthey[29]) ainda reproduz toda uma autodefinição científica segundo os moldes intelectuais burgueses. Isso por que, quando as ciências da natureza levantam a pretensão de cientificidade, elas ainda arvoram um ordenamento do conhecimento segundo os princípios de saber hipotético, mesmo que seu objeto de pesquisa sejam as expressões de significação da vida. Se assim for, seus méritos se esbarram no fato que elas ainda recorrem à atemporalidade de seus fundamentos tal como fizeram as ciências da natureza. Antes de uma divisão entre os tipos de ciência, a Teoria Crítica lutou por afirmar uma compreensão mais alargada da própria práxis científica dentro do contexto de humanização.

Dessa feita, a primeira Teoria Crítica de Max Horkheimer é atenta às questões abertas pelo neomarxismo e às teorias de origem kantianas e hegelianas, para o aprimoramento da compreensão da singularidade humana, da compreensão histórico-formativo do humano e da necessária superação das relações sociais baseadas em cisões ético-políticas. A sua Teoria Crítica não ficou desatenta a essas perspectivas que lhes foram fundamentais para a compreensão da religião. Assim, a tese central deste tópico é que, na Teoria Crítica de Horkheimer, o dogmatismo historicista dá espaço a um criticismo que procura ampliar sua compreensão da humanidade e da teoria no contexto de seu acontecimento, contudo resguardan-

---

28 Horkheimer (2003).
29 Dilthey (1986).

do a luta por identificar os aspectos deficientes de sociabilidade que transtornam a vida a partir de conflitos que favorecem cisões ético-políticas. Dessa forma, a razão crítico-histórico-materialista dá espaço a procedimentos de compreensão e explicação (hermenêuticos) das expressões e da dinâmica social (materialismo histórico) por entender que o solipsismo, metódico da razão transcendental (Descartes e Kant) ou das imagens de uma razão substancial que se ergue das necessidades teleológicas que lhe são próprias desde sempre (Hegel), é vazio das expressões heterodoxas do cotidiano humano; contudo, não se deixa seduzir pelo mergulho hermenêutico na prática ontológica e nem num recuo transcendentalista da fenomenologia, salvaguardando a função crítico-analítica do pensamento. A Teoria Crítica de Horkheimer, então, teria três características elementares:

I – Ela é crítica à ideologia.

II – Ela é crítico-analítica ao cognitivismo, segundo o paradigma histórico-materialista.

III – Ela é crítico-compreensiva às expressões humanas no contexto das vivências.

3 Teoria Crítica e a compreensão do aspecto utópico e emancipativo na religião

Na sua obra *Origens da filosofia burguesa da história*[30], Horkheimer investigou a formação e a composição da "imagem de si mesma" que a cultura europeia moderna teceu por meio de seus intelectuais. Para o pensador judeu-marxista, o conjunto de ideias que teciam esta imagem deveria ser investigado enquanto acontecimento agregado às respectivas formas revolucionárias de produção e de organização socioeconômica, pois, segundo a orientação sociológica da Teoria Crítica, tanto as imagens de si como o modo de produção e organização da vida se irmanam no tecimento da totalidade social. Contudo, aprofundando e sistematizando teoricamente uma análise crítica às expressões do espírito social, observou-se que num determinado conjunto cultural não se expressavam somente imagens positivas do espírito imanente, mas também outras expressões intelectuais com

---

30 Horkheimer (1984).

teores resistentes ao tecido socioprodutivo contra o qual lutam – mesmo que do qual emergissem, pois isto era *sine qua non* enquanto expressão negativa da totalidade emergente. Pode-se concluir que numa perspectiva hegeliano-marxista, Horkheimer compreendeu que as expressões socioculturais se manifestam em dois tipos de imagens:

I – Imagens positivas constituídas enquanto expressões de identidade afim às formas de organização e de produção socioeconômica.

II – Imagens contraidênticas, aquelas que expressam as impossibilidades de totalidade que as formas positivas pretendem enquanto expressão da consciência verdadeira[31].

Sobre a formação da sociedade moderno-burguesa e de seus ideais entre os séculos XV a XVII, Horkheimer afirmou que os emergentes e otimistas intelectuais afins ao novo momento autodelimitaram a Europa em dois instantes históricos: de um lado, o antigo mundo cristão que, no imaginário moderno, consubstanciava em si o obscuro, as formas arcaicas de pensamento e sociedade etc.; do outro, um novo mundo que se arvorou com ideais de progresso e que, de forma ousada, se reconheceu como o estágio mais avançado da humanidade[32]. Contudo, para Horkheimer esses novos horizontes intelectuais não são as únicas vozes na nova Europa. Na ascensão desses novos tempos pode-se distinguir ao menos dois tipos de movimentos intelectuais que expressaram a significação da Modernidade: um deles desprendeu total confiança no advento, na forma e na organização da sociedade burguesa (Hobbes, Spinoza, intelectuais da *Aufklärung* etc.); o outro, os utopistas, contemplou as despesas socioeconômicas da transição, revelando desconfiança e insatisfação para com os novos tempos (Thomas Morus, Campanella, Rousseau etc.). A literatura utópica insurgente esperneava numa nova Europa que

---

31 De certa forma, nesse escrito de 1930, por meio da análise diferenciadora entre as formas culturais dominantes e as expressões utópicas/religiosas de face crítica, protestante ou revolucionária, Horkheimer antecipa as ideias adornianas de distinção entre a dialética negativa: a demonstração lógica das formas negativas de um sistema social que tem pretensões de totalidade e verdade, cf. Adorno (1990) e a dialética da identidade de origem hegeliana. Tal como para Adorno da *Dialética negativa*, Horkheimer encontra nos discursos utópicos e religiosos as experiências do antissistêmicas, ou seja, as experiências daqueles que revelam as mazelas que foram encobertas pela consciência que o sistema tece sobre si mesmo e as impõe como verdadeiras e concretas.

32 "De Hobbes, como de Spinoza e da *Aufklärung*, desprende-se abertamente a confiança na forma de organização da sociedade burguesa. Ela própria e o seu desenrolar são o objetivo da história, as suas leis gerais são leis naturais eternas, cuja realização representa não apenas o mais elevado mandamento moral, mas também a garantia de felicidade terrena" (cf. HORKHEIMER, 1984, p. 75).

estreitava sua identidade continental a partir de uma forte reorganização político-
-geográfica, comercial e produtora; um protesto contra o desumanamente novo,
contra uma ordem que deslocava o bem absoluto de significação religiosa em
nome do desenvolvimentismo antropológico.

O novo "velho mundo" reestruturou suas atividades econômicas definindo
conceitos de Estado jurídico, propriedade, moeda, cidadania etc. Essa revolução
política criou a ideia de propriedade privada; coordenou a delimitação geográfica
das governanças regionais com a formação do Estado supremo e nacional – com
faces fiscais e constitucionais (personalizações elementares do poder público legal); organizou a instrumentalização monetária da economia; desconstruiu as formas tradicionais e consanguíneas do poder ao atrelá-los às novas formas de política nacional e de produção e circulação capitalista; incentivou as formas agregadas
de vida em burgos; desapropriou inúmeras famílias e clãs de suas moradias por
consequência das constituições privadas de latifúndios; centralizou na mão do
"proprietário de terra" e do proprietário das máquinas de tecelagem a produção
agrária e industrial – tornando-se aqueles que controlavam a comercialização, o
modo de produção manufaturado ou não, e as ofertas de serviços assalariados nos
locais onde os antigos serviçais feudais eram agora trabalhadores livres. Sobre essa
nova forma de sociedade e poder, afirma Horkheimer que

> o poder baseava-se cada vez menos em títulos senhoriais e direitos legítimos,
> agora interessava cada vez menos quem era o senhor ou o mestre, e o contro-
> le das pessoas e da sua força laboral tornava-se, cada vez mais, sinônimo de
> riqueza enquanto posse dos meios de trabalho. Este novo tipo de economia
> possibilitou o abuso cada vez mais desproporcional desse poder de controle[33].

No contexto da modernização renascentista da Europa, têm-se ao menos duas
fortes dimensões sociais:

I – De um lado, há um grupo social que concentra as novas formas de poder,
de economia e de sociedade, onde se cria e monopoliza as posses e de onde se
ditavam as possibilidades de renumeração – haja vista que a moeda tornou-se
o instrumento predominante de mediação avaliativa dos valores de serviço,
trabalho, posse, encargos públicos, das mercadorias etc.[34]

---

33 Horkheimer (1984, p. 76).
34 Strahern (2003).

II – Por outro, concentravam-se as massas sobreviventes às desapropriações de terras, os excedentes urbanos dos postos de trabalho etc., ou seja, aquela massa de homens e mulheres que tornaram-se livres, mas sem propriedades e que, em total escassez de bens e alimentos em que viviam nas áreas urbanas, candidatam-se ao trabalho com salários e com qualidade de prestação que interessam mais aos proprietários que aos trabalhadores.

A passagem das formas tradicionais de vida características dos tempos pré--modernos para os tempos modernos encerrou o ciclo da economia majoritariamente de subsistência. Essa nova forma de organização econômico-social fez com que comunidades e aldeias inteiras fossem expulsas das novas terras privadas de modo que uma parte dos excluídos fosse obrigada a migrar para as áreas urbanas e a outra ficasse desterrada e aglomerada em bandos famintos. Já nas áreas urbanas, essa parte da grande população excedente do campo ou foi morta pelos novos governos, ou se empilharam numa zona de exclusão econômica no centro ou na periferia dos burgos, ou foram forçados por demanda de subsistência a trabalharem desumanamente nas frentes manufatureiras ou em outros serviços assalariadamente degradantes.

A paisagem social daqueles novos tempos parece ter tido suas raízes diretamente ligadas ao advento do novo paradigma político-econômico. As formas comunitárias de trabalho definharam em vista das novas demandas de trabalho neste contexto. As frentes de trabalho, que se organizaram diante das novas demandas comerciais e produtivas, eram abertas nas áreas urbanas por patrões que acumulavam as demandas do comércio, dos modos de trabalho, dos modos de produção. Dessa feita, afirma Horkheimer, que os "sobreviventes à servidão, as massas famintas das grandes cidades, os destroços humanos da ordem que se afunda, transformaram-se em assalariados, obrigados a vender a sua força laboral"[35].

Conscientes das tensões sociais provocadas pelo advento da modernidade burguesa, os escritores utopistas tornaram-se a expressão sobre as "despesas da transição", convencidos do "lucro capital" e da constituição da "propriedade privada" para fins de dominação e monopólio da produção[36]. Por isso, afirma Horkheimer, que

---

35 Horkheimer (1984, p. 76).

36 Assim: "Os utopistas antecipam, portanto, a teoria de Rousseau dos homens bons por natureza, estragados pelo contato com a propriedade. 'Quando me entrego a estas reflexões', lê-se em *Utopia*

as grandes *utopias* do renascimento são, pelo contrário, a expressão de camadas indecisas que tiveram que suportar as despesas da transição de uma forma de economia para outra. A história da Inglaterra dos séculos XV e XVI pode elucidar sobre os lavradores expulsos de suas casas e quintas pelos donos da propriedade, quando se transformaram aldeias inteiras em zonas de pastagem, tendo por objetivo o fornecimento lucrativo de lã aos manufatores de panos de barbantes [...]. São exatamente essas camadas que representam a primeira forma de protesto moderno. Por um lado libertos da servidão, encontravam-se por outro, também libertos de todas as possibilidades de ganhar a vida. A situação é a base da primeira grande utopia da nova era, a *Utopia* de Thomas Morus (1516), atirado para o cárcere após um conflito com o rei[37].

Campanella e Thomas Morus eram católicos e suas posturas políticas e estéticas eram afins a uma ética substancial que expressava o ideal da cristandade medieval em que a ordem mundana deveria ser instituída de tal forma que expressasse o ideal de justiça suprema, divina[38]. Contudo, o que se propagava no continente europeu era uma dimensão social que favorecia o individualismo e o procedimento ético-concorrencial. Tanto Campanella quanto Morus distinguiam-se de seu contemporâneo renascentista Maquiavel. Enquanto Maquiavel defendia o uso da religião como meio para que o Estado triunfasse soberanamente sobre as condutas individuais, para Campanella e Morus a religião deveria ser o depósito de ideias de justiça absoluta contra a degenerativa miséria do cotidiano. Assim, a afinidade das utopias e da religião nestes autores é que as imagens utópicas representam uma diagramação política suspensa da realidade expressando

---

de Thomas Morus, 'tenho de fazer justiça a Platão e já não me admiro que ele desprezasse prescrever leis para povos que pouco se importavam com a comunhão de bens. Este grande gênio previu com clareza que o único meio de cimentar a felicidade pública reside na aplicação do princípio de igualdade. Contudo, a igualdade é, em minha opinião, impossível num Estado em que a posse é um direito individual e ilimitado; pois uma procura, com a ajuda de diversos pretextos e direitos, apropriar-se de tanto quanto pode e a riqueza nacional, por maior que seja, acaba por cair na posse de alguns poucos indivíduos, que deixam os outros na miséria'. Também, para os utopistas da *Aufklärung*, a propriedade é a fonte histórica dos defeitos da alma humana" (HORKHEIMER, 1984, p. 78-79).

37 Horkheimer (1984, p. 75).

38 Segundo Horkheimer, "face à destruição da unidade e da paz, que ameaçavam o futuro da Europa através do desdobramento de forças individuais e da nova economia de concorrência – necessariamente ligada ao aparecimento de estados nacionais burgueses – para estes homens, historicamente elucidados, que seguiam literalmente a sua religião, o ideal medieval da Cristandade unificada deveria ter representado o paraíso. Embora no Concílio de Trento a Igreja reconhecesse as novas condições a que o catolicismo se teria de submeter como religião popular tradicional, o mundo poderia ainda representar – segundo pontos de vistas religiosos – uma ordem instituída em que se velava ainda paternalmente pelos mais desfavorecidos" (HORKHEIMER, 1984, p. 77).

um profundo desejo de aniquilação da miséria do mal, alimentando-se dos ideais de justiça e de bem depositados germinalmente na religião.

Desta forma, podemos ver utopia e a religião como negatividade de uma forma social que pretende ser absoluta. O triunfo lógico-histórico e a imanentização definitiva de um espírito social com pretensões à absolutez procura, à força, tornar todos os eventos justificáveis como resultado da realização de si mesmo. Às últimas consequências, isso significa que a morte e o sofrimento reais que somente podem ser experimentados faticamente por homens e mulheres na sua singularidade, em dimensões macrossociais, estas dimensões trágicas da vida tornam-se justificados e, por isso, ilusões momentâneas diante à teleologia do Espírito Absoluto. Contudo, à luz das utopias e das experiências germinalmente religiosas, pode-se ver como a expressão humana denuncia que, segundo os dizeres de Horkheimer, "a morte não se deve teoricamente tomar de modo algum "racional" (*sinnvoll*); muito mais se reconhece nela a inconsistência de toda a metafísica do sentido e de toda a teodiceia" (HORKHEIMER, 1984, p. 87).

Em concordância com a crítica de Nietzsche[39] às concepções cientificistas de história, Horkheimer distingue em tensão duas concepções possíveis dessa forma de compreender a organização social e sua disposição ideológico-temporal: uma que emana de uma ideia articulada sob a prerrogativa de cientificidade da qual impõe uma uniformidade lógico-social no resumo abstrato dos acontecimentos, e a história natural em que homens se organizam de tal forma que prevalece às dimensões da vitalidade. À primeira forma, as civilizações se submetem a encarar tudo de forma subjetiva, sem rebeldia, sem paixões, sem amor, compreendendo e aceitando o mundo e os fatos branda e suavemente. A segunda forma de história se revela na arte, na utopia e na religião. Como expressões negativas e, por isso, antitéticas às formas que lutam por serem prevalecentes, essas expressões nascem afim às dimensões vitais e intimistas dos seres humanos de forma a denunciarem, com seus arremates semânticos, ascéticos e políticos para além do imanente, os limites e as falsidades próprias às autonomizações de ideias que se julgam panteís-

---

39 Na obra *Da utilidade e inconvenientes da história para a vida* (s.d.), Nietzsche impõe uma crítica às formas científicas e filosóficas de pensar e fazer história. Em direção oposta às formas teóricas, Nietzsche procura pensar uma história que lute contra a idolatria do fato e das tradições e se adeque às exigências vitais dos humanos de inovação e criatividade em consonância com o poder criativo das obras de artes – que buscam seu potencial na dimensão fragmentária do ser humano (experiência dionisíaca), e não nas formas estéticas da tradição (NIETZSCHE, 1999).

ta e lógico-uniforme na forma de história enquanto ser substancial e uno. Dessa feita, para Horkheimer, Thomas Müntzer, Thomas Morus e Tomasso Campanella foram engajados religiosos que faltaram com a tolerância àquele idealismo que exigia "poder de história", ou seja, aquele sistema ideológico que exigia tolerância no sofrimento e na morte para o advento triunfante do novo e dominante Espírito Social. Thomas Müntzer, entre estes intelectuais insurgentes e religiosos, entendia que Cristo "não fora paciente face às injustiças sobre a terra e apoiava-se, para o justificar, nas próprias palavras de Cristo, chegando mesmo a contradizer os intérpretes teológicos"[40].

Em distinta oposição às formas clássicas de recepção crítico-teórica ao mito, à utopia e à religião, Horkheimer afirmou que elas não foram capazes de superar os aspectos pretensamente e unilateralmente da análise objetiva e funcional destas expressões humanas sem considerar profundamente face "ao sofrimento e a morte humana radicada em raízes psíquicas tão profundas que nunca poderiam ser silenciadas"[41]. Dessa forma, a Teoria Crítica deve comportar-se não somente como um saber que deve compreender a formação histórica e econômico-social em sua totalidade, mas antes deve ser ciente que essa pretensa totalidade é eivada de expressões fragmentárias que, por elas mesmas, requerem um olhar investigativo "intérprete de sentido" das dimensões singulares e inalienáveis da sociedade que é a vida. Isso significa de forma mais específica que para Horkheimer, as ciências detiveram-se às expressões da arte, da literatura utópica e da religião, como produtos culturais e simples refletores superficiais da história, das relações naturais, das expressões instintivas e sociais[42]. Antes, a Teoria Crítica de Horkheimer entendeu estas expressões humanas como experiências que nascem da dimensão fragmentária da vida, onde no seu processo de criação não visam o reflexo do processo histórico em decurso, mas a transparência da força vital singular e inalienável que o criador estético ou o fiel expressam nas suas circunstâncias vitais. Assim, Ott aponta com muita propriedade que a Teoria Crítica de Horkheimer apresenta a experiência originária da religião como sobressalto a um realismo social reificado[43].

---

40 Horkheimer (1984, p. 88).
41 Horkheimer (1984, p. 91).
42 Horkheimer (1984, p. 104).
43 Ott (2001, p. 62-77).

Em seu escrito *Pensamento sobre religião*[44], Horkheimer reconstrói a ideia de religião em duas dimensões elementares:

I – Expressão autêntica da experiência vivida pelos fiéis.

II – Enquanto sistema sociocultural de poder articulado.

É claro que a dimensão monoteísta de raiz judaica será privilegiada por esse pensador de inegável origem semita. Sobre a primeira, afirma Horkheimer, que no conceito de Deus se mantêm ideias de justiça absoluta como outras daquelas depositadas na tradição social ou na natureza[45]. Da primeira tese pode-se extrair outras duas compreensões sobre a expectativa de uma justiça plenamente divina:

I – Do ponto de vista de sua dimensão significativa, sincrônica, essas normas não podem ser encontradas no mundo na mesma medida que as outras, na medida em que se espera dela a absolutez de todo o bem.

II – Na dimensão socioformativa, diacrônica, pode-se ver nas formulações de justiça divina o registro de inúmeras gerações expondo seus desejos, suas inquietações, seus anseios e suas acusações[46].

A partir dessas teses, Horkheimer tece uma profunda crítica ao cristianismo por entender ser possível uma conciliação entre a justiça divina e social. Tanto para o catolicismo quanto para o protestantismo, a ordem mundana está sujeita à justiça divina – essa justiça que é mais bem expressa pelo seu porta-voz privilegiado, a Igreja cristã (tanto reformada quanto antigo-romana). Assim, Horkheimer acredita que, ao se comportar sob essa perspectiva, o cristianismo opta por uma postura política privilegiada, o que justificaria sua propensa relação promíscua com o poder[47].

A aliança entre Estado e as formas mais organizadas do cristianismo foi um dos pivores das guerras religiosas[48] ocorridas na Europa e um dos motivos na aposta de uma iluminação da razão moderno-teórica para a construção de uma

---

44 Horkheimer (1988, p. 326-328).

45 A ideia de justiça ético-moral de Horkheimer se contrasta com outras duas que podem expressar as teorias mais clássicas da filosofia prática, o jusnaturalismo, que tem David Hume como seu maior expoente (HUME, 2002, 2004), e a ética das virtudes (das tradições sociais), que tem em Aristóteles a sua maior expressão (ARISTÓTELES, 1985; McINTYRE, 1985).

46 Horkheimer (1988, p. 326).

47 Horkheimer afirma que "o cristianismo perdeu sua função de expressar o ideal na medida em que se tornou amante do Estado" (HORKHEIMER, 1988, p. 326).

48 Para uma compreensão mais detalhada das tensões políticas com motivações religiosas ocorridas na Europa no século XVI, cf. Christin, 1997.

prática política emancipativa contra as imanentes formas conjugadas de política, tradição e religião. O projeto de razão autônoma e iluminista depois de Kant lutou por formas mais racionais de sociedade visando tornar corrente práticas políticas mais racionalmente conscientes. Contudo, no século XX esse otimismo foi fragmentado e as esperanças religiosas foram recorrentes entre diversas pessoas e comunidades.

Em meio a estas reflexões, pode-se perguntar hipoteticamente se há um conceito de justiça no qual se pode postulá-lo como alvo para as teorias políticas e para as ações dos estados. Para Horkheimer há um fosso entre, de um lado, a felicidade e a justiça social, e, do outro, as ações políticas possíveis. Uma com a outra não se podem degladiar e nem conciliar, pois a primeira se incondiciona por meio de expressões ou lutas simbólicas contra as diversas dimensões de limite e incompletude da vida – que não são somente políticas; a outra, diferentemente, ergue-se sob condições históricas, sociais, culturais e econômicas, na determinação de suas possibilidades práticas, visando sempre uma organização mais conveniente de si. Assim, é ingênuo se discutir o papel político-social da religião, pois esta dimensão de prática social não é a foz de tudo que contorna o sagrado de forma que somente lá desaguariam suas expressões – haja vista que a religião é memória das dores e dos sofrimentos de gerações passadas, o anseio pelo fim do sofrimento (que nem sempre tem motivos próprios à esfera política) etc. Por isso, afirma Horkheimer, "numa mente realmente livre, o conceito de infinito é preservado numa sensibilidade consciente tanto sobre a finalidade da vida humana quanto sobre a sua inalterável solidão, fazendo-a se prevenir contra um otimismo irrefletido e tornando seu conhecimento cada vez mais um formato de uma religião"[49].

A compreensão da ideia de religião e utopia recepcionam as expressões negativas como via para compreender criticamente a totalidade social faz com que a Teoria Crítica de Horkheimer seja herdeiro das seguintes expressões filosóficas:

I – Com Kant, a razão crítica se destranscendentalizou, a fim de recompor sua compreensão de mundo a partir da dimensão que lhe é mais própria, a do ser humano.

II – Com Marx, as expressões significativas de uma sociedade não podem ser compreendidas enquanto imagens que transparecem um absoluto, mas sim

---

49 Horkheimer (1988, p. 328).

como algo contingente à dinâmica produtivo-social de um determinado grupamento humano.

III – Com Feuerbach, os valores e as ideias religiosas devem ser compreendidos enquanto expressões que nascem a partir das experiências humanas, momento onde há confrontação entre desejo e as experiências ardis da vida.

IV – Com a hermenêutica romântica, tomaram-se as expressões como contingências significativas às experiências de vivências sociais.

V – Com Schopenhauer, chegou-se a um materialismo pessimista e, por isso, crítico a um otimismo em relação a qualquer conceito de verdade e justiça absoluta que outrora fora inaugurado e perseguido pelo pensamento burguês, mascarando-as ao revelar que a condição humana é da fragilidade e da finitude; assim, luta-se por compreender e reverter uma sociedade ideologicamente positiva e forte, onde seu curso exposto como racional da vida é trôpego e pouco releva as singularidades da vida[50].

Conclusão

Este trabalho esboçou a primeira Teoria Crítica e o modo como ela recepcionou tematicamente a religião, focalizando uma característica epistemológica central: no pensamento crítico e pós-metafísico de Horkheimer a dialética perfaz o estatuto da Teoria Crítica ao lado de uma perspectiva investigativa e de hermenêutica que localiza a dimensão prática e a diretriz teórica da razão num mundo interativo em que os homens estabelecem entre si e também para com a totalidade da natureza na qual se inserem. Horkheimer encontrou na religião outros papéis que não são exclusivamente os do engano e nem da ilusão ideológica. Seguindo essa trajetória, o filósofo alemão propiciou interpretações bem mais arrojadas que aquelas desenvolvidas no horizonte da filosofia alemã moderna. Dessa feita, veremos como Max Horkheimer aponta, dentro de uma inovadora tradição marxista, uma compreensão mais ampla de religião do que aquelas erguidas pelas ecoantes reflexões de Immanuel Kant, Ludwig Feuerbach, Sigmund Freud e Karl Marx, que

---

50 Para Ott, "nesta luta social, segundo Horkheimer, a consciência da liberdade humana, a qual também traz consigo uma consciência do sofrimento e dominação, possibilita empatizar com todas as formas de sofrimento na natureza e na sociedade" (OTT, 2001, p. 24).

de certa forma favoreceram um olhar que nos dizeres de Michael Foucault ganhou a expressão "hermenêutica da suspeita"[51].

A partir do que se afirmou até este ponto da pesquisa, pode-se afirmar que o procedimento metodológico proposto por Horkheimer é o de uma dialética enquanto saber que procura explicitar os "elementos constitutivos" e também o "processo formativo" (*bildung*) do conjunto da subjetividade e da sociabilidade, ao mesmo tempo em que se volta ao acolhimento e às interpretações das expressões significativas (hermenêutica) nas quais os seres humanos criam e expõem cotidianamente suas mazelas e suas vontades de autossuperação das possíveis condições de subtração da vida autêntica – mundo de vivência no qual a razão e a práxis política possíveis estão inseridas. Portanto, a Teoria Crítica de Horkheimer é um procedimento crítico-dialético e hermenêutico que, por sua vez, reatualiza as possibilidades da razão e da política a partir das próprias dimensões vividas nas quais emergem os temas da justiça, do estético, da verdade e da fé (filosofia da vida) que nortearão os ideais de emancipação.

A partir do duplo conceito de religião, que pode variar de expressões ideológicas para fazer prevalecer um projeto de unidade social a expressões de fortes insatisfações passadas e presentes para com a vida, Horkheimer se apega à segunda forma de expressão por ser fonte para a primeira e também para outras possíveis.

Referências

ADORNO, T.W. *Dialética negativa*. Rio de Janeiro: Zahar, 2009.

AMARAL, M.N.C.P. *Período clássico da hermenêutica filosófica*. São Paulo: EdUnesp, 1994.

ARANTES, O.M.N. "Ética, ciência e sociedade". In: SIQUEIRA, J.E. (org.). *Ética, ciência e responsabilidade*. São Paulo: Loyola, 2006, p. 13-64.

ARISTÓTELES. *Ética a Nicômaco*. Brasília: UnB, 1999.

BORGES, B.I. *Crítica e teorias da crise*. Porto Alegre: EDIPUCRS, 2004.

CASSIRER, E. *Antropologia filosófica*. São Paulo: Mestre Jou, 1977.

---

51 Foucault (1987).

CHRISTIN, O. *La paix de religion* – L'autonimisation de la raison politique au XVI siècle. Paris: Du Seuil, 1997.

DILTHEY, W. *Introducción a las ciencias del espíritu*. Madri: Alianza Universidad, 1986.

DUPAS, G. *Atores e poderes na nova ordem social* – Assimetrias, instabilidades e imperativos de legitimação. São Paulo: Unesp, 2005, p. 33.

FOUCAULT, M. *Nietzsche, Freud & Marx* – Theatrum philosoficum. 4. ed. São Paulo: Princípio, 1987.

HEIDEGGER, M. *Ser e tempo*. Petrópolis, Vozes, 1988.

HONNETH, A. "Uma patologia social da razão: sobre o legado intelectual da Teoria Crítica". In: RUSH, F. *Teoria Crítica*. Aparecida: Ideias & Letras, 2008, p. 389-415.

HORKHEIMER, M. *Teoría Crítica*. Buenos Aires: Madri: Amorrortu, 2003.

_____. "Observações sobre ciência e crise". In: *Teoria Crítica:* uma documentação. Tomo 1. São Paulo: Perspectiva, 1990.

_____. *Teoria tradicional e teoria crítica*. São Paulo: Perspectiva, 1990.

_____. "Gedanke zur Religion". In: *Gesammelte Schriften*. Vol. 3. Frankfurt: S. Fisher, 1988, p. 326-328.

_____. *Origens da filosofia burguesa da história*. Lisboa: Presença, 1984.

HUME, D. *Ensaios morais, políticos e literários*. Rio de Janeiro: Topbooks, 2004.

_____. *Tratado da natureza humana*. São Paulo: EdUnesp, 2002.

HUSSERL, E. *A crise da humanidade europeia e a filosofia*. Porto Alegre: EDIPUCRS, 2008.

_____. *Invitación a la fenomenología*. Barcelona: Paidós, 1992.

_____. *Investigaciones lógicas*. Madri: Biblioteca de la Revista de Occidente, 1976.

KANT, I. *Crítica da razão pura*. Lisboa: Fundação Calouste Gulbenkian, 1994.

LIMA VAZ, C.H. *Antropologia filosófica*. São Paulo: Loyola, 2004.

LUKÁCS, G. *História e consciência de classe*. São Paulo: Martins Fontes, 2003.

MACHADO, I. *Escola de semiótica* – A experiência de Tártu-Moscol para o estudo da cultura. São Paulo: Fapesp, 2003.

MANZANA, J. *Interpretación y recepción de la filosofía teorética de Kant en el pensamiento de Max Horkheimer*. Salamanca: Universidad Pontificia de Salamanca, 1976, p. 57-71 [Cuadernos Salmantinos de Filosofía, vol. III].

McINTYRE, A. *After Virtue*. Indiana: University Notre Dame Press, 1985.

NIETZSCHE, F. *Origem da tragédia*. Lisboa: Guimarães, 1999.

_____. *Da utilidade e inconvenientes da história para a vida*. Lisboa: Livrolândia, s.d.

OTT, M.R. "The social ambiguity of religion". In: *Max Horkheimer's critical theory of religion* – The meaning of religion in the struggle for human emancipation. Laham: University Press of American, 2001, p. 62-77.

POPPER, K. *Conhecimento objetivo:* uma abordagem evolucionária. Belo Horizonte: Itatiaia, 1999.

RIBEIRO, B.B.B. "O nominalismo em Hobbes". In: *Revista Estudos Hum(e)anos*, 2008 [Cuadernos Salmantinos de Filosofía, vol. III] [Disponível em http://www.estudoshumeanos. com/revista/Art.%206,%20estudos,%200,%200,%202008.pdf – Aceso em 15/10/2009].

RICOEUR, P. *Interpretação e ideologias*. Rio de Janeiro: Forense. 1988.

SCHLEIERMACHER, F.D. *Hermenêutica:* arte e técnica da interpretação. Petrópolis: Vozes, 1999.

STEGMÜLLER, W. *A filosofia contemporânea*. Vol. 1. São Paulo: EdUSP, 1977.

STIRK, P.M.R. "Materialism and Epistemology". In: *Max Horkheimer:* a new interpretation. Lanham: Barnes & Nobles Books, 1992, p. 107-130.

STRAHERN, P. *Uma história da economia*. Rio de Janeiro: Zahar, 2003.

Dicas de livros e artigos

Livros

1) MATOS, O. "O ensaio como forma filosófica". In: *Vestígios* – Escritos de filosofia e crítica social. São Paulo: Palas Athena, 1998, p. 103-117.

A professora de Filosofia na Universidade de São Paulo, a Dra. Olgária Matos, é uma das maiores expressões intelectuais brasileiras, sobretudo nos círculos de pesquisa interessados nos temas associados ao mundo filosófico da Escola de Frankfurt. O texto "A nostalgia do Inteiramente Outro" é uma pequena apresentação do esboço filosófico de Max Horkheimer, publicado numa obra que coleta vários textos desta filósofa que intersecciona o horizonte filosófico dos pensadores frankfurtianos e questões contemporâneas de sociedade e política. Além desta coletânea, este ensaio ocupou a apresentação da versão em português de uma coletânea de artigos de Max Horkheimer que, por sua vez, foi originariamente publicado em alemão pela revista do Instituto de Pesquisa Social. Mesmo sendo um texto curto, a Professora Matos levanta algumas teses importantes para que aqueles interessados na trajetória intelectual de Max Horkheimer. É importante lembrar as pesquisas da filósofa Olgária Matos vão ao encontro do pensamento de Walter Benjamin que, por sua vez, foi um dos expoentes da Teoria Crítica e o maior responsável por provocar uma diluição dos germes místico-judaicos no roteiro intelectual do instituto.

2) HABERMAS, J. "Para uma frase de Max Horkheimer: querer salvar um sentido absoluto sem Deus é pretensioso". In: *Textos e contextos*. Lisboa: Piaget, 2001, p. 103-117.

Para Habermas, a vereda intelectual aberta a partir das conclusões da Dialética do Esclarecimento, fez com que Horkheimer arrefecesse o potencial da razão autônoma e iluminista ao reduzi-la aos estereótipos da razão estratégica, instrumental, ao serviço de uma vontade de poder e da solipsista autopreservação. Assim, Horkheimer lutou sem saber por reabilitar premissas morais de justiça recorrendo a uma depuração iluminista da religião sob ensejos de uma filosofia da religião que, por ser cética, apoiou-se na metafísica negativa de Arthur Schopenhauer. A Teoria Crítica Tardia de Horkheimer revelou-se como algo profundamente marcada por um ceticismo teórico e que, por isso, recorreu a uma moralidade que não se irmana com a razão e, por isso, se habilitou sem alternativas no interior da religião. Por esta razão, as reflexões de Horkheimer trouxeram motivos de um sentimento moral de compaixão, não racional ao menos segundo os parâmetros possíveis de uma cultura secularizada, da nostálgica esperança no advento da força expiatória de Deus, de uma promessa religiosa da salvação a serviço da moral e, mais ainda, da saudade de uma justiça passada.

3) CHIARELLO, M.G. "Das lágrimas das coisas". *Estudos sobre o conceito de natureza em Max Horkheimer*. Campinas: Unicamp, 2001.

Maurício Chiarello tem formação no Instituto Tecnológico da Aeronáutica e também mestrado e doutorado em Filosofia. Seus estudos de pós-graduação e suas atuais pesquisas docentes focam em grande parte as ideias de pensadores da Escola de Frankfurt. Chiarello focou nos estudos de doutorado a questão da estética em T.W. Adorno. Foi no mestrado que ele pesquisou sobre Max Horkheimer, enfocando a ideia de natureza e, de forma secundária, discutiu as questões da teologia e da religião. Sua dissertação foi publicada pela editora da Unicamp com o título "Das lágrimas às coisas". O livro de Chiarello é um estudo sobre o pensamento de Horkheimer com certa interlocução com Lukács e Schopenhauer, a fim de revelar um conceito de natureza cindida que foi emergente na Modernidade. A questão da religião e da teologia aparece no instante que Chiarello descobre em Max Horkheimer uma suspensão do solipsismo moderno entreposto ao pensamento iluminista por Descartes e Kant e, a partir desta recusa, buscando forças utópicas por meio da religião para um novo esclarecimento – inclusive, um criticismo que não é menos censurador às formas opressoras das religiosidades ocidentais. O livro é mais que uma introdução ao pensamento de Max Horkheimer. É uma importante abordagem sobre religião e natureza no âmbito da Teoria Crítica.

Artigos

1) LUTZ-BACHMANN. "Religion – nach der 'Dialektik der Aufklärung'". *Jahrbuch für Religionsphilosophie*, 1, 2002, p. 138-147.

Dr. Matthias Lutz-Bachmann é professor na *Johann Wolfgang Goethe-Universität Frankfurt am Main* e atualmente desenvolve pesquisas com ênfase em filosofia medieval, filosofia da religião, filosofia de Kant, filosofia prática e Teoria Crítica. Em meio a isso, o tema da Religião vem ocupando espaço na reflexão de Lutz-Bachmann, sobretudo frente aos desafios que a pluralidade cultural e as expressões religiosas impõem aos ordenamentos políticos de pretensões democráticas. O artigo "Religion – nach der Dialektik der Aufklärung", escrito por Lutz-Bachmann, tem a preocupação de destacar o modo como o primeiro texto da obra "Dialética do Iluminismo" (*Dialektik der Aufklärung*), "O conceito de Iluminismo" (*Begriff der Aufklärung*), expressa uma compreensão de religião mais descolada daquelas perfiladas no idealismo alemão e no pensamento de raiz marxista. A tese central de Lutz-Bachmann é que Adorno e Horkheimer romperam com as antigas críticas à religião proporcionando uma virada na filosofia da religião (*Religionsphilosophische Wende*). Para esclarecer e fundamentar passo a passo a sua tese, Lutz-Bachmann divide seu artigo em três partes: primeiro, ele apresenta como Horkheimer mesmo vinculado às tradições do pensamento marxiano e do idealismo alemão, no instante da formação do programa da primeira Teoria Crítica, já alça uma compreensão da religião mais alargada daquelas praticadas majoritariamente no pensamento alemão; na segunda parte de seu artigo, ele revela como o primeiro texto da "Dialética do Iluminismo" rompe com as críticas tradicionais à religião a reboque da problematização aberta neste escrito; e, por último, destaca o modo como a obra "Dialética do Iluminismo" representa um novo paradigma de compreensão da religião no horizonte da filosofia no século XX.

2) MORAES JUNIOR, M.R. "O anelo pelo totalmente outro – A dimensão teológico negativa na Teoria Crítica de Max Horkheimer em Diálogos com Paul Tillich". *Estudos de Religião* [on-line], vol. 30, 2016, p. 189-209, São Paulo.

Esse artigo discute aspectos elementares após uma análise da Filosofia Social e Crítica de Max Horkheimer, sobretudo no que ela trata de religião. Nesse artigo se apresenta alguns resultados de uma investigação ainda em continuidade que, por sua vez, busca compreender o papel da religião na reflexão da Teoria Crítica de Max Horkheimer e, ao mesmo tempo, de como esta teoria procura compreender esta expressão humana para além das críticas iluministas pré-românticas. O trabalho privilegiará escritos do próprio Max Horkheimer, da Filosofia da Religião de Paul Tillich, dos estudos sobre filosofia crítica de Olgária Matos e das pesquisas sobre os marxismos, das expressões místico-judaicas e do romântico alemão por Michael Löwy.

3) MORAES JUNIOR, M.R. "A religião e o esgotamento do Iluminismo – Estudo de Filosofia da Religião a partir da Dialética do Iluminismo". *Horizonte* – Revista de Estudos de Teologia e Ciências da Religião [on-line], vol. 14, 2016, p. 937-951.

Os estudos da religião na modernidade renascentista e iluminista estiveram sempre sob as condições das promessas emancipatórias de um saber secular, tecnologicamente experimental e crítico às tradições, visando à emancipação social em relação às antigas formas de pensamento e sociedade. Contudo, as catástrofes das grandes guerras e dos problemas decorrentes de formas políticas e econômicas de características técnicas e burocráticas favoreceram mazelas dolorosas e até sanguinárias no século XX. A religião sempre foi tratada sob a dimensão das sociedades tradicionais, das quais a Modernidade lutava para se libertar. Esse artigo trata de um estudo escrito por Adorno e Horkheimer, que é crítico aos aspectos ideológicos e germinais desta modernidade. Entre leitura e análise dos pensadores frankfurtianos, esse artigo enfoca mais ainda as implicações aos estudos da religião, momento em que os pensadores frankfurtianos tecem uma genealogia arquetípica e sociopsicanalítica da Modernidade, visando, antes de tudo, as possibilidades de uma emancipação social.

13

Um depoimento: o pesquisador recebendo o *deká*[1]

Reflexões sobre a trajetória de uma antropóloga africanista na Amazônia

Taissa Tavernard de Luca
(Universidade do Estado do Pará)

Introdução

Falar de si a princípio parece ser apenas uma ação nostálgica de devanear sobre a própria história de vida. À medida que comecei a escrever percebi o quão complicado é o exercício autobiográfico. Corro o risco de esquecer informações ou sublimá-las intencionalmente realizando exclusões do que a memória quer deixar como não dito.

Esse diálogo com a própria subjetividade é tão denso que a antropologia só conferiu autoridade etnográfica aos chamados "nativos" a partir da segunda metade do século XX com o advento da chamada antropologia moderna e pós--moderna. Essas escolas antropológicas provocaram uma aproximação entre dois universos que reproduzem as esferas de poder do mundo capitalista; o do pesquisador e o do pesquisado.

---

1 Chama-se de *deká* o cargo conferido ao religioso após sete anos de sua iniciação e que lhe autoriza a abrir sua própria *casa de santo* e formar sua família. Após o *deká*, o iniciado ascende da categoria de *filho de santo* à de *pai de santo*.

É possível dizer que a história da antropologia se confunde com o processo de maturação do mundo capitalista e da expansão neoliberal. Pesquisadores e pesquisados ocupavam, na gênese da antropologia, universos opostos que seguiam o modelo do capital. Grupos do centro viajavam para "universos longínquos" para conhecer o modo de vida de povos considerados inadequadamente como "primitivos", construindo um imaginário que mais tarde ficou imortalizado pela saga hollywoodiana de Indiana Jones.

Os países da periferia desse grande sistema de poder, que é a produção de conhecimento, em sua maioria sociedades ágrafas conhecidas nos grandes manuais de antropologia por termos prenhes de estigma como povos primitivos que Morgan (1877) classificou como selvagens ou bárbaros.

O século XIX hoje serve de mito de origem da ciência antropológica. Pensadores conhecidos posteriormente como evolucionistas desenvolveram estudos que beneficiavam e se adequavam a processo de conquista colonial ou neocolonial. A partilha política e econômica dos continentes africano e asiático rendeu campo fértil às pesquisas antropológicas. Os métodos e técnicas utilizados em muito se diferenciavam daquelas propostas pelas ciências sociais modernas.

O que levava os intelectuais franceses, ingleses e norte-americanos a voltar os olhos para África e Ásia era a tentativa de explicar a diferença cultural entre os povos, já que as teorias deterministas caiam por terra. Num momento histórico em que fazer etnografia ainda não significava a realização da "descrição densa" interpretativista, o estabelecimento de uma estrutura de burocracia colonial viabilizava o uso de questionários e o envio de informações sobre os povos colonizados para aqueles que posteriormente receberam o nome de antropólogos de gabinete.

Os povos pesquisados eram conhecidos como "objetos" de estudo, garantindo o distanciamento entre esses grupos humanos e aqueles que os pesquisavam, a quem cabia a exclusividade da ação interpretativa, recebendo, portanto, a alcunha de "sujeitos". O amadurecimento da ciência antropológica permitiu a confecção de manuais que ensinavam jovens a fazer etnografia como quem segue uma receita de bolo.

O mais conhecido desses manuais está na introdução dos *Argonautas do Pacífico Ocidental* (1978), escrito por Bronislaw Malinowski e publicado em 1922. Nesse texto o autor polaco propõe um método etnográfico laboratorial, na coisificação do fato social proposta pelo sociólogo Émile Durkheim (1985).

Grande parte dos antropólogos funcionalistas e estrutural-funcionalistas se dedicou a conhecer a alteridade usando técnicas propostas por esse autor, que aconselhava que o antropólogo, uma vez em campo devia viver, pensar e agir como um nativo.

Deixada de herança desse legado destaca-se a técnica da observação participante que permitia ao pesquisador conhecer a vida dos povos investigados de forma pretensamente objetiva, o que garantiria cientificidade ao texto antropológico.

Da primeira metade do século XX até a virada do século XXI muita coisa mudou no fazer antropologia. Cifford Geertz (2008), em meados da década de 1970, casa antropologia com hermenêutica e compara a realidade social com um texto poético cuja leitura depende da subjetividade dos olhos de seu leitor.

Numa ação política, James Clifford (1989) questiona a autoridade etnográfica do antropólogo ao falar sobre povos outrora desconhecidos, portando-se como a voz dos nativos diante da ciência. Sua proposta é de que essa autoridade seja dividida entre o dono da pena e os grupos sociais sobre os quais a mesma discorre.

Autores mais contemporâneos chegam a considerar a possibilidade da realização de uma autoetnografia, técnica que não só considera a subjetividade da leitura social como também funde nos limites de um único indivíduo os dois (ou mais) principais autores da prática antropológica: pesquisador e pesquisado.

É nesse contexto moderno ou pós-moderno que escrevo, contando o percurso de uma jovem pesquisadora que foi procurar um campo que lhe era exótico (DA MATTA, 1978) e acabou inserida num sistema de linhagem que configura todo universo afro-religioso brasileiro. Na liminaridade entre o universo acadêmico e religioso forma-se uma pesquisadora-nativa que aqui tenta refletir sobre sua trajetória de pesquisa.

1 Início de uma carreira como agregação à linhagem africanista na Amazônia

> Os antropólogos são classificados frequentemente numa categoria liminar entre o religioso e o leigo, beneficiando-se de um privilégio que lhe é concedido em função do respeito do povo de santo em função de seu *status* social. [...] Esse privilégio, contudo, pode gerar um sentimento de respeito por parte do antropólogo em relação a religião que o torna, de fato, um "quase religioso" (SILVA, 2000, p. 61).

Este é, sem dúvida, o momento mais lúdico da escrita etnográfica. Falar de minha inserção no campo afro-brasileiro é devanear antropologicamente pelas próprias reminiscências. Abandonarei as amarras da teoria, por um momento e simplesmente olharei para trás com o tom nostálgico de quem fecha os olhos e segue.

O encontro etnográfico é acima de tudo uma experiência subjetiva, ou melhor, intersubjetiva (GEERTZ, 1989). Em projeto de verso bem piegas, a arte de achar, um sujeito, nunca por acaso, com o qual se vai dividir a experiência de pesquisa, reciprocamente. É um achado que modifica, que divide mais do que informações sobre rituais e estilos de vida, mais do que *ethos* e visão de mundo (GEERTZ, 1989). Divide-se também experiências. Neste processo todos são – cada um ao seu modo e com a sua finalidade – observadores ativos. Não há objeto, não há laboratório etnográfico (MALINOWSKI, 1978), há confronto de subjetividades, de objetivos e de vida.

A experiência etnográfica jamais se faz por união, simbiose, aglutinação, mas por troca, autoconhecimento, por confronto com o próprio *ethos* (GEERTZ, 1989) e com o *ethos* alheio. Pesquisar é acima de tudo conhecer-se, defrontar-se com a própria alteridade apresentada através do choque com o outro, transformar choque em encontro etnográfico. Por vezes é também traquejo e negociação, porque escrever sobre o outro é acima de tudo uma atitude política.

Ninguém sai ileso da experiência etnográfica justamente por tratar-se de um encontro entre duas ou mais pessoas que se aceitam ou não, que se toleram ou não, que aprendem a conviver, antes de mais nada, como amigos desenvolvendo afetividades, antipatias e confiando mutuamente.

Sendo assim, ao longo deste capítulo guiarei o leitor pela minha experiência pessoal intensa e única (SEEGER, 1980), mostrando como esta pesquisadora, outrora "uma criança no mundo" (SEEGER, 1980), agora recebe o *deká*. Não posso esquecer que "a experiência etnográfica" é sempre resultado de uma atividade singular perpassada de subjetividade.

Minha inserção no campo religioso afro-paraense se deu em 1996. Havia ingressado no Curso de História da Universidade Federal do Pará e me deparado com uma escola que enfatizava as análises relativas à presença escrava africana no Pará. Escutava a movimentação de alunos e professores debruçados nos rotos livros de códices do Arquivo Público Municipal de Belém.

Juntei-me a eles na esperança de encontrar algum dado que levantasse pistas sobre a presença religiosa africana no Pará colonial. Procurava nomes de religiosos, descrições de tipo de culto, indícios de origem. No entanto, isso era apenas um sonho de estudante ainda pouco familiarizada com a documentação.

Mas por que esse súbito interesse pela religião? Por que não enfatizar abordagens como gênero, relações de família ou tantas outras? A resposta talvez estivesse na busca pela novidade ou era fruto de uma curiosidade antiga, advinda das parcas e soltas lembranças dos tempos de infância, quando minha mãe *baiava* num *terreiro* de *mina*. Tudo o que me lembrava dessa época era das roupas muito alvas, de um busto do *caboco* Zé Raimundo localizado nos fundos de minha casa[2] e da "guerra santa" travada por minha avó – uma católica fervorosa – contra esse sistema religioso de origem africana.

Devo dizer, contudo, que mesmo com os frustrados passeios pela documentação não desisti da ideia indefinida de estudar religião afro-brasileira. Professores e colegas de curso me aconselharam a buscar auxílio no Departamento de Antropologia, o que de fato fiz. Procurei apresentar-me à Professora Anaíza Vergolino em meio a uma palestra realizada pela mesma no Museu do Círio[3], que neste período funcionava no prédio da Basílica de Nazaré, demonstrando o interesse que tinha em estudar religião afro-brasileira. Na época não sabia da importância que ela

---

2 Grafarei *casa* toda vez que esta palavra for sinônimo de *terreiro*, Casa quando significar dinastia e casa quando referir à moradia.

3 Museu, que na década de 1990 situava-se nos porões da Basílica de Nossa Senhora de Nazaré que contém acervo museológico acerca da história do Círio de Nossa Senhora de Nazaré, manifestação religiosa católica que congrega na capital paraense uma média de dois a três milhões de pessoas e acontece ao longo do mês de outubro.

teria para o meu processo de profissionalização e especialmente para meu acesso ao campo de pesquisa.

Por ela fui indicada para trabalhar como auxiliar de pesquisa do então mestrando, do Programa de Pós-Graduação em Antropologia da UFPA, o Professor João Simões Cardoso Filho que na época estudava o grupo de religiosos dissidentes da Federação Espírita e Umbandista e dos Cultos Afro-Brasileiros do Estado do Pará (Feucabep), A Associação dos Amigos de Iemanjá. Essa instituição promovia o "Festival de Iemanjá" numa praia de água-doce do distrito de Outeiro (Município de Belém). Foi nessa ocasião que comecei a frequentar os primeiros *terreiros* no Pará. Ajudava a coletar dados, transcrevia fitas, tirava fotografias, gravava músicas com o objetivo de dar os primeiros passos na pesquisa de campo de natureza antropológica.

Nesse primeiro contato com as religiões afro-brasileiras tomei conhecimento da existência da Federação[4] e comecei a frequentar alguns *terreiros* de religiosos vinculados a ela. Acompanhava a Professora Anaíza Vergolino em tarefas de extensão relativas ao Curso de Antropologia da Religião, ministrados pela mesma na Ufpa. Já começava também a pensar num tema a ser desenvolvido no meu Trabalho de Conclusão de Curso (TCC).

Um ano depois já havia definido o "objeto" de estudo, quando procurei a sede da Feucabep (Federação Espírita, Umbandista e dos Cultos Afro-Brasileiros em Belém do Pará) com o objetivo de conseguir uma listagem de alguns religiosos antigos com os quais pudesse buscar informações para escrever sobre a História dos cultos afro-brasileiros do Pará. Este era o tema do meu TCC o qual desenvolvi com a orientação da Professora Anaíza Vergolino.

Fui recebida pelo Senhor Antônio Gomes da Cruz, então presidente recém-eleito daquela instituição, porque tinha a indicação da pesquisadora que os acompanhava há mais de 30 anos. Na secretaria da sede social, ele abriu os arquivos da instituição, bem como sua memória e citou diversos nomes, lidos por ele num velho fichário de folhas amareladas.

---

4 Trata-se da Federação Espírita, Umbandista e dos Cultos Afro-brasileiros do Estado do Pará. Instituição civil surgida em 1964 com objetivo de organizar, agregar e normatizar os templos religiosos de matriz africana no Estado do Pará.

O entrosamento entre mim e este grupo das lideranças religiosas da Federação foi gradativo, começou com encontros nos momentos de festas religiosas. Tempos depois me envolvi em outras pesquisas[5]. Uma delas desenvolvida pelo Professor Mário Brasil do Departamento de Etnomusicologia da UnB, que viera a Belém para refazer as gravações de músicas religiosas realizadas pela missão folclórica de 1938 organizada por Mário de Andrade. Este pesquisador acompanhou um dos *terreiros* mais inovadores da capital paraense para realizar sua pesquisa da qual também participei como auxiliar. Esta experiência me mostrou a multiplicidade dos tipos de culto de *mina* praticados em Belém. Conviver com os pesquisadores, participar dos diálogos, frequentar *festas de santo* e escutar conversas me permitiu familiaridade com os mais importantes atores daquele cenário, definir grupos, mapear redes de relações.

Até então jamais tinha pensado em analisar a Federação de maneira mais detida, achava que tudo havia sido dito por Anaíza Vergolino no livro *Tambor das flores* (1976) e que aquela instituição civil por si só se explicava. Foi através das críticas feitas pelos membros da Associação dos Amigos de Iemanjá e pelos *candomblecistas* que percebi que a Feucabep ainda era um excelente *locus* de pesquisa.

Decidi então prestar seleção para o mestrado na Universidade Federal de Pernambuco, fui selecionada e elaborei um projeto cujo objeto de estudo fora a Feucabep. Faria uma revisita ao *Tambor das flores* (1976) e analisaria aquela instituição a partir de duas perspectivas: uma sincrônica que observava a Federação a partir de sua relação com o contexto religioso afro-paraense, mapeando as zonas de poder. Outra diacrônica, considerando o processo de transformação histórica sofrida pela mesma até se transformar na grande guardiã da tradição religiosa afro-paraense.

---

5 Fui indicada por Anaíza Vergolino para trabalhar com diversos pesquisadores que estavam desenvolvendo trabalhos junto à comunidade religiosa afro-paraense. No ano de 2000 me envolvi com o trabalho da Professora Marilu Campelo do Departamento de Antropologia da Ufpa sobre a história do *candomblé* no Pará. Percebi que os membros desta vertente religiosa formavam um grupo distante da Federação, vinculado ao Instituto Nacional de Tradição e Cultura Afro-Brasileira (Intecab). Dessas pessoas ouvi um discurso magoado com os *mineiros* e com a Federação, que por vezes soava como um movimento "antifederação", contando com distribuição do artigo 5º da Constituição de 1988 que prega a liberdade de culto. Nessa época já não era mais tão leiga, conhecia minimamente a constituição do campo religioso sobre o qual me debruçava. Comecei a escrever os primeiros artigos, em coautoria com as professoras Anaíza Vergolino e Marilu Campelo, frequentar reuniões da Associação Brasileira de Antropologia e a dialogar com pesquisadores conceituados nesta área.

Esse projeto foi verbalmente apresentado para o então presidente da Federação, bem como para os seus líderes religiosos e imediatamente aprovado e incentivado pelos mesmos. Ter sido selecionada no mestrado e ainda escolher como campo de estudo a Federação, de certa forma consolidou minha credibilidade diante desse grupo. Da parte das lideranças houve uma percepção de continuidade entre a pesquisa em desenvolvimento e o trabalho realizado na década de 1970 pela Professora Anaíza Vergolino[6] e consequentemente com seu antecessor e orientador Napoleão Figueiredo. Esses dois pesquisadores juntos são considerados o mito de origem da antropologia africanista na Amazônia.

Cheguei a ouvir frases do tipo: *"Ontem foi a doutora que saiu para estudar, hoje é a Taissa"*. Descobri, a partir desta frase, que em se tratando de cultos afro-brasileiros cada um exerce seu cargo: uns são religiosos, a outros, cabe a tarefa da pesquisa. Ter sido introduzida no campo pela "doutora", que também estudava a *mina*, foi de suprema importância no meu processo de aceitação, pois eles usaram a lógica religiosa para me assimilar.

A antropologia paraense também construía linhagens que eram reconhecidas pela comunidade religiosa. Os sujeitos que entravam no campo sem filiar-se a essa linhagem por vezes eram chamados de "forasteiros". Pude perceber, já no início do século XXI, que eu estava inserida em uma família na qual possuía um avô e uma mãe (de santo).

A aprovação no concurso de professor substituto do Departamento de Antropologia da Universidade Federal do Pará, acontecido em 2003, foi outro elemento importante nesse processo de amadurecimento da minha imagem junto ao campo. Isso foi simbolicamente verbalizado uma noite quando voltei a um *terreiro* da capital paraense depois de muitos anos de ausência para pós-graduação. No momento em que cheguei o sacerdote fez o tambor parar de tocar para anunciar a chegada da "Professora Tais"[7].

---

6 Percebi que havia uma espécie de comprometimento por parte dos afro-religiosos com meu processo de formação. No ano de 1998, o Sr. Antônio Gomes da Cruz promoveu uma excursão para São Luís do Maranhão. Havia-se combinado, antes da partida, que esta não seria uma viagem religiosa, portanto ninguém iria visitar nenhum *terreiro*. No meio do passeio, em conversa com Mãe Emília, comentei que não conhecia a *Casa das Minas* nem a *Casa de Nagô*. Mãe Emília então mobilizou o grupo para uma visita a essas *casas*, pois segundo ela, era um absurdo um pesquisador da *mina*, desconhecer os dois templos.

7 Alguns afro-religiosos não completam meu prenome e acabam por me chamar de Tais.

Essa situação foi muito desconcertante uma vez que, por muitas vezes havia estado neste centro religioso, na categoria de aluna ou assistente de pesquisa. Entrava e saía sem nenhum reconhecimento, como um filho não *feito* que não possui sinais diacríticos de *status* e, portanto, não recebe muita reverência ou como um sujeito invisível tal qual Geertz, em Bali (GEERTZ, 1989).

Percebi claramente, com o olhar treinado para observar nas entrelinhas, que as duas seleções acima mencionadas – de mestrado e de professor substituto – equivaliam, na simbologia afro-brasileira à *feitura* e à *obrigação* de três anos. Nesse momento me senti como um filho *feito*, que começa a acumular capital simbólico (BOURDIER, 1974) para um dia vir dar continuidade à família.

Muitas foram as vezes nas quais eu chegava aos *terreiros* e as pessoas perguntavam: – Cadê tua *mãe de santo*? O mais engraçado acontecia quando o ritual acabava e os grupos se reuniam para jantar. Geralmente os donos da festa dividem os convidados por família. Cada mesa é reservada para um *pai de santo* com seus filhos. Por vezes quando eu tentava me juntar a uma dessas famílias, alguém me chamava atenção, informando que a minha mesa era aquela reservada para a universidade na qual estava sentada a minha "família". Definitivamente eu estava agregada.

Mais de dez anos se passaram desde 1996, quando visitei o primeiro *terreiro* na qualidade de pesquisadora. A persistência de minha presença no campo reforçou ainda mais a legitimidade de minha "*feitura*". Estava na posição análoga à daquelas lideranças que começaram seu *desenvolvimento* até evoluírem à conclusão de sua carreira religiosa. Uma noite, em conversa informal com uma liderança religiosa do bairro do Guamá, quando expunha meu projeto de doutorado a fim de solicitar uma entrevista, ele exclamou: – Eras Taissa, tu começaste de baixo!

É importante destacar o peso de uma rede de relações sociais como já havia sido profundamente analisado por Vergolino anteriormente (1976). Certamente não eram só os meus esforços que garantiam aceitação. Havia sido apresentada como aluna de uma pessoa renomada que tinha trabalhado "em defesa" das religiões afro-brasileiras, levando-as às universidades e seminários católicos do Pará, divulgando-as em seus artigos escritos, publicados ou apresentados em congressos pelo Brasil. Ser introduzida por "amigos" também me incluía nessa categoria.

Assim, em minha relação com os religiosos afro-paraenses, o período de "barreira" que costuma acontecer no momento da familiarização entre os sujeitos envolvidos na ação de pesquisa dessas religiões que possuem estrutura de segredo, não foi tão longo, pois logo passei a ser chamada para todas as *festas de santo*, bem como para seus momentos de lazer (domingueiras, bingos e outros) e suas viagens interestaduais. Até não foi surpresa quando fui convidada a me associar à Feucabep, ou quando pediam meu apoio em chapas que disputavam a presidência da mesma.

Percebi o esforço que a maioria dos religiosos tinha em me ajudar, marcar entrevistas, pesquisar informações em livros, para responder às indagações. Muitas vezes, quando chegava com o gravador para acompanhar um ritual e me colocava a fazer leitura labial para entender as doutrinas entoadas em fon ou em yorubá, observava os *filhos de santo* cantando pausadamente, ou gesticulando os lábios de forma a poder auxiliar meu entendimento. Com o tempo se estabeleceu um acordo tácito e não verbalizado, toda vez que não conseguia compreender a letra de uma *doutrina*, fazia cara de dúvida e imediatamente alguém, de longe ajudava.

A parafernália eletrônica também me era sempre cobrada. Certa noite – logo no início de minhas andanças pelas *casas de santo* – visitava um *terreiro* pela primeira vez e por isso não achara conveniente levar gravador. Sempre prefiro me apresentar, estabelecer relação, para posteriormente interferir com elementos estranhos. Todavia o *caboco* Guaraci *incorporado* na dona da *casa* se aproximou e afirmou: "Essa pesquisadora não é como a 'dotora' que sempre estava escrivinhando e tirando *careta*". Isso me fez entender que minha *performance* antropológica estava sob avaliação da comunidade, que não só me percebia como refletia sobre mim e me julgava.

Um dos líderes religiosos por mim pesquisados transformava a sequência litúrgica de sua *casa* toda vez que eu entrava para assistir a um ritual. Trata-se de um *terreiro* com forte influência *yorubana*, onde a maior parte das doutrinas é entoada em homenagem aos *orixás,* utilizando línguas africanas como o yorubá e/ou o fon. Como seu representante máximo havia sido iniciado no Maranhão e conhecia o *xirê* de *vodum* e *senhor de toalha*, resolvi incluí-lo em minha lista de informantes que seriam interpelados ao longo da construção de minha tese de doutorado que tinha por objetivo analisar a construção mitológica do panteão do *tambor de mina* abordando sobretudo os chamados *senhores de toalha*. Dá-se esse nome aos *encantados*, com *status* de divindade, cultuada nos terreiros do Pará e Maranhão. Trata-se da corte europeia de países cristãos católicos, especialmente da corte portuguesa. Ciente de meu interesse por essas *entidade*s o sacerdote acima referido, passou a introduzir nos *toques* um conjunto de *doutrinas*, que não eram cantadas costumeiramente, de forma que, quase nenhum *filho de santo* sabia responder.

Criou-se um mal-estar público e contido em função do discurso do religioso, que entre uma *doutrina* e outra, dizia que aquelas, eram em homenagem à Professora Tais que gostava de *vodum*. Esse fato me incomodava muito, pois não sabia como pedir para o religioso seguir a sequência litúrgica própria daquele *terreiro*, por medo de parecer grosseira. A solução foi passar um tempo ausente desta *casa de santo*.

Em janeiro do ano de 2009 a Federação Espírita Umbandista e dos Cultos Afro-brasileiros passou por mudanças importantes. Pai Benedito Saraiva (Pai Bené)[8], o responsável pelos rituais religiosos realizados dentro da Feucabep, pelos seus *assentamentos*, bem como pela presidência do Conselho do Ritual, idoso e doente, transferiu tais atribuições a seu *filho de santo*, Pai Fernando Rodrigues que presidiu por um tempo, todas as atividades religiosas.

O terreiro de Pai Bené foi pesquisado por mais de vinte anos pela Professora Anaíza Vergolino e seu descendente Pai Fernando Rodrigues vem sendo acompanhado por mim ao longo de minha trajetória acadêmica. Com a ascensão de Pai Fernando, eu fui convidada a integrar o Conselho Religioso Estadual na condição de secretária responsável pela confecção das atas de reunião, ocupando o cargo anteriormente assumido pela Professora Anaíza que permaneceu no Conselho na condição de "decana".

Percebi que houve neste momento um entrelaçamento de linhagens. A linhagem religiosa fez a transferência do poder religioso na Federação de Manuel Colaça Veras – o fundador – para Pai Benedito Saraiva e posteriormente para Pai Fernando Rodrigues. E a linhagem acadêmica agregou a pesquisadora *iaô* aos "mitos de origem" Napoleão Figueiredo e Anaíza Vergolino.

O fato de eu ter sido convidada para assumir uma cadeira no Conselho Religioso Estadual da Feucabep mostrava que, em se tratando de Federação as duas linhagens (religiosa e acadêmica) se cruzavam definindo que é *"pesquisador antigo com pai de santo antigo e pesquisador novo com pai de santo novo"*[9].

---

8 Pai Benedito Saraiva é o único religioso iniciado pelo fundador da Feucabep, Manoel Colaço Veras.

9 Frase proferida por Anaíza Vergolino em meio ao ritual de recebimento de *deká* de Pai Fernando Rodrigues no ano de 2003.

Para uma estudiosa apaixonada pelo tema, a aceitação, o reconhecimento e o carinho têm sido gratificante. Todo esse relato refere-se a um percurso vertical na qual a pesquisadora deixou de ser invisível (GEERTZ, 1989), à medida que, demonstrou persistência e ascendeu profissionalmente, colecionando título como quem *paga obrigação*.

A carreira se consolidou com a defesa de minha tese de doutorado. Considero, a partir desse breve passeio pelas lembranças de minha trajetória acadêmica, que a defesa dessa tese soa como a *entrega de cargo*, que legitima a pesquisadora como *firme no santo*.

2 Defesa de tese como *obrigação* de *deká*

Conduzida pela facilidade de uma rede anterior que agora era também a minha rede pessoal, delimitei finalmente o meu universo de pesquisa que não só incluiu os descendentes dos primeiros *mineiros* oriundos do Maranhão – outrora já interpelados pelos pesquisadores anteriores, como também incluía a rede de relações construídas por mim em incursões de campo.

Considero a tese de doutorado um trabalho liminar (TURNER, 1978) uma vez que marcou meu trânsito da categoria de *filha para mãe*. Lido pelos afro-religiosos como patamar de maturidade na carreira religiosa. Minha carreira acadêmica continuou atrelada a mesma linhagem só que, a partir deste momento eu já possuía maturidade e autonomia para dar prosseguimento ao processo sucessório construindo a minha própria família.

Prestei seleção para o doutorado no ano de 2005, logo após ter expirado meu contrato de professor substituto. Tendo em vista esse universo, se fez necessário definir os informantes e as técnicas a serem utilizadas. Nesse sentido tentei colocar em prática aquilo que foi aprendido nos manuais de antropologia. Realizei o trabalho de campo nas três etapas que me foram caramente ensinadas por Roberto Cardoso de Oliveira: olhar, ouvir e escrever (OLIVEIRA, 2006).

A escolha dos interlocutores passou por diversas adaptações à medida que a etnografia se efetuava. Primeiramente escolhi conversar com dois *mineiros* de cada grupo. Neste sentido comecei acompanhando o **Terreiro Dois Irmãos** – de Mãe

Lulu –, o **Terreiro de Nagô de Santa Bárbara** – de Pai Bené –, **o Terreiro de Mina Jeje Nagô de Toy Lissá** – de Pai Aluísio Brasil –, e a *casa* de Pai Serginho de Oxóssi.

Não tardou muito para eu perceber que essa escolha limitava as narrativas. O principal problema é que nenhuma liderança sabia falar, com riqueza de detalhes, sobre todas as *entidades* do panteão. É mais comum ouvir de cada religioso narrativas sobre os próprios *encantados*. Alguns *mineiros* possuíam narrativas lacônicas, o que me deu a impressão de que pouco teorizavam sobre o ritual praticado. Outros religiosos sequer contavam sobre a *entidade* que recebem em função da estrutura de segredo em que está envolta a religião. Os mais intelectualizados, quando eram interpelados e não tinham dados a fornecer, diziam-nos que iriam pesquisar com a própria *entidade*, melhores informações.

O material coletado nessa primeira empreitada foi irrelevante, o que me levou a pensar em reformular minhas estratégias. Nem todos os informantes selecionados sabia me dizer muita coisa acerca, por exemplo, da história de *Dom Luís*, o único rei francês que havia passado para o panteão e estava ligado à colonização do Maranhão. Neste sentido, como dar conta de uma proposta densa de tentar entender o mito de todos os *senhores de toalha*?

O jeito foi redefinir as estratégias de pesquisa. Neste sentido passei a eleger as *entidades* a serem trabalhadas e com esses nomes em vista, busquei os religiosos que as recebessem. A escolha das *entidades* foi realizada através da observação dos rituais. A partir dessa decisão passei a pensar a *mina* como um sistema cultural cujo imaginário atravessa as fronteiras da religião. Em função disso também entrevistei religiosos adeptos de outras vertentes de culto afro-brasileiro, como Mãe Nazaré que se autoclassificava como *angoleira*, mas era *ex-mineira*, e recebia, em vida, Marquês de Pombal.

Todavia, o ato de esgarçar as fronteiras, se me permitiu conhecer a mitologia *mineira*, trouxe alguns empecilhos. O maior deles foi a impossibilidade de acompanhar aprofundadamente o cotidiano de todas as *casas*. Sendo assim, decidi construir a tese em cima das narrativas coletadas e das festas etnografadas. Um documento importante foi o *xirê*, sequência de *doutrinas* cantadas em todo e qualquer ritual, geralmente organizada de forma hierárquica, definindo os personagens mais significativos de cada família.

As letras das *doutrinas* tiveram papel importante tanto no que tange ao fornecimento de dados quanto como estratégia de abordagem dos informantes. Enquanto documento, as músicas funcionam como um grande quebra-cabeças, já que fornecem pistas esparsas, como enigmas a serem desvendados. Neste sentido ao escutar, por exemplo, *"No Jardim de Oeiras / Aonde passeava / Lá tem uma rosa / Aonde se encantava, orixá"*, tenho acesso a um elemento significativo que me remete a nobreza portuguesa: o Jardim de Oeiras. Entretanto, num primeiro momento nada mais faz sentido.

Nesta ocasião, o antropólogo tem que fazer um trabalho de arqueologia do simbólico. Estas pistas serviram de estratégia de aproximação com os religiosos que pouco falavam sobre mitologia. Tendo em vista que as entrevistas direcionadas surtiram pouco resultado, passei a transcrever as doutrinas e usá-las como roteiro. Dessa forma pedia para os narradores explicarem as letras, questionava porque uma *entidade* era reverenciada antes de outra, e assim seguia montando a rede de relações estabelecidas entre deuses e *encantados*.

A estratégia do olhar, neste sentido ficou restrita às festas públicas. Tentei acompanhar o maior número possível de rituais realizados a *senhores de toalha,* domesticando o meu olhar procurei transformar o exótico em familiar para ter acesso ao significado dos símbolos dispostos em letras de música ou altares sagrados. De certa forma, quando iniciei a pesquisa de doutorado já possuía o olhar treinado em função dos anos dedicados à pesquisa junto às religiões de matriz africana em Belém. Já possuía leitura prévia e conhecimento do idioma simbólico da religião.

Quanto ao ouvir, utilizei a técnica da entrevista com a maioria dos informantes. Sempre que possível fazia uso de gravador e máquina fotográfica, com a devida autorização dos religiosos. Ao todo abordei sessenta pessoas, algumas delas interpeladas uma única vez, outras entrevistadas continuamente. Neste sentido, consegui cerca de cem horas de entrevistas gravadas.

Variei o roteiro, usando primeiramente um questionário, que chamei de inaugural, construído com perguntas abertas que visavam estimular a fala do informante (TOMPSON, 2002). Nessa ocasião procurei anotar todos os nomes de *entidades* mencionadas pelo religioso, a fim de obter mais detalhes. Se a conversa fosse frutífera marcava outra entrevista. A cada visita fazia novos roteiros adaptados à pauta previamente determinada. Os melhores informantes me cederam diversas entrevistas, cada uma girando em torno de um personagem do panteão e sua família.

Também fiz entrevistas com as próprias *entidades*, geralmente após os rituais ou em dias de *trabalho*. Houve um caso muito interessante. Estava entrevistando uma *mãe de santo* de renome no Pará – Mãe Emília – quando perguntei sobre a história de *Dona Mariana*[10], a mesma incorporou na referida médium e disse: – "Se quer saber de mim, pergunte para mim".

Utilizei a observação direta para acompanhar os rituais e conhecer o comportamento de cada *entidade* e história de vida, para recolher informações daqueles que não se consideravam *mineiros,* mas que cultuavam *entidades* da *mina*. Precisei conhecer a trajetória do médium para entender as informações cedidas. Não entrevistei nenhum *candomblecista* que não tivesse passado por um *terreiro* de *mina*.

Em linhas gerais, não tive problemas em obter entrevistas, primeiro porque os *mineiros* de Belém estão acostumados com essa prática e depois porque já tinha intimidade com o campo quando iniciei o doutorado.

O elemento reciprocidade (MAUSS, 1974) se fez presente durante o meu contato com o campo, mas não de forma tão direta como aconteceu com Alba Zaluar (1985), que pesquisando a Cidade de Deus, se viu amarrada num emaranhado de favores que iam desde o empréstimo do carro até cessão de emprego.

Um dos informantes, incorporado com seu *caboco* disse que só daria entrevista se eu pagasse duas grades de cerveja e três maços de cigarros para ele. No primeiro momento isso não me pareceu problema, todavia ele pediu o "pagamento" na frente de seu *pai de santo*, que também era meu informante e ficou indignado com a atitude, haja vista que ele, sendo mais experiente, nunca havia feito cobrança. A cobrança nesse caso feria a hierarquia religiosa segundo a qual um pai ou uma mãe de santo sempre são mais importantes e experientes que seus filhos.

Percebi que atender o pedido do religioso causaria diversos infortúnios, primeiro porque, com o dinheiro de uma bolsa de doutorado, eu não poderia gratificar a todos os sessenta informantes, e seria injusto privilegiar alguns, embora os outros nunca pedissem.

---

10 *Caboca* da família da *Turquia* muito cultuada em Belém do Pará.

Outro problema seria a interpretação desse possível pagamento, diante dos outros cinquenta e nove não contemplados. Neste sentido procurei conversar com o *pai de santo* e explicar em que condição financeira estava sendo realizada a pesquisa. Argumentei que não tinha financiamento nenhum, além da bolsa de pesquisa que servia para me sustentar. O líder religioso entendeu e não se recusou a me conceder informações.

Essa atitude se repetiu uma única vez. Um sacerdote, quando abordado, falou que iria pedir permissão ao seu *encantado* para dar informação, sugerindo que para isso deveria fazer uma *oferenda,* o que me geraria comprometimento não financeiro, mas religioso. Repeti a atitude anteriormente mencionada e pedi que ele explicasse para a *entidade* a situação na qual me encontrava, o que – segundo consta – foi feito. Telefonei para saber o resultado e ele me informara que após a negociação, sua *caboca* permitira o contato.

A troca também se expressou via convite para promover palestra à comunidade. Em virtude de minha total disponibilidade fui agraciada com diploma de honra ao mérito cedido por um dos *terreiros* estudados. O fato é que, voltando a referir a Alba Zaluar (1985), ao contrário da experiência dessa autora, ninguém se recusou a me prestar informação ou desconsiderou o valor de minha pesquisa. Também não precisei procurar uma funcionalidade para explicar minha estadia em campo ou perder horas a fio justificando meu intento porque o grupo escolhido estava previamente acostumado com a presença dos pesquisadores que os visitam desde a década de 1930 e por vezes servem como elemento legitimador diante de um campo em disputa constante.

Uma pequena dificuldade foi a abordagem de um religioso que, apesar de extremamente acessível, no que tange a permissão do acompanhamento de rituais secretos, protelou as entrevistas. Percebi que essa atitude possuía dois significados, por um lado era uma estratégia de manter o pesquisador sempre presente em sua *casa*. Por outro era um mecanismo educado de preservar a estrutura de segredo da religião, informando, de forma metafórica, que o pesquisador ainda não estava apto a adquirir algumas informações. No terreiro tudo possui tempo próprio e às vezes o tempo afro-religioso desconsidera completamente os prazos estabelecidos pelas agências de fomento à pesquisa. Como os informantes eram muitos e o tempo exíguo, acabei desistindo das narrativas desse sacerdote.

Tentei todas as possibilidades para conseguir acesso a esse informante, passei dois meses frequentando cotidianamente sua *casa*. Marquei entrevistas consecutivas que nunca eram realizadas, chegava em dias comuns, de surpresa, tentava entrevistar as *entidades*, mas nada deu muito certo.

Um dia, estava conversando com Dona Herondina, cabocla chefe do referido informante, e quando estava galgando êxito na coleta de dados via entrevista, repentinamente ela mandou que um cliente me levasse em casa. Tentei retrucar dizendo que ainda não ia embora, mas a *caboca* disse que precisava *trabalhar* e prometeu que o religioso me daria entrevistas caso eu fizesse um almoço em minha casa.

Assim foi feito. Mandei fazer uma feijoada, comprei cerveja e chamei o *pai de santo*, que compareceu com a filha, conversou a tarde inteira sobre sua vida e a história da religião, mas acabou por não falar nada sobre as *entidades* tema de minha tese de doutoramento. Uma noite, estava eu a conversar com o sacerdote, antes de um ritual, quando o mesmo religioso me informou que viu o casal Ferretti[11] passar semanas a fio insistindo para que sua *mãe de santo* maranhense lhes concedesse entrevista. Contou que eles chegavam no início da tarde e passavam horas esperando. Percebi que ele estava reproduzindo o modelo comigo, no entanto, partindo da metodologia que eu havia escolhido, permanecer insistindo significava perder muito tempo. Em função disso precisei preterir essas informações.

Se não houve pagamento formal das entrevistas concedidas, minha relação em campo foi marcada pelo circuito da dádiva (MAUSS, 1974), a obrigação de dar, receber e retribuir. O elemento dado era a informação, o acesso aos rituais que eram retribuídos principalmente através de distribuição de fotos.

Meu namorado na época, que era um fotógrafo renomado no Estado do Pará, acompanhou todo o trabalho de campo, sempre fazendo o registro visual dos rituais, o que acabou por render um acervo considerável. Sempre que possível mostrava o resultado do trabalho aos informantes e à comunidade do *terreiro* ou distribuía fotos. Um religioso pediu que o referido profissional fizesse uma foto oficial transformada em *banner* e pendurada na parede principal do templo.

---

11 Os professores Sérgio Ferreti e Mundicarmo Ferretti são atualmente a grande referência nos estudos acerca do Tambor de Mina e das religiões africanas no Estado do Maranhão, "Meca" da tradição da Mina no Pará.

Outro religioso transformou uma fotografia no convite de seus cinquenta anos e em *outdoors* espalhados pela cidade. Sempre que possível também contribuía nas festas públicas, geralmente doando uma grade de cerveja.

Como ninguém sai ileso de um trabalho de campo, participei de diversos rituais na condição de cliente. Certa vez ao chegar acompanhada do fotógrafo, em um *terreiro* para etnografar um ritual de desenvolvimento, o carro caiu num buraco. Ao tentar empurrar para retirá-lo, a roda esguichou lama em cima de mim.

Quando o *pai de santo* me viu naquele estado, julgou que era mau presságio e deu um *banho de descarrego* no casal. Após um episódio de assalto vivenciado por mim a caminho do trabalho, o *vodum Verequete* mandou chamar a minha atenção e aconselhou fazer alguma *obrigação* para afastar infortúnios. Como o fato ocorreu às vésperas do dia de *Exu*, no momento do sacrifício eu compareci com uma galinha que foi devidamente ofertada a esta divindade.

Submeti-me também ao *jogo de búzios* para definir meus protetores e anos depois escolhi um terreiro e assentei esses orixás[12]. Informo ao leitor que esse processo de transição da pesquisadora para religiosa não vai ser abordado nos limites deste capítulo, que se encerrará com o recebimento do *deká*, ou seja, o processo de defesa de tese e posterior construção de minha própria família, quando concursada para trabalhar como professora da Universidade do Estado do Pará.

Minha defesa de tese aconteceu no dia 26 de março de 2010, coincidentemente no dia do aniversário natalício do fundador de minha linhagem acadêmica, Napoleão Figueiredo. O auditório do Instituto de Filosofia e Ciências Humanas da Universidade Federal do Pará estava repleto e o público em sua grande maioria era composto pela comunidade afro-religiosa ali presente para prestigiar e avaliar o resultado.

A banca composta pelos professores renomados na antropologia africanista brasileira, aceitou gentilmente o pedido de repetir o rito de passagem na sede da Federação Espírita, Umbandista e dos Cultos Afro-Brasileiros do Estado do Pará como forma de apresentar a comunidade os resultados da pesquisa.

---

12 Nos limites deste artigo não analiso a minha trajetória religiosa que tem início em 2014, quatro anos após a defesa de minha tese de doutorado. A opção pela omissão tem por explicação a necessidade de construção de um artigo à parte que analise a situação liminar desta pesquisadora que se tornou nativa depois de conhecida como acadêmica e todos os desdobramentos desta opção por se inserir no campo na condição de filha. Deixo aqui minha promessa de construir outro artigo refletindo sobre a carreira religiosa de uma pesquisadora já reconhecida e os conflitos na transformação desse olhar que outrora treinado para observação antropológica entra em conflitos e coloca em teste a própria crença.

Esse evento foi realizado com um grande café da manhã ofertado pela comunidade africanista de Belém, ali reunida. Na entrada da sede sito no bairro da Pedreira, havia uma enorme faixa parabenizando pelo recebimento do seu *deká*. Nas entrelinhas o olhar antropológico lia que aquele ritual era uma grande apresentação pública da jovem estudante criada por entre os bancos da Feucabep, formada para seguir a tradição.

No mês de junho do mesmo ano essa trajetória se desdobrou com minha aprovação no concurso público para professor da Universidade do Estado do Pará. Era nessa instituição que eu ia montar o "meu terreiro" e iniciar "meus filhos". No ano seguinte, 2011, montei o Germaa (Grupo de Estudo Religiões de Matriz Africana na Amazônia) que agregou a mim e minha "mãe" Anaíza Vergolino.

Como "manda" a tradição africana meus primeiros orientandos de mestrado, foram formados em relação de orientação dual. Minha "mãe acadêmica" coorientou meus primeiros orientandos. Tal como acontece na tradição religiosa onde o primeiro iniciado de um sacerdote passa pelas mãos de seu pai, avô do neófito.

Assim meus filhos ficaram conhecidos e chamados de "netos" pela minha antecessora na "linhagem" a quem carinhosamente adotaram como avó. Formou-se uma família, com irmãos, mães, avós, tios etc... Uma rede de parentesco uterina e matrilinear sustentada com orgulho por seus membros.

E como família de santo que se preze só anda em conjunto, meus "filhos" passaram a acompanhar a avó em festas de santo e aulas ministradas nas universidades e em institutos de formação presbiteral, assumindo a tarefa que outrora era exercida por mim.

Passaram também a integrar redes de sociabilidade compostas por visitas, participações em festas familiares, auxílio em atividades acadêmicas e comemorações de final de ano reunindo família consanguínea e simbólica. Como em todo núcleo familiar não tardaram a aparecer conflitos por ciúme, e rivalidades de poder entre os filhos que por vezes questionavam as atribuições conferidas aos primogênitos, ou teciam acusações de autoritarismo

Assim, meus orientandos foram acolhidos pela comunidade afro-religiosa. O *mana* (1974) da linhagem lhes foi transferido de forma que a aceitação nos templos religiosos se deu sem maiores dificuldade, o que lhes permitiu trânsito entre os templos e fácil concessão de entrevista.

Considerações finais

Sabe-se que toda construção narrativa que lança mão da memória autobiográfica faz recortes e seleciona dados. A memória, como já foi teorizada por pesquisadores renomados (HALBWACHS, 1990; POLLACK, 1989), é seletiva e construída no presente a partir de estímulos externos. É com os olhos da atualidade que volto minha atenção ao passado, e meu estímulo externo é a opção de falar de minha linhagem acadêmica e de seu entrelaçamento com o campo religioso pesquisado.

Informo ao leitor que muitos pontos ficaram omissos. Seria difícil abordar nos limites deste capítulo meu processo de inserção na religião que fez de mim uma pesquisadora nativa, com todas as crises de identidade e a ambiguidade do olhar que nunca deixou de ser antropológico.

Poderia abordar também os problemas adquiridos no processo difícil de escolha de uma casa para fins iniciáticos. O retrocesso dos espaços alcançados pela pesquisadora relativamente experiente que adentra a hierarquia religiosa em posição de inferioridade e precisa respeitar os espaços que lhe são devidos. O processo melindroso de adequação à hierarquia da casa que me colocou na condição inusitada de uma "rodante" que não entra na "roda" em todos os momentos.

Fundamental seria analisar a leitura feita a respeito da minha "missão" que em muito se diferenciava dos outros filhos. O que facilitou minha aceitação sem ciúmes por partes dos irmãos, haja vista que eu nunca pleiteava espaço ou visibilidade. As intervenções do sacerdote para que as pessoas entendessem minha posição de alguém que ora precisava desenvolver a mediunidade e ora precisava ficar invisível.

Poderia discorrer sobre as adequações rituais realizadas em meu processo iniciático, a fim de garantir meu trânsito pelos outros templos religiosos; por exemplo, as cobranças do sacerdote para que tudo em minha vida desse certo, como se o meu progresso fosse uma vitrine a ser constatado pelos de fora...

Ainda seria possível refletir sobre a crise do pensamento racional e lógico se abrindo para o transcendente e para a experiência extática, sem que isso lhe parecesse uma ação performática, ou ainda abordar os conflitos do olhar e construção paulatina de uma crença que esteve todos os momentos submetida à averiguação.

Transformar o pensamento de quem foi treinado para ser tão somente observador é tarefa que merece reflexão cuidadosa e análise que beira aos debates antropológicos pós-modernos. Deixo ao leitor a promessa de futuramente me debruçar sobre este tema da conversão e das consequências que ela traz com aporte teórico devido em artigos posteriores.

DICAS DE LIVROS E ARTIGOS

Livros

DANTAS, B.G. *Vovó nagô e papai branco*: usos e abusos da África no Brasil. Rio de Janeiro: Graal, 1988.

É um clássico da antropologia das religiões afro-brasileiras. A autora discute e critica a noção de pureza com base em sua pesquisa de campo e propõe hipóteses que explicam a construção das tradições religiosas e seus processos de legitimação.

BERKENBROCK, V.J. *A experiência dos orixás*: um estudo sobre a experiência religiosa no Candomblé. Petrópolis: Vozes 1997.

O livro narra uma instigante pesquisa em terreiros de Candomblé desde uma perspectiva "fenomenológica".

PRANDI, R. *Os candomblés de São Paulo*: a velha magia na metrópole nova. Editora da Universidade de São Paulo, 1991.

Um dos continuadores da sociologia da religião da USP expõe aqui uma análise vibrante e aguçada sobre o processo de transformação do Candomblé de religião étnica, marcada por raízes singulares, em religião de conversão, adotada por brancos de classe média em ambiente urbano.

Artigos

SEEBER-TEGETHOFF, M. *Grenzgäger*: Uma consideração dos entrelaçamentos entre os terreiros e antropologia. *Revista Anthropológicas*, ano 11, vol. 18(2), p. 123-152, 2007.

A pesquisa sobre as religiões afro-brasileiras tem uma longa tradição dentro da antropologia brasileira. Muitos estudiosos – no passado e atualmente – possuem um comprometimento pessoal com essas religiões. Inversamente, muitos religiosos se interessam pela antropologia e fazem uso dela com finalidades religiosas. A pesquisa foi realizada com base em depoimentos de antropólogos e de religiosos.

Disponível em: <http://www.revista.ufpe.br/revistaanthropologicas/index.php/revista/article/view/145/130>

MOTTA, R. *Umbanda, Xangô e Candomblé*: Crescimento ou decomposição. *Ciência e Trópico*, Recife, vol. 29, n. 1, p. 175-187, 2001. Um dos maiores estudiosos das religiões de matriz africana, mas pouco lido e debatido, ligado à Escola de Antropologia do Recife, realiza aqui uma análise comparativa, tendo como contraponto a teoria de Roger Bastide.

GOLDMAN, M. Histórias, devires e fetiches das religiões afro-brasileiras: ensaio de simetrização antropológica. *Análise Social*, vol. XLIV (190), p. 105-137, 2009.

A partir da discussão sobre o estado atual dos estudos afro-brasileiros, este trabalho aborda o debate, recentemente retomado, em torno das ideias outrora famosas de "fetiche" e "fetichismo". Disponível em: <http://analisesocial.ics.ul.pt/documentos/1236787453Q7qNY4ou6Fl23NG6.pdf>

Referências

ALVARENGA, O. *Babassuê*. São Paulo: Discoteca Pública Municipal, 1950.

BOURDIEU, P. *O poder simbólico*. Rio de Janeiro: Bertrand Brasil, 1999.

_____. *A economia das trocas simbólicas*. São Paulo: Pespectiva, 1987.

CACCIATORE, O.G. *Dicionário de Cultos Afro-brasileiros*. Rio de Janeiro: Forense Universitária, 1977.

CLIFFORD, J. *A experiência etnográfica* – Antropologia e literatura no século XX. Rio de Janeiro: UFRJ, 1998.

DA MATTA, R. "O ofício do etnólogo, ou como ter 'Antropological Blues'". In: OLIVEIRA NUNES, E. (org.). *A aventura sociológica*. Rio de Janeiro: Zahar, 1978.

FERRETTI, M. *Mina*: uma religião de origem africana. São Luís: Sioge, 1985, p. 252.

FERRETTI, S. *Repensando o sincretismo*. São Paulo/São Luís: Fapema, 1995.

FRAZER, S. *O ramo de ouro*. Rio de Janeiro: Guanabara, 1982.

FURUYA, Y. *Entre a "nagoização" e a "umbandização"* – Uma Síntese no Culto Mina Nagô de Belém, Brasil. Tóquio: Universidade de Tóquio, 1986 [Tese de doutorado].

GEERTZ, C. *A interpretação das culturas*. Rio de Janeiro: Kloogan, 1989.

HALBWACHS, M. *A memória coletiva*. São Paulo: Vértice, 1990.

LUCA, T.T. *Revisitando o Tambor das Flores* – A Federação Espírita e Umbandista dos Cultos Afro-brasileiros do Estado do Pará como guardiã de uma tradição. Recife: Ufpe, 2003 [Dissertação de mestrado].

_____. *Devaneios da memória* – A história dos cultos afro-brasileiros em Belém do Pará. Belém: Ufpa, 1999 [Trabalho de conclusão de curso].

MALINOWSKI, B. *Os argonautas do Pacífico Ocidental*. Lisboa: Ed. 70, 1984.

MAUSS, M. "Análise e explicação da magia". In: *Sociologia e antropologia*. São Paulo: EPU, 1974.

OLIVEIRA, R.C. "O trabalho do antropólogo: olhar, ouvir e escrever". In: *O trabalho do antropólogo*. São Paulo: Unesp, 2006.

POLLAK, M. "Memória, esquecimento e silêncio" In: *Estudos Históricos*, vol. 2, n. 1, 1989. Rio de Janeiro.

SEEGER, A. "Pesquisa de campo: uma criança no mundo". In: *Os índios e nós* – Estudos sobre sociedades tribais brasileiras. Rio de Janeiro: Lampires, 1980.

SILVA, W.G. *O antropólogo e sua magia*. São Paulo: Edusp, 2000.

TOMPSOM, P. "Entrevista". In: *A voz do passado*. São Paulo: Paz e Terra, 2002.

TURNER, V. *O processo ritual*. Petrópolis: Vozes, 1974.

VELHO, Y.M.A. *Guerra de Orixás:* um estudo de ritual e conflito. Rio de Janeiro: Eco, 1975.

VERGOLINO, A. *O Tambor das Flores*. Campinas: Unicamp, 1976 [Dissertação de mestrado].

ZALUAR, A. "Teoria e prática do trabalho de campo: alguns problemas". In: *Aventuras antropológicas*. Rio de Janeiro: Paz e Terra, 1986.

_____. *A máquina e a revolta*. São Paulo: Brasiliense, 1985.

O sagrado na história religiosa da humanidade

Julien Ries

O sagrado é um elemento da estrutura da consciência humana. Nessa perspectiva, cientificamente provada pela prestigiosa obra de Eliade, a experiência religiosa aparece como a experiência essencial do ser humano. O *homo religiosus* não está nem perdido nem é alienado, mas é homem completo. A ciência das religiões não indaga as revelações, que são objeto específico da teologia; analisa, porém, as modalidades pelas quais o homem religioso vive o sagrado, modalidades que variam dependendo se se trata do homem arcaico, do adepto de religiões ligadas às grandes culturas históricas ou do fiel das religiões monoteístas.

Essa obra apresenta uma síntese de grande valor e fascínio das principais teorias do sagrado elaboradas pelos historiadores das religiões durante mais de um século, seu rico vocabulário religioso presente nos livros sagrados, no ritual, na liturgia, na iniciação, na celebração, na oração e no ensinamento e uma pesquisa de semântica histórica que nos permite captar melhor a noção e o significado do sagrado nas diferentes religiões. Não se trata de um estudo sistemático e especializado, mas sim de uma tentativa de coordenar as diferentes abordagens feitas por alguns especialistas. A partir das abordagens semânticas procura-se destrinçar o sagrado e o lugar que ele ocupa em cada religião.

Julien Ries (1920 – 2013), foi um historiador das religiões, cardeal e arcebispo católico belga.